ANTONIO MACHADO

PERSILES - 63

SERIE *EL ESCRITOR Y LA CRÍTICA*

EL ESCRITOR Y LA CRÍTICA

Directores: RICARDO y GERMÁN GULLÓN

ANTONIO MACHADO

Edición de
RICARDO GULLÓN
y
ALLEN W. PHILLIPS

taurus

Cubierta
de
AL ANDALUS

Primera edición: 1973
Reimpresiones: 1979-1988

© 1979, Ricardo GULLÓN y Allen W. PHILLIPS
© 1973, TAURUS EDICIONES, S. A.
© 1988, ALTEA, TAURUS, ALFAGUARA, S. A.
Juan Bravo, 38. 28006 MADRID
ISBN: 84-306-2063-X
Depósito legal: M. 31.630-1988
PRINTED IN SPAIN

INDICE

RELACIONES AMISTOSAS Y LITERARIAS

SOBRE LA ESTETICA DE MACHADO

TEMAS DE MACHADO

OBRAS DE ANTONIO MACHADO

SOBRE POEMAS DE MACHADO

NOTA PRELIMINAR

Con este volumen se continúa una serie de antologías críticas, en las que se recogerán los artículos y ensayos más selectos dedicados a la vida y la obra de un escritor español o hispanoamericano actual, entendiendo por actual lo que tiene vigencia activa, operante, para el hombre de hoy, y no sólo lo rigurosamente contemporáneo.

Nuestro propósito al reunir esta selección de trabajos sobre la persona y la obra de Antonio Machado ha sido (aparte del homenaje implícito en el hecho mismo de compilarlos) ofrecer al lector un instrumento de información y de trabajo, que no será útil solamente a los «especialistas», sino —esperamos— al que Virginia Woolf llamó lector común, que desee informarse del «estado de la cuestión» que en este volumen se estudia. Nos esforzamos en facilitar el conocimiento de una serie de artículos dispersos, algunos de difícil acceso, y de ordenarlos en forma que el conjunto constituya un panorama relativamente completo de los estudios dedicados a Machado.

Aun siendo extensa, dentro de lo compacto, al preparar esta obra hemos luchado con limitaciones de espacio, combatiéndolas ante todo con la exclusión de cuanto formara parte de libros enteramente dedicados a Machado, por parecernos que sería mutilar lo que sólo íntegro tiene cabal sentido. Esas limitaciones nos obligaron también a dejar fuera ensayos valiosos, pero demasiado largos, que hubiéramos preferido incluir, como los de Dámaso Alonso, Carlos Beceiro y Carlos Clavería, entre otros. En tres ocasiones tuvimos la fortuna de que autores de largos trabajos (Concha Zardoya, José Luis Cano y Antonio Sánchez Barbudo) accedieran a revisar sus páginas y a preparar versiones abreviadas, que lejos de perder su fuerza inicial en el proceso de condensación parecen haber ganado.

Varios artículos fueron incluidos por su interés histórico o por su valor documental, que los hace insustituíbles. La dificultad de hallarlos parecía aconsejar la selección de los que el lector no podría consultar sin invertir en la tarea algún tiempo, y no poco esfuerzo.

En las cuatrocientas páginas que aproximadamente podía alcanzar el volumen quisimos proporcionar al público elementos suficientes para que pudiera tener una visión orgánica del tema Machado. Esa visión no podría alcanzarse sin organizar en forma coherente el material utilizado. El conocimiento de la persona imponía la inclusión de algunas páginas de recuerdos: material de primera mano debido a quienes conocieron y acompañaron en vida y muerte al hombre Machado. Los retratos y memorias van seguidos de entrevistas y conversaciones con el poeta mismo, para dar testimonio de cómo pensó y opinó en ciertos momentos.

Para que la imagen de la persona fuera completa, pareció útil presentar sus relaciones con escritores que influyeron en él y fueron sus amigos: Unamuno, Rubén Darío y Juan Ramón Jiménez. Las relaciones con su hermano Manuel y el análisis y comentario de lo que escribió en colaboración con él es materia tan vasta que resultó imposible tratarla aquí y optamos por dejarla fuera de este volumen, con la excepción de un artículo dedicado a Las adelfas, la mejor de las obras dramáticas escritas por los dos. En cuanto a la parte netamente crítica pareció recomendable incluir diversos tipos de trabajos: unos, sobre aspectos concretos de la poesía y la prosa machadiana; otros, relativos a los elementos principales de ella, y los últimos, dedicados a estudiar por separado cada uno de sus libros. Nuestra antología así va subdividida en apartados relativos a la ética y la estética de don Antonio, a estudios temáticos, a los elementos caracterizadores de su poesía y a análisis de los libros y de algunos poemas de singular importancia.

Obligados a optar entre reducir el número de estudios o prescindir de la bibliografía, creímos más acertado sacrificar

12

ésta, teniendo en cuenta que el lector hallará muy a mano lo que su interés exija con sólo acudir a las ediciones preparadas por Oreste Macrí y Aurora de Albornoz —Guillermo de Torre, o a las obras La naturaleza en Antonio Machado, de Adela Rodríguez Forteza, y La poesía de Antonio Machado, de Ramón de Zubiría.

Como toda selección, la presente implicaba vacilaciones y riesgos. Lo escrito sobre Antonio Machado es mucho, muchísimo, y con frecuencia valioso. La operación de escoger y luego la de comparar lo escogido no ha sido fácil; queremos que el lector entienda que el no encontrarse aquí tal análisis o comentario que merecía ser tenido en cuenta no supone por nuestra parte desconocimiento (al menos, deliberado), ni desdén, sino, en muchos casos, dolorosa necesidad de sacrificar un trabajo para dejar paso a otro relativo a determinado aspecto, no tratado en aquél y necesario para perfilar la imagen del poeta y el estudio de su obra según deseábamos presentarla.

La posición de Machado en la poesía contemporánea (y no sólo en la de lengua española) es sin duda visible y elevada. Se mantiene al nivel de las voces más puras y más claras de este siglo y de todos los tiempos, y puede figurar con justicia, como un eslabón más, en la relación de grandes nombres que jalonan nuestra lírica mejor: la línea que va de Jorge a Jorge, desde aquel elegíaco don Jorge Manrique, a quien tanto admiraba y de quien habló Machado con entusiasmo, hasta el grande y glorioso don Jorge Guillén, en su lúcida presencia actual, pasando por Garcilaso, San Juan de la Cruz, Lope, Quevedo, Bécquer, Juan Ramón Jiménez..., y continuándose en clara descendencia hasta hoy mismo.

El siglo XX no ha tratado bien a España; provincializada y relativamente incomunicada en un pintoresquismo y una belleza «monumental» y «natural», que la convierten en objeto de curiosidad turística y de especulación comercial, a pesar de todo ha seguido dando fe de vida y de universalidad en el cántico de los poetas, en el fabular de los noveladores, en el caso de Antonio Machado, la grandeza de la continuidad creativa, en el color y la forma de sus pintores, en la libertad de la creación artística. Hasta qué punto ha sido reconocida es cosa que confiamos quede clara en los estudios aquí compilados.

Agradecemos a los autores de ellos la autorización para reproducirlos, y a María Peralta de Lugones la inestimable

13

ayuda que nos prestó en la preparación del texto mecano-grafiado. Especial gratitud debemos a Concha Zardoya, An-tonio Sánchez Barbudo y José Luis Cano por redactar nue-vas versiones de sus trabajos, especialmente acomodadas a las necesidades de nuestra antología.

R. G.

A. W. Ph.

IMAGEN Y TESTIMONIOS

EL POETA ANTONIO MACHADO

El poeta lírico va diciendo su autobiografía en sus versos. Ahí está toda su vida. ¿A qué interrogarle a él? Sería mejor ir interrogando a sus poemas. Antonio Machado se ha puesto en su obra lírica con toda humildad y también con toda altivez. Rubén Darío dijo de él:

> Cuando hablaba tenía un dejo
> de timidez y de altivez.
> ... ...
> Fuera pastor de mil leones
> y de corderos a la vez.

Toda la historia de Antonio Machado está en sus versos. Y, sin embargo, le queda al reportero la misión de acusar en las páginas de la hoja diaria aquellos rasgos que están en la maravillosa penumbra de sus versos.

> Nosotros exprimimos
> la penumbra de un sueño en nuestro vaso...

Habrá, pues, que contar cómo es don Antonio Machado, adónde va, qué dice fuera de sus versos. Cuando el lector se ha apasionado por el artista necesita acercarse al hombre. Es un secreto instinto que nos lleva a buscar nuestra relación humana con quien vuela tan por encima de nosotros.

A don Antonio Machado le encontraremos en un café a esta hora del atardecer, acompañado de su hermano Pepe o de Manuel, el gran poeta andaluz. (Si definir al poeta —a todo poeta— no fuera siempre un poco peligroso, se diría que Manuel Machado es un poeta andaluz y Antonio Machado es un poeta de Castilla; que Manuel es un poeta de la ciudad y Antonio es un poeta campesino.) Encontraremos a don Antonio en un café; él cambia de café frecuentemente, para evitar a los contertulios inoportunos. Siempre ha de ser un café popular, un típico café, con divanes rojos y grandes espejos. Unas veces será un café de la calle de Toledo, otras se irá hacia la plaza de las Salesas; al poco tiempo le dará por trasladarse al otro extremo de la ciudad, a algún café cercano a la plaza de Oriente; hoy le hemos encontrado... Pero no lo diremos; no descubriremos el secreto de don Antonio.

—Aquí, buscando, como siempre, la soledad —nos dice el poeta mientras tomamos asiento a su mesa.

El café está lleno de gente; es decir, que el poeta puede sentirse completamente solo. Porque no hay ni señoritos engomados ni mujeres fatales...

—¿En Madrid ya de fijo, don Antonio?

—Casi, casi.

Don Antonio Machado ha estado desempeñando una cátedra durante muchos años en el Instituto de Segovia. Para muchas gentes de aquella ciudad, don Antonio Machado era ese señor catedrático que escribe versos.

—¿Prepara usted algo de teatro con don Manuel? —interrogamos.

—Hemos terminado una comedia en prosa: *El hombre que murió en la guerra*. Necesitamos un gran galán para intérprete. Y ése es el problema: ya sabe usted cómo estamos de galanes.

Don Antonio hace una pausa y añade:

—Hay una evidente crisis de actores. Yo recuerdo la época de Antonio Vico, y deploro el presente. Verle a Antonio Vico hacer el *Otelo*, por ejemplo, era algo que ya no podía borrarse de la imaginación. Aquel último acto, cuando Otelo entra a matar a Desdémona... ¡Soberbio!

Y don Antonio Machado añade rotundamente en un momento de entusiasmo:

—No creo que haya habido en el mundo un actor superior a Vico. ¡En el mundo!

Estamos mirándole. «Ya conocéis mi torpe aliño indumentario.» Fuma constantemente, y la ceniza del cigarro va decorándole el pecho. Su mano acaricia el puño del bastón. Rostro infantil, de aire lejano. Desdén por todas las pequeñas cosas del mundo. Hay a quien le basta para vivir un trozo de pan y otro de queso, me decía alguien refiriéndose al poeta en una ocasión; pero a Antonio Machado le basta con el pan solamente. Una virtud suprema del poeta. Por ella se salvará siempre, y cuando los hombres pasen afanados como la ardilla en busca de la tiránica vanidad de cada día, él los verá pasar sereno, impávido, con las pupilas cargadas de dulzura y de eternidad.

—Don Antonio, ¿es cierto que usted ha sido actor?

Sonríe el glorioso poeta.

—Cierto. ¡Grandes papeles! —una travesura humorística apunta en su gesto—. Yo estrené en Madrid nada menos que uno de aquellos payeses que van a llevar trigo al molino de *Tierra baja*. Cosas de la juventud. En la juventud lo hacemos todo desinteresadamente. Por eso entonces nos aprovechan tanto las cosas. Cuando yo era adolescente me he pasado años enteros leyendo a Lope comedia tras comedia. Años enteros. Puro deleite. Mucho tiempo después escribí una nota que he roto hace pocos días; era una profecía tan exacta de lo que ocurriría al llegar este año de Lope, que me hubiera causado rubor publicarla. La rompí.

—¿Qué decía?

—Dejémoslo —responde don Antonio, encogiéndose de hombros y sin perder la dulzura de su sonrisa—. ¿Para qué molestar a nadie?

—¿Qué cree usted que debe hacerse en este año de Lope?

—Me parece que lo más eficaz, lo que podría contribuir mejor a la glorificación de Lope de Vega, sería hacer una antología con aportaciones de todos los buenos amigos del poeta. Es tan inmensa y tan rica la selva de Lope, que de la comedia menos importante suya siempre puede extraerse un fragmento prodigioso. Una antología hecha de acuerdo con ese criterio constituiría una obra de inapreciable valor.

De los temas puramente literarios quisiéramos pasar a otros más inmediatos. El periodismo tiene a veces esas tiranías. Pero no haya miedo de enojar al lírico de «Galerías y soledades» haciéndole descender de su torre. Es tan profundamente humano, que no rehusará nada que a lo humano se refiera. Para apuntar sus inquietudes políticas y sociales, aparte las de otro orden, él ha inventado un personaje que se llama «Juan de Mairena», el cual ha dicho cosas como ésta: «Donde la mujer suele estar, como en España, en su puesto, es decir, en su casa, cerca del fogón y al cuidado de sus hijos, es ella la que casi siempre domina, hasta imprimir el sello de su voluntad a la sociedad entera. El verdadero problema es allí el de la emancipación de los varones, sometidos a un régimen maternal demasiado rígido. La mujer, perfectamente abacia en la vida pública, es voto decisivo en todo lo demás. Si unos cuantos viragos del sufragismo, que no faltan en ningún país, consiguiesen en España de la frivolidad masculina la concesión del voto a la mujer, las mujeres propiamente dichas votarían contra el voto; quiero decir que enterrarían en las urnas el régimen político que imprudentemente les concedió un derecho al que ellas no aspiraban.»

—¿Cuántos años hace que escribió usted eso, don Antonio?... Bueno, quiero decir que lo escribió su amigo «Juan de Mairena».

—¡Qué sé yo! Muchos años. Doce o quince.

—Y al confrontarlo con la realidad política y social de España al presente, ¿qué piensa usted?

—Mire usted: la política lo deja a uno tan desconcertado a veces, que ni siquiera quedan ganas de opinar. Uno lee, por ejemplo, que un jefe político dice: «Si la política gira hacia la derecha es lo mismo que si girase hacia la izquierda, porque yo soy el eje.» Y entonces, a uno todo lo que se le ocurre pensar es: «Feliz el ciudadano que puede estudiar para eje de la política.»

Dicen que los poetas viven en las nubes. Se quiere dar a entender con ello desdeñosamente que no saben nada de lo que pasa en la tierra. Falta de lógica. Porque ¿desde dónde mejor que desde lo alto se puede ver lo que abajo sucede?

Ascendamos otra vez. Dejemos al poeta en su línea ideal; busquemos el alma. Hace cincuenta y tantos años que en un huerto de Sevilla estaba un niño viendo sus estampas al pie del limonero. Un día, adolescente ya, partióse hacia Castilla. En Castilla se casó, en Castilla perdió a su compañera;

20

con el paisaje de Castilla puso fondo a sus poemas, sin que nunca dejase de resonar en el recuerdo aquella música de luz y de silencio del huerto andaluz lejano. Soledad. Soledad. La carretera, los álamos, el río... Pero dentro, el Universo todo. Así fue haciéndose la voz poética que hoy es gloria de nuestro idioma. Aquí está el poeta, sencillo, anónimo, como un ciudadano más.

> Y cuando llegue el día del último viaje,
> y esté al partir la nave que nunca ha de tornar,
> me encontraréis a bordo ligero de equipaje,
> casi desnudo como los hijos de la mar.

¡Ah, la amada ribera inmortal, adonde sólo se llega en fuerza de pureza y desnudez! Bienaventurados los que como él la tienen segura para un día. ¡Para ese día!

La Voz, 1 de abril de 1935.

RAFAEL ALBERTI

IMAGEN SUCESIVA DE ANTONIO MACHADO

I

Yo no conocí a Antonio Machado hasta muy tarde, casi dos años después que a Juan Ramón Jiménez. Con mi hermana Pepita, mi pobre hermana Pepita, hoy joven viuda de la guerra de España, sabía de memoria sus poemas, que recitábamos en nuestras inseparables, puras, mañanas del Jardín Botánico, el Retiro, la Moncloa, frente al crestado y níveo Guadarrama. Ningún paisaje como éste, tan de Machado, para repetir de recio su amor a la ancha y abierta serranía, divisora de las dos Castillas.

> ¿Eres tú Guadarrama, viejo amigo,
> la sierra gris y blanca,
> la sierra de mis tardes madrileñas
> que yo leía en el azul pintada?.
>
> Por tus barrancos hondos
> y por tus cumbres agrias,
> mil Guadarramas y mil soles vienen,
> cabalgando conmigo, a tus entrañas.

En 1924, alguien que ya no quiero nombrar me dijo:

—Preséntate al Premio Nacional de Literatura. El jurado es muy bueno. Forma parte de él, con Gabriel Miró, Menéndez Pidal y Moreno Villa, Antonio Machado. A lo mejor te dan el premio.

Aquel «a lo mejor» que mi hoy ex amigo añadiera se me

23

quedó brillando en la cabeza como una posible rendija de esperanza.

Por entonces, un entonces de lesión pulmonar, de escasez y desorden físicos míos, yo andaba casi siempre por las sierras de España, buscando en su aire puro de resinas el alimento remozador y fuerte, necesario para mi sangre. Así, cuando me animé a presentarme al concurso, lo hice desde los montes de Córdoba, de Rute, un extraño pueblo de locos, muy buenos aguardientes y olivares. Guardaba yo hacía algún tiempo mi primer libro, inédito, de poesías, *Mar y tierra*, cuyo título cambié por el de *Marinero en tierra* al publicarlo luego. Para mayor seguridad, acongojado de un terror infantil a que se perdiera, se lo mandé a aquel cubano tierno, inteligente y entusiasta, que por aquellos años vivía en Madrid, José María Chacón y Calvo, quien tuvo que sobornar a no sé qué empleado del Ministerio, ya que la fecha de admisión de originales había terminado, llegando el mío con casi una semana de retraso. Después, y en espera del fallo del jurado, me eché a dormir, escéptico, convencido de la inutilidad de semejantes premios literarios, temeroso de las injusticias, atormentado, además, de remordimientos ético-estéticos por haber caído en la tentación —«como cualquier poetastro», me decía— de presentarme a tal concurso.

Pasados varios meses de reposo por aquellos trágicos montes cordobeses volví a Madrid. ¡Pero qué vuelta para mí, entonces, con mis veintidós años, ostentando, a poco de llegar, en la cartera —la primera de mi vida— aquellas cinco mil pesetas del premio, las que, voy a confesar en un paréntesis (me gasté casi íntegras en helados con una serie de raros e imprevistos amigos, salidos hoy no sabría decir de dónde)!

En seguida fui a saludar, para darle las gracias, a Gabriel Miró, que ya conocía, visitando también a don Ramón Menéndez Pidal y a José Moreno Villa. Pero, como era natural, a quien más quería agradecer su voto era a Antonio Machado. Me presenté en su casa, sin aviso. No estaba. No vivía en Madrid. Su madre, una anciana pequeñita y fina, me lo dijo:

—Mi hijo anda por Segovia. Viene muy poco por acá. Es difícil verle.

Pasó algún tiempo. Del Ministerio de Instrucción Pública retiré el original de mi libro, adquirido por la Biblioteca Nueva para su publicación. Al andar, por la noche, revisándolo en mi cuarto, cayó de entre sus páginas un papelillo

24

amarillento, medio roto, escrito con una diminuta letra temblorosa. Decía:

«Mar y Tierra».

Rafael Alberti.

Es, a mi juicio, el mejor libro de poesías presentado al concurso.

Antonio Machado.

¡Con qué alegría y estremecimiento leí y releí aquel hallazgo inesperado! Todavía lo conservo en la primera página de un ejemplar viejísimo de mi *Marinero en tierra*, lo único que por casualidad salvé conmigo de la guerra española.

> Ni un seductor Mañara, ni un Bradomín he sido
> —ya conocéis mi torpe aliño indumentario...

Así se retrataba el poeta en versos ya famosos; pero yo seguía sin conocerle ni de lejos. Me sabía, eso sí, de memoria una sola foto suya, aparecida al frente de sus poesías, en edición de la Residencia de Estudiantes: un Machado, aún bastante joven, grave y triste, con cara de caído de la luna, saliendo de un alto cuello duro chimenea, corbata de plastrón, anticuado, anacrónico.

Poco a poco, aquel precipitado deseo de conocerle se me fue calmando, descendiendo a ese fondo donde esperan, dormidas, las cosas que no lograron su final, satisfacer su luz, cumplirla. Pero todo, de pronto, vuelve a emerger, a irrumpir, llamado desde fuera, desde la superficie menos sospechada. Subía yo una mañana por la calle del Cisne, cuando por la acera contraria vi que bajaba, lenta, una sombra de hombre, que, aunque muy envejecida, identifiqué sin vacilar con la del retrato de Machado perdido en mi memoria. Bajaba, lenta, como digo, con pasos de sonámbula, de alma enfundada en sí, ausente, fuera del mundo de la calle, en la mañana primaveral sonante a árboles con pájaros.

«Es él. Si no me atrevo ahora, no me atreveré nunca», me dije. Y mientras cruzaba, sofocado, de acera a acera, me fui repitiendo varias veces los dos primeros versos del retrato que Rubén Darío le dibujara tan magistralmente:

> Misterioso y silencioso
> iba una y otra vez...

25

Aquél era, aquélla era: sombra misteriosa, silenciosa sombra de poeta que yo iba a osar detener un instante.

—¿Don Antonio Machado?

No olvidaré nunca los silencios que tardó en responderme con dos «Sí, sí» espaciados, como si hubiera tenido que hacer un llamamiento a la memoria para acordarse de su nombre.

—Rafael Alberti... Quería conocerle y darle las gracias...

—¡Ah, ah! —repitió, todavía mal despierto, tomándome la mano—. No tiene usted que agradecerme nada...

Y ausentándose nuevamente, perdida sombra entre las laberínticas galerías de sí mismo, «mal vestido y triste», lo vi alejarse en la mañana de nuestro primer encuentro, calle del Cisne abajo...

II

La segunda vez que vi a Antonio Machado fue en el café Español, un viejo café siglo XIX, que había frente a un costado del teatro Real, de Madrid, cerca de la plaza de Oriente. Empañados espejos de aguas ennegrecidas recogían la sombra de estantiguas señoras enlutadas, solitarios caballeros de cuellos anticuados, pobres familias de la clase media, con ajadas niñas casaderas, tristes flores cerradas contra el rendido terciopelo de los sillones.

Un ciego, buen músico, según el sentir de los asiduos, tocaba el piano, mientras que una muchacha regordeta iba de mesa en mesa buscando el convite —un café con tostada, acompañado de algún que otro pellizco furtivo— de los ensimismados admiradores de su padre. Desde la calle, llovida y fría de enero, tras los visillos iluminados de las ventanas, adiviné la silueta de Machado, y entré a saludarle. Yo venía de una pequeña librería íntima, cuyo librero, gran amigo de los jóvenes escritores de entonces, acababa de conseguirme un raro ejemplar de los poemas de Rimbaud, sintiéndome infantilmente feliz aquella tarde sabiéndolo apretado bajo mi gabán para librarlo de la lluvia. Machado me saludó muy cariñoso, ofreciéndome en seguida un asiento a su lado, mientras me presentaba a sus contertulios. Muy ufano, al quitarme el gabán, le descubrí mi precioso volumen, que él ojeó con un débil gruñido aprobatorio, dejándolo luego sobre la silla que a su izquierda sostenía en el respaldo los abrigos y las bufandas. De los presentados, sólo recuerdo hoy a uno: al viejo actor Ricardo Calvo, gran amigo del poeta. Aquella tarde, ausencia rara, no se encontraba allí su inseparable hermano Manuel. Los demás que le rodeaban eran extraños señores pasados de moda y como salidos de alguna rebotica de pueblo. Y así creo que era, pues la conversación, durante el rato que yo estuve, aleteó siempre, cansina, alrededor de cosas provincianas; preocupaciones y cosas bien lejanas y ajenas a aquellas tazas de café que tenían delante: el traslado de algún profesor de instituto, la enfermedad de no sé quién, la cosecha del año anterior, etc.

Al cabo de algún tiempo, observé que Machado fumaba y fumaba, bajando, distraido, el cigarrillo hacia el lugar donde yo calculaba debía hallarse posado mi precioso Rimbaud. Con un espanto mal reprimido, quise mirar, primero, por encima del hombro de don Antonio, y, luego, por debajo de la mesa, para cerciorarme de que la poesía del más excepcional poeta de Francia no estaba sirviendo de cenicero a las colillas del gran poeta español. Pero no me atreví, por encontrarlo poco delicado y considerar, además, mis sospechas indignas y exageradas.

¡Ah, pero qué mal hice, qué mal hice! —iba reprochándome poco después bajo los farolones verdes y los altos monarcas visigodos de la plaza de Oriente.

Mas desde aquella noche, pude mostrar —no sin cierta sonrisa melancólica— a cuantas personas han venido pasando por mi casa, mi raro ejemplar de Rimbaud, aún más raro y valioso por las redondas quemaduras que los cigarrillos de Machado le abrieron en sus cubiertas color hoja de otoño.

III

En los días grandes y heroicos de noviembre, el glorioso quinto Regimiento, flor de nuestras milicias populares, se ufanó en salvar la cultura viva de España, invitando a los hombres leales que la representaban a ser evacuados de Madrid. A la Alianza de Intelectuales se le encomendó, entre otras, la visita a Antonio Machado, para comunicarle la invitación. Y una mañana bombardeada de otoño, el poeta León Felipe y yo nos presentamos en su casa.

Salió Machado, grande y lento, y tras él, como la sombra fina de una rama, su anciana madre. No se comprendía bien cómo de aquella frágil, diminuta mujer pudo brotar roble tan alto. La casa, lo mismo que cualquiera, rica o pobre, de aquellos días de Madrid, estaba helada. Machado nos escuchó, concentrado y triste. «No creía él —nos dijo al fin— que había llegado el momento de abandonar la capital.» ¿Escasez, crudeza del invierno que se avecinaba? Tan malos los había sufrido toda su vida en Soria u otras ciudades y pueblos de Castilla. Se resistía a marchar. Hubo que hacerle una segunda visita. Y ésta, con apremio. Se luchaba ya en las calles de Madrid y no queríamos —pues todo podía esperarse de *ellos*— exponerlo a la misma suerte de Federico.

Después de insistirle, aceptó. Pero insinuando, casi rozado de pudor, con aquella dignidad y gravedad tan suya, salir también con sus hermanos Joaquín y José...

—No tiene usted ni que indicarlo... El quinto Regimiento le lleva con toda su familia...

—Pero es que mis hermanos tienen hijos...

—Muy bien, don Antonio...

—Nueve, entre los dos matrimonios —creo que dijo.

Mas aunque en Madrid había otro organismo, la Junta de Evacuación, que se ocupaba de los niños, fue el 5º Regimiento quien salvó a toda la familia de don Antonio, llevándola a Valencia.

Y llegó la noche del adiós, la última noche de Machado en Madrid. ¡Noche inolvidable en aquella casa de soldados! Se encontraba allí lo más alto de las ciencias, las letras y las artes españolas —investigadores, profesores, arquitectos, pintores, médicos...— al lado de los jóvenes comandantes del pueblo Modesto y Líster, ambos aún con aquel traje entre civil y militar de los primeros días. Con una sencillísima cena, aquellos héroes, a quienes su vida y condición no habían permitido seguramente poner la planta en un museo, ver un laboratorio, cruzar siquiera un patio de instituto, despedían a los hombres que tal vez iban mañana a enseñar a sus hijos lo que ellos nunca pudieron aprender. Afuera, el corazón de España latía a oscuras, con su alto cielo de otoño interrumpido ya de resplandores de los primeros cañonazos. Por los arrabales extremos —Toledo, Segovia, Cuatro Caminos, Ciudad Universitaria—, por los alrededores de la ciudad —Puente de los Franceses, Casa de Campo, El Pardo— se cubrían de balas y de gloria, junto con las milicias populares y las brigadas internacionales, los defensores espontáneos de Madrid. Y, mientras, en aquel saloncillo del 5º Regimiento, en medio del silencio que dejaba de cuando en cuando el feroz duelo de la artillería, un hombre extraordinario, aún más viejo de lo que era y erguido hasta donde su vencimiento físico se lo permitía, con sencillas palabras de temblor, agradecía, en nombre de todos, a aquellos nobles soldados, que así preciaban la vida de sus intelectuales, repitiendo razones de fe, de confianza en el pueblo de España. Hoy, pasados tan largos y catastróficos años, no puedo recordar con precisión lo que Machado en tan breve discurso dijo aquella noche. Quizá se encuentre escrito en algún lado. Pero de su sencilla despedida no he podido perder —ni perderé ya nunca— el instante aquel en que don Antonio, con una sinceridad que nos hizo a todos brotar las lágrimas, dirigiéndose a Lister y a Modesto, ofreció sus brazos —ya que sus piernas enfermas no podían— para la defensa de Madrid. Poco más tarde, desde su huertecillo de Valencia, escribía el poeta, insistiendo una vez más en su creencia ciega en el pueblo de España:

«En España lo mejor es el pueblo. Por eso la heroica y abnegada defensa de Madrid, que ha asombrado al mundo, a mí me conmueve, pero no me sorprende. Siempre ha sido lo mismo. En los trances duros, los señoritos invaden la patria y la venden; el pueblo no la nombra siquiera, pero la compra con su sangre.»

IV

La última vez que vi a Antonio Machado fue en Valencia, en aquella casita con jardín, de las afueras, que su Gobierno le había dado. Su poesía y su persona ya habían sido tocadas de aquella ancha herida sin fin que habría de llevarle poco después hasta la muerte. La fe en su pueblo, aunque ya antes lo hubo dicho, la escribía entonces a diario, volviendo nuevamente a adquirir su voz aquel latido tan profundo, de su época castellana, ahora más fuerte y doloroso, pues el agua de su garganta borboteaba con una santa cólera envuelta en sangre. Mas, como siempre, a él, en apariencia, nada se le transparentaba. Estaba más contento, más tranquilo, al lado de su madre, de sus hermanos y aquellos sobrinillos, de todas las edades, que lo querían y bajaban del brazo al jardín, dándole así al poeta una tierna apariencia de abuelo. Desde los limoneros y jazmines —¡oh flor y árbol tan puros en su verso!— cercana, aunque invisible, la presencia del mar Mediterráneo, Machado veía contra el cielo cobalto las torres y azoteas de Valencia, bajo el constante moscardoneo de los aviones de guerra:

Ya va subiendo la luna
sobre el naranjal.
Luce Venus como una
pajarita de cristal.

Ambar y berilo
tras de la sierra lejana,
el cielo, y de porcelana,
morada en el mar tranquilo.

Ya es de noche en el jardín
—¡el agua en sus atanores!—
y sólo huele a jazmín,
ruiseñor de los olores.

¡Cómo parece dormida
la guerra, de mar a mar,
mientras Valencia florida
se bebe el Guadalaviar.

Valencia de finas torres
y suaves noches, Valencia,
¡estaré contigo,
cuando mirarte no pueda,
donde crece la arena del campo
y se aleja la mar de violeta!

... Y no pudo mirarla más, pues el poeta era ya una elegía, casi un recuerdo de sí mismo, cuando allá, solo, en Colliure, un pueblecillo cualquiera de Francia, cercano al mar, vino la muerte a tocarle, al borde de su arreado pueblo heroico, como a un soldado más, lo que real y humildemente llegó a ser.

Desde entonces, allí, en otra tierra, y no en la suya, junto al Duero, como él había soñado, esperan sus huesos.

Sur, núm. 108, octubre de 1943, Buenos Aires.

ANTONIO MACHADO

Antonio Machado se dejó desde niño la muerte, lo muerto, podre y quemasdá por todos los rincones de su alma y su cuerpo. Tuvo siempre tanto de muerto como de vivo, mitades fundidas en él por arte sencillo. Cuando me lo encontraba por la mañana temprano, me creía que acababa de levantarse de la fosa. Olía, desde muy lejos, a metamorfosis. La gusanera no le molestaba, le era buenamente familiar. Yo creo que sentía más asco de la carne tersa que de la huesuda carroña, y que las mariposas del aire libre le parecían casi de tan encantadora sensualidad como las moscas de la casa, la tumba y el tren:

inevitables golosas.

Poeta de la muerte, y pensado, sentido, preparado hora tras hora para lo muerto, no he conocido otro que como él haya equilibrado estos niveles iguales de altos o bajos, según y cómo; que haya salvado, viviendo muriendo, la distancia de las dos únicas existencias conocidas, paradójicamente opuestas; tan unidas aunque los otros hombres nos empeñemos en separarlas, oponerlas y pelearlas. Toda nuestra vida suele consistir en temer a la muerte y alejarla de nosotros, o mejor, alejarnos nosotros de ella. Antonio Machado la comprendía en sí, se cedía a ella en gran parte. Acaso él fue, más que un nacido, un resucitado. Lo prueba quizá, entre otras cosas, su madura filosofía juvenil. Y dueño del secreto de la resurrección, resucitaba cada día ante los que lo vimos esta vez, por natural milagro poético, para

31

mirar su otra vida, esta vida nuestra que él se reservaba en parte también. A veces pasaba la noche en su casa ciudadana de alquiler, familia o posada. Dormir, al fin y al cabo, es morir, y de noche todos nos tendemos para morir lo que se deba. No quería ser reconocido, por sí o por no, y por eso andaba siempre amortajado, cuando venía de viaje, por los trasmuros, los pasadizos, los callejones, las galerías, las escaleras de vuelta, y, a veces, si se retardaba con el mar tormentoso, los espejos de la estación, los faros abandonados, tumbas en pie.

Visto desde nosotros, observado a nuestra luz medio falsa, era corpulento, un corpachón naturalmente terroso, algo de grueso tocón acabado de sacar; y vestía su tamaño con unos ropones negros, ocres y pardos, que se correspondían a su manera estravagante de muerto vivo, saqué nuevo quizás, comprado de prisa por los toledos, pantalón perdido y abrigo de dos fríos, deshecho todo, equivocado en apariencia; y se cubría con un chapeo de alas desflecadas y caídas, de una época cualquiera, que la muerte vida equilibra modas y épocas. En vez de pasadores de bisutería llevaba en los puños del camisón unas cuerdecitas como larvas, y a la cintura, por correa, una cuerda de esparto, como un ermitaño de su clase. ¿Botones? ¿Para qué? Costumbres todas lójicas de tronco afincado ya en cementerio.

Cuando murió en Soria de Arriba su amor único, que tan bien comprendió su función trascendental de paloma de linde, tuvo su idilio en su lado de la muerte. Desde entonces, dueño ya de todas las razones y circunstancias, puso su casa de novio, viudo para fuera, en la tumba, secreto palomar; y ya sólo venía a este mundo de nuestras provincias a algo muy urjente, el editor, la imprenta, la librería, una firma necesaria... La guerra, la terrible guerra española de tres siglos. «Entonces» abandonó toda su muerte y sus muertos más íntimos y se quedó una temporada eterna en la vida jeneral, por morir otra vez, como los mejores otros, por morir mejor que los otros, que nosotros los más apegados al lado de la existencia que tenemos acotado como vida. Y no hubiera sido posible una última muerte mejor para su estraña vida terrena española; tan mejor, que ya Antonio Machado, vivo para siempre en presencia invisible, no resucitará más en jenio y figura. Murió del todo en figura, humilde, miserable, colectivamente, res mayor de un rebaño humano perseguido, echado de España, donde tenía todo él, como Antonio Machado, sus palomares, sus majadas de amor, por la puerta falsa. Pasó así los montes altos de la frontera helada, porque sus mejores amigos, los más pobres y más dignos, los pasaron así. Y si sigue bajo tierra con los enterrados allende su amor, es por gusto de estar con ellos, porque yo estoy seguro de que él, conocedor de los vericuetos estrechos de la muerte, ha podido pasar a España por el cielo de debajo de la tierra.

Toda esta noche de luna alta, luna que viene de España y trae a España con sus montes y su Antonio Machado reflejados en su espejo melancólico, luna de triste diamante azul y verde en la palmera de rozona felpa morada de mi puertecilla de desterrado verdadero, he tenido en mi fondo de despierto dormido el romance «Iris de la noche», uno de los más hondos de Antonio Machado y uno de los más bellos que he leído en mi vida:

> Y tú, Señor, por quien todos
> vemos y que ves las almas,
> dinos si todos un día
> hemos de verte la cara.

En la eternidad de esta mala guerra de España, que tuvo comunicada a España de modo grande y terrible con la otra eternidad, Antonio Machado, con Miguel de Unamuno y Federico García Lorca, tan vivos de la muerte los tres, cada uno a su manera, se han ido, de diversa manera lamentable y hermosa también, a mirarle a Dios la cara. Grande de ver sería cómo da la cara de Dios, sol o luna principales, en las caras de los tres caídos, más afortunados quizás que los otros, y cómo ellos le están viendo la cara a Dios.

Españoles de tres mundos, Aguilar, Madrid, 1969.

3

ALARDO PRATS

CONVERSACION CON EL INSIGNE POETA DON ANTONIO MACHADO

Conversamos con don Antonio Machado en un viejo café. Sobre el diván de rojo «peluche» la figura del eximio poeta, con su «torpe aliño indumentario», entre una nube de humo de cigarrillos. Gimen en un rincón de la estancia viejas canciones un violín y un piano. Los espejos reflejan estampas románticas de novios que hablan en voz baja. Tamborilea la lluvia otoñal en los vidrios de los ventanales del establecimiento. En el círculo íntimo y casi familiar de su tertulia nos ha acogido nuestro gran poëta nacional con su cordialidad prócer. Nos ha otorgado el don magnífico de un diálogo sincopado de pausas graves y serenas.

Don Antonio Machado ha pronunciado estas palabras:

—¿Me habla usted de la crisis de la cultura en los tiempos actuales? ¿Existe realmente esta crisis? Cualquier contestación sería aventurada. No hay nada más difícil de ver y apreciar que el presente. Es más fácil hablar del porvenir y hasta profetizar sus rumbos. La visión y la apreciación de los acontecimientos requieren perspectiva, ya se proyecten hacia el pasado o hacia el futuro. Hoy, por ejemplo, creemos que vivimos una época trascendental en que los hombres y los pueblos se lanzan a acciones decisivas para la conquista de un futuro que reúna nuevas categorías de perfección para la humanidad, para la justicia, para la cultura. Esta ilusión y esta esperanza han conmovido a los hombres de todas las épocas. Quizá en todos los períodos de la Historia, los hombres que los han vivido hayan creído sus tiempos los más heroicos, los más decisivos, los mejor orientados. No es raro que esta creencia esté en los ánimos

35

de los hombres de nuestro tiempo. Sin embargo, es muy posible que la época actual no sea tan trascendental, ni el torbellino de acontecimientos que se desarrolla con el fluir de los días tan definitivo, para el futuro. A lo mejor, dentro de algunos años toda esta agitación, todo lo que ahora pasa, no tenga importancia alguna.

EL ARTISTA EN EL MEDIO ACTUAL

Formulamos a las palabras de nuestro ilustre interlocutor un reparo:

—Sus juicios sobre la época actual me parecen pronunciados *sub specie aeternitatis*, y con arreglo a tan elevado punto de mira, justos y exactos. Pero hay una actualidad ruidosa que acongoja y llena de pesadumbre a unos, que es acicate y forja de sueños y de acciones que corren tras estos sueños para otros.

Vemos desaparecer, como en rápida mutación escenográfica, del vasto escenario donde la humanidad se mueve cosas cuya supervivencia parecía ungida de esencia de eternidad. Se derrumban sistemas e ilusiones, instituciones y famas. Nacen y mueren, como quien dice, del alba al ocaso nuevos sistemas y nuevas ilusiones. La actualidad es un vértigo fragoroso y sin pausa, y no sólo en la política, en las artes, en la ciencia, en las normas morales, en las nuevas prácticas de convivencia social. El medio en que la vida del artista se desenvuelve, las angustias materiales, el rudo choque de los sueños con la dura realidad de nuestros tiempos, ¿no cree que influyen grandemente en su obra?

—Yo creo que tanto en circunstancias adversas como en prósperas, el artista que ha de hacer su obra la hace. El logro de ella está por encima de lo material, lo superficial y lo externo. Como hombre, el artista participa en toda época del resultado de las contingencias que en su seno hierven, se encrespan y estallan. En España, por ejemplo, en estos momentos, las cuestiones políticas, y más concretamente las sociales, a todos nos atañen tan directamente, que es imposible librarse de que nos preocupen.

La política todo lo invade; en todos los rincones vibra. Política y cultura pocas veces han ido unidas en España. Habría que aconsejar a los artistas y a los intelectuales que

36

se ocupasen menos de política y más de su arte o de las disciplinas que cultiven. Este consejo es difícil que sea atendido. A partir de la guerra mundial, una corriente de angustia conmueve los espíritus y confunde las mentes. Se ha apoderado del mundo entero una enorme desorientación.

—¿A qué atribuye esta desorientación?

—A la falta de ideas directoras, a las luchas políticas y sociales. La interferencia de lo que se ha considerado como puramente político con lo social ha dado ese tono bronco a las luchas, ese tono terrible. Antes, la política la hacían unos cuantos en quienes implícitamente, por dejación espontánea de derecho o por renuncia al mismo o porque tal derecho no existía, depositaban su confianza las gentes o sin confianza alguna dejaban éstos hacer y deshacer a una minoría de políticos profesionales.

LAS MASAS LO QUE DESEAN ES NO SER MASAS

—Ahora es evidente —señalo yo— el afán de la gran masa de actuar en política y de dirigir. Muy especialmente, ¿este afán no se observa en las masas proletarias?

—No es afán de dirigir; es que la clase proletaria reclama sus derechos. Dirigir el mundo, sólo lo dirigen la cultura y la inteligencia, y tanto una como la otra no pueden ser un privilegio de casta. A muchos aterra el movimiento del proletariado y hasta lo consideran como una oleada de barbarie que puede anegar la cultura. Creen que ésta, que es injusto patrimonio de pocos, desaparecería al dar pleno acceso a ella a las masas. Lo que hay en el fondo del movimiento de las masas trabajadoras es la aspiración a la perfección por medio de la cultura. Hay quienes consideran ésta como un caudal que, repartido, desaparecería rápidamente. Gran error.. El caudal de la cultura se multiplicaría por el goce de ellas de las grandes masas. ¿Qué se logrará en cuanto la cultura deje de ser un privilegio de casta y las masas penetren en su zona de influencia? Pues lo que las masas buscan, no ser masas en el sentido que se da a este nombre, y lo conseguirían. Yo no soy marxista ni puedo creer, con el dogma marxista, que el elemento económico sea lo más importante de la vida; es éste un elemento importante, no el más importante; pero oponerse avara y sórdidamente a que las masas entren en el dominio de la cultura y de lo que en justicia les corresponde, me parece un error que siempre dará funestos resultados. Que las masas entren en la cultura no creo que sea la degradación de la cultura, sino el crecimiento de un núcleo mayor de hombres que aspiran a la espiritualidad. Pero ¿cómo van a ser cultos esos bárbaros? —se oye decir—. Esos bárbaros lo que quieren es no ser bárbaros. Todo lo que se defiende como un privilegio generalmente son valores muertos.

Don Antonio Machado, a lo largo de nuestra conversación, ha insistido en su apreciación de que el artista, y especialmente el poeta, debe apartarse, en cuanto al cultivo de su arte, de la política.

—Sin embargo —hago observar—, en ocasiones el grito, la invectiva o la sátira de un poeta ha orientado una época.

—El poeta —dice don Antonio— pretende ocuparse de cosas no actuales, que son eternas, que quizá no existen; pero por lo menos son una ilusión de todos los tiempos. No creo yo que sean los poetas los que vean las cosas antes, sino después. Por ejemplo: con el Renacimiento, Galileo representaba un pensamiento original y audaz, y en cambio, el caballero Marino estaba entregado a la ardua tarea de imitar a los clásicos. En el plano de la política creo que el poeta jamás ha hecho nada; cuanto más, como Dante, la ha reflejado de un modo indirecto. La poesía jamás podrá tener un fin político, y en general, el arte. No puede haber un arte proletario ni un arte fascista. Las tentativas de Goebbels en Alemania para hacer un arte hitlerista, o las de Mussolini en Italia para poner el arte al servicio de su política, me parecen un error.

—¿Sólo un error?

—Dejémoslo en eso. En Rusia ocurre lo mismo. Todo lo que he leído de la literatura de la Rusia nueva es francamente superficial, y de ninguna manera se puede comparar con la producción de los viejos maestros rusos.

LOS GÉNEROS LITERARIOS Y LOS PROGRESOS TÉCNICOS

—De entre todos los géneros literarios, ¿cuál le parece a usted el más característico de nuestra época?

—Me parece que debiera ser la novela, a pesar de que

está un poco agotada. Se ha producido mucho. Para el teatro no está aún madura la vida social nueva. La novela puede tentar el porvenir; el teatro es más tardío. Refleja la sociedad, pero cuando ésta se desenvuelve en modos, costumbres y medio ambiente ya cuajado. El nuevo estado social apunta en distintos pueblos; pero no está, ni mucho menos, ni en los comienzos de su camino.

—¿Y el «cine»? ¿Lo considera usted arte?

—El «cine» no es un arte; es un medio didáctico maravilloso. Como vehículo de cultura es algo extraordinario. Como arte tiene hasta ahora un valor escaso. Yo creo que el «cine» perderá interés si sigue la tendencia de querer ser teatro.

—Con el progreso técnico y la extraordinaria mecanización de la vida y el tumulto confusionario de ideas múltiples y contradictorias, ¿no se van creando en el hombre de nuestro tiempo disposiciones diversas de ánimo y de apreciación que puedan ser consideradas como una tendencia en derechura a un cambio de sensibilidad?

Tenemos unas frases que aceptamos como buenas, y una de ellas es ésta de la sensibilidad y sus cambios. Un cambio de sensibilidad creo que no puede hacerse durante la vida de una especie animal. Cambian los sentimientos, no la sensibilidad. Y cambian aquéllos por la quiebra de valores viejos y nacimiento de nuevos. Los progresos técnicos, y por demás las ideas, no ahora, sino de siempre, van cambiando los sentimientos.

EL SUEÑO Y LA ACCIÓN

—En una definición de prioridad de jerarquías, ¿qué situaría usted en primer lugar, el sueño o la acción?

—El culto de la acción no es concretamente de los tiempos actuales. Todo el siglo XIX es acción. Acaso el porvenir sea menos activista. El dogma de Goethe, «en el principio fue la acción», ejercerá menos influencia. Hoy tal vez la filosofía vuelve al platonismo, se vuelve a Platón. Además, el arte se ha intelectualizado considerablemente. La poesía de un Valéry es puramente intelectual.

—¿Cuál es, a su entender, la característica específica de nuestros tiempos?

—Yo no sé definirla. Quizá yo esté incapacitado para definir el presente. ¿Qué podrá ser esta característica? Es posible que haya ya o que surja algo imprevisto en lo que nadie haya reparado.

Terminamos hablando de España, de la penuria de la producción literaria actual, del desvío de la atención pública en cuanto pueda referirse a cuestiones de arte, de literatura, de poesía.

—La vida española —dice el insigne don Antonio— ha sido siempre muy beocia. Yo no creo que el ambiente de hoy sea de mayor incultura que el de hace veinte años, por ejemplo.

El Sol, 9 de noviembre de 1934.

PASCUAL PLA Y BELTRAN

MI ENTREVISTA CON ANTONIO MACHADO

Rocafort, asentado sobre el declive de un cerro enano. tiende largamente sus pies al cercano mar donde las espumas marinas se confunden con las jaspeadas barcas pescadoras. La tierra fulge verdes rabiosos, amarillos tonantes y acalorados sienas, cruzado de continuo —de día y de noche— por ese rumor fresco que tiene el agua de las acequias. Esto son los pies de Rocafort. Su frente está coronada por un pinar menguado; de su hombro diestro baja en las noches del estío el azahar de los naranjales, cuyos huertos han ganado los hombres horadando en la piedra, a fuerza de sudorosos sacrificios: sangre, trabajo y tiempo.

En este Rocafort levantino moró Machado algunos meses. Ocupaba un bello chalet en la parte baja del pueblo, con un huerto de jazmines, de rosales y limoneros. Este paisaje, en el crepúsculo de su edad, le recordaba su niñez en Sevilla. El edificio tenía —o tiene— un mirador abierto, desde donde podía adivinarse el mar. En aquella pequeña terraza solía recibir Machado a sus visitas. Allí, o a la sombra de aquellos limoneros cuajados de amarillos frutos, compuso seguramente el poeta sus últimas estrofas. Debió, también, dialogar más de una vez con Dios allí, pues vivía como a las bardas del mundo, y él había dicho:

Quien habla solo, espera hablar a Dios un día.

Yo había decidido aquella tarde ver al poeta. Era en agosto de 1937. Sentía —siento, como todo joven español que lleva la raíz de España en su sangre— veneración por

41

él. Sus versos, con los de Juan Ramón, son lo más sustancial, lo más hondo y latente de nuestra poesía contemporánea. Es el barro, la materia hecha temblor. Yo conocía bien al poeta, pero casi desconocía al hombre. Le había visto por primera y única vez hacía unas semanas, en una reunión literaria, en Valencia. Me lo presentó don Tomás Navarro Tomás. Después, terminada la pequeña fiesta, Antonio Machado tuvo la amabilidad de llevarme hasta Rocafort en su coche. Apenas hablamos durante el viaje. Le adivinaba fatigado, o en muda conversación con Abel Martín. Alguna palabra sobre las huertas, los naranjos y la obra hidráulica de los moros; el contraste de Valencia con Castilla, *que hizo a España*. Al despedirnos, me dijo Machado:

—Pues que somos vecinos, venga usted a verme; verá qué hermosa casa tengo.

Le prometí que iría; pero mi visita se fue demorando hasta aquella tarde del mes de agosto. Conmigo llevaba un ejemplar de sus *Páginas escogidas*, para que me lo firmara el poeta. Más de una vez me detuve en el camino, abrí el libro y leí sobre la concepción de su poesía y su estética. Era la emoción, el cordial sentimiento humano lo que más vivamente parecía interesarle. La poesía como prolongación del ser y del existir del hombre, del hombre colosal que era y existía en Antonio Machado. Conjugar la voz interior con el contorno, la sangre con la gracia, no como un ángel podría hacerlo, sino como la criatura humana lo hace. Así sus versos son directos, tal puras experiencias o testimonios vivos. A la *difícil facilidad* de Juan Ramón Jiménez, puede oponerse la *sencilla profundidad* de Machado; a la juanramoniana definición del poema, *no la toquéis ya más: así es la rosa*, podría y parece decir Machado: *no lo toquéis ya más: así fue el hombre.*

(No creo que S. M. * haya pretendido ir mucho más allá de donde fue Machado al proclamar la necesidad imperiosa de *una poesía capaz de hacer llorar a las mecanógrafas*. Hay que vitalizar, vivificar, poner en ascua pura la poesía.)

Me hallé frente al chalet. La sangre me estallaba en los pulsos. De las verjas pendía una maraña confusa de jazmines. Me abrió la puerta una muchacha delicada, muy joven, sobrina del poeta. Me hizo aguardar en el jardín mientras ella subía a comunicar mi llegada. Los limoneros desgarraban sus ramas con la acongojada acidez de sus frutos. Reapa-

---

* Rafael Sánchez Mazas.

reció la muchacha en lo alto de la escalera y con un gesto de su mano me invitó a subir. Detrás de ella divisé a don Antonio; le acompañaba su hermano José. Me acogieron con tanta cordialidad que mi nerviosismo cesó.

Fuimos a la terraza o mirador de que antes he hablado. Allí había una mesa, a cuyo alrededor tomamos asiento. Antonio Machado —con su perpetuo traje marrón— se sentó al frente; su hermano se colocó a mi diestra. «He frente a mí —pensé— al hombre sobre cuyos hombros reposa la más entrañable poesía española.»

Era conmovedor ver el cariño con que se trataban ambos hermanos. Es difícil ser artista y no poseer un rencor, una envidia, un veneno... «Soy, en el buen sentido de la palabra, bueno», había escrito el poeta. Ahora hablaba con su ligero acento andaluz, con su dura timbrada voz agradable. De vez en vez requería el asentimiento de su hermano; éste corroboraba sus aseveraciones con una palabra, con una sonrisa, con un gesto, con una mirada.

—Esto es hermoso, muy hermoso —comentaba Machado—. Esto es como un poco de paraíso. Sobre las huertas flamean todos los verdes, todos los amarillos, todos los rojos. El agua roja de esas venas surca graciosamente y abastece el cuerpo de esta tierra. ¡Cuánto ha debido laborar el hombre para conseguir esto! Los valencianos están orgullosos de sus tierras, que no tienen que desgarrar, sino acariciar con el mismo con que se besa a una muchacha; pero esto, que yo amo y admiro como una bendición, no es la tierra, la tierra ancha y dura, ascética y peleadora de Castilla. ¡Castilla hizo a España! Sin Castilla posiblemente esos naranjos no dejarían ahora caer su azahar bajo estos cielos..., al menos para nosotros. Estos campos (*estos campos son la vida y otros campos son la muerte,* he leído no sé en qué lugar), esta hermosura materializa al hombre, lo vuelve en exceso terreno. Aquí, entre esta verdura, difícilmente se angustia uno con la muerte. Y no existe contradicción en esto, pues lo que pasa es que aquí la idea de la muerte muy raramente conturba el espíritu del hombre. El hombre es aquí tan material, que parece vivir con la convicción de que su permanencia será eterna sobre la tierra. ¡Castilla es tan distinta! ¡Tierra de místicos, de guerreros y de truhanes! El hombre vive allí con la esperanza del más allá, desdeñoso de la tierra, con una gran lanzada de Dios en el espíritu. Los pies en el suelo, más la cabeza clavada en la infinitud del espacio. Castilla es la conquista, la expansión, la fe, lo absoluto;

43

Valencia es el laboreo, la constancia, la conservación de lo por aquélla conquistado. ¡Castilla es el espíritu de España!

(Yo me acordé de Eusebio García Luengo, el cual, una tarde en que caminábamos por campos de Foyos, me dijo, mientras devoraba una punta de boniato y abarrotaba de naranjas su gran cartera —migas de pan, cuartillas a medio escribir, cacahuetes, recortes de prensa y algún Eugenio d'Ors deslomado—: «Tienes que convencerte de que esto, esto en que apoyamos los pies, no es la tierra. La tierra es Extremadura; la tierra es Castilla. ¡Pero esto! ¿No ves que el verde no deja ver la tierra?» Tuve que darle razón.)

—La llevada y traída y calumniada generación del 98, en la cual se me incluye —siguió hablando el poeta, un poco abstraído, sereno y alegre: con esa alegría tan seria de Machado y del español— ha amado a España como nadie, nos *duele* España —como dijo, y dijo bien, ese donquijotesco don Miguel de Unamuno— como a nadie ha podido dolerle jamás patria alguna. Pero los españoles habíamos soñado con exceso, habíamos vivido demasiado de nuestros antepasados, demasiado como milagro. Nuestro sueño cayó con la bancarrota de las últimas empresas ultramarinas. La razón contundente de nuestros fracasos nos demostró que podía lucharse pero no vencerse con lanzas de papel. Recogimos velas, las pocas y desgarradas velas que aún nos quedaban, y nos volvimos patria adentro. Había que poner un poco de orden aquí. Nuestra universalidad, la universalidad de España no puede ser ya una universalidad física, sino espiritual. No nos engañemos.

Del cielo encapotado, fosco, desprendióse una fulminante llamarada; seguidamente se escuchó un imponente trueno. Comenzó a llover.

Yo dije, tal vez tontamente:

> El pesado balón de la tormenta
> de monte en monte rebotar se oía.

Antonio Machado sonrió.

—No sé —dijo de nuevo— si han sido mis palabras o mis versos, que fluían en la mente de usted, los que han convocado la tormenta, pues no creí que fuera a llover esta tarde. Veo, también, que usted lee mis versos; yo no los leo nunca. No los leo, porque creo que los versos son intuiciones cuajadas, experiencias latentes, cuando son y significan algo; pero precisamente por lo que tienen de testimonios de momentos que fueron, de sombras del pasado, nos llevan fatalmente a la elegía. Yo dejo caer mis poemas como hojas frescas, como esas hojas de limonero tan relucientes bajo el agua, sin volver sobre ellos; así tengo la impresión de que permanecen tan juveniles como cuando los concebí y creé.

—Lo siento por usted, don Antonio —le interrumpí—. Debería leer al mejor poeta de España.

—Me basta —y su palabra cobró una entonación especial— con leer a Jorge Manrique y a Federico García Lorca.

Sus sobrinas aparecían de cuando en cuando, preguntaban alguna cosa, traían un vaso de agua; a veces se las oía palmotear bajo la lluvia, en el jardín. Machado las trataba como si llevara el corazón en la mano.

Era un hombre tan bueno, que aun al mayor criminal le hubiera encontrado una disculpa. Hubiera dicho: «Habrá que estudiar bajo qué circunstancias ha cometido tal acto. El hombre, que es un arcano temblor para la poesía, para la razón no puede ni debe ser un asombro. Investiguemos La humana criatura es buena. En el fondo —¿no te parece a ti, José?— todos tenemos algo noble, todos llevamos un poco de Dios en el corazón.» No sé si Machado fue siempre así, si en su juventud —la juventud es intransigente llama destructora, voz o intuición del caos— fue también así; pero aquella tarde del pueblecito levantino, bajo el clamor de la tormenta, así era Machado, así me pareció que era Machado. Había envejecido, y la edad le pesaba demasiado en los huesos:

> Sin placer y sin fortuna,
> pasé como una quimera
> mi juventud, la primera...,
> la sola, no hay más que una:
> la de dentro es la de fuera.

Yo cometí otra pequeña indiscreción (debo confesar que nunca pensé utilizar aquella entrevista para un artículo; hoy lo hago; que su memoria me perdone). Llamé al corazón del poeta.

—¿Qué sabe de su hermano Manuel? —dije.

El rostro de Machado se iluminó.

—Es para mí una tremenda desgracia este estar separado de Manuel —me contestó—. El es un gran poeta. El, además de mi hermano, ha sido mi colaborador fiel en una serie de obras teatrales; sin su ánimo nunca esas obras hubieran sido escritas —hizo una breve pausa—. La vida es cruel a veces; a veces es excesivamente dura. Pero este dolor nuestro, por profundo que sea, no es nada comparado con tanta catástrofe como va cayendo sobre el pecho de los hombres. Sin embargo, cuando pienso en un posible destierro, en una tierra que no sea esta atormentada tierra española, mi corazón se llena de pesadumbre. Tengo la certeza de que el extranjero significaría para mí la muerte.

No sé qué sombra posó su ala sobre el espíritu del poeta. Había cesado de llover. Del jardín ascendía un oloroso azahar de limonero. José se levantó · y trajo una pluma. Machado me firmó el ejemplar de sus *Páginas escogidas*, que yo, entre tanta catástrofe, he terminado por perder. Luego bajamos al jardín. Anochecía cuando les di mi adiós.

Ya no volví a ver al poeta en vida, aunque le pueda ver en su muerte. Diecinueve meses después moría sobre tierras francesas. Debía de ir como él serenamente había presentido en uno de sus más conmovedores versos: «casi desnudo, como los hijos de la mar». Y es que Antonio Machado era tan español, que le era imposible vivir sobre otra tierra que no fuese esta áspera y atormentada tierra de España

VICENTE GAOS

RECUERDO DE ANTONIO MACHADO

Conocí a Antonio Machado en Valencia. En 1937. Yo vivía en esa ciudad, que es mi ciudad natal, y Machado había llegado a ella desde Madrid.

Tenía yo muy pocos años, el Bachillerato terminado en 1935 y el alentar poético recién desvelado.

Con esa pedantería y esa osada ignorancia que son casi siempre el estigma de toda adolescencia agitada, me permitía afirmar yo que Antonio Machado era un mal poeta. Así, tajantemente. Mis opiniones todas venían en aquella época teñidas por el peor snobismo. Pero poco después, ya más curado de esto, leí de nuevo a Machado, y me rendí —sumisa y devotamente— ante una evidencia tan luminosa que apenas podía comprender mi anterior ceguera.

Y en esta situación de mi ánimo, con el fervor por la figura poética y humana de don Antonio en su apogeo, llegó a Valencia, y quise conocerle.

Semejante desprecio, al primer contacto, lo tuve también para don Miguel de Unamuno. Y, de igual modo, una relectura (tal vez mejor, una primera lectura, en serio) me trajo al descubrimiento de una luz cuyo resplandor me sigue aún deslumbrando.

La adolescencia es la hora de las más impías e ingratas negaciones. Es la época en que se cree de buena fe (lo que no impide ser snob de otro lado) que el último verso que uno ha escrito, y que es, con irremediable seguridad, gemelo del último, precisamente, que ha leído, echa por tierra siglos enteros de poesía. Mis dieciséis años, por ejemplo, no han conocido desprecio igual para figuras de significación tan ingente.

Gracias a Dios, no permanecí demasiado en esa postura. La insaciable sed de saber, la lectura continua y apasionada, el sincerísimo entusiasmo interior que me acercaba a la belleza con irrefrenable arrebato, me dieron pronto la sencillez y la humildad —primer bagaje de madurez— en el juicio sobre el valor ajeno y el propio.

Hoy, los «dos muertos queridos» de *Oscura noticia* son también para mí, al mismo tiempo, los dos muertos más queridos y las dos devociones más vivas de nuestra literatura contemporánea.

A principios de 1937 veía yo con frecuencia a un amigo conocido años antes y que hoy es catedrático de Instituto y fino escritor: Rafael Ferreres. Fue idea de Ferreres y mía hacer una visita a Antonio Machado.

Nos enteramos de que habitaba un chalet en el vecino pueblo de Rocafort, que un tren eléctrico enlaza, en pocos minutos, con Valencia.

Y hacia Rocafort nos dirigimos Ferreres y yo en una incomparable mañana de enero, soleada y cálida: una de esas mañanas mediterráneas que el Levante español ofrece con tan generosa frecuencia, y que son un verdadero regalo para los sentidos. ¡Qué lejos Soria!

Ibamos los dos con sendos ejemplares de las *Poesías completas*, aguardando con impaciencia la dedicatoria. Recitábamos de memoria verso tras verso, en ejemplar comunión de entusiasmo. Nos sentíamos sencillamente, sinceramente emocionados. Y nos preguntábamos si don Antonio nos recibiría y cuál sería su acogida.

No tardamos nada en saberlo. El chalet «Villa Amparo», muy próximo a la estación del pueblo, estaba ya ante nuestros ojos.

Me sería difícil relatar la primera impresión de este encuentro. Desde luego la sensación inmediata fue la de encontrar a don Antonio mucho más viejo de lo que yo suponía, juzgando por dibujos y retratos recientes. Andaba encorvado y arrastrando los pies. El aliño de su persona era exactamente el «torpe aliño indumentario» con que él mismo se ha descrito. Veíase en todo al hombre descuidado de sí mismo. Su cansancio y su agotamiento trascendían en el vacilante pulso con que firmó nuestros libros. Recuerdo que, para escribir, se puso unas gafas, mientras nos explicaba que ya no tenía vista suficiente para trabajar sin ellas.

Mi dedicatoria decía estas textuales palabras: «A Vicente Gaos y González-Pola, afectuosamente, su hoy amigo Antonio Machado.»

Hablamos largo tiempo y de mil cosas. De su hermano Manuel —por quien manifestó gran devoción—, de Unamuno, de poesía, de recuerdos personales suyos, de su manera de escribir...

Yo estaba un poco asombrado por tanta deferencia, sintiéndome tan insignificante y tan joven. Esperaba más bien que, al recibirnos, lo hubiera hecho con brevedad y que, tras una conversación banal y una simple firma en el libro, estuviéramos de regreso. Nada resultó así. A pesar de su visible cansancio, don Antonio nos despidió hasta la puerta y aún continuó acodado en la baranda de la escalera, haciendo de vez en cuando gestos de adiós con la mano, hasta que mi amigo y yo nos perdimos de vista.

Ahora trazo estas líneas —sin ninguna pretensión literaria— elaborando sobre el recuerdo. La impresión más directa quedó reflejada en un poema mío escrito días después, y que hubiera reproducido con gusto, pues si su valor poético es nulo o casi nulo, valía, en cambio, como expresión de la sacudida que en un muchacho muy joven, que por entonces comenzaba a sentir entrañablemente el tiránico llamamiento de la poesía, y que lleva siéndole fiel sin tregua, produjo el encuentro con la primera figura entre todos los poetas vivos en España. No he vuelto a encontrar ese poema entre mis papeles antiguos, y ahora, después de casi ocho años, no lo recuerdo bien de memoria.

En el transcurso de la conversación, don Antonio lió un cigarrillo. Con tal motivo hablamos de las restricciones de entonces y supimos que don Antonio —impenitente fumador— no andaba muy sobrado de tabaco. El detalle no es tan nimio. Pero, además, fue como el pretexto para nuevas visitas. Ya se sabía: cuando yo había logrado reunir algunos paquetes, un viaje mío a Rocafort era el corolario. Ferreres hizo también lo mismo, por su parte. No puedo remediar un sentimiento de tristeza cada vez que recuerdo al viejo poeta fumando las hierbas del jardín.

De esta manera llegué a visitarle varias veces.

Y cada visita eran casi horas de conversación. Ya en primavera, le vi una vez, y estuve a solas con él en el gran salón oscuro de la primera entrevista. Recuerdo que iba a dedicarme un libro. Anduvo rebuscándose las gafas por los bolsillos, y como no las encontrara, llamó a sus familiares y les dijo que mirasen por su despacho. Al final resultó que las tenía metidas por los repliegues interiores de la camisa. Su descuido era tan tremendo y tan espontáneo, que don Antonio se parecía más al tipo clásico de sabio distraído que a un poeta.

Y un poeta —el primer poeta español de su tiempo— era el hombre que yo tenía delante. Confieso que me sentía un poco emocionado viéndome a solas con él y hablándole tan largo rato. Instintivamente me consideraba como poeta de una generación que no estaba destinada a conocer personalmente a Machado. Como único poeta de mi edad, tal vez, que andando el tiempo habría estrechado su mano y escuchado tantas cosas suyas de viva voz.

Todos conocemos los accidentes de la existencia de Antonio Machado, y yo le he oído hablar de muchos de ellos en mis visitas: su niñez en Sevilla, su juventud de estudiante en Madrid, su estancia en París, su estancia en Soria y el matrimonio, con la muerte de su mujer a los pocos años. Su vida en Baeza, en Segovia y en Madrid...

Lo importante no es esto. Lo importante —lo excepcional, genialmente importante— es que don Antonio en su vida haya sido eminentemente fiel a cuanto ha escrito, o que haya tomado su poesía de la inmediata fuente de la vida. Así logró ser lo que es más difícil ser en el mundo: un hombre como todos, uno más, uno de tantos, siendo único al mismo tiempo. Azorín nos ha dado esta fórmula del más alto arquetipo humano: ser, aparecer como todos. Y ser, sin embargo, distinto, ser uno mismo.

La poesía de Machado es también así: sencilla, elemental, elaborada con materiales al alcance de cualquier mano, sin selección ni estridencia en el léxico, sin ninguna visión demasiado personal de los sentimientos humanos desde que el mundo es mundo; tan elemental, tan sencilla, que parece que cualquiera podría hacerla. Y, luego de esto, la poesía más personal, más profunda y más entrañable que se conoce en español desde Bécquer. «Prodigioso mágico de la palabra» ha llamado un escritor a Machado.

Esa magia y ese prodigio son el secreto supremo del arte. El eterno misterio de la poesía, indescifrable hasta para el mismo poeta que se adentra en su seno.

Transida de ese sellado secreto, que es el que daba no sé qué jerarquía a cada acto y a cada palabra de Antonio Machado, su vida resultaba así igualmente excepcional que su obra.

La última vez que le vi fue en Barcelona. Residía entonces en «Torre del Castañar», una espléndida mansión cercana al paseo de San Gervasio. Cuando llegué y me adentré por el vasto arbolado que rodea la finca, me pareció sufrir una decepción. No era aquella «villa» aristocrática y suntuosa residencia adecuada para el hombre íntegro y humilde por el que todos le teníamos.

Don Antonio sólo tenía de la casa unas pocas habitaciones. La finca estaba atestada de familias de evacuados.

Llevaba meses sin verle. Don Antonio se me acercó —más viejo, más triste, más cordial y humano que nunca— y me estrechó la mano. Fue mi postrera entrevista. Permanecí con él largo rato. Conocí en la ocasión aquella a su madre, una viejecita finísima, muy pequeña, una visión casi, que murió poco después que su hijo.

Don Antonio era ya un hombre acabado. Sería esto por el mes de enero de 1939.

Toda mi relación con el gran poeta fue, pues, en años tremendos para España. En años importantes también para mí: daba yo mis primeros pasos por la poesía, mientras don Antonio Machado se adelantaba, de un gran paso resuelto, hacia la muerte.

El recuerdo de horas y horas pasadas a su lado lo conservo bien vivo, indeleble, imborrable. Es el recuerdo de horas sencillamente inolvidables.

El Español, 6 de enero de 1945.

WALDO FRANK

LA MUERTE DEL POETA DE ESPAÑA: ANTONIO MACHADO

Cerca de Figueras, en las fértiles llanuras del levante catalán, se alza una antigua masía construida por campesinos del siglo XVIII. En la parte baja, el establo con un cálido olor de estiércol. Arriba, la enorme cocina de grandes vigas y cacharros de cobre colgados sobre un hogar en cuya lumbre se ha cocido el pan de veinticuatro generaciones. Fue éste el refugio donde Antonio Machado, el poeta más noble de España y uno de los pocos escritores clásicos de nuestro tiempo, pasó sus últimas horas bajo un techo español, en la noche que siguió a la caída de Barcelona (el 27 de enero de 1939). A modo de improvisado homenaje —quizá no enteramente fortuito— cuarenta hombres y mujeres, salidos como Machado de Barcelona en el último momento, compartieron con el poeta el frío de aquella cocina. Cuarenta españoles velando en la oscuridad sin esperanza de que la luz del alba les trajera un nuevo día, sino, más bien, una noche aun más oscura. Entre aquellos hombres se hallaban algunos intelectuales de primer rango que durante dos años y medio habían abandonado el trabajo de toda su vida y habían luchado por salvar la vida de la República: Pedro Carrasco, director del Observatorio Astronómico de Madrid; Emilio Mira, psiquiatra de fama; J. Pous y Pagés, presidente del Instituto Catalán de Literatura; Enrique Rioja, naturalista; J. Roy-Gomer, geólogo; Joaquín Xirau, rector de la Universidad de Barcelona; Carlos Riba, uno de los mejores poetas catalanes, y Tomás Navarro Tomás, director de la Biblioteca Nacional de Madrid y uno de los primeros filólogos del mundo.

Llovió toda la noche. De vez en cuando el eco sordo de un fusil, el zumbido de una bomba. Los hombres, en posiciones poco cómodas, se dividían las frías losas del piso; Machado, con el cuerpo encorvado, casi vencido ya por la enfermedad, esperaba sentado con las mujeres en los rústicos bancos de madera. Dos años antes había escrito a un amigo desde Madrid: «Soy *viejo y enfermo*, viejo porque paso de los sesenta, que son muchos años para un español; enfermo, porque las vísceras más importantes de mi organismo se han puesto de acuerdo para no cumplir exactamente su función. Pienso, sin embargo, que hay algo en mí poco solidario de mi ruina fisiológica, y que parece implicar salud y juventud de espíritu.» Cuando en noviembre del 36 el gobierno ordenó la evacuación a Valencia, Machado habló con un grupo de amigos y camaradas. Les dijo que había ofrecido sus servicios a varios departamentos del ejército sin éxito alguno y explicó por qué, a diferencia de varios ilustres colegas suyos, no podía aceptar un refugio en el extranjero, uno de los muchos que le habían ofrecido en Europa, en Rusia, en América. «No hay más elocuencia en España que la del soldado. Es triste estar condenado como yo a la de la pluma. La única moneda con que podemos pagar lo que debemos a nuestro pueblo es la vida.»

No se habló mucho en aquella última tertulia que una generación de intelectuales celebraba en su España. Sin duda, cada uno de los reunidos en la masía catalana, en la helada penumbra que unas pobres velas dibujaban sobre la humilde cocina, vería desfilar ante su mente los recuerdos de su vida plena y callada, como en el último momento de una lúcida muerte.

La noche siguiente fue la última que pasó Antonio Machado en España. No la pasó ni con sus compañeros ni bajo techo. A pie, con la gente humilde, marchó por los caminos bajo la lluvia. Tras ellos, muy cerca, la amenaza de los fascistas. Unidos, apoyándose los unos en los otros para no caer, arrastrando sus cuerpos cansados, se aproximaban a la frontera. Aquellos hombres y aquellas mujeres no podían encararse con la mentira que ha de asegurar la vida al español que permanezca en España. Muchos de los refugiados eran soldados heridos. Machado vio sus vendajes empapados por la lluvia; vio la carne desnuda, enferma, ensangrentada; palpó la ropa mojada de sus compañeros. Allí había niños en los brazos de su madre, había mujeres de edad avanzada. Una de ellas la madre misma de Machado que nunca había querido separarse de él. El poeta, casi inválido, triste, sostenido, de un lado por la mano de la madre, del otro por el brazo fuerte de su amigo Navarro Tomás, escapaba a la agonía de la España actual. El se iba, sin embargo, dentro de otra España que ha de sobrevivirle; la de esta triste muchedumbre derrotada hoy, pero en la cual alentaba una fuerza de espíritu y una visión como la suya misma, que no pueden morir.

«Cuando halléis en mis palabras una nota segura, firme —había dicho— sabed que estoy enseñandoos algo que he aprendido del pueblo.»

Su salida de España, la muerte misma de Machado, tienen toda la realidad plástica de sus poemas. Sumergido en la angustia de millones de compatriotas, llegó a la frontera francesa..., a la frontera política, porque la Francia amada por él, cuya lengua y literatura había enseñado durante cuarenta años para ganarse el pan, no podía tener fronteras. La de los alambres erizados de púas era la otra. Con sus soldados senegaleses, de fez rojo y cara negra, como una mancha en la oscuridad; con sus oficiales blancos que acababan de decir a los senegaleses: «Hay que tratar a los españoles sin compasión.» ¡Era la Francia política! Machado la conocía bien. Ya sabía cómo su pueblo español había sido traicionado por la cobardía de León Blum, que no se atrevió a cambiar el rumbo de su nación con un acto inteligente, beneficioso enérgico, como Daladier había de hacer dos años más tarde con un acto estúpido y vergonzoso. Conocía la demora vacilante de los grandes hombres, los directores, mientras los pequeños llenaban las bolsas, regateando los permisos para dejar pasar gota a gota, mediante el soborno, parcos cargamentos de municiones, nunca suficientes para una verdadera ofensiva leal. Sabía cómo los enormes depósitos de fusiles y bombas con los que Negrín había contado para la defensa de Cataluña habían sido detenidos en la frontera —sin saberse quién fuera el traidor— hasta que fue ya demasiado tarde. (Los soldados de la España leal podían resistir una inferioridad de armamentos en la proporción de uno a cuatro, pero... la de uno a veinte terminó con ellos.) Machado sabía también, sin poder sentir rencor hacia los pobres negros inocentes, todo lo que de simbólico tenía la presencia de los africanos en esta escena de muerte..., de la muerte de Europa..., de la muerte de la gran Francia.

Estas últimas horas en el límite geográfico de su país, en el límite de una época, mientras las mujeres frenéticas, roncas de tanto gritar su dolor, eran separadas de sus hombres, acorraladas como ganado al otro lado de la alambrada, y la lluvia empapaba cuerpos ateridos y el eco de la fusilería fascista se apagaba a lo lejos, fueron, en rigor, las últimas horas de la vida de Antonio Machado. En realidad, su cuerpo aún no había sucumbido del todo. Algunos amigos encontraron un refugio para él y para su madre en un vagón de mercancías. Navarro Tomás llegó a Perpiñán y volvió con dinero. Machado fue instalado en un pequeño hotel de Colliure. No había perdido ni la lucidez ni la serenidad de espíritu que eran suyas. Allí, rodeado de las pobres comodidades que puede ofrecer una aldea francesa, murió. (Unos días después murió su madre.) Veinte años antes había escrito:

> Mi infancia son recuerdos de un patio de Sevilla
> y un huerto claro donde madura el limonero
> ... ...
> Y cuando llegue el día del último viaje
> y esté al partir la nave que nunca ha de tornar,
> me encontraréis a bordo ligero de equipaje,
> casi desnudo, como los hijos de la mar.

Tres años antes España tenía (entre otros sin igual en Europa) cuatro grandes poetas —los cuatro, de Andalucía. En la generación de los más viejos, la llamada «generación del 98», Antonio Machado y Juan Ramón Jiménez, maestro de todos los estetas del mundo hispano, poeta más profundo que Paul Valéry, sólo comparable quizá entre los líricos contemporáneos con William Butler Yeats. En la generación más reciente: Federico García Lorca y Rafael Alberti. García Lorca murió en los primeros meses de la guerra, asesinado por la guardia civil de Granada, ante la complicidad indiferente de una burguesía medrosa. Alberti tomó, con su valiente compañera María Teresa León, su puesto en Madrid, que no abandonaron hasta este marzo. Jiménez, sin regatear su solidaridad a la República, no podía armonizar sus antiguos hábitos de recluso y esteta con las duras necesidades del momento, y en Puerto Rico, en Cuba, en los Estados Unidos ha seguido laborando fielmente por la causa. En Machado, el hombre y el escritor alcanzaron una profundidad cada día mayor, al punto de que el año de empezar el conflicto se le juzgó no ya uno de los cuatro, sino el primer poeta de España.

Su obra no es muy abundante, pero sí tan densa, poderosa

y formalmente orgánica que su alto rango entre los poetas de nuestra época está asegurado. En el comienzo —perfectas ya la música y la expresión— es eco en parte, en parte disidencia, de la belleza y del hastío de la vieja España. Los primeros poemas articulan la plasticidad estática de un país cuyo suelo, sol y alma se habían paralizado a un mismo tiempo. Surge luego un anhelo de libertad y de fluidez. El mar será el símbolo de su poesía. Recuerda la sentencia de su maestro, el gran Jorge Manrique (de quien él deriva como Jiménez de Góngora):

> Nuestras vidas son los ríos
> que van a dar a la mar
> que es el morir...

La atención de Machado se inclina todavía a lo personal, a lo eterno. Cuando pierde a su mujer, su corazón dolorido es como el mar. Aparece la inquietud intelectual. La duda se convierte pronto en aspiración dinámica dentro de la España inmóvil:

> En mi soledad
> he visto cosas muy claras
> que no son verdad.

A los cuarenta años Machado había alcanzado madurez metafísica y conciencia social:

> El ojo que ves no es
> ojo porque tú lo veas;
> es ojo porque te ve.

«Rusia y España —profetiza en 1917— se encontrarán algún día como dos pueblos profundamente cristianos que son, cuando ambas hayan sacudido el yugo de la Iglesia que las divide.» Sus poesías y su obra van ganando en densidad. La nota nostálgica palidece para dar paso a un humorismo agudo y sabio como el de un Pascal socialista:

> En el mar de la mujer
> pocos naufragan de noche;
> muchos, al amanecer.

57

El último libro de Machado se llama *La guerra*. (Sólo he visto algunos de sus poemas —parece que aún no ha llegado el libro a América.) Canta a la primavera «más fuerte que la guerra» —la primavera que ha florecido en esta guerra en las vidas de soldados y capitanes como Líster, Mera, Modesto; y en ese otro avatar —la tierra ardiente de España, sus prados y huertas. La prosa de esta última fase —*Consejos, sentencias y donaires de Juan de Mairena*— es la síntesis final del hombre bondadoso y sereno en medio de la tragedia inevitable. Sirvan de muestra:

> Aprende a dudar, hijo, y acabarás dudando de tu propia duda. De este modo premia Dios al escéptico y confunde al creyente.

> *

> No olvidéis que es tan fácil quitarle a un maestro la batuta, como difícil dirigir con ella la quinta sinfonía de Beethoven.

> *

> También quiero recordaros algo que saben muy bien los niños pequeñitos y olvidamos los hombres con demasiada frecuencia: que es más difícil andar en dos pies que caer en cuatro.

> *

> Cuando el Cristo vuelva —decía mi maestro— predicará el orgullo a los humildes, como ayer predicaba la humildad a los poderosos.

Durante la guerra Machado estuvo rodeado de amigos, en su mayoría jóvenes, que compartiendo su amor por la causa que defendía, le amaban a él. Era el alma inspiradora y crítica del grupo y con ellos publicaba, mes tras mes, *Hora de España*: a mi entender, el mayor esfuerzo literario que ha salido de cualquier guerra y prueba de que la lucha de España contra la traición del mundo es el nacimiento de una cultura que no debe morir. Mis más caros recuerdos de la última primavera que estuve en España son las horas que pasé en el frente, bajo el fuego, con los soldados y las que pasé con Antonio Machado (más de una vez mientras los italianos bombardeaban la ciudad) y los jóvenes poetas, sus discípulos, la mayoría de uniforme —soldados, por lo tanto, de dos frentes.

Machado no era nada patriotero. Se daba cuenta del aislamiento de España y de la lógica fatal de la escasez de armas. Conocía la importancia de los hombres de buena voluntad en Francia e Inglaterra. Cuando le dije que había enviado cables a nuestro presidente y a nuestros senadores pidiendo que anulasen el nefando embargo contra el gobierno más legítimo del mundo —el gobierno de España en el que republicanos, socialistas, comunistas, católicos, anarquistas luchaban por un ideal común—, Machado miró con sus ojos pardos llenos de calor humano y no dijo nada. Nunca oí de sus labios las palabras «victoria» o «derrota». Vivía en un plano de comprensión más profunda. Sabía que, como la eternidad dentro del tiempo, España estaba realizando su más plena victoria dentro de la lucha, cualquiera que fuese el resultado inmediato. Ya había escrito él en 1917:

> Mas otra España nace,
> la España del cincel y de la maza,
> con esa eterna juventud que se hace
> del pasado macizo de la raza.
> Una España implacable y redentora,
> España que alborea
> con un hacha en la mano vengadora,
> España de la rabia y de la idea.

La última jornada de Machado, unido hasta el fin con el dolor de su pueblo, ha sido una lección para todos. Porque todos, sin que nadie se salve, contribuímos a hacer posible en su horror esa noche de muerte. Los obreros franceses e ingleses son responsables del crimen por carecer, dentro de su buena voluntad, de la audacia y el poder que sus enemigos han puesto al servicio del mal. Nosotros, intelectuales americanos, somos responsables del crimen porque no supimos hablar la palabra simple, verdadera, que hubiera puesto en movimiento la generosidad latente de nuestro pueblo, ni fuimos capaces de crear la clara percepción que, para nuestra propia conservación, nos hubiera llevado a evitar la muerte de la República española. Mr. Franklin D. Roosevelt es responsable del crimen porque, a pesar de conocer plenamente los hechos, a pesar de su pretendido amor por los valores que España defendía con su sangre, sin ninguna de las contradicciones internas que paralizaban a Francia e Inglaterra, no supo completar con hechos sus palabras elocuentes sobre la Justicia, la Democracia y la verdadera Religión.

Repertorio Americano, Costa Rica, 22 de abril de 1939.

OCTAVIO PAZ

ANTONIO MACHADO

Prosa y poesía, vida y obra, se funden con naturalidad en la figura de Antonio Machado. Su canto también es pensamiento; su pensamiento, reflexión del canto sobre sí mismo. Por la poesía, Machado sale de sí, aprehende el tiempo o se deja apresar por éste. Por el pensamiento, se recobra, se aprehende a sí mismo. Poesía y reflexión son operaciones vitales. Pero su vida no sustenta a su obra. Más bien es a la inversa: la vida de Machado, el opaco profesor de Segovia, el solitario distraído, se apoya en la obra de Machado, el poeta, el filósofo. Del mismo modo que sus poemas sólo pueden ser comprendidos cabalmente a la luz de sus últimas meditaciones, su vida sólo es inteligible a partir de su obra. Es una creación suya. Y de su muerte. A partir de su muerte, la vida de Machado cobra significación. O más exactamente: cuando muere, dos días después de haber cruzado la frontera francesa con los restos del Ejército Popular, su vida empieza a ser realmente vida. Antes sólo había sido sueño y reflexión: soñar o soñar que soñaba, aspiración a realizarse en algo ajeno a él, pero a cuyo contacto podría, al fin, llegar a ser él mismo. Decía Machado que él no había asistido al acto más importante de su vida, aunque muchas veces lo había recordado en sueños: la tarde en que sus padres se encontraron por primera vez y se enamoraron. Estoy seguro que, al morir, hizo algo más que recordar aquel encuentro: los enamorados de aquella tarde de sol, agua y velas a orillas del Guadalquivir, empezaron a existir de verdad.

No hay que confundir la naturalidad con la simplicidad.

Nadie más natural que Machado; nada más reticente que esa naturalidad. Su poesía es clara como el agua. Clara como el agua corriente y, como ella, inaprehensible. Las máscaras —Abel Martín, Juan de Mairena— con que el poeta Machado se cubre el rostro, para que hable con mayor libertad el filósofo Machado, son máscaras transparentes. Tras esa transparencia, Machado desaparece. Se evade, por «fidelidad a su propia máscara». Abel Martín, metafísico de Sevilla; Juan de Mairena, profesor de gimnasia y retórica, inventor de una Máquina de Cantar, son y no son Machado: el poeta, el filósofo, el profesor de francés, el jacobino, el enamorado, el solitario. La máscara, idéntica al rostro, es reticente. Cada vez que se entrega, sonríe: hay algo que no acaba de ser expresado. Para entender la metafísica erótica de Abel Martín debemos acudir a los comentarios de Juan de Mairena. Estos nos llevan a los poemas de Machado. Cada personaje nos envía a otro. Cada fragmento es el eco, la alusión y la cifra de una secreta totalidad. Por eso es imposible estudiar parcialmente su obra. Hay que abrazarla como un todo. O, mejor dicho, hay que abrazar cada una de sus partes como una totalidad, pues cada una es el reflejo de esa unidad escondida.

La obra de Machado es indivisible, pero posee diversos estratos. Cada estrato transparenta otro. La claridad de Machado es vertiginosa. Leerlo es ahondar, penetrar en una transparencia sin fin: en una conciencia que se refleja a sí misma. La máscara de Juan de Mairena parece decirnos que es algo más que una máscara: una de las formas en que se ha fijado un rostro perpetuamente móvil. La reticencia es una provocación. No tiene otro objeto que aguijonear nuestra sed. Machado, el ensimismado, sabe que sólo puede revelarse en otro, en un contrario que es un complemento: el poeta en el filósofo, el enamorado de la ausencia, el solitario en la muchedumbre, el prisionero del yo en el tú de la amada o en el nosotros del pueblo.

Abel Martín interroga a su creador. Quiere saber quién fue el poeta Antonio Machado y qué quiso decir con sus poemas. Acaso, insinúa, nada que sea radicalmente distinto de lo que expresa su prosa o de lo que afirman, con mayor claridad y concisión, su vida y su muerte: el yo, la conciencia de sí, es la manera de existir propia del hombre moderno. Es su condición fundamental, a ella le debe todo lo que es. Mas es una condición que lo asfixia y que acaba por mutilarlo. Para ser, para que el yo se realice y logre su plenitud, es necesaria la conversión: el yo aspira al tú, lo uno a lo otro. «El ser es avidez de ser lo que él no es.» Pero la razón se obstina en permanecer idéntica a sí misma y reduce el mundo a su imagen. Al afirmarse, niega la objetividad. Abel Martín reputa como aparenciales todas las formas en que la conciencia aprehende la objetividad, porque en todas ellas el objeto se reduce a la tiranía de la subjetividad. Sólo en el amor es posible aprehender lo radicalmente «otro» sin reducirlo a la conciencia. El objeto erótico —«que se opone al amante como un imán que atrae y repele»— no es una representación, sino una verdadera presencia: «la mujer es el anverso del ser». Al aprehender al irreductible objeto erótico, el amante roza las fronteras de la verdadera objetividad y se trasciende, se vuelve otro. Machado es el poeta del amor, nos dice su máscara, el filósofo Abel Martín.

En los poemas de Machado el amor aparece casi siempre como nostalgia o recuerdo. El poeta sigue preso en la subjetividad. «La amada no acude a la cita; la amada es ausencia.» El erotismo metafísico de Machado no tiene nada de platónico. Su enamorado es Onán o don Juan, los dos polos del amor solitario. El poeta canta fantasmas, presencias vacías, no arquetipos. La ausencia es pura temporalidad. El diálogo erótico se transforma en un monólogo: el del amor perdido, el del amor soñado. El poeta está a solas con el tiempo, frente al tiempo. La poesía de Machado no es un canto de amor: al contar el tiempo, lo canta. Machado es el poeta del tiempo, nos dice su crítico, Juan de Mairena.

Poeta del tiempo, Machado aspira a crear un lenguaje temporal que sea palabra viva en el tiempo. Desdeña el arte barroco porque éste mata al tiempo al pretender encerrarlo en cárceles conceptuales. El quiere tenerlo vivo, como Bécquer y Velázquez, esos «enjauladores del tiempo». La poesía del tiempo será aquella que esté más lejos del idioma conceptual. El habla concreta, flúida, común y corriente. El habla popular. Su amor por la palabra del pueblo se funde con su amor por la poesía tradicional: Manrique, el Romancero. Machado es un poeta tradicional porque el pueblo es la única tradición viva en España. El resto —Iglesia, aristocracia, ejército, todo eso que representa el Pasado— es una estructura inerte que, por su pretensión misma de intemporalidad, oprime y mutila el presente vivo, la España popular y tradicional.

63

Ahora bien, el lenguaje del tiempo acaso no sea el lenguaje hablado en las viejas ciudades de Castilla. Al menos, no es el de nuestro tiempo. No son ésas nuestras palabras Machado reacciona frente a Rubén Darío volviendo a la tradición. Pero otras aventuras —y no el regreso al Romancero— aguardaban a la poesía de lengua española. Años más tarde, Vallejo y otros poetas hispanoamericanos buscan un nuevo lenguaje: el de nuestro tiempo. Era imposible seguir a Machado y a Unamuno en su regreso a las formas tradicionales. Otro tanto debe decirse del españolismo de algunos de sus poemas —en el sentido un tanto cerrado que esa palabra tiene para nosotros, hispanoamericanos—. La reticencia aparece aquí con mayor claridad Pues Machado es el primero que adivina la muerte de la poesía simbolista. Y más, es el único entre sus contemporáneos y sucesores inmediatos que tiene conciencia de la situación del poeta en el mundo moderno. Al mismo tiempo —acaso por elegancia, acaso por ironía— cierra los ojos ante la aventura del arte moderno. Exactamente lo contrario de lo que, una generación antes, había hecho Rubén Darío. Lo contrario de lo que, en los mismos años, hacía Apollinaire.

El tiempo se le escapa. Para recobrarlo, para revivirlo, tendrá que pensarlo. Machado, poeta del tiempo, es sobre todo el filósofo del tiempo. Abel Martín y Juan de Mairena harán la metafísica de su poesía. La reflexión sobre el tiempo lo conduce a pensar en la muerte. El hombre se proyecta en el tiempo. Toda vida es proyección en un tiempo que no tiene más perspectiva que la muerte. Machado se enfrenta a la muerte, pero rehusa pensarla a la estoica —como algo radicalmente distinto a la vida— o a la cristiana —como tránsito—. La muerte es una parte de la vida. Vida y muerte son dos mitades de una misma esfera. El hombre se realiza en la muerte. A diferencia de Rilke, para el poeta español la muerte no es la realización del yo. El yo es irrealizable. Preso en la subjetividad, preso en el tiempo, el hombre se realiza cuando se trasciende; cuando se hace otro. La muerte nos realiza cuando, lejos de morir nuestra muerte, morimos con otros, por otros y para otros. En el último texto que poseemos de Machado, escrito poco antes de la caída de Barcelona, el poeta nos dice que el héroe, el soldado popular, los milicianos españoles, «son los únicos que realizan esa libertad para la muerte de que habla Heidegger». Y agrega: «La súbita desaparición del *señorito* y la no menos súbita aparición del *señorío* en los rostros de nuestros milicianos son dos fenómenos concomitantes. Porque la muerte es cosa de hombres, y sólo el hombre, nunca el *señorito*, puede mirarla cara a cara.» Para morir por otros, hay que vivir por otros, afirmar hasta la muerte la vida de los otros. Machado, al final de su vida, niega a los enemigos del pueblo español la posibilidad de trascenderse, de dar con su muerte vida a los otros. Esas gentes están condenadas a mal morir, a morir solas. Su muerte es estéril.

La meditación sobre la muerte se convierte así en una nueva reflexión sobre lo que él mismo llamaba «la esencial heterogeneidad del ser». El ser es erotismo puro, sed de «otredad». El hombre se realiza en la mujer; el yo, en la comunidad. La poesía más personal será aquella que exprese una visión universal. Y justifica así su lírica personal; el poeta moderno se canta a sí mismo porque no encuentra temas de comunión. Vivimos el fin de un mundo y de un estilo de pensar: el fin del lirismo burgués, el fin del yo cartesiano. En las fronteras del amor y de la muerte, encerrado en su soledad, Machado canta el canto del tiempo; cuenta las horas que faltan para que caigan todas las máscaras y el hombre, libre al fin de sí mismo, se reconcilie con el hombre. Sólo el pueblo, «el hijo tardío de la agotada burguesía», gracias a la transformación revolucionaria que operará sobre la condición humana, podrá romper la cáscara de la subjetividad, la cárcel de cristal de roca del yo cartesiano. La metafísica erótica de Abel Martín, la angustia del tiempo de Juan de Mairena, la soledad de Antonio Machado, desembocan en la Historia.

Machado ha intuido los temas esenciales de la poesía y la filosofía de nuestro tiempo. Nadie como él ha vivido el conflicto del poeta moderno, desterrado de la sociedad y, al fin, desterrado de sí mismo, perdido en el laberinto de su propia conciencia. El poeta no se encuentra a sí mismo porque ha perdido a los demás. Todos hemos perdido la voz común, la objetividad humana y concreta de nuestros semejantes. Nuestro poeta vivió valerosamente esta contradicción. Siempre se rehusó a la trascendencia que le ofrecía el creer en un Dios creador —para Machado la divinidad es una criatura del hombre; Dios es el autor del «Gran Cero» y su única creación es la nada—. Blasfemo y reticente, apasionado y escéptico, su «Escuela de Sabiduría Popular» se propone una investigación de nuestras creencias. Machado se rehusa a todo, excepto al hombre. Mas su punto de partida no es la conciencia de sí, sino la ausencia, la nostalgia del tú. Ese tú no es la objetividad genérica del fiel de un Partido o de una Iglesia. El tú del poeta es un ser individual, irreductible.

Por una operación de dialéctica amorosa, el hombre concreto de Machado sólo se encuentra cuando se entrega. El tú se convierte en nosotros. En 1935, a la luz del incendio de las iglesias, el poeta pudo contemplar por primera vez la aparición de ese nosotros en el cual todas las contradicciones se resuelven. Bajo las llamas purificadoras, el rostro del pueblo español no era diverso del rostro del amor y del rostro de la muerte. La libertad había encarnado. Abel Martín, Juan de Mairena, Antonio Machado no estaban solos. Habían dejado de ser máscaras: empezaban a ser. Podían morir. Habían vivido.

Sur, núms. 211-212, mayo y junio de 1952, pp. 47-51.

ITINERARIO VITAL

HELIODORO CARPINTERO

SORIA, EN LA VIDA Y EN LA OBRA
DE ANTONIO MACHADO

I

A principios de siglo, Soria es una ciudad breve y clara como un romance truncado. Es como una de esas familias que han pasado alternativamente por épocas de gran esplendor y épocas de abatimiento. Y, a última hora, la más vieja de las abuelas —muertos sus hijos—, con sencillo ahínco y sobrehumano esfuerzo, saca adelante a los nietecillos, con más trabajo que brillantez, pero sin perder nunca el gesto grave e hidalgo.

De las glorias y grandezas legendarias de Soria quedan los petrificados escudos de los viejos palacios, la historia de sus Doce Linajes Troncales, sus monumentos admirables y algo impalpable —el aire de sus plazuelas, la luz de sus esquinas, no se sabe qué— que se adueña de las almas.

Los abatimientos han dejado también su huella, traducida en una mansa resignación, en una impasible serenidad, en un comedido gesto de cansancio. La «francesada» es —históricamente— el último de los grandes abatimientos, alumbrado por los grandes incendios de la ciudad y completado por los saqueos. Algún historiador la hace descender, por aquel entonces, a los setecientos vecinos. Y esto nos parece hoy como el eco prolongado de las llamas y saqueo de la vieja Numancia.

Nada más limpio y claro en el mundo que una viejecita acendrada y limpia. Así, Soria, la Soria-abuela, limpia, acendrada y humilde, va sacando adelante, con imposible ahínco, su historia y la vida de los suyos. Los nietos que quieren huir de la pobreza se hacen «americanos» o comerciantes en Sevilla.

Y vuelven, como los ricos de los cuentos, fumando puros, amantes del «progreso», se hacen *chalets* ostentosos, alegran a la gente joven con las músicas de sus gramófonos de bocinas carraspeantes..., y son consejeros del Banco Hispano-Americano.

Cien años después de «la francesada» —nos informa con exactitud stendhaliana, el *Anuario-Guía de Soria y su provincia,* año I, 1909—, Soria tiene 7.171 habitantes. Dicha Guía nos proporciona datos inestimables de la ciudad de aquella época.

Se halla Soria en una crisis de crecimiento. Hace muy pocos años —en 1892— han alcanzado los sorianos una de sus más anheladas metas del «progreso»: el ferrocarril Torralba-Soria. Con ello se pone fin a las campañas de prensa, a los viajes de comisiones a Madrid, al ir y venir de sus diputados; a las inacabables relaciones con la empresa belga constructora. Se inicia una era de felicidad. Se publican fotografías hechas con nerviosismo de amante. «Aprovechando una parada en la estación de la locomotora 'Aceña' —dice una publicación de la época— pudo obtenerse una fotografía instantánea de ella.» Y, efectivamente, sobre la locomotora aparecen encaramados unos obreros con chaquetillas demasiado estrechas para las grandes fajas que lucen y las recias cadenas de reloj que ostentan.

El propio arte no queda indiferente ante el progreso ferroviario de la ciudad. Y un artista local compone un *galop improntu* para piano titulado «De Torralba a Soria».

> Es una obra brillante —afirma la prensa—, llena de inspiración y de delicadezas. Oyendo la introducción del hermoso *galop* cree uno percibir el ruido del tren que se acerca a la estación, el choque de los topes de los vagones... Es una pieza de concierto admirable, inspirada, que proporcionó a su autor una ovación entusiasta la primera vez que la ejecutó en el Casino de Numancia ante una grandísima concurrencia.

Han llegado los años tan hondamente anhelados y vaticinados:

> ¡Cuando la rauda locomotora atraviese su suelo dejando tras sí la brillante huella de la actividad humana; cuando benéfica legión de emprendedores industriales lleguen a

nuestras puertas, creando nuevas manufacturas e imprimiendo movimiento a la riqueza latente que sin género de duda atesoramos, Soria despertará de su letargo!...

Así clama, con voz profética, un publicista local.

El año 1909, el Ayuntamiento de Soria acomete la obra de ensanche, abriendo entrada digna a la esperada y benéfica «legión de emprendedores industriales», haciendo desaparecer los restos del incendiado palacio de la Vilueña, «constituyendo sus muros un peligro constante y presentando además un aspecto que decía poco en pro de la cultura de la población». Con los nuevos y vastos terrenos adquiridos se abren nuevas calles, y lo que un día fue arrabal será, con el tiempo, centro vital de la ciudad.

El «foco principal de luz y de progreso del pueblo soriano» continúa —desde los lejanos días de 1848 en que se fundara— en los salones distinguidos del Casino de Numancia; el casino señor; el casino de los señores; el casino cuyo salón es como la cifra y compendio de los viejos salones ochocentistas de los señores de la ciudad; el salón sereno y ecuánime en el cual, al decir de un cronista de la época, «desde el absolutista más recalcitrante hasta el más avanzado demócrata viven dentro de aquel círculo en la más cordial armonía». Si alguna vez surge —cortés y mesurada— una discrepancia, queda al punto disipada —dice el propio cronista—; «cuando el inspirado pianista pulsa las teclas de 'la joya de la casa', el magnífico piano por el que pagó la Sociedad siete mil quinientas pesetas, y que «es la admiración de cuantos le contemplan y examinan».

Cuatro veces al año —así lo determina el reglamento— los graves señores abren otros tantos paréntesis a su costumbre diaria, y los salones se convierten en lujoso estuche en el que brilla la juventud, alegría y distinción de las señoritas y damas. Los bailes de Numancia son únicos por su distinción. Y «cuando circunstancias especialísimas concurren para que así suceda» —el reglamento accede con paternal condescendencia— tienen lugar los llamados bailes de confianza, acaso los más gratos para las dulces cabecitas femeninas, porque se logran arrancando una gracia...

El «estado llano» y la clase mercantil tienen, también, sus respectivos círculos: el de «La Amistad» y el «Mercantil», cuyos salones —campechanos y alegres— se abren cordiales.

Dos cafés —aún no han aparecido los bares chillones—,

71

«El Recreo» y «El Desengaño», abren sus puertas acogedoras a propios y forasteros, y sus tertulias se enardecen por la pasión de la política local, o con los comentarios de la última «vista» en la Audiencia, en la que, abogados de nombradía, contienden gallardamente. Alguna vez, la pasión alcanza grados insospechados.

El «cuarto poder» está representado por unos cuantos periódicos bisemanales, sin más zona neutral que los ecos de sociedad.

Cinco confiterías —con nombres prometedores y suaves, tales como «La Delicia», «La Azucena»— elaboran delicados dulces y la más exquisita *mantequilla* que extiende por toda España la nombradía de Soria, y que dejaría ingenuamente pasmada a la creadora de la golosina —con gloria anónima que equivale a doble gloria—, la que bajo los soportales del Collado, y junto a la imagen de San Saturio, era la ilusión de Soria y de su comarca a mediados del pasado siglo. Y estos sencillos y buenos confiteros, continuadores y perfeccionadores de la obra de la famosa mantequillera, parecen dar a sus paisanos una suprema lección: ¿Amáis el progreso? ¿Queréis la gloria para nuestra ciudad? Pues poned amor en vuestra obra, por humilde que ella sea, y tratad de hacerla perfecta. Poneos todos a trabajar sin esperar a la «benéfica legión de emprendedores industriales». Sedlos vosotros.

Yo no sé si llegó o no llegó esa esperada legión de promotores de riqueza material. Pero sí sé que un día de 1907 llegó un joven y puso planta de viajero infatigable en el suelo apacible y sencillo de Soria.

«Cuando el hombre pone su planta en el suelo, cien senderos pisa» —reza un proverbio oriental—. Cien senderos pisó nuestro viajero, aceptándolos todos, sin renunciar a los dolorosos. Porque todos, en apretado haz, iban a ser para siempre su vida y su obra. Y en reciprocidad de amante dejaría para siempre grabada en esta tierra, árida y fría, una huella de amor, de recuerdo y de infinita nostalgia; huella que se desliza por las callecitas y plazuelas de romance infantil; que baja hacia el Duero, apenas salido de su cuna, y le acompaña hasta la Ermita de San Saturio —pasando por San Polo—...

... cerca del agua
que corre y pasa y sueña.

II

Es un joven de treinta y dos años, alto, delgado, de suaves y finos modales que revelan señorío. En su «torpe aliño indumentario» pone de manifiesto una innata elegancia. Es suave, sin ser tímido; afectuoso, sin campechanía; tiene gracia, sin ser «gracioso»; culto, sin ser pedante. Ha estudiado mucho, ha viajado, ha tratado a gentes de todas las clases sociales, ha publicado dos libros de versos.

Los ocho primeros años de su vida los vivió en Sevilla. De esos años guarda un nido de recuerdos: nació en el célebre Palacio de las Dueñas; jugó en jardines que huelen a cielo de abril y a flores encendidas. A los cuatro años «posó» ante el caballete de pintora de su abuela paterna. ¡Con qué cariño entrañable fue pintado aquel bello retrato! El niño revela ya una gravedad dulce y soñadora. No es un niño triste y enfermizo. Es un niño sano, fuerte, dulce y grave. Un niño «demasiado bueno». El cuadro es un prodigio de sencillez, de naturalidad. Aparece sobre un fondo oscuro la figurilla breve y graciosa del pequeño modelo, con un trajecito azul, cuello blanco, así como los puños sobrepuestos. Imaginamos la escena: abuela y nieto. La abuela cuenta al niño unos cuentos tan cautivadores que ya no necesita pedirle quietud, porque el niño permanece quieto, y aun regala a la abuela con una mirada luminosa, dulce y grave, que quedará perpetuada en el retrato, porque el retrato queda mientras la vida pasa...

Los días infantiles han quedado dormidos en el recuerdo.

Después, Madrid. Años escolares en la Institución Libre de Enseñanza, para cuyos maestros tuvo siempre «gran amor», «vivo afecto» y «profunda gratitud». Pasa por el Instituto y tardíamente por la Universidad. «Pero de estos centros no conservo más huella que una gran aversión a todo lo académico.» Años de adolescencia y juventud. De cara al Guadarrama, a todo lo bello y a todo lo noble. Lector incansable; incansable paseante —las dos aficiones más queridas de su vida—.

Juventud hacia adentro —sin misantropía—, una alondra comienza en su pecho a cantar «soledades» y «galerías» del alma.

73

A los veinticuatro años (1899) hace su primer viaje a París.

París —dirá muchos años más tarde nuestro viajero— era todavía la ciudad del *affaire* Dreyfus en política, del simbolismo en poesía, del impresionismo en pintura. Conocí a Oscar Wilde y Jean Moréas. La gran figura literaria, el gran consagrado era Anatole France.

En París reside algunos años. Es vicecónsul de Guatemala en aquella ciudad. París, «fin de siglo». Hoy —en 1943— estas palabras nada dicen a nuestra sensibilidad. No hace medio siglo que tuvieron vigencia y se hundieron en la sima del voluntario y alegre olvido. Para evocarlo como paisaje que da fondo a una figura —la de nuestro viajero—, nada mejor que hacerlo con la pluma de un superviviente de aquel naufragio: Eugenio d'Ors:

Días de descomposición, de turbia senectud mezclada a la fiebre de nuevas germinaciones, que aún se ignoraba qué podría traer; una dolorosa inquietud, un apetito de tiniebla dominaron las almas. La fe religiosa se había perdido; la fe en la ciencia redentora, que durante un siglo entero ilusionó a los hombres, estaba ya hundida. Fue aquel el tiempo del anarquismo. Fue el tiempo del decadentismo y de la sensualidad enferma... He aquí a Verlaine, el que vive muriendo en las prisiones y en los hospitales, componiendo *odelettes* obscenas o letanías a María. He aquí a Ibsen, que pretende disolver la familia y la sociedad, y a Tolstoi, que quiere disolver la vida civil. He aquí a los idealistas, que regresan de la razón a la cobarde locura y retroceden del lenguaje al balbuceo. He aquí una gran ola de música rodando a través de todo esto, anegándolo; y esta ola es el canto de Tristán e Iseo, que arrastra mentes y conciencias hacia el abismo del amor y la muerte, sin dejarles otro vigor, antes de que desaparezca para siempre, que el de suspirar una palabra, que es como el testamento de la época: *Nihil*. ¡Tardes malogradas, días perdidos, juventud miserablemente consumida!

En medio de toda esta estúpida locura, él —sempiterno lector y paseante— no pierde su cabeza, ni estraga su puro corazón. De toda aquella gigantesca ganga extrae las chispas de material precioso. Su recuerdo refuerza las dulces y benditas amarras que le unen a lo más puro de su tierra y de sus seres queridos:

romanticismos muertos,
cursilerías viejas,
cosas de ayer que sois mi alma, y cantos
y cuentos de la abuela...

Cantos y cuentos que se han quedado dormidos en el fondo de aquel retrato, desde el que le aguarda la luz pura, dulce y grave de sus ojos de cuatro años... Y vuelve a verse en ellos.

El año 1902 vuelve a París. Este año conoce a aquel niño grande —pueril y genial— que se llamó Rubén Darío. Aquellos ojos eternamente adormecidos —infantiles ojos— saben verle «misterioso y silencioso, luminoso y profundo, hombre de buena fe»...

Otra vez a España. Otra vez desfilan por sus ojos Granada, Córdoba, tierras de Soria —¿presentimiento?—, viejas ciudades de Castilla, Valencia y Aragón.

Ha renunciado al porvenir que se le abrió fuera de España. Aquí están los suyos y lo suyo. Salvo algún viaje —eterna alma viajera—, en España vivirá. Hace oposiciones a cátedra de francés y gana la del Instituto de Soria. El día primero de mayo de 1907 toma posesión de su cátedra. Tiene treinta y dos años. Gana doce mil reales. Es un superviviente del «fin de siglo» —y ¿qué superviviente no pierde algo en el naufragio?—. Una alondra le canta en el pecho. *Soledades. Galerías. Otros poemas.* Con ellos ha reunido dos breves volúmenes que dan al mundo de las letras el nombre del joven poeta y ahora nuevo catedrático: Antonio Machado.

III

Llegaría a Soria en una mañana clara y fría como un diamante; cuando los árboles de la Dehesa —con su verde tierno de relente— iniciaban el juego de sol y sombra de cada día; cuando los pájaros comenzaban su algarabía de escuela y el Collado, de un azul ceniciento de plata, daba calle al aire y a las mujeres que acudían a su misa mañanera...

Tomaría «la pajarilla», el cochecito de caballos cascabeleros, destartalado y viejecito como de convento de monjas; el cochecito que hacía soñar con lejanías a todos los chicos

75

y sonaba con toque de «queda» cuando por las noches bajaban los viajeros a la estación y las muchachas ponían fin a la rueda de ilusión y de paseo. Se acomodaría provisionalmente en la fonda, acaso en el parador... Y a mediodía —cielo azul y alto de un primero de mayo— tomaría posesión de su cátedra saludando a sus nuevos compañeros; se asomaría al bello jardín del Instituto, mirándose, luego, en los ojos diáfanos de los que iban a ser sus discípulos.

Sus compañeros querrían cordialmente llevarle a los encantos de la vida provinciana: el casino, las noticias menudas de la ciudad, los paseos encasillados. Antonio Machado, incapaz de desdén —la forma más necia de la incomprensión— renunciaba a todas las posibles tentaciones de la vida provinciana. Su gran comprensión le llevaba a prohibírselas a sí mismo, sin menospreciar a los que se entregaban a ellas. Antes de venir a Soria, Antonio Machado había renunciado a muchas pequeñas grandes cosas (vida literaria de París, carrera diplomática, etc.). En Soria debía seguir renunciando. Soria era para Antonio Machado el noviciado que le había de preparar para una nueva vida, alumbrando a la luz de su obra más pura y verdadera. Y todo esto que, porque ya ha pasado, lo vemos con claridad, fue, antes de pasar, el misterio inquietante de su vida, fue su agonía. ¿Qué le daría Soria, Señor? Se dispuso a escuchar el mandato. Y la voz se puede escuchar en el recodo de una aventura, en la pureza de un atardecer, en la mirada casta y hermosa de una mujer, o en mil cosas más, porque los caminos de la Providencia son infinitos.

En cada instante —sabiéndolo o sin saberlo— se va decidiendo el porvenir de nuestra vida. El momento estelar de Antonio Machado debe fijarse en el punto y hora en que, abandonando su primera fonda soriana, ingresa en la grata y dulce comunidad de una sencilla casa de huéspedes. Eran los dueños de la casa don Ceferino Izquierdo y doña Isabel Cuevas. Tenían tres hijos: Leonor, Sinforiano y Antonia. Habitaban en la calle del Instituto, esquina del Collado, y luego se trasladaron a la calle de los Estudios, junto a la plaza de Teatinos. Leonor tenía trece años; Antonia, unos meses. Casa apacible, de pocos huéspedes. Entre ellos, el doctor don Mariano Iñíguez, buen amigo de Antonio Machado.

Comenzaban los años decisivos. En la serena quietud de esta paz hogareña y provinciana Antonio Machado lee, medita, pasea, sueña. Mantiene cordiales relaciones con sus compañeros de Instituto, los profesores Santo Domingo,

Jiménez de Cisneros, Jodra, Zunón; con el periodista Palacio («Palacio, buen amigo...»); con don Santiago Gómez Santacruz, abad de la Colegiata. Pero no era hombre de tertulia o partida de casino. Por eso, acaso, con quien más paseaba era con el señor abad, tan amante y tan conocedor de Soria. Junto al historiador y arqueólogo, el poeta va descubriendo a Soria con ojos de amante. Y, en amorosa reciprocidad, Soria descubre en el amado al hombre entero y verdadero que en él latía y al poeta de Castilla que en su alma guardaba.

La pluma de Machado ha escrito:

> Con su plena luna amoratada sobre la plomiza Sierra de Santana, en una tarde de septiembre de 1907, se alza en mi recuerdo la pequeña y alta Soria. Soria pura, dice su blasón. Y, ¡qué bien le va este adjetivo!

> Sobre un paisaje mineral, planetario, telúrico, Soria, la del viento *redondo*, con nieve menuda, que siempre nos da en la cara, junto al Duero adolescente, casi niño, es pura y nada más.

> Soria es una ciudad para poetas, porque allí la lengua de Castilla, la lengua imperial de todas las Españas, parece tener su más propio y más limpio manantial.

> Soria es, acaso, la más espiritual de esa espiritual Castilla, espíritu a su vez de España entera. Nada hay en ella que asombre, o que brille y truene; todo es allí sencillo, modesto y llano.

> Es Soria maestra de castellanía, que siempre nos invita a ser lo que somos y nada más.

Mucho hay de recuerdo en estas palabras: mucho más de confesión. El recuerdo reviste con calidades estéticas un paisaje «mineral, planetario, telúrico», mientras del alma enamorada se desgrana una dulce letanía: «Soria pura, Soria espiritual, Soria sencilla, Soria modesta, Soria llana, Soria maestra de castellanía...»

Hay, por otra parte, una honda y estremecida confesión cuando afirma que Soria «siempre nos invita a ser lo que somos y nada más». ¡Alto y difícil magisterio! ¡Invitación profunda!: ¡sé lo que eres!

Viento «redondo» de Soria, que pule y enrojece las piedras de la ciudad, humanizándola con colores de chico de pueblo. Viento «redondo» que se lleva oropeles, vanidades, adjetivos... ¡sé el que eres!

77

Se ha dicho que en todo bloque de piedra se esconde una escultura ideal: basta quitarle lo que le sobra. Soria, con su viento «redondo» y su invitación constante, se iba llevando del bloque Antonio Machado cuanto no le era esencial. Iba acrisolándolo hasta dejar al hombre bueno y al hondo poeta (don Antonio, en la casa de huéspedes con sabor de sobrio hogar castellano: señor Machado, en el Instituto, en la calle. Todo tan diferente de aquel *monsieur* Antoine Machadó —acentuada la o— de los días parisinos).

¡Don Antonio, don Antonio! —y la voz que le llamaba era la voz de Leonor, voz en ese tránsito agridulce de niña-mujer—. Era la voz que dictaba normas de hogar —porque eran las nueve de la mañana, o la mesa estaba servida, o se disponía a salir sin cepillar su ropa...

> Dicen que el hombre no es hombre
> mientras que no oye su nombre
> de labios de una mujer.

¿Cuándo brotan esos versos de la pluma de Machado? ¿Fue al conjuro de aquel dulce y musical ¡don Antonio, don Antonio! que dictaba normas de vida a la suya, tan soñadora? ¿Qué galería de luz abría en su alma aquella voz?

> tu voz de niña en mi oído
> como una campana nueva.

Fue —debió ser— como luz de alza que rasga la noche de modo tan ledo y sutil que, sin darnos cuenta, nos hallamos dentro del gozo y maravilla del día nuevo.

El alba en aquella dicha duró dos años. Se conocieron en 1907. Se casaron, después de breve noviazgo, en 1909. Leonor tenía —como la novia peregrina del romance— quince años.

Tuvo lugar la ceremonia el 30 de julio, en la Iglesia de Nuestra Señora de la Mayor. Fueron padrinos doña Ana Ruiz, viuda de Machado, madre del novio, y don Gregorio Cuevas, tío de la novia.

El Avisador Numantino, con prosa estereotipada de nota de sociedad, nos informa que:

> la novia, en la ceremonia, lució elegantísimo traje de seda negro, cubriendo su hermosa cabeza con el clásico velo blanco, prendido elegantemente y adornado con un ramo de azahar.

El novio iba de rigurosa etiqueta.

Oasis de paz y de ventura en un periódico que recoge la inquietud y amargura de aquella hora española. Semana trágica de Barcelona. Campaña de Africa.

> Esta noche sale para Melilla el coronel de infantería don Miguel Primo de Rivera, que va a cubrir la vacante del fallecido y heroico coronel señor Alvarez Cabrera.

Entre los epígrafes de inquietud y amargura buscan de nuevo los ojos la noticia serena de la boda.

> En el correo de anoche salieron los nuevos esposos para Zaragoza, desde donde irán a otras poblaciones de España.

> Porque leídas fueron
> las palabras de Pablo,
> y en este claro día
> hay ciruelos en flor y almendros rosados
> y torres con cigüeñas
> y es aprendiz de ruiseñor todo pájaro.
> ... ...
> De hoy más la tierra sea
> vega florida a vuestro doble paso.

IV

Cuando Antonio Machado escribió aquellos versos a las «Bodas de Francisco Romero», ¿no nos daba unas notas entrañables de su propia vida?

> De hoy más sabréis, esposos,
> cuánto la sed apaga el limpio jarro.
> Y cuánto lienzo cabe
> dentro de un cofre, y cuántos
> son minutos de paz, si el ahora vierte
> su eternidad menuda grano a grano.

Leonor y Antonio vivieron —mientras Dios lo permitió— esos minutos de eternidad...

En diciembre de 1910, Machado obtiene una pensión para ampliar estudios en París. En los primeros días de enero de 1911 marchan Antonio y Leonor llenos de ilusión.

Machado asiste a un curso de Enrique Bergson, en el

79

Colegio de Francia. Sentarse en los bancos estudiantiles, en años de madurez, es tornar a sentirse muchacho. Y si la esposa —«cara siempre de novia»— aguarda al estudiante, entonces es sentir el goce imposible de vivir una nueva juventud.

Antonio Machado supo a qué grados de sutileza puede llegar la intuición femenina cuando el puro amor la guía. Conocía y amaba París. Ella le hacía verlo a una luz nueva; una luz —luz de la alta y pura Soria—, esencial, nítida, precisa: el París que estudia, que trabaja; el de la gente digna, con pleno sentido del deber; el París que se divierte con alegría limpia y honesta; el París de los templos, de los Museos, los jardines (cuando los jardines son de los niños)... París, como toda gran ciudad, guarda para cada alma una ciudad inédita. Sólo en la gran ciudad es posible el pleno aislamiento.

¡Qué grato era evocar a San Saturio por el *boulevard* Saint-Germain! ¡Y hablar del Duero en los atardeceres, junto al Sena!

En medio de su felicidad, cae brutalmente y sin aviso la desgracia. El 14 de julio, Leonor tiene la primera hemoptisis. París entero está aquel día de fiesta, y Antonio está a punto de enloquecer porque no encuentra quién asista y atienda a la enferma, y aquellos que pudieran hacerlo él no los sabe buscar. Por fin, al día siguiente, Leonor ingresa en una clínica de la *rue Saint Denis*, donde permanece hasta mediados de septiembre. Machado renuncia a la pensión y regresan a Soria. Alquila una casa labradora en el camino de Nuestra Señora del Mirón. Y compra un cochecito de inválido, creando, inocentemente, la estampa legendaria del poeta empujando el coche de la enferma, subiéndola y bajándola los días de sol. ¡Sol y aire puro del campo! ¡Campos de Castilla!

Todavía se recuerda que, las chiquillas, curiosas, se acercaban a la enferma. Y Machado las apartaba dándoles caramelos. «*¡No la molestéis, hijas, marchad!*» Las niñas se alejaban y Leonor sonreía. No llegó a darse cuenta de la gravedad de su estado.

Meses de dolor y de angustia. En la primavera de 1912 la enfermedad era incontenible. Y el alma se volvía ya al milagro. Junto al Duero vio un olmo seco, al que:

> con las lluvias de abril y el sol de mayo
> algunas hojas verdes le han salido.

Y del hondo del alma le brotaba una esperanza:

Mi corazón espera
también, hacia la luz, hacia la vida,
otro milagro de la primavera.

Pero el milagro no llegó. ¡Terrible verano de 1912! Noches de insomnio, días de estupor, como si todo lo viera con luz lívida de madrugada.

Llegó de Madrid el primer ejemplar de *Campos de Castilla*, ricamente encuadernado, y en la primera página —tierna aún la tinta— escribió Machado, con letra temblorosa, la dedicatoria a su «Leonorcica».

Entre sus dedos, como marfiles antiguos, abrasados por la calentura, aprisionaba con ansia de vida, la obra querida. Y su voz, como un hilo de plata, susurró: «Antonio, Antonio...» Los ojos dulces sonreían tristes y celestiales.

Tras de aceptar la voluntad de Dios y disponer cristianamente su alma, se durmió en el Señor, doña Leonor Izquierdo Cuevas, el día primero de agosto de 1912, a la edad de dieciocho años.

En *El Porvenir Castellano*, José María Palacio, el buen amigo de Antonio Machado, escribió un sentido artículo necrológico:

Fue usted para Leonor: en amor, en tiempo, en actividad y en esfuerzo.

Junto a usted lloran también dos madres buenas, igualmente desconsoladas. Y, de vez en vez, la mano angelical de una infantita que también llora por su hermana limpia los ojos de su madre.

Ya estaban recorridos los cien senderos que pisó Antonio Machado cuando, cinco años antes, puso su planta en tierra de Soria.

Dejó todo. Tomó su viejo saco de cuero —breve equipaje de nómada— y se dispuso a la marcha.

Subió a la «pajarilla». Los cascabeles de los caballos le sonaban en el alma con frío estridor de cuchillos. A las muchachas, que paseaban su juventud y sus ilusiones, les sonó, como siempre, a toque de «queda».

Tomó el tren. Iba sonámbulo, deshabitado, roto.

6

V

Cuando intentamos destacar la aportación de Soria a la obra de Antonio Machado lo primero que se nos plantea es esto: ¿Si Antonio Machado no hubiera vivido, amado y sufrido en Soria, habría sido el poeta que fue?

Está fuera de toda posible duda la evidencia de la aportación soriana en la obra de Machado. Y, por de pronto, podemos diferenciar dos formas distintas en dicha aportación: una, la que se halla en la sobrehaz de la obra, y que consiste en la utilización del paisaje soriano.

> La poesía española —dice el profesor Gili—, en general poco paisajista, no había tomado a la naturaleza como tema central de inspiración hasta que Machado la sitúa en primer plano.

Como vemos, este primer contacto entre Soria y Machado produjo algo desconocido para la poesía española. De aquí el que los manuales de literatura clasifiquen a Antonio Machado como el gran poeta de la «generación del 98» (aunque cronológicamente sea posterior). Hablándonos de ella, dice Azorín:

> Nos atraía el paisaje. Prosistas y poetas que hayan descrito paisajes han existido siempre. No es cosa nueva, propio de estos tiempos, el paisaje literario. Lo que sí es una innovación es el paisaje por el paisaje, el paisaje en sí, como único protagonista de la novela, el cuento o el poema.

Por lo que a la obra de Machado se refiere, con un poco de paciencia podría separarse de ella cuanto hay de geografía soriana, de usos, costumbres, etc.

Espiguemos unos pocos ejemplos:

> He vuelto a ver los álamos dorados,
> álamos del camino en la ribera
> del Duero, entre San Polo y San Saturio,
> tras las murallas viejas
> de Soria...

La venta de Cidones está en la carretera
que va de Soria a Burgos...

Desde Salduero el camino
va al hilo de la Ribera;
a ambas márgenes del río
el pinar crece y se eleva...

ya nos ofrece el paisaje a una hora o en una época deter-
minadas:

¡Soria fría! La campana
de la Audiencia da la una,
Soria, ciudad castellana
¡tan bella! bajo la luna.

¿Hay ciruelos en flor? ¿Quedan violetas?
Furtivos cazadores, los reclamos
de la perdiz bajo las capas luengas,
no faltarán...

o nos evoca las tradicionales «bailas» de San Polo:

A la orilla del Duero
lindas peonzas,
bailad, coloraditas
como amapolas.

La aportación de Soria, en este sentido, es muy extensa
y profunda. Por sí sola justificaría el estudio del poeta
vinculado con Soria.

Pero hay más, mucho más.

«Cinco años en la tierra de Soria, hoy para mí sagrada
—escribió Machado— orientaron mis ojos y mi corazón hacia lo esencial castellano.»

Es decir, que los ojos del poeta no han resbalado superficiales por el paisaje soriano. Sino que se han ido adentrando día tras día en el mundo del cual el paisaje era tan
sólo su contorno externo. Cada paisaje tiene su alma. Y si
se ha podido decir que todo paisaje es un estado de conciencia —desde el punto de vista del artista—, no es menos
cierto que a todo paisaje corresponde un alma colectiva en
los hombres que lo pueblan y viven.

Los ojos del poeta captaron un paisaje, mientras su corazón —con fuertes razones que la razón no conoce— se orien-

83

taba hacia lo esencial castellano. «Soria es, acaso, lo más espiritual de esa espiritual Castilla.»

Estudiar cómo lo esencial castellano revierte en la obra poética de Machado nos llevaría muy lejos. Tomemos sólo una muestra de absoluto valor: *el tiempo*. Para el buen castellano el tiempo representa la primera dimensión. En el tiempo está la vida, que fluye y pasa; en el tiempo está el trabajo —en la rueda anual agrícola o ganadera—; en el tiempo está el amor, tan fugaz que, «si juzgamos sabiamente, / daremos lo no venido por pasado»; en el tiempo está la muerte, menos espantable que en otras partes, porque Castilla sabe y enseña que filosofar es aprender a morir.

Esta que pudiéramos llamar «alma del tiempo», vivifica la mejor obra del poeta. Por eso ha podido decir:

> Inquietud, angustia, temores, resignación, esperanza, impaciencia que el poeta canta, son signos del tiempo, y al par revelaciones del ser en la conciencia humana.

Y llega a más. Llega a definir la poesía diciendo que «es la palabra esencial en el tiempo».

Basta con esta rápida iniciación de tan sugestivo tema para advertir que la aportación de Soria en este sentido no alcanza sólo a la obra del poeta, sino al poeta mismo, preparándole dignamente para la ascensión a la más alta cumbre de la poesía.

Y aquí comienza, en nuestro sentido, la última y definitiva aportación de Soria a la vida y a la obra de Antonio Machado.

Cuando en 1912, muerta la esposa, marcha de Soria, Antonio Machado lleva por todo equipaje su viejo saco de cuero. Lleva —podríais añadir— un mundo de recuerdos. «Lleva quien deja», ha dicho el poeta. En Soria ha dejado su vida entera y verdadera. Y eso es justamente lo que lleva. No su vida hecha recuerdo. Sino sus recuerdos hechos vida. Y mirad que no se trata de un juego de palabras.

Otro impar poeta —que tampoco hizo juego de su vida—, Rainer María Rilke, ha escrito:

> Sólo cuando los recuerdos se vuelven en nosotros sangre, mirada, gesto; cuando ya no pueden tener nombre ni distinguirse de nosotros mismos, sólo entonces puede ocurrir que en una hora muy rara, de entre ellos, se alce la palabra primera de algún verso.

84

Soria es la gran crisis de vida de Antonio Machado. El Señor se sirve de Leonor —la mujer en flor— para herir el alma de Machado traspasando su costado infinito.

No se trata de un amor de tipo romántico. Nada más lejos de eso. Hay un pudor, un íntimo recato, un estremecido temblor, un misterio sagrado, un sentido religioso tan verdadero y profundo que evidencian que aquel amor fue un regalo de la misericordia de Dios.

Desde ese momento, Machado ya no es ni será más puro y absoluto recuerdo hecho «sangre, mirada, gesto». Y en sus horas divinas y raras ya no será ni el poeta de un grupo literario, ni el verbo de la espiritualidad de un pueblo, sino el *poeta esencial*, que aparece en el mundo muy de tarde en tarde, cuándo, dónde y cómo Dios dispone; el poeta cuya obra, como dice Goethe,

> engendra en nosotros la serenidad y la alegría; nos liberta de las preocupaciones de la tierra, arrebatándonos a los aires como un globo y haciéndonos contemplar la confusión y miseria de este mundo a vista de pájaro. Sentimos entonces que ya no estamos desterrados aquí abajo, y que nos aproximamos a una patria hacia la cual aspira lo que hay de mejor en nosotros.

En la obra de Antonio Machado se alcanza algunas veces esas cumbres de serenidad y alegría, llenándonos de dulce certeza de que no estamos desterrados. Sin que falten en la obra —para humana humildad de su creador— los descensos y barrancos.

Y ésta es la suprema aportación de Soria por el amor de Leonor. La más difícil de captar, porque para lograrlo necesitamos que el Señor nos conceda la gracia de una de esas horas muy raras en que se alza la primera palabra de un verso o nos hiere el alma el rayo infinito de una pura comprensión.

Escorial, vol. XII, núm. 33, Madrid, 1943.

RAFAEL LAINEZ ALCALA

RECUERDO DE ANTONIO MACHADO
EN BAEZA (1914-1918)

Quiero renovar ahora, en el homenaje al amigo y compañero Manuel García Blanco, mis recuerdos de adolescencia en el Instituto baezano de Segunda enseñanza. Las piedras de su edificio están amasadas de vieja cultura del siglo de oro, pues antaño, universitariamente, rindieron pleitesía de hermanas menores a las de la Universidad de Salamanca, incluso en la paremiología popular, puesto que todavía decimos por aquellas tierras que «lo que no da Naturaleza, ni Salamanca ni Baeza». Todo ello es como si penetrara en una extensa galería de retratos inolvidables de maestros y amigos, entre los que se destacan dos nombres intactos en el espejo vivo de lo que a mí me sigue pareciendo presencia continuada de ayer en el diario navegar de mis afanes: don Antonio Machado y don Alfredo Cazabán.

BONDADES PARALELAS

De este último gran maestro, que nació en Ubeda y murió en Jaén, ya he hablado y escrito en ocasiones diversas, como de un educador sin proponérselo, al que debo toda mi vocación de historiador en agraz, enamorado siempre de mi tierra nativa y al que además debo los generosos primeros estímulos de aquella urgencia literaria que hizo aflorar mis tempranos escritos en la letra impresa de un adorable periódico provinciano, que él dirigía desde su atalaya de Jaén juntamente con la prestigiosa revista denominada *Don Lope de Sosa*, sobre la que vertió tanto cariño como en una hija.

Don Alfredo y don Antonio, dos maestros igualmente bondadosos por naturaleza; de los dos podría decirse como dijo don Antonio de sí mismo:

Y soy, en el buen sentido de la palabra, bueno.

Don Antonio en Baeza

A don Antonio y en la propia Baeza, le debo la inefable preocupación entusiástica, feliz y dolorosa, y al mismo tiempo inocente, de sentirme poeta, siguiendo la huella mágica de sus versos, puestos al alcance de mi sensibilidad como a cara y cruz de una vocación estudiantil. ¿Poeta? ¿Historiador? Ahora veo lo difícil que es autodefinirse, desde esta balconada de mi despacho salmantino. Sexagenario ya, vestido de idéntico entusiasmo, tocado de nostalgias juveniles... Y Baeza, en el gran recuerdo de mis versos incipientes. Era por los años de 1914 a 1918. Recuerdo la estampa de don Antonio, con su «torpe aliño indumentario», avanzando como a pasos renqueantes, apoyado en fuerte cayada rústica, grandes los zapatos, largo el abrigo con cuello de astracán, vestido de negro, camisa blanca de cuello de pajarita y grueso nudo de corbata negra; negro el sombrero blando, mal colocado casi siempre; a veces llevaba destocada la noble cabeza de revuelta cabellera; iba rasurado con pulcritud, pero el traje maculado por las manchas de ceniza del inevitable cigarrillo. Le veo avanzar por la calle de la Compañía, desde las Barreras, a lo largo del edificio que fue de los Jesuitas y en ese tiempo era cuartel de tropas y depósito de caballos sementales. Desembocaba en la sosegada plazuela de Santa Cruz, frente al soberbio edificio gótico-isabelino del Seminario Conciliar, antiguo palacio de los Benavides, señores de Javalquinto, en la cuesta de la Catedral. A la esquina de la calle de la Compañía y de la plazuela mencionada, frontero a esa cuesta, la Casa de Capellanes de la antigua Universidad, donde están instaladas las oficinas, archivo, biblioteca y sala de Profesores del Instituto; había palmeras y rosales en el patio y era necesario descender hasta las aulas por un ancho pasadizo escalonado y oscuro, en cuyos vanos se recortaba la recia figura de don Antonio, un poco inclinado hacia adelante y apoyado en su cayada. Los estudiantes sentíamos mucho respeto por este profesor serio y tierno a la vez, que sabía sonreír desde su lejanía como si estuviera atento a la presencia ausente de algo que nosotros ignorábamos aún. El ancho claustro renacentista del viejo edificio estaba lleno de luz y de algarabías estudiantiles, pero se colmaba de silencio con sola su presencia. El bedel acudía solícito y daba la voz de ritual; detrás del maestro entrábamos todos en el aula; era una estancia de alto techo, paredes encaladas, feo zócalo pintado de gris oscuro, con huellas de humedad. Los bancos eran viejos y sucios, la tarima no muy elevada y sobre ella, casi en penumbra, la mesa grande, un sillón y la pizarra. La grave voz de don Antonio pasaba lista lentamente, como en un chasquido de la lengua entre los pronunciados labios: «Salido, Laínez (acentuando mucho la *i*), Quijano», etc.... Nos habíamos sentado ya por orden de lista; yo estaba el segundo como queda dicho.

Comenzaba la clase de francés. Leíamos algún texto en prosa. Recuerdo uno de Víctor Hugo, que aquel día me tocó leer a mí. Nos corregía la pronunciación. Salía él a la pizarra para aclarar voces y especificar los diptongos. Don Antonio leía correctamente el texto con lentitud; repetíamos alguno de nosotros. Había ternura en la clase, ninguno de nosotros armábamos el runrún o el jaleo que se armaba en otras, ni tampoco nos provocaba el miedo que nos producían otros profesores. Yo leía medianamente, pero traducía bien y me encargó que tradujera «El Lago», de Lamartine. Todavía conservo el papel con las correcciones mínimas que me hizo con su propia pluma, de acero, de las llamadas de la corona, y tinta negra; yo escribía torpemente con tinta azulada. Luego aprendí de memoria trozos poéticos de famosos autores franceses, que me hacía repetir en clase. Recuerdo aún el «Mediodía» de Leconte de Lisle (Charles Marie Leconte).

Paquita de Urquía, mi compañera de curso, fue la primera que puso en mis manos un libro de poemas del maestro. Y así fue naciendo una devoción poética por su obra, algunos de cuyos versos recitaba entre mis compañeros:

> Yo voy soñando caminos
> de la tarde
> ... ...

89

Inefables lecturas en los atardeceres en aquel gran patio de mi colegio. Era yo por entonces colegial interno, en el de San Luis y San Ildefonso, que dirigía un inteligente sacerdote. Ese colegio estaba instalado en el caserón de los antiguos Marqueses de Fontecilla, cuyos blasones lucíanse sobre la fachada, al lado del balcón principal, en la vieja calle de Santo Cristo del Cambrón, al filo del Murallón de la antigua ciudad, entre la cuesta de San Gil y el Arco del Barbudo o de las Escuelas, muy próximo a este último edificio de la vetusta Universidad; todo ello en los aledaños del inigualable barrio catedralicio de Baeza...

... la nombrada, nido real de gavilanes...

por cuyo barrio veíamos pasar algunas veces la sombra silenciosa y solitaria de don Antonio, a vueltas, seguramente de sus ensueños sorianos, en esta ciudad entre andaluza y manchega, como él escribió.

LA BOTICA DE ALMAZÁN

Don Adolfo Almazán era farmacéutico en Baeza y profesor de gimnasia en el Instituto. La descripción de su persona y de su clase alcanzaría los matices de la caricatura. Pero su botica, situada en la calle de San Francisco, frente al Mercado y al teatro que se cobijaban entre las ruinas del convento renacentista de ese santo titular de la calle, nos resultaba un lugar atractivo para los muchachos. Allí íbamos a comprar pastillas de goma, «que son pa la tos», y el famoso *palodú*, cuya raíz nos entreteníamos en masticar asiduamente, como ahora se hace con el *clicle* norteamericano.

Las más de las veces íbamos a la botica a no comprar nada; sólo era para ver la reunión de los catedráticos situados al fondo de la rebotica, que era una habitación larga y estrecha, como un tranvía, con asientos al pie de las estanterías colmadas de botes antiguos. Allí estaba don Antonio, con el sombrero puesto, sentado en el banco de la derecha y al fondo, apoyado en su cayada, con la característica postura meditativa que habíamos contemplado en varias ocasiones y lugares distintos.

Hablaban casi todos al tiempo, de política o de lo que

fuera. Las más de las veces don Antonio no hablaba. Ese cuadro lo ha descrito él en uno de sus conocidos poemas. Allí estaban don Antonio Parra, pulcro y atildado, secretario del Instituto; don José Moreda, tan locuaz; el tremendo don José Coscollano, al que todos temíamos por sus exigencias en la clase y su rigor en las preguntas. Allí estaba el inefable auxiliar de matemáticas, señor Gómez Arenas, gran amigo y compañero de excursiones y paseos de don Antonio Machado. Nosotros apodábamos a Gómez Arenas, *Cuatro pelos*, por los pocos que tenía. La rebotica era paralela a la botica y tenía entrada directa por la calle. Los días de lluvia la puerta estaba encristalada y apenas podíamos divisar lo que sucedía en el interior de aquel cenáculo, presidido por los bigotes engomados de don Adolfo Almazán, que hacía frecuentes salidas a la farmacia para responder a las preguntas de alguna cliente o de alguno de los *mancebos* de la misma.

Otra botica había a la entrada de la misma calle y en la acera contraria, la del también profesor del Instituto, don Ramón de los Ríos Romero, con el que me ocurrieron anécdotas estudiantiles en su clase de Química, que ahora no son del caso referir...

Se platica
al fondo de la botica

escribió don Antonio.

LOS PASEOS DEL POETA

Las reuniones en la botica de Almazán tenían lugar todos los días al atardecer, principalmente en el invierno y más aún los días lluviosos. Pero en los buenos días soleados era cuando los colegiales internos en el de San Luis y San Ildefonso o en el Internado del Instituto, paseábamos, los jueves, por el recinto exterior de la ciudad, desde el Arco del Pópulo o de las Carnecerías, hasta el Arca del Agua, bordeando gran parte del antiguo cinturón de murallones deshechos, viejas casucas y venerables palacios y conventos casi derruidos; solíamos encontrar a don Antonio, solo las más de las veces, sentado bajo el olmo de la Puerta del

91

Conde o en alguno de los bancos que, más lejos, se apoyan en la espalda de la Plaza de Toros, allí por el Egido. El luminoso y amplísimo paisaje del alto Guadalquivir y de las Sierras de Cazorla y de Mágina, de Este a Oeste, por los campos del Sur, también lo ha descrito él. Pasábamos los colegiales, saludando, tímidos, respetuosos y él respondía al saludo añadiendo nuestros nombres propios, como si pasara lista en clase. Todavía lo recuerdo, apoyado con sus dos manos en su cayada, como tantas veces, llenos los ojos de lejanía, inmóvil, en la presencia ausente de una estatua viva... A lo lejos, en el fondo del valle, «Guadalquivir, como un alfanje roto y disperso reluce y espejea», escribió él y nosotros lo hemos visto muchas veces, y añadió en otro poema «Tiene Cazorla nieve — y Mágina tormenta — su montera Aznaitin»...

En otras ocasiones, los estudiantes llegábamos antes al paseo de las Murallas y le veíamos avanzar, lento y bamboleante, como si cojeara levemente y era entonces cuando nos saludaba con un adiós para cada uno de nuestros apellidos. Otras veces le veíamos llegar por el paseo de la estación del tranvía, esponjándose al buen sol del Arca del Agua, un paseíllo de acogedores jardines y de fuente cantarina, a cuyo regazo nos acogíamos los estudiantes. Y alguna vez yo había recitado, al atardecer, entre dos luces, aquel poema suyo dedicado a Juan Ramón Jiménez por su libro *Arias Tristes* y en el que figura el verso: «Sólo la fuente se oía»...

Don Antonio continuaba su paseo, carretera adelante, hacia la curva de los Montalvos. Muchas veces dijeron que iba a comprar cerillas a Ubeda, que está a nueve kilómetros, entre olivares y tierras de pan llevar...

> Y la encina negra
> a medio camino
> de Ubeda a Baeza.
> ... ...

Colmena de poesía para nosotros durante muchos años, ahora la encina ya no existe, talada por unas manos vulgares, como las que talaron otra encina entre los olivares del cerro de la Carrasca, en mi pueblo, testigos ambas de otros tiempos y otros gustos.

Entre las asignaturas que estudiábamos por entonces, era importantísima para mí la de Retórica y Poética o Preceptiva literaria y composición, cuyo texto pertenecía al catedrático del Instituto de Gerona don Francisco de P. Massa Vallosera, del que aprendí de memoria casi todos los ejemplos de figuras retóricas, algunas de las cuales recuerdo perfectamente al cabo de los años, tales como las de *epanadiplosis* y algunas de sus congéneres.

El catedrático de Baeza lo era don Francisco Javier Gaztambide, buen profesor al viejo estilo, amable con nosotros, pero al que dada su pequeña estatura, su atildado porte, barba negra derramada en abundante abanico, le recordábamos siempre colgado del brazo de su simpática esposa, mucho más alta que él y que se preocupaba ella misma por el buen resultado de nuestras notas de final de curso. Creo que se apellidaba De las Barras de Aragón. Don Javier Gaztambide se interesó pronto por la afición que yo demostré en clase y fuera de clase por el estudio de su asignatura, y me encargó que escribiera modelos originales de todas las figuras retóricas y de sus formas, desde el pareado hasta la octava real, que yo le presenté a final de curso en un cuaderno prolijamente manuscrito. Incluso hice un soneto, que tuve la debilidad de mostrar a don Antonio Machado. Aquellos mis primeros versos hicieron las delicias de don Javier Gaztambide, que al firmar la papeleta me premió con la nota máxima. También les gustaron mis versos a su esposa y a los amigos de la casa...

Pero ¿y a don Antonio? Para ése, mis versos fueron otro cantar.

—¿Usted también hace versos? —me preguntó un día, al finalizar la clase. Sentí que me ponía colorado.

—Vamos, estoy dispuesto a escuchar alguno —me dijo sonriente.

Acaso el profesor Gaztambide, en las tertulias de la sala de profesores o en las de la botica de Almazán, le habría hablado de ellos. Y entonces se me ocurrió leerle el último soneto perpetrado por mi musa estudiantil, el que hacía referencia a Eloísa y Abelardo, y que declaraba en pésimos

93

cuartetos el fuego que devoraba el pecho de su joven autor.

Riendo esta vez francamente, la única vez que le he visto reír; apoyado en su bastón, chascando la lengua en gesto característico, burlones los ojos sagaces, preguntó:

—¿Y era muy grande el incendio, amigo Laínez?... Pero no escriba sonetos —añadió más cariñosamente— si no le es muy necesario el hacerlo. Sonetos, ni de Cervantes —afirmó rotundo—; se han inventado para castigo de los malos poetas..., y si el pensamiento y la técnica no se ponen de acuerdo espontáneamente, mejor es abstenerse de escribir sonetos. Acaso como ejercicio...

No he olvidado nunca esta lección, de clase fuera de clase, tan humana y tan cordial.

—¿Cuál es su poeta favorito? —inquirió después para apaciguar mi ostensible azoramiento. Yo repuse rápido:

—Rubén Darío.

—Siendo Rubén Darío un altísimo poeta, aún hay más, amigo Laínez —prosiguió—; mañana le traeré a usted el último libro de un gran poeta, de un verdadero poeta.

Y al día siguiente cayó en mis manos, casi como una bomba literaria para este aprendiz de poeta provinciano, cuyas desordenadas lecturas le habían llevado a trasegar una fuerte mezcolanza lírica de poetas dispares, un libro novísimo, *Diario de un poeta recién casado*, de Juan Ramón Jiménez, que acababa de salir por aquellos días. El nombre del poeta era entonces completamente desconocido para mí, que no había pasado de Salvador Rueda, de Rubén Darío y pocos más.

Luego que le hube leído con asombro, fui a su casa a devolvérselo. Don Antonio vivía entonces en un entresuelo del Prado de la Cárcel, oficialmente Pasaje del Cardenal Benavides, esquina a la calle de Gaspar Becerra y frente por frente de la Cárcel antigua, bellísimo edificio del mejor plateresco andaluz, que ahora es el Ayuntamiento de la ciudad. Me recibió su madre, una viejecita menuda y avispada, vestida de negro, manteleta o pelerina de lana negra y peinada a la moda del alto y redondo tupé de aquellos años. Recuerdo que la habitación, luminosa y modesta, con balcones a la calle, estaba amueblada con sillas y mecedoras de rejilla, muy típicas por entonces en muchas casas andaluzas.

Lo que acabo de contar sucedió por 1917, que es el año en que aparece una edición de las obras completas de don Antonio, y el mencionado libro de Juan Ramón Jiménez, que ahora se llama *Diario de poeta y amor*. Por cierto que a cargo de este raro poeta, me sucedieron posteriormente, ya en Madrid, otras anécdotas ligadas a mi devoción por su obra y sobre todo una muy graciosa entre Zenobia y yo, que ya las he referido muchas veces y hasta se han publicado en algún artículo de Emilio Salcedo.

LA DILIGENCIA DE ACRIBITE

Dos años antes, en 1915 y en el mes de junio, acabado el curso académico, mi primo Manuel Alcalá, también estudiante en Baeza, y yo, fuimos una mañana a tomar la diligencia de Baeza a Cazorla, que nos dejaría en Peal. Grata fue nuestra sorpresa cuando encontramos ya instalados en el coche a don Antonio Machado y al señor Gómez Arenas, su compañero de viaje. A mí me tocó ir sentado al lado de don Antonio. Subieron, además, un viajante de comercio y algunas mujerucas con sus envoltorios y varias aves atadas por las patas, que colocaron debajo de los asientos. El coche era destartalado, viejo y de un color amarillo descolorido; los caballos, dos pobres jamelgos. Pero lo que más recuerdo, porque hice varios viajes con él, es la figura grotesca e iracunda del cochero, Acribite de apodo; rubio, coloradote y completamente calvo, incluso de las cejas; bebedor hasta el exceso, que látigo en ristre, desde el pescante, lanzaba sus blasfemias estruendosas y sus pintorescos dicterios contra los caballejos, en los que salía a relucir, en nada elegantes metáforas, la más próxima genealogía de tan famélicas bestias.

Carretera adelante, pasamos junto a la «encina negra», entre nubes de polvo y chascar de latigazos. Hacía mucho sol. Los vaivenes del carricoche nos traqueteaban a los viajeros unos contra otros. Ninguno hablábamos. Las mujerucas suspiraban de vez en cuando. Don Antonio fumaba sus cigarrillos una y otra vez. Gómez Arenas, levantada la cabeza, miraba a lo alto como si buscara el infinito que tantas veces nos dibujó en la pizarra. Apenas nos detuvimos en Ubeda, frente a la posada de Inés y junto a una tabernilla frontera a la gran Explanada, donde Acribite cambió algunas palabras con el tabernero y se atizó dos copazos de aguardiente carrasqueño. Seguimos por Torreperogil hacia el

Puente de la Cerrada, siguiendo la polvorienta carretera de los llanos de Grajea. Don Antonio escribirá después:

> ... el carricoche lento
> al paso de dos pencos matalones
> camina hacia Peal...

De este modo ha quedado mi pueblo incorporado a la geografía sentimental de Machado. Las demás incidencias del viaje quédense para otra ocasión.

LOS ESTUDIANTES DE GRANADA

También recuerdo ahora que por aquellos años, acaso en la primavera de 1916, un día, al filo de las doce, vi un grupo de forasteros acompañados por el arcipreste de la catedral baezana, don Tomás Muñiz de Pablos, que contemplaban la fachada del Seminario, antiguo Palacio de Javalquinto o de Benavides, ya mencionado, cercano al Instituto; me incorporé al grupo de turistas lleno de curiosidad y escuché a un grave señor una interesante lección de historia del arte baezano. Supe después que el grupo lo formaban los estudiantes de la Facultad de Filosofía y Letras de la Universidad de Granada. Y el catedrático era don Martín Domínguez Berrueta, ilustre salmantino y magnífico profesor al que tanto deben los estudios artísticos de la juventud granadina de aquel tiempo.

Entre los muchachos que le acompañaban en aquella ocasión iba Federico García Lorca, al que pocos años más tarde conocería yo en Madrid. Aquel día, ellos marcharon hacia la catedral, y yo, venciendo mi curiosidad, me volví al Instituto, porque no quería perderme la clase de don Antonio.

Al día siguiente mi compañera Paquita de Urquía me dio noticia de los viajeros, que los acompañó toda la tarde, y que en el Casino Antiguo, o de los señores, don Antonio había recitado fragmentos de «La tierra de Alvargonzález», y Federico había tocado el piano con mucha gracia; interesante episodio éste, que yo me perdí entonces por ser alumno interno del Colegio de San Luis y no serlo del Internado del Instituto, cuyos alumnos mayores también acompañaron a los excursionistas. Lo que sí recuerdo claramente es que pocos meses después las hermanas Urquía (Paquita y María del Reposo) me regalaron el primer libro en prosa de Federico, que hacía referencia a sus impresiones del viaje, uno de cuyos capítulos se publicó en el semanario *Ayer y Hoy*, dirigido entonces por el inteligente escritor y luego malogrado amigo Fernando Martínez Segura y Checa. No he de referir ahora mi constante colaboración en los periodiquillos baezanos de aquel tiempo, en los que a veces firmaba con seudónimo y otras con mi propio nombre o con el de alguno de mis compañeros de Colegio.

Puedo pensar ahora que de tantos estudiantes de Baeza, mis contemporáneos, fuimos pocos los que nos dimos cuenta entonces de la alta personalidad de don Antonio. De mis compañeros creo que fui el único, salvo Paquita de Urquía, hija del director del Instituto, cuya familia tuvo gran amistad con don Antonio Machado. De los alumnos más antiguos que yo se destaca el buen escritor Adolfo Chércoles Vico, mi coprovinciano y hoy abogado de lustre en Córdoba, que supo también admirar a don Antonio.

Chércoles estimuló mis primeros versos en la revista *Don Lope de Sosa*, y don Antonio dio su visto bueno para un poema mío que Cazabán publicó en *La Regeneración*, de Jaén, con erratas y todo, dedicado a Baeza:

> Baeza la noble,
> Baeza la hidalga,
> tus piedras son himnos
> que tu gloria cantan...
> ... ...

Colofón bibliográfico

Y aunque pudiera contar muchas más cosas de aquellos días estudiantiles, creo que con lo apuntado basta y sobra para que mi compañero García Blanco sepa de la vieja devoción que mantengo aún desde esta Salamanca inadjetivable por aquella otra noble ciudad de Baeza, la que perfiló mis derroteros literarios entre la poesía de Antonio Machado y la historia de Alfredo Cazabán.

No he de acabar estos renglones sin recoger aquí los

nombres de Miguel Pérez Ferrero *(Vida de Antonio Machado y Manuel,* Madrid, 1947) y de José Chamorro («Antonio Machado en la provincia de Jaén». Instituto de Estudios Giennenses, *Boletín,* núm. 16), de cuyas obras, así como de las conferencias y escritos de Adolfo Chércoles, no son estas líneas más que un sencillo complemento. También en la revista *Lucidarium,* 1917, de los estudiantes de Granada, que dirigía el mencionado catedrático don Martín Domínguez Berrueta, de noble memoria siempre para el que esto escribe, quedan huellas que confirman mis recuerdos de aquella época.

Pero permitidme que evoque ahora las primeras cuartillas mías escritas por aquellas calendas, breve glosa a la poesía de don Antonio Machado y que posteriormente vieron la luz en la revista *Don Lope de Sosa* (1919) llevando al frente un buen retrato del excelso poeta. Gracias sean dadas a la memoria de nuestro don Alfredo Cazabán, que se preocupó de solicitar mis cuartillas y de allegar la interesante fotografía del poeta. Y así guardo en mi agradecimiento el rutilante brillo de estos dos nombres...

Acta Salmanticensia, Serie de Filosofía y Letras, tomo XVI,

MANUEL CARDENAL DE IRACHETA

CRONICA DE DON ANTONIO Y SUS AMIGOS EN SEGOVIA

Por los años de mil novecientos veintitantos era Segovia para algunos amigos como una pequeña corte renacentista. El taller del ceramista Fernando Arranz, escisión del ya demasiado mercantilizado de don Daniel Zuloaga (cuyas barbas rivalizaron en su hora con las valleinclanescas), acogía hasta una docena de personas que pudiéramos decir notables. El taller estaba en una vieja iglesia de las antaño románicas, reformadas en el siglo XVIII, que tanto abundan, abandonadas, convertidas en garajes las más, por tierras de Castilla. La piedad ha huido de ellas buscando arquitecturas más confortables. Allí, en la nave, junto a un piano alquilado, unos pocos muebles más bien viejos y ajados que no de «época»; allí, a par de los montones de barro recientemente amasados y los bloques de granito rosa, en un fogón de encina puesto sobre una mesa destartalada, hervía todas las tardes, de tres a cuatro, un buen puchero de café. No escaseaba la leche ni el azúcar —¡oh años próvidos de la pobre España!— y a veces unas golosinas invitaban al apetito de los contertulios. En unos minutos, sobre las tres, hora de *verdad*, acudían a la cita habitual, puntuales, fugitivos de las inhóspitas casas de huéspedes o presurosos por la grata compañía, unos hombres que acaso tenga que calificar de «intelectuales», aunque preferiría llamarles simplemente gente de buen gusto o «amigos de las ideas» con giro platónico. Era de éstos el menos dotado, pero no el menos entusiasta —de cuanto fuera arte, ciencia o literatura—, el cincuentón Seva, modesto empleado de la Delegación de Hacienda de la provincia. Era también el más devoto admirador de don

Antonio Machado. Seguro estoy de que si los libros de Machado hubieran desaparecido, Seva podría haberlos dictado de memoria sin perder tilde. Seva era la sombra de don Antonio, quien le soportaba y estimaba. Es cierto que, como solía observar Unamuno —y apuntaba maliciosamente al salmantino Cividanes, yedra de los grandes hombres que vivían o pasaban por la melancólica ciudad del Tormes—; es, digo, sin duda cierto que el mayor tormento del infierno será la compañía, *per saecula*, de un diablo tonto. Pero don Antonio era incansable en aguantar resignadamente a gentes mediocres. Así pudo padecer al buen Seva y tal vez a otros muchos de su misma harina durante años y años, y siempre con una enorme voluntad de descubrir en ellos su aspecto positivo, su cara buena, que en Seva existía indudablemente.

El estimar y el desestimar obran en el alma humana en estratos de diferente profundidad. Esto explica que si extendemos en un plano —prescindiendo de la altura psíquica en que han nacido— las diferentes series de aprecios y desprecios, nos salten a la vista mil contradicciones. Son contradicciones aparentes, contradicciones ante una mente lógica, intemporal y desvitalizada, que ha hecho caso omiso de que el alma no es llana, sino honda. Don Antonio Machado sólo tuvo en su vida un amor y una estimación profundos: su madre y, como prolongación natural de ella, su esposa, en el breve tiempo que la providencia le otorgó convivir con aquella para quien:

> En una estrofa de agua
> todo el cantar sería.

Pero también Machado «amó mucho mujeres», como dice con su buen sabor castellano la prosa de la *Crónica* de don Pedro el Cruel. Las amó en un estrato menos profundo que a su esposa y a su madre. Las amó con esa angustia esencial que le hizo cantar maravillosamente:

> Es una tarde cenicienta y mustia,
> destartalada, como el alma mía;
> y es esta vieja angustia
> que habita mi usual hipocondría.
> La causa de esta angustia no consigo
> ni vagamente comprender siquiera;
> pero recuerdo y, recordando, digo:
> sí, yo era niño, y tú mi compañera.

Amó, en definitiva, en las mujeres: *cuanto ellas pueden tener de hospitalario.*

Pues bien, no sería desacertado extender esta fórmula a los amigos de don Antonio. La bondad proverbial de don Antonio estaba compuesta de una exquisita mixtura de aguante y resignación, por una parte, y por otra, de un propósito decidido de encontrar —en el viejo olmo florecido, en la soleada plazuela, en la fantaseada Guiomar— lo que en ellos hubiera de hospitalario.

Otro asiduo al taller de Arranz era don Blas Zambrano, profesor de Normal, filósofo de cualquier escuela, menos de la peripatética, cosa que en él hubiera sido físicamente imposible, pues no hubo hombre a quien los guijarros del arroyo, o los *borrillos*, dicho a la segoviana, molestaran más. Era este martirio, al cruzar las calles y plazuelas, punto de afinidad con Machado. Como ambos eran corpulentos, bamboleantes en el andar, calzaban grandes botas y tenían aire distraído, ambos fueron bautizados por los «silleteros» niños —frase de don Antonio— como *charlotes.* Don Blas había escrito en su juventud un artículo en los *Lunes de «El Imparcial»,* suceso verdaderamente memorable en su vida, que le daba ante sí mismo autoridad. Después publicó algún libro. Ha quedado inmortalizado por el punzón de Emiliano Barral, en una prodigiosa cabeza labrada en granito veteado, cuya inscripción reza: «El arquitecto del Acueducto». (María Zambrano, hoy filósofo conocido, hija de don Blas, era aún crisálida.)

Emiliano Barral, el escultor, vivía, tras una larga estancia en Italia, con su futuro cuñado Fernando Arranz. Mientras Arranz dibujaba, prodigiosamente, o cocía sus barros, Barral acometía directamente, martillo en mano, el duro granito de Avila. El abuelo paterno de Barral había nacido en Sepúlveda y allí también vieron la luz del día su padre y el propio Emiliano.

Sepúlveda es la ciudad más bella del mundo, con sus esculturas románicas, únicas, con su alfoz de paisaje lunar, todo de canchales, sin un árbol, y allá abajo, el Duratón, de agua pura y metálica, y como un encanto más de añadidura, aquella «caldereta» —trozos de carnero fritos en grandes sartenes llenas de aceite ardiendo— que hizo renegar, pasajeramente al menos, de su régimen de docto médico al doctor Lafora.

El padre de Barral era anarquista «teórico». Un día se aburrió de la familia, del pueblo y cuanto lo rodeaba. Se fue a Alicante, y allí se fabricó, él solo, ladrillo a ladrillo, una casa, insolidario de sus propios compañeros de oficio (era albañil). Barral tenía mucho respeto por su padre y gran admiración por su abuelo, que era cantero y aún a los noventa años picaba la piedra. De su abuelo había aprendido a trabajar directamente el material duro. A don Antonio le encantaban los tres Barrales. Arranz y Barral tenían entonces las almas atormentadas —como ocurre a todo hombre de verdad—, pero aún puras: podían mirarse a los ojos. Don Antonio había alcanzado el sosiego (represadas quedaban las turbulencias; exprimida, gota a gota, en sus sencillos versos, la amargura). Era un espectáculo edificante contemplar el juego amistoso de aquellas tres almas leales.

La ciudad contribuía al cenáculo con tres de sus hijos, hombres de letras: Julián Otero, Mariano Quintanilla e Ignacio Carral. Julián Otero era el mayor. Había publicado una *Guía sentimental de Segovia*, escrita y editada con gusto modernista. Alma que había encontrado, como tantas de su generación, su expresión en el paisaje y las ciudades de Castilla. Alma fina, delicada, cuyo secreto se perderá con las piedras, con las evocaciones y con el silencio, que ya van desapareciendo de sobre la amarilla gleba castellana, que ahora vive toscamente, echando al aire pimpollos de cemento, humos de alquitranes y ruidos de motores (las ruinas, cada vez más ruinas, envueltas quedan en la retórica).

Ignacio Carral murió trágicamente en Madrid años después, cuando le sonreía el triunfo en su profesión de periodista. Mariano Quintanilla mora aún en Segovia, entre libros, añoranzas, dolores y ensueños. Entonces eran ambos toda la vida española en flor, su juventud contenía todas las promesas.

El padre Villalba, el más viejo del corro, agustino exclaustrado, y el cadete Carranza eran los músicos de la casa y unían a su arte de encadenar los sonidos la rara habilidad de dar siempre con todos los tipos extraños e interesantes que visitaban la ciudad, *motu proprio*, sin acarreo de guías oficiales. Acompañados de sus «presas» acudían al taller de Arranz. Allí encontraban amable acogida. Se hacía música, se discutía, se leía y comentaba el último libro comprado o el último número recibido de la *Revista de Occidente* o de *La Nouvelle Revue Française,* que eran el pasto ordinario de los cultos de la década aquélla. Cuando la tertulia se animaba, exclamaba ingenuamente Emiliano Barral: «¡Este es un taller del Renacimiento!» Don Antonio sonreía y miraba a la lejanía tras los ventanales de la iglesuca.

Todas las tardes, salvo cuando la ventisca envolvía la ciudad y el campo, y aparecía Segovia, luego, envuelta en nieve, manchada de su delicado amarillo, don Antonio y sus amigos paseaban por los caminos segovianos. Por la Fuencisla, carretera de Santa María de Nieva adelante, pasando por el ventorro de *Abantos* (vieja iglesia mudéjar). Por bajo el Acueducto, camino del *Terminillo* (el mejor vino, de la más breve viña, ¡lástima!, habla don Antonio), camino de La Granja, o tal vez camino de Río-frío, hasta el mismo Palacio. Aquellos amigos amaban a don Antonio. Don Antonio les estimaba. Su carácter era igual, condición de la buena amistad. Como era, en el *buen sentido de la palabra, bueno*, podía tener amigos y los tuvo, los de mi cuento y otros muchos. Yo creo que a él le bastaban, como le bastaban para sus sencillas poesías media docena de imágenes: la tarde bella, el agua clara, la calle en sombra, verdes jardinillos, claras plazoletas, fuente verdinosa donde el agua sueña. ¡Las figuras del campo sobre el cielo! Imágenes en el sentido primero de la palabra, figuras de la mente, no tropos. Pero todas ellas bañadas, literalmente, de angustia. A esa angustia no llegaban sus amigos, ¡no era angustia que pudiera calmar la mano del hombre!

Cuadernos Hispanoamericanos, julio-agosto, 1949.

JOSE LUIS CANO

UN AMOR TARDIO DE ANTONIO MACHADO: GUIOMAR

Todo lector de la poesía de Machado recuerda sus bellas «Canciones a Guiomar», que figuran en sus *Poesías completas* sólo a partir de la tercera edición, publicada por Espasa Calpe en 1933, pues aunque la anterior edición —segunda de sus *Poesías completas*— es de 1928, fecha probable del encuentro del poeta y Guiomar, en ella sólo recogió Machado poemas suyos hasta 1925. Las primeras canciones a Guiomar que ven la luz pública aparecen en la *Revista de Occidente*, en el número de septiembre de 1929 [1]. Es el momento de plenitud, de exaltación apasionada de «su diosa», como gusta de llamarla Machado:

> ... Tu poeta
> piensa en ti. La lejanía
> es de limón y violeta,
> verde el campo todavía.

Este eufónico nombre de Guiomar parece evocarnos romances moriscos, pero es nombre de origen germánico, según me aseguró don Ramón Menéndez Pidal, y se usó en Castilla y Portugal hasta el siglo XV [2], y también por los mozárabes toledanos del siglo XIII. ¿Por qué escogió Machado ese bello nombre de Guiomar para designar a su diosa en sus poemas? Yo creo que en esa elección del poeta

---

[1] Son cuatro: las que comienzan: «En un jardín te he soñado», «Por ti la mar», «Tu poeta piensa en ti», «Hoy te escribo en mi celda de viajero».

[2] Guiomar de Meneses se llamaba la mujer de Jorge Manrique, poeta favorito de Machado.

había soterrado un recuerdo del Romancero. Sabemos que Machado era un apasionado lector de romances y que se sabía muchos de memoria. Lectura favorita suya desde sus tiempos de estudiante era la colección de romances reunida por su ilustre tío don Agustín Durán, y todos sabemos con cuánta fortuna cultivó él mismo el romance en «La tierra de Alvargonzález». Yo imagino que Machado, al escribir sus «Canciones a Guiomar», recordaría el hermoso romance de la infanta Guiomar que figura en la *Primavera y flor de romances* y que Wolf encontró en un pliego suelto de la Biblioteca de Praga. Sin duda impresionó a nuestro poeta la serena belleza, según el romance, de esta infanta mora, hija del rey moro Jafar:

> Ya sale Guiomar
> de los baños, de bañar,
> colorada como la rosa,
> su rostro como cristal.

Pero volvamos a la Guiomar de Machado. Y ya es hora de que nos preguntemos, ¿quién era esa misteriosa Guiomar, tan bellamente cantada por el poeta? No han faltado lectores de Machado que han querido ver en Guiomar una pura creación imaginativa del poeta, una criatura soñada por su fantasía, sin realidad alguna. El mismo Joaquín Machado, hermano del poeta, ha escrito: «Guiomar no fue nunca la mujer física, sino la poética, de Antonio Machado, como Dulcinea de nuestro señor don Quijote»[3]. Ciertamente, una lectura superficial de una de las canciones a Guiomar podría hacerlo creer así. Me refiero a la muy conocida, que dice:

> ... Guiomar, Guiomar,
> mírame en ti castigado:
> reo de haberte creado,
> ya no te puedo olvidar.
> ... ...
> Todo amor es fantasía,
> él inventa el año, el día,
> la hora y su melodía:
> inventa el amante, y más,

---

[3] En carta a Jerónimo Mallo, insertada por éste en un artículo «Sobre el grande y secreto amor de Antonio Machado». *Cuadernos Americanos*, núm. 1 de 1952, México.

la amada. No prueba nada
contra el amor, que la amada
no haya existido jamás.

Ahora bien, me parece un error interpretar estos versos *ad pedem literae*. Yo creo que Machado quería decir lo que dice, y no otra cosa, pero ese decir entraña un sentido que acaso ha escapado a la mayoría de sus comentaristas. Decir que «todo amor es fantasía», que el amor «inventa», no es precisamente negar el amor. «Inventa el amante, y, más, la amada», dice Machado. Ciertamente. Todo amante inventa, crea a su amada, a su amor. Pues desde que se ama, se deja de ser el que se era, para convertirse en otro, en otra, distintos del de antes. «Soy otra desde que me quieres», dice la modistilla a su novio, la gran dama a su amante. Y el mismo Antonio Machado confiesa a Guiomar en una carta: «Nada de cuanto escribo me satisface, porque quisiera hacer algo que no se parezca en nada a lo escrito hasta aquí. Porque tú 'me has hecho otro hombre' con tu cariño, y ese otro no ha cantado todavía.» Es decir, cada amante se convierte en una «invención» del que ama. Y así Guiomar era una «invención», una creación de Machado, como todo amor, aun el más vulgar, lo es desde el alma del amante. Pero al mismo tiempo Guiomar era un ser real, una criatura de carne y hueso. La publicación en 1950, por la novelista Concha Espina, de las cartas de Machado a Guiomar [4], aunque lamentablemente truncadas, vino a darnos la razón a los que siempre creímos que las «Canciones a Guiomar» no eran pura fantasía, sino que detrás de Guiomar había algo más que una diosa: una mujer real. Cierto que en el epistolario publicado por Concha Espina sólo en una de las cartas aparece el nombre de Guiomar, pero aunque no apareciese sería lo mismo. La demostración más palpable de que Guiomar y la destinataria de las cartas son la misma mujer la tenemos en un hecho fácil de observar: y es que la correlación de estas dos expresiones, «mi diosa» —a veces diosa mía— y «tu poeta», que usa Machado en casi todas las «Canciones a Guiomar», se repite con frecuencia en las cartas, revelándonos que esas dos fórmulas expresivas —«mi diosa» y «tu poeta»— eran las que solía usar Machado cuando se dirigía, en versos o en cartas, a su amada. Ya lo hemos

---

[4] Concha Espina, *De Antonio Machado a su grande y secreto amor*, Edit. Lifesa, Madrid, 1950.

visto en las «Canciones». Veamos ahora algunos fragmentos de cartas: «Sí, es verdad, se me ilumina el rostro cuando te veo. Es que, como dice Gonzalo de Berceo, me sale fuera la luz del corazón, y esa luz es la que pone en él mi diosa...» Y en otra carta: «Sueño con verte. ¡Ojos y labios de mi diosa! ¡Su cuerpo tan precioso y tan defendido por el alma que lleva dentro! Todo para mí se ilumina cuando te veo. ¿Cómo has conquistado a tu poeta? Tú tan serena, tan suave, ¡tan fuerte! ¿De qué sustancia invisible es la cadena que me echaste al cuello? Todo sin pretenderlo. Esa es la diferencia entre la mujer y la diosa. La mujer se propone atraer, a la diosa le basta ser para dominar.» Es evidente, pues, que esta diosa de las cartas no es otra que la misteriosa Guiomar de las canciones.

Pero a estas alturas seguramente se habrá ya preguntado el lector: ¿Y por qué tanto secreto y tanto misterio? ¿Por qué Machado ocultaba cuidadosamente el nombre de su amada, hasta el punto de que ni siquiera sus hermanos conocían la existencia de tales amores? Algunas alusiones de las cartas parecen revelarnos la clave del secreto: Guiomar era, sin duda, una mujer casada. En una ocasión habla Machado, en efecto, de «la barrera que ha puesto la suerte entre nosotros», y de que la culpa de todo lo que les separa no es de su diosa. ¿Cuál puede ser, pues, esa barrera sino el matrimonio de Guiomar? El caso es que el poeta y Guiomar han de extremar su prudencia y guardar celosamente el secreto de sus amores. Machado quizá recordaba una cancioncilla suya que yo creo alusiva:

> ¿Ya sientes la savia nueva?
> Cuida, arbolillo,
> que nadie lo sepa.

Y nadie lo supo, en efecto. Los amantes se citaban a última hora de la tarde, «la hora del último sol», en un café de barrio, «en nuestro rincón», como le dice siempre Machado. Una vez ella le pide que no se acerque ni pase por su calle, y Machado le escribe: «En el tren, solo y pensando en mi diosa, y viéndola con su traje azul en su balcón:

> Hora del último sol.
> La damita de mis sueños
> se asoma a mi corazón.

108

Es otra imagen adorada —continúa Machado— para el recuerdo y sólo para el recuerdo: el balcón de la diosa. Pero fiel a tu mandato, no he vuelto a pasar por allí. ¡Adiós altar de mis oraciones, donde a mi manera solitaria tanto peregriné!» Esa imagen, un poco romántica, ¿no recuerda la de otro gran poeta andaluz, Gustavo Adolfo Bécquer, paseando por la calle de la Luna para contemplar a la bellísima Julia Espín en el balcón de su casa?

En otra ocasión, Guiomar debió reprochar a su poeta «el torpe aliño indumentario», al que él mismo alude en su famoso «Autorretrato»: «Ya conocéis mi torpe aliño indumentario.» Y al reproche de su diosa contesta Machado: «De mi indumentaria cuidaré también: aunque requiere algunos días. Soy apático para ocuparme de esas cosas y, además, me gasto en libros lo que otros emplean en indumentos. Pero de ningún modo consentiré desagradar a mi diosa. Además, un académico no puede ser demasiado Adán.» Esta última frase nos sirve de indicio para saber la fecha del encuentro, o al menos de los comienzos del amor entre el poeta y Guiomar, fecha que debe localizarse hacia 1927, pues en ese mismo año es invitado Machado a ocupar un sillón en la Academia Española.

Pero si volvemos a las cartas, ellas parecen revelarnos otro punto de reunión del poeta y su diosa: la humilde casita de Machado en Segovia, en el callejón, bien mísero por cierto, de los Desamparados, donde el poeta pasaba tres días de cada semana, escapando a Madrid en cuanto se lo permitía su trabajo. Como la habitación está fría, el poeta, además del brasero en la camilla, manda encender una estufilla de petróleo para que Guiomar no se enfríe. «Mis vacaciones se acaban sin remedio —escribe en una de las cartas—. Volveré a mi rincón de los Desamparados. Y ahora, el Eresma seguramente no suena, pues, según me dicen, se ha helado el pobrecillo. Pero en la noche vendrá mi diosa a ver a su poeta. Procuraré que la habitación no esté demasiado fría, aunque mi diosa es tan buena y tiene tanto calor en su alma, que no le asusta el frío ni el viento cuando va a acompañar a su poeta.» ¿Son estas citas puramente imaginarias, como afirma Concha Espina en su libro? El texto de las cartas y las referencias concretas al frío de la habitación y a la estufilla parecen afirmar lo contrario, es decir, que tales citas existieron. En todo caso, lo que a mí me parece evidente es que Machado adoraba a Guiomar como poeta y como hombre. «Te amo con todos los sentidos», le escribe una vez. Y en otra: «Lleno de ti, diosa mía. Abrasado me tienes de un fuego del que tú eres inocente sin duda. En él quiero consumirme.» Y no obstante, en una de las cartas leemos una frase que parece afirmar el carácter puramente espiritual, de renuncia a lo carnal, que tuvieron estos amores. La frase es ésta: «Dices en tu carta, diosa mía, que si no me cansaré yo de un cariño con tantas limitaciones. Considero esto muy absurdo y no pienso siquiera que lo escribas en serio... No, tu cariño es para mí tan esencial que es la razón *sine qua non* de mi vida. Está ya por encima de toda eventualidad y a cubierto de todos los ataques. Cuando en amor se renuncia —aunque sea por necesidad fatal— a lo humano, demasiado humano, o no queda nada —es el caso más frecuente entre hombres y mujeres—, o queda lo indestructible, lo eterno. ¡Ay! Yo no dudo de mí. Pero tú, reina mía, ¿no serás tú la que algún día te canses de este pobre poeta?»

Y, sin embargo, ni el poeta ni Guiomar se cansaron de su amor. Sólo la guerra española, como veremos en seguida, al separarlos geográficamente en julio del 36, pudo acabar con una pasión que, siendo humana, había arraigado en nuestro poeta con fuerte raíz espiritual. En efecto, basta leer sus cartas a Guiomar para darse cuenta de que ese amor de Machado fue algo serio y profundo: una auténtica pasión amorosa, aunque pasión tardía; y parece increíble que alguien lo haya negado. Recordemos algunas expresiones del poeta en sus cartas a Guiomar. Cuando ella, en una carta, se muestra celosa, al enterarse de que él ha tenido un encuentro con otra dama, le escribe Machado: «A ti y a nadie más que a ti, en todos los sentidos —¡todos!— del amor, puedo yo querer. El secreto es sencillamente que yo no he tenido más amor que éste. Mis otros amores sólo han sido sueños, a través de los cuales vislumbraba yo la mujer real, la diosa. Cuando ésta llegó, todo lo demás se ha borrado. Solamente el recuerdo de mi mujer queda en mí, porque la muerte y la piedad lo han consagrado.» Y en otra carta insiste: «En mi corazón no hay más que un amor, el que tengo a mi diosa. Tampoco tu poeta es capaz de acompañar un amor verdadero con caprichos de la sensualidad. Esto es posible cuando el amor no tiene la intensidad que el mío, su hondura, su carácter sagrado.» Y, finalmente: «Porque tú eres —no lo dudes— el gran amor de mi vida.»

Y después de leer estas frases, yo me pregunto, ¿qué

derecho tenemos a dudar de la sinceridad de esas palabras del poeta? Lo digo porque no ha faltado, como apunté antes, quien haya negado el carácter profundo de ese amor, juzgándolo sólo como una ligera aventurilla de la carne. En un artículo que se publicó en la revista mejicana *Cuadernos americanos* (núm. 1 de 1952), afirmaba su autor que Guiomar debió ser «una jamoncita de buen ver, algo ligerilla de cascos». Y en ese mismo tono añadía que puesto que las cartas del poeta habían ido a parar a manos de doña Concha Espina, lo más probable es que Guiomar fuese «una señora religiosa, derechista y reaccionaria».

Pero la verdad es que las cartas del poeta nos revelan no sólo que su amor fue intenso y profundo, sino que Guiomar era una mujer culta y sensible, a la que Machado solía incluso consultar sobre materias de su propia creación literaria. Cuando el poeta está escribiendo su comedia en verso *La Lola se va a los puertos*, le dice a Guiomar en una carta: «Nuestra Lola avanza. Cuando termine la escena final, te la leeré para que me digas tu opinión, y sobre todo para que nadie la conozca antes que mi diosa. ¿No soy tu poeta? Con ese título quisiera yo pasar a la historia. Lo que a ti no te guste se borra y se hace de nuevo.» La opinión de Guiomar debió ser muy favorable, pues al poco tiempo Machado le escribe: «¡Cuánto me alegra que te gustara la Lola! En efecto, creo yo también que es de un andalucismo más hondo y esencial que el de los autores de teatro. Y cuando a ti te gusta, que eres el gusto mismo y el talento, y —todo hay que decirlo— la más juncal y salada de las mujeres, algo bueno tendrá la escena.» Y a continuación añade: «¿Dices que hay algo nuestro en la comedia? En todo lo que yo escribo y escribiré hasta que me muera, estás tú, vida mía. Todo lo que en la Lola aspira a la divinidad, todo lo que en ella rebasa del plano real, se debe a ti, y es tuyo por derecho propio.» Esta carta debe fecharse hacia fines de 1929, puesto que *La Lola se va a los puertos* se estrenó en el teatro Fontalba de Madrid el 8 de noviembre de ese año.

Pero debo ya terminar esta historia de amor, cuyo final, como suele ocurrir en las historias de amor de los poetas —aunque hay, claro es, excepciones— no fue nada feliz. Al editar las cartas a Guiomar, nos dice Concha Espina que la guerra del 36 separó geográficamente al poeta y su diosa. Machado quedó en la zona republicana, en Madrid, y Guiomar en la zona nacional. Pero aunque no nos lo hubiese dicho

Concha Espina, lo habríamos sabido por un hermoso soneto de Machado, escrito probablemente en 1937, durante la guerra, cuando el poeta vivía en el pueblecito de Rocafort. cercano al mar. Es el soneto que empieza:

> De mar a mar entre los dos la guerra
> más honda que la mar. En mi parterre
> miro a la mar que el horizonte cierra.
> Tú, asomada, Guiomar, a un finisterre,

La alusión al Finisterre galaico es muy clara, y nos revela que Guiomar pasó la guerra en Galicia o quizá en Portugal.

Es evidente que el poeta sufrió entonces de ausencia, y tuvo un presagio de olvido y muerte. De esas horas en que el recuerdo de Guiomar era punzante y doloroso, es esta breve canción que figura en sus *Poesías completas*:

> Tengo un olvido, Guiomar,
> todo erizado de espinas:
> hoja de nopal.

Ahora bien: Machado sostiene en sus prosas de Juan de Mairena que el olvido es necesario para que renazca y se complete el amor. Y en sus cartas a Guiomar defiende una teoría del amor apoyada en la fatalidad del olvido y en el poder del recuerdo. He aquí sus palabras: «Cuando nos vimos, no hicimos sino recordarnos. A mí me consuela pensar esto, que es lo platónico. Esta teoría del recuerdo en el amor puede también explicar la angustia que va siempre unida al amor. Porque el amor verdadero —no lo que los hombres llaman así— empieza con una profunda amargura. Quien no ha llorado —sin motivo aparente— por una mujer no sabe nada de amor. Así, el amante, el enamorado, recuerda a la amada, y llora por el largo olvido en que la tuvo antes de conocerla. Aunque te parezca absurdo, yo he llorado cuando tuve conciencia de mi amor hacia ti: por no haberte querido toda la vida.»

Con esta teoría de Machado, del amor como recuerdo, se enlaza otra que el propio Machado pone en boca de su complementario Juan de Mairena, quien, comentando las ideas de su maestro Abel Martín, nos dice así: «Pensaba mi maestro... que el amor empieza con el recuerdo, y que mal se podía recordar lo que antes no se había olvidado.» Y a continuación, para expresar poéticamente esta teoría, cita Mairena este poema de su maestro Abel Martín:

Sé que habrás de llorarme cuando muera
para olvidarme luego, y luego
poderme recordar, limpios los ojos
que miran en el tiempo.
Más allá de tus lágrimas y de
tu olvido, en tu recuerdo,
me siento ir por una senda clara,
por un «Adiós, Guiomar, enjuto y serio».

O dicho con menos palabras, en una de las soleares del poeta:

Escribiré en tu abanico:
te quiero para olvidarte,
para quererte, te olvido.

¿Murió Guiomar, según nos dice Concha Espina, en la primavera de 1943, «en plena juventud, bellísima y desolada»? La última vez que vio a Machado debió ser a fines de 1935. La guerra los separó para siempre, y Guiomar debió sufrir, en triste soledad del corazón, la muerte de su poeta en febrero de 1939.

Poco es lo que sabemos, al final de esta pesquisa, de la misteriosa Guiomar: que era una mujer bella y culta, de ojos claros, que su pelo era «negro, inconfundible», que se llamaba Pilar [5], y que tenía una gran sensibilidad para la poesía... ¿Nada más sabemos de este amor de Machado? Si una mujer es, sobre todo, un aroma, una mirada, una voz, Guiomar está viva aún —y más que viva, inmortalizada—, en esas cartas de amor del poeta y en las bellísimas canciones que Machado le dedicó:

Y en la tersa arena,
cerca de la mar,
tu carne rosa y morena,
súbitamente, Guiomar [6].

Poesía española del siglo XX, Ediciones Guadarrama, Madrid 1960, págs. 109-126. Nueva versión.

---

[5] Por el soneto que empieza así: «Perdón, Madona del Pilar, si llego...», ya incorporado a las *Poesías completas* de Machado.

[6] Hoy parece ya identificado Guiomar con una distinguida poetisa que vive aún. Respetemos su deseo de no revelar públicamente su nombre. De este modo seremos fieles al deseo del poeta, que quiso mantener siempre el secreto de esos amores con «su diosa».

ENRIQUE RIOJA

ULTIMO SOL EN ESPAÑA

El tibio sol invernal de Cataluña ilumina una triste escena.

> Es mediodía. Un parque.
> Invierno: Blancas sendas.
>
> («Sol de Invierno».)

Y allí el poeta, sereno, camina al destierro; con él siguen la misma desdichada ruta otras personas, reunidas por azar del destino. En trance de abandonar sus lares, sienten la íntima desazón del próximo e inevitable desarraigo.

En los rostros el gesto de amargura de la derrota. No se sienten, sin embargo, vencidos; la vencida es su España; es ella la que les duele al igual que le doliera a aquel don Miguel de Salamanca.

La España de ellos es la vencida: la del romancero, la de San Juan, Santa Teresa y Fray Luis, la de los fueros y las cortes, la de las comunidades castellanas y aragonesas, la de la increíble hazaña americana, la del Siglo de Oro, la del Caballero de la Mancha, sometido, como ella, al engañoso arbitrio del. bachiller Sansón Carrasco.

Entonces, como ahora, las aguas corren hacia el Caballero de la Blanca Luna: atuendo de oropel, títere resplandeciente que con armadura, adarga y lanza no logrará empañar los claros destellos alcanzados, por singular paradoja, ayer, hoy y siempre, por los españoles en derrota. De ellos es símbolo y paradigma el de la Triste Figura que cinceló con su brazo peregrina e imperecedera historia, a prueba de bachilleres y barberos.

De los que aparecen en esta histórica fotografía, y el que la obtuvo, que como es natural no está en ella, sólo dos sobrevivimos. Don Antonio, su hermano José, el doctor José Sacristán, neurólogo de claro nombre, y el doctor José Royo Gómez, geólogo que dejó tras de sí una gran labor, y que fue el fotógrafo, son todos idos. El profesor Juan Raoura y yo quedamos aún para contarlo; y esto es precisamente lo que me pide el amigo Anselmo Carretero, un recuerdo de aquellos días de hondas zozobras. Me pliego a su deseo ya que tiene indudable interés el evocar los momentos y las circunstancias en que se tomaron ésta y otra fotografía, ambas en el mismo día, hora y sitio. Las dos, quizá las últimas del poeta, ya que median pocas jornadas entre ellas y el final presentido en versos proféticos, tan conocidos.

Y cuando llegue el día del último viaje
y esté al partir la nave que nunca ha de tornar,
me encontraréis a bordo, ligero de equipaje,
casi desnudo, como los hijos de la mar.

Nunca quise relatar lo acontecido en estos últimos días en España que me tocó pasar cerca de Machado. Todo estaba impregnado de emoción, en los demás y en mí, que no me creí facultado para darla a todos los vientos. He leído varios relatos, pero ninguno desde luego exacto, y me temo que tampoco lo sea éste; los años y la lejanía han desvanecido recuerdos que se pierden o desdibujan.

La fotografía fue tomada el 25 ó 26 de enero de 1939 en Cerviá de Ter, en la provincia de Gerona, en el alto que hizo una expedición de profesores y escritores organizada gracias a la atención cordial del doctor Puche. La mayor parte de los componentes de ella fuimos en unas ambulancias de Sanidad Militar. Poco antes de llegar a Cerviá se nos sumó un coche en el que venían Machado con su madre, su hermano y otros familiares. Juntos proseguimos al pueblo en el que permanecimos hasta el día 28 al anochecer, alojados en una masía. Estos días transcurrieron en torno al lugar fotografiado, en medio de tribulaciones y negros pensamientos, fáciles de imaginar. Don Antonio todavía, de vez en cuando, hacía gala de un humorismo que dejaba traslucir su estoicismo y la serenidad plena de su espíritu. La mayoría de nosotros estábamos despedazados. Era sin duda el que más dominio tenía sobre sí.

La noche del 27 al 28 llega uno de los doctores Trías, creo que Joaquín, con la triste y esperada nueva de que no quedaba otra opción que pasar la frontera. Venía con autorizaciones del Gobierno republicano para cada uno de nosotros y nuestros familiares, documentos visados por los representantes consulares franceses en territorio republicano. Algunos de los que todavía estábamos en situación militar recibimos autorización expresa de que podíamos salir de España. Al atardecer del día 28 nos vendrían a recoger algunas ambulancias de Sanidad Militar, como así fue.

En el momento de partir nos tocó ver cómo en las sombras del crepúsculo, y bajo la copa de añoso árbol, unos payeses procedían, prudentes, a quemar banderas republicanas y catalanas. El éxodo de gentes, los rumores, el tronar de bombardeos y nuestra presencia y marcha eran augurios inequívocos del próximo fin.

Después de unas horas de camino llegamos a una amplia y típica masía catalana, que después supe se llamaba Mas Faixat, deparada por la previsión del doctor Puche para que varias expediciones análogas a la nuestra se reunieran y pasaran en ella la última noche en la patria. En ella, catalanes y castellanos comulgamos en el mismo y común dolor Allí, en un viejo diván, don Antonio conversaba, pausado y sereno, con Navarro Tomás, Corpus Barga y otros. En algún otro lugar, Carlos Riza hablaba, en un ambiente de tristeza, con un grupo de escritores. La luz mortecina, la desesperanza mucha y la fatiga que se apoderaba de nosotros, pese al inaudito y cordial esfuerzo de la familia Puche que se desvivía por entibiar trance tan amargo, creaban un ambiente que imagino es el de todas las retiradas ante el acoso de los vencedores que avanzan.

Al alba se emprendió la marcha, en varias ambulancias, hacia la frontera. Fue preciso rectificar varias veces la ruta ante las noticias que llegaban de ataques y evitar el paso por la congestionada Figueras. En este avanzar lento y vacilante la madre del poeta daba muestras de indudable y creciente desvarío, que dejaba al descubierto su maternal ternura. A la vista de un prado en el que quedaba algún ganado, tal vez en el momento en que el avanzar de los vehículos era más penoso y las circunstancias más apremiantes, intercedía con las señoras sentadas a su lado para que la caravana se detuviese. «¿Por qué no paramos? En aquel prado hay unas vacas. Antonio, el pobre, podría tomar un vaso de leche»; y, como éstas, otras expresiones, en las

117

que el amor maternal perduraba en las tinieblas de la mente, surgidas al fragor de luchas, riesgos y azares.

Así prosiguió la marcha, subrayada por las incidencias habituales, según supongo, en toda retirada: unas trágicas, otras risibles y no pocas estúpidas, nacidas del miedo y el nerviosismo.

En la tarde soleada del 29 de enero llegamos a la frontera que por la parte alta de Port Bou está en una loma. Por ser más exactos, a unos cientos de metros de ella. Los vehículos detenidos comenzaban ya a formar el tapón que más tarde fue extensísimo.

Royo Gómez, algún otro que no recuerdo y yo, nos dirigimos al pueblo para darnos cuenta de cuáles eran las posibilidades del paso a Francia. José y Joaquín Xirau, con Corpus Barga, se dirigieron al puesto fronterizo con igual misión.

Al regresar de la indagación infructuosa encontramos a Carlos Riba y a otros compañeros que optaban por pasar a Francia por otro lugar. Algunos incidentes con el personal de las ambulancias habían creado una situación tensa, propia del nerviosismo ambiente, que terminó por alarmarles. Los Xirau y Corpus Barga nos comunicaron que las autoridades francesas permitían nuestro paso y en el puesto fronterizo estaban los nombres de los expedicionarios que podíamos cruzar la frontera. Para no agravar la impaciencia de las gentes que esperaban pasar a Francia, que eran muchas, aguardamos el caer de la noche para salvar el medio kilómetro, o poco más, que nos separaba de la frontera. Llegado el momento cada uno de nosotros avanzó con sus familiares. A don Antonio y a los suyos se les hizo pasar apenas llegaron; a muchos de los demás se los fue llamando nominalmente. Recuerdo que no era nada acogedor, dado el estado de ánimo nuestro, el tener al otro lado de la cadena que separaba los dos países rostros senegaleses; es justo confesar, sin embargo, que no hubo en ninguno de ellos ni desatención ni brusquedad molesta en el cumplimiento del deber, establecido por las ordenanzas, en circunstancias tan poco habituales. Ya en Francia, después de llenar unos documentos con nuestros datos nos dirigimos al pueblo de Cerbère. Para don Antonio y los suyos se consiguió un camión de carga abierto en el que dudo hubiera asiento alguno. En tal medio de transporte no estuvieron a cubierto de la llovizna que hacía la noche desapacible y húmeda, aunque no cruda, a pesar del buen tiempo de la tarde.

Los demás, para evitar las vueltas prolongadas de la

carretera, que alargaban el camino, fueron guiados hasta un atajo que se hacía más áspero de lo que era por lo desapacible de la noche y nuestra sombría situación.

En el grupo mío iban delante Navarro Tomás, que llevaba con garbo y prestancia sus años, que empezaban a pesar, y Ricardo Vinós, deseosos de alcanzar, como así lo hicieron, un tren que les condujo hasta donde estaban los suyos. Joaquín Xirau y Royo Gómez venían después, y en retaguardia íbamos el doctor Sacristán y su esposa, y yo con la mía. Las dotes nulas de Sacristán y mi esposa fueron la causa de que llegáramos los últimos a Cerbère.

Con don Pedro Carrasco, su esposa y su hijo buscamos cobijo en un cuchitril que conseguimos en una taberna las familias de Royo Gómez, Sacristán y la mía. Al día siguiente nuestro afán fue ponernos en contacto con los demás compañeros de desdichas.

Don Antonio pasó aquella noche, como las restantes de Cerbère, en una silla, frente a una mesa, en el café de la estación del ferrocarril. Nunca le vimos más al igual que como lo describiera Rubén Darío:

> Misterioso y silencioso
> iba una y otra vez.
> Su mirada era tan profunda
> que apenas se podía ver.
> ....
> ....
> Y la luz de sus pensamientos
> casi siempre se veía arder.

Sus ojos reflejaban indecible tristeza, más honda aún que la de la noche anterior. Su porte sereno y su expresión tranquila daban a su gesto austero la típica dimensión castellana, que en él se fundía, de modo sorprendente, con su profundo espíritu andaluz.

> Cinco años en la tierra de Soria, hoy para mí sagrada
> —allí me casé; allí perdí a mi esposa, a quien adoraba—
> orientaron mis ojos y mi corazón hacia lo esencial castellano.

Cambiamos pocas palabras, que es lo que acontece cuando hay mucho que decir. No me atreví siquiera a ofrecerle el chiribitil donde pasé, en compañía de otros, la primera noche de expatriado.

Mutuamente inquirimos noticias de los amigos. Supe entonces que Corpus Barga había salido para París: había ido en busca de mejor acomodo para el poeta.

Así transcurrieron un par de días. Corpus Barga regresó para conducir a don Antonio a la casita de Colliure, donde pocos días después encontraría su «barca amarrada a la otra orilla».

La despedida fue sobria y honda; a la puerta del café de la estación, que recogió su primer sentir de desterrado; pocas palabras, cargadas de emoción, y se fue apoyado en su bastón, aquel que le acompañaba en sus andanzas solitarias madrileñas. Marchó hacia el tren con los suyos y con Corpus Barga. Este momento fue de tanta emoción, y tan amargo, como el de transponer la línea fronteriza. Una estela de humo y un punto negro que desaparece en la lejanía. Esto fue todo, el recuerdo de este instante nos lleva al de aquellas disquisiciones del poeta en torno al *cero integral*, en las que, al alcance de su pensar sutil, y lejano, mezcla cierto tono de zumba, con lo que, tal vez, busca situar al lector en un plano, desvanecido e incierto, entre lo trágico y lo burlesco.

> Toma el cero integral, la hueca esfera,
> que has de mirar, si lo has de ver, erguido.
> Hoy que es espalda el lomo de tu fiera,
> y es el milagro del no ser cumplido,
> brinda, poeta, un canto de frontera
> a la muerte, al silencio, y al olvido.

(*De un cancionero apócrifo*. «Al Gran Cero».)

«Diálogo de las Españas», núms. 4-5. Méjico, octubre 1963.

RELACIONES AMISTOSAS Y LITERARIAS

AURORA DE ALBORNOZ

MIGUEL DE UNAMUNO Y ANTONIO MACHADO

> Libros nuevos. Abro uno
> de Unamuno.
> ¡Oh, el dilecto,
> predilecto
> de esta España que se agita,
> porque nace o resucita!
> Siempre te ha sido ¡Oh Rector
> de Salamanca! leal
> este humilde profesor
> de un instituto rural.
> Esa tu filosofía
> que llamas dilettantesca,
> voltaria y funambulesca,
> gran don Miguel, es la mía.
> Agua del buen manantial,
> siempre viva,
> fugitiva;
> poesía, cosa cordial.

En «Poema de un día; Meditaciones rurales» —Baeza, 1913—, Antonio Machado invoca con estas palabras a Miguel de Unamuno [1].

La admiración que. el poeta sintió hacia el Rector de Salamanca es obvia. No es ésta la única vez en que Machado la manifiesta, como más adelante hemos de ver detenidamente. Hay, además de admiración, reconocimiento. Reconocimiento de una deuda que en el campo ideológico tiene

---

[1] Antonio Machado, *Poesías completas* (2ª ed.), Losada, Buenos Aires, 1956, p. 153. Salvo indicación, empleo siempre la misma edición.

con don Miguel don Antonio, como casi todos aquellos jóvenes de entonces que hoy llamamos los hombres del 98.

Sin duda el pensamiento de Unamuno influyó en Machado; mas, sin embargo, quizás esta influencia haya sido menor de lo que a primera vista parece. Existen coincidencias en cuanto a temática y preocupaciones. Pero a pesar de las declaraciones machadianas, la filosofía de Unamuno no es la de Machado. O si lo es, lo es durante un corto período: los años que siguen a la aparición de *Campos de Castilla.* La lectura del gran don Miguel, que publica durante ese tiempo una buena parte de sus más importantes obras, acompaña a Antonio Machado en sus momentos de soledad en Baeza, cuando el angustiado de siempre, más trágicamente angustiado ahora por su viudez, busca una salvación: salvación a través de Dios, primero; salvación a través de la filosofía, un poco más tarde. Entonces, a veces, la figura de don Miguel, angustiado supremo, se convierte en un ángel de luz que señala caminos.

El tema de las posibles influencias o coincidencias se ha tocado ya. Segundo Serrano Poncela escribe: «La influencia de Unamuno en Antonio Machado apenas ha sido sometida a observación, no obstante haber tantas marcas de ella en la vida y obra del poeta. Por supuesto, al hablar de influencias quiero referirme a coincidencias de pensamientos que aproximan y fecundan recíprocamente a hombres superiores. Por descontada queda la ausencia de imitaciones y plagios» [2].

De acuerdo. Y muy de acuerdo también con Luis Felipe Vivanco cuando afirma que el pensamiento de Machado tiene algunas influencias de Unamuno, mas «no tantas como pudiera suponerse de la incondicional admiración que ha mostrado siempre don Antonio por don Miguel» [3]. Admiración que culmina en aquellos últimos escritos machadianos de plena guerra, dedicados a la muerte de don Miguel [4].

La devoción de don Antonio por el filósofo se demuestra una vez más, y definitivamente, a través de la correspondencia, cuidadosamente recogida y comentada por Manuel García Blanco, que se ha ocupado, igualmente, de estudiar las

---

[2] *Antonio Machado, su mundo y su obra,* Ed. Losada, Buenos Aires, 1954, p. 38.

[3] «Comentario a unos pocos poemas de Antonio Machado», *Cuadernos Hispanoamericanos,* núms. 11-12, 1949.

[4] Sobre todo el recogido en *Abel Martín. Cancionero de Juan de Mairena. Prosas varias,* Losada, Buenos Aires. Salió por vez primera en *Revista de las Españas,* 1938, núm. 101, p. 13.

relaciones amistosas que existieron entre ambos escritores [5].

De acuerdo con García Blanco, antes de 1912 —año en que cree escribió Machado a don Miguel la primera de las cartas conservadas— «existía ya una amistad entre Machado y Unamuno» [6].

En el año 1903 envió el poeta de *Soledades* su libro de versos a don Miguel con la siguiente dedicatoria: «A don Miguel de Unamuno. Al Sabio y al Poeta. Devotamente. Antonio Machado» [7].

La opinión de don Miguel parece que le fue comunicada a Manuel Machado, su amigo personal. Puede esto deducirse de una carta abierta de Unamuno, publicada en la revista *Helios*, con el título de «Vida y arte», que comienza como sigue: «Sr. D. Antonio Machado. Mi estimado amigo: La carta en que me contesta a lo que dije a su hermano Manuel, en la que le escribí hablándole del librito de poesías que usted ha publicado, es una carta sugeridora» [8]. Y pasa en seguida a hablar de dicha carta de don Antonio. Mas nada sabemos —al menos yo— de lo que sobre *Soledades* decía don Miguel en la dirigida a Manuel Machado.

En 1904 don Antonio dedica a don Miguel el poema «Luz», publicado en *Alma Española* y nunca recogido en libro [9].

En el mismo año, Unamuno, en su ensayo «Almas de jóvenes», comenta una carta que don Antonio le dirigiera, entresacando de ella algunos párrafos realmente interesantes. A través de esos párrafos se ve una vez más la admiración y la admisión de discipulado por parte de don Antonio: «Usted, con golpes de maza, ha roto, no cabe duda, la espesa costra de nuestra vanidad, de nuestra somnolencia. Yo al menos sería un ingrato si no reconociera que a usted debo el haber saltado la tapia de mi corral o de mi huerto.»

¿De qué corral, de qué huerto, se salió, se escapó Machado en 1904? «Charco», «corral» y otros sustantivos semejantes fueron empleados con frecuencia por Unamuno para designar el pequeño mundillo de los escritores de la época. «Huerto» no tiene en este momento el sentido que más tarde

---

[5] *De la correspondencia de Miguel de Unamuno*, Hispano Institute, New York, 1957.

[6] *Op. cit.*, pp. 5-6.

[7] *Ibid.*, p. 6.

[8] *Helios*, VIII, 1903, pp. 46-50.

[9] Dámaso Alonso, en *Cuadernos Hispanoamericanos*, núms. 11-12. Madrid, 1949.

ha de adquirir en el mundo machadiano: es aquí mundo pequeño, egoísta, personal, que se cierra a todas las voces de afuera. Y, por lo que en la continuación de la carta podemos ver, Machado, como Unamuno —dice don Antonio—, creerá desde este momento en la ineludible responsabilidad del escritor con los demás hombres: «No debemos crearnos un mundo aparte en que gozar fantástica y egoístamente de la contemplación de nosotros mismos; no debemos huir de la vida para forjarnos una vida mejor que sea estéril para los demás» [10].

A pesar de esta declaración, ¿hasta qué punto debe Machado a Unamuno el haber saltado las tapias de su corral o huerto, para volver los ojos a los demás? Aunque por caminos distintos, Unamuno —como Ganivet y los demás escritores de la generación del 98— no hace en ese aspecto otra cosa que continuar la tradición de los escritores e ideólogos de las generaciones anteriores. Los literatos y pensadores de fines de siglo no se apartan, desde luego, de los problemas que los envuelven; por el contrario, se enfrentan a ellos e intentan buscarles solución. Machado, educado por hombres como Giner y Cossío, comenzó su carrera literaria escribiendo artículos periodísticos donde se mete de lleno a criticar la vida y sociedad de la España de la última década de siglo [11].

Soledades (1903) no puede ser calificado tampoco como típica «literatura de evasión». A pesar de los lugares comunes producto de la influencia modernista, hay ya ciertas notas de «intimismo» que lo sitúan dentro de la realidad. De la realidad soñada, naturalmente. No se trata de un libro en donde se cree un «mundo fantástico», alejado del real intencionadamente, sino de un mundo íntimo, tan profundamente íntimo, tan profundamente temporal, que alcanza por ello la universalidad y la eternidad.

El mundo íntimo y universal, temporal y eterno, hacia donde se apunta en *Soledades*, se logra plenamente en *Soledades, galerías y otros poemas*, de 1907.

En 1905 publica Machado un artículo en prosa titulado «Divagaciones (En torno al último libro de Unamuno)». Se trata de una serie de comentarios a *Vida de Don Quijote y Sancho* [12]. En ese mismo año fecha Machado el poema

[10] Unamuno, *Ensayos*, Madrid, Aguilar, 1951, I, pp. 547-548.
[11] Véase mi libro: *La prehistoria de Antonio Machado*, Editorial Universitaria, Río Piedras, 1961.
[12] *La república de las letras*, Madrid, 9 de septiembre de 1905, nú-

«A don Miguel de Unamuno», que aparece publicado en *Campos de Castilla*. La dedicatoria dice: «Por su libro *Vida de Don Quijote y Sancho*.» Comienza con unos conocidos versos:

> Este donquijotesco
> don Miguel de Unamuno, fuerte vasco,
> lleva el arnés grotesco
> y el irrisorio casco
> del buen manchego...

En las ediciones de poesías fue incluido en la sección «Elogios». Y, dado el corte del poema, parecería muy posterior a la fecha indicada en *Páginas escogidas*. ¿Se tratará la que conocemos de una nueva versión de algo parecido, escrito en 1905? Hay desde luego versos típicos del Antonio Machado de Baeza; no del joven que aún no es profesor del Instituto de Soria:

> A un pueblo de arrieros,
> lechuzos y tahures y logreros
> dicta lecciones de Caballería.
> Y el alma desalmada de su raza,
> que bajo el golpe de su férrea maza
> aún duerme, puede que despierte un día [13].

Y de paso sea dicho, acepta Machado en esta ocasión a Don Quijote, al simbólico Don Quijote, como la mítica figura de español del futuro: del futuro inalcanzable, que sueña Unamuno. O mejor, Don Quijote y don Miguel se hacen uno: son el hombre ideal; el español ideal. Esta forma de interpretar la figura del hidalgo manchego es unamuniana; la función de Machado aquí es hacer suya la idea de don Miguel y quijotizar a este recreador de Don Quijote.

La relación entre Unamuno y Machado se intensifica en los años en que éste es profesor del Instituto de Soria.

Con el título de «Unamuno íntimo» *La Voz de Soria* reprodujo algunos párrafos de cartas enviadas por don Miguel a don Antonio. En un interesante estudio, nos informa

---

mero 14. Reproducido por Geoffrey Ribbans en «Unamuno and Antonio Machado», en *Bulletin of Hispanic Studies*, Liverpool, 1954, XXXIV.
[13] *Poesías completas*, p. 197.

ampliamente sobre ello Heliodoro Carpintero [14]. Los párrafos entresacados de la correspondencia unamuniana son interesantes. Personalmente, me llama la atención el que dedica a Manuel Machado: «Coincido con usted en cuanto dice de la literatura española, y coincido en su juicio respecto a su hermano Manuel. A mí es entre los poetas vivos españoles, el que más me gusta (quiero decir entre los que escriben en castellano). Lo prueba el que mi artículo sobre su libro *Alma* fue espontáneo y no obligado» [15].

En la obra anterior a *Campos de Castilla* no parece que Unamuno haya dejado huella visible. Los temas machadianos son los temas de siempre; los eternos. Como lo son los que a Unamuno preocupan. Mas si la huella no es visible, coincido en parte con Goeffrey Ribbans en que posiblemente haya influencias unamunianas en la formación de la personalidad y carácter del joven poeta en esos primeros años de siglo:

> I have been concerned in this article with the possible implications of Unamuno's friendship with Antonio Machado in 1903 and 1904. I have discussed the points on which the two writers' ideas seem to converge and indicated coincidences of thought between them. It would be most unwise to assume that in every instance of similarity Machado was influenced by Unamuno; the nature of the case precludes any precise or definite conclusion. Unamuno nevertheless exercised a great influence, perhaps a decisive one, on the younger man. He may well have contributed to the formation of many of Machado's opinions: the assertion of spiritual rather than intelectual values; the concept of Spain as a country of exuberant and even barbarous vitality; a certain dislike for France; the need for sincerity; the agonized quest for one's authentic self; the hatred of professionalism in literature [16].

---

[14] «Historia y poesía de Antonio Machado», *Celtiberia*, núm. 2, Soria, 1951, pp. 316-318.

[15] *Ibid.*, p. 317.

[16] Geoffrey Ribbans, *op. cit.*, p. 27: «Me he referido en este artículo a dos posibles implicaciones de la amistad de Unamuno con Antonio Machado durante el período de 1903 a 1904. He tratado los puntos en que parecen converger las ideas de ambos escritores a la vez que he señalado las coincidencias ideológicas. No sería conveniente pensar, que en cada ejemplo la similaridad de pensamiento representa la influencia de Unamuno sobre Antonio Machado; no es posible llegar a una conclusión precisa o definida. No obstante Unamuno ejerció una influencia considerable y quizás decisiva sobre Machado. Pudo muy bien haber contribuido a la formación de mu-

Tengamos en cuenta también que en la formación del carácter de Machado, como en el amor al campo y a los paseos, en la preocupación por los hombres de España, en el pensamiento liberal, y en muchas otras cosas, deben haber influido notablemente los maestros de la Institución.

En un reciente e interesante discurso, apuntaba Gerardo Diego una serie de coincidenias entre Machado y Unamuno, visibles sobre todo, me parece, a partir de la obra machadiana escrita en los años de Soria: «Los puntos de coincidencia son el descubrimiento, vivido cotidianamente, de Castilla, la vida casi campesina de la ciudad chica, el trato con gentes humildes, la aversión a las grandes urbes y a su ambiente viciado, y a sus falsedades literarias...»[17].

Unamuno descubre el paisaje castellano mucho antes que Machado. Y no porque fuese mayor en edad, sino, me parece, porque lo que para don Antonio es el paisaje de todos los días, para don Miguel es lo nuevo, lo extraño.

Machado llega a Madrid a los ocho años. Si bien es verdad que el «huerto claro donde madura el limonero» es un recuerdo constante en su poesía, no lo es menos el Guadarrama («¿Eres tú Guadarrama, viejo amigo, / la sierra gris y blanca, / la sierra de mis tardes madrileñas / que yo veía en el azul pintada?»). Don Miguel pasa en tierra vasca la niñez y primera mocedad. Su Bilbao, sus campos verdes y jugosos, no son un lejano paisaje casi dormido en el fondo del mundo del recuerdo: es una presencia recordada en toda su plenitud; un mundo lejano en el espacio, con unos prados, y unos montes y unos ríos, y una novia, tan presentes, a pesar de la ausencia, como esas sequedades del páramo castellano.

Supongo que cuando un niño pequeño parte de una tierra a otra lo nuevo se suma a lo viejo para convertirse después en un recuerdo único. ¿Cuáles son las tardes azules que recuerda Machado en su vejez, las de Madrid o las de Sevilla? ¿No son, más bien, unas tardes únicas, madrileñas y sevillanas al mismo tiempo? Pero si el viajero ha dejado de ser niño, la suma de paisajes no se produce: al contrario,

_____

chas de las opiniones de Machado: la preeminencia de los valores espirituales sobre los intelectuales; la idea de España como país de vitalidad exuberante y hasta bárbara; cierta actitud de disgusto hacia Francia; la necesidad de ser sincero; la interrogación agónica frente al ser auténtico; la repulsión del profesionalismo literario.»

[17] *Cuadernos de la Cátedra Antonio Machado*, 1.er Cuaderno, Soria, 1960.

se ven más notablemente las diferencias. Y —quién sabe por qué— el paisaje presente es hostil siempre en los primeros momentos. A todas horas se le compara con el que hemos dejado atrás —irrecuperable ya, por más que luego intentemos volver a él— y el nuevo nos parece casi un paisaje enemigo. Enemigo que, naturalmente, como en el caso de Unamuno, puede convertirse en una pasión de vida.

Antonio Machado es un niño de ocho años cuando se le lleva a la Villa y Corte. Como arriba decía, es de suponer que ni siquiera se diese cuenta del cambio. Ya mayor, critica Madrid en diversas ocasiones, pero sólo viéndolo como símbolo del momento histórico español que le tocó vivir.

Las reacciones de Unamuno ante el Madrid que se le presenta a su llegada, y las transformaciones que esa visión primera va sufriendo a través de los años, están detalladamente vistas por Pedro Laín Entralgo, de cuyo libro *La generación del 98* entresaco algunos párrafos significativos:

> En un ensayo de 1902 recuerda Unamuno la impresión de su primera llegada a Madrid, el año 1880, a los dieciséis de su vida: «una impresión deprimente y tristísima, bien lo recuerdo. Al subir, en las primeras horas de la mañana, por la Cuesta de San Vicente, parecíame trascender todo a despojos y barreduras; fue la impresión penosa que produce un salón en que ha habido baile público, cuando por la mañana siguiente se abren las ventanas para que se oree, y se empieza a barrerlo». Descubre inmediatamente «rostros macilentos, espejos de miseria, ojos de cansancio y esclavos de espórtula»... Para muchos madrileños y para no pocos de los provincianos llegados a la Corte, Madrid tenía acaso la superficial alegría del salón de baile. Unamuno, apenas llegado, ve inmediatamente el reverso directo de esa imagen: Madrid es un salón de baile, pero a la hora triste y sucia en que comienzan a barrerlo [18].

Esta repelente visión se sigue repitiendo. Cada vez que Unamuno tiene que visitar la ciudad, la ve como la vio por vez primera en 1880. Sólo cambiará con la vejez y después de los años de destierro.

¿Por qué esa primera y continuada impresión? Hay varias razones. La primera, desde luego, la que da él mismo repetidas veces: preferencias personales por las ciudades pequeñas, quizás porque su Bilbao lo era en aquellos años. La segunda, la repugnancia, mostrada con frecuencia, hacia

---

[18] Espasa-Calpe Argentina, Buenos Aires, 1947, pp. 80-82.

el ambiente de falsedad en que la gente —los escritores, sobre todo— se movía. En tercer lugar, como en el caso de Machado —que quizás lo aprenda de don Miguel—, Unamuno convierte la capital de España en símbolo de un momento histórico.

En 1895 está fechado el libro de ensayos *En torno al casticismo*. Unamuno, recién llegado entonces a Salamanca, recoge magistralmente en esos ensayos todas sus impresiones sobre el paisaje castellano. ¿Cómo ve el vasco las sequedades de la tierra de Castilla? ¿Qué elementos destaca en ese campo tosco y árido? ¿Con qué palabras nos describe las tierras castellanas?

> Recórrense a veces leguas y más leguas desiertas sin divisar apenas más que la llanura inacabable donde verdea el trigo o donde amarillea el rastrojo, alguna procesión monótona y grave de pardas encinas... De cuando en cuando, a la orilla de algún pobre regato medio seco o de un río claro, unos pocos álamos, que en la soledad infinita adquieren vida intensa y profunda. De ordinario anuncian estos álamos al hombre; hay por allí algún pueblo, tendido en la llanura al sol, tostado por éste y curtido por el hielo, de adobes muy a menudo, dibujando en el azul del cielo la silueta de su campanario. En el fondo se ve muchas veces el espinazo de la sierra... Son estribaciones de huesosas y descarnadas peñas erizadas de riscos, colinas recortadas que ponen al desnudo las capas de terreno resquebrajado de sed, cubiertas cuando más de pobres hierbas, donde sólo levantan cabeza el cardo rudo y la retama desnuda y olorosa... [19].

A pesar de los frecuentes paseos de los institucionistas por los alrededores de Madrid, y a pesar del profundo amor que los maestros de la Institución profesaban por la naturaleza, habrá de pasar mucho tiempo antes de que Antonio Machado lleve el paisaje castellano —en su caso el soriano, claro está— a la poesía. Los poemas que con este tema forman parte de *Campos de Castilla* se escriben después de varios años de estancia del poeta en tierras de Soria [20]. Para que esos poemas se creasen tuvieron que darse juntas las

---

[19] *En torno al casticismo*, II, «La casta histórica de Castilla». Ed. Espasa-Calpe, p. 55.

[20] Hasta donde he podido averiguar los primeros de esos poemas que podríamos llamar «castellanos», o mejor «sorianos», fueron siete que con el título general de «Campos de Castilla» se publicaron en *La Lectura*, febrero, 1910, X, núm. 110, pp. 135-137.

siguientes condiciones: un amor a los paseos por el campo, nacido sin duda de los tiempos de la Institución; un contacto diario con las tierras y las gentes sorianas; una influencia de los paisajes vistos antes por los ojos de Unamuno y tal vez de otros escritores, notablemente de Azorín.

Si tomamos algunos poemas de *Campos de Castilla*, «A orillas del Duero», pongo por caso, hallamos no sólo la visión unamuniana de una Castilla miserable, de pobres pueblos y pobres hombres, sino que además los mismos nombres de objetos, o los mismos adjetivos, han servido para darnos la visión machadiana de la Castilla hoy triste y empobrecida, dominadora ayer. Como en las descripciones de Unamuno, están en la de Machado la llanura, las hierbas montaraces, las encinas, los álamos, el río, el campanario, la sierra... [21]. Nótese cómo Unamuno —en el ejemplo antes citado— destaca ciertos detalles relacionados con el clima, temperatura, etc. Detalles que hallamos también en numerosos poemas de *Campos de Castilla*, dando realismo y temporalidad al paisaje que se describe.

Para ambos escritores, Castilla es algo muy concreto siempre. Sin embargo, en muchos momentos adquiere la tierra castellana un carácter simbólico. Partiendo del hecho real de la altura, apunta Unamuno, ya en 1889, cómo esas tierras altas inclinan a desasirse del suelo: «En Castilla el espíritu se desase del suelo y se levanta, se siente un más allá y el alma sube a otras alturas a contemplar sobre esos horizontes inacabables y secos una bóveda azul y transparente, inmóvil y serena» [22].

Castilla —casi tierra, casi cielo— es un puente entre cielo y tierra:

> ¡Ara gigante, tierra castellana,
> a ese tu aire soltaré mis cantos,
> si te son dignos, bajarán al mundo
> desde lo alto! [23].

¿Tendrá algo que ver con esto «el alto llano numantino», «las tierras altas», la tierra «fronteriza entre la tierra y la luna»? [24].

---

[21] Véase el poema en *Poesías completas*, pp. 90-92.
[22] «En Alcalá de Henares», en *De mi país*, Ed. Espasa-Calpe, p. 69.
[23] *Obras selectas*, Madrid, Ed. Plenitud, p. 1302.
[24] Los poemas machadianos en que Soria es vista como tierra cercana al cielo son, casi todos ellos, posteriores a la estancia del

Para Unamuno y para Machado, el paisaje castellano no está desierto. En él hay hombres. Hombres que viven, que sufren, que padecen. Que viven sus vidas, secas, duras, sobre el áspero suelo, laborando sin cesar:

> Así es que los lugareños tienen que recorrer a las veces en su mula no chico trecho hasta llegar a la labranza, donde trabajan, uno aquí, otro allá, aislados, y los gañanes no pueden hasta la noche volver a casa a dormir el reconfortante sueño del trabajo sobre el escaño duro de la cocina. ¡Y que es de verlos a la caída de la tarde, bajo el cielo blanco, dibujar en él sus siluetas, montados en sus mulas, dando al aire sutil sus cantares lentos, monótonos y tristes, que se pierden en la infinita inmensidad del campo lleno de surcos!
> ... En las largas veladas invernales suelen reunirse amos y criados bajo la ancha campana del hogar, y bailan éstos al compás de la seca pandereta y al de algún viejo romance no pocas veces [25].

Los campesinos que Machado ve no bailan. Son «atónitos palurdos, sin danzas ni canciones». Pero como los que Unamuno describe, trabajan también desde el amanecer hasta la caída de la tarde, y se reúnen en las noches de invierno al fuego del hogar [26].

---

poeta en tierras sorianas. Es una visión de Soria desde la distancia y desde el recuerdo.

[25] Miguel de Unamuno, «La casta histórica de Castilla». En *En torno al casticismo*, p. 58.

[26] ¡Las figuras del campo sobre el cielo!
Dos lentos bueyes aran
en un alcor, cuando el otoño empieza,
y entre las negras testas doblegadas
bajo el pesado yugo,
pende un cesto de juncos y retama,
que es la cuna de un niño;
y tras la yunta marcha
un hombre que se inclina hacia la tierra
y una mujer que en las abiertas zanjas
arroja la semilla,
bajo una nube de carmín y llama,
en el oro fluido y verdinoso
del poniente, las sombras se agigantan.

¡La nieve! En el mesón al campo abierto
se ve el hogar donde la leña humea
y la olla al hervir borbollonea.
... ...

La pobreza, la dureza del clima, las condiciones de vida, conforman naturalmente a estos hombres, que con frecuencia son duros, crueles y, sobre todo, envidiosos:

Son tierras para el águila, un trozo de planeta
por donde cruza errante la sombra de Caín.

dice Machado en unos conocidos versos [27].

Versos que comenta e interpreta Unamuno, mucho más tarde, en los siguientes términos: «Y ¿de dónde sino de la soledad, de nuestra soledad radical, ha nacido esa envidia, la de Caín, cuya sombra se extiende —bien lo decía mi Antonio Machado— sobre la solitaria desolación del páramo castellano?» [28].

La envidia hispánica —que es uno de los grandes temas unamunianos— está, como él nos dice, en todas partes: en el campo, en los pueblos, en las capitales.

Esa envidia, brotada no sólo de la soledad, sino también de la pobreza, se mezcla a veces con la crueldad castellana o con el aburrimiento, y lleva a crímenes horrendos. Crímenes como los que Machado narra en «Un criminal», o en «La tierra de Alvargonzález» [29].

Para Unamuno la envidia es, sobre todo, producto de la ciudad, entendiendo por ciudad tanto los grandes núcleos urbanos como el lugarejo donde un grupo de hombres se asienta. «El campo es de los pastores, es de Abel. La ciudad salió de la idea de apegarse al terruño; salió de los hombres que la aran, de Caín» [30].

Como es sabido, el tema de la envidia cainita será el eje central de *Abel Sánchez*. Sobre esta novela, muchos años más tarde de la época de que ahora me ocupo, ha de hacer Antonio Machado comentarios profundísimos, en una larga carta dirigida a don Miguel, y fechada a principios de 1918, como indica Manuel García Blanco en su citado estudio (páginas 26-29). La carta comienza con estas palabras:

Un viejo acurrucado tiembla y tose
cerca del fuego;...

(Campos de Soria, IV y V, respectivamente.
Poesías completas, pp. 112-113.)

[27] *Ibíd.*, p. 98.
[28] *Cómo se hace una novela*, Ed. Alba, Buenos Aires, 1927, p. 39.
[29] Antonio Machado, *op. cit.*, pp. 106-107 y 115-139, respectivamente.
[30] «La flecha», en *Paisajes*, Afrodisio Aguado, Madrid, 1950, páginas 31-33.

134

Queridísimo don Miguel: De vuelta en Baeza quiero consignar por escrito nuevamente mi sentimiento, cada vez más hondo, de admiración y afecto hacia usted y su obra...

Recibí su *Abel Sánchez*, su agrio y terrible Caín, más fuerte a mis ojos que el de Byron, porque está sacado de las entrañas de nuestra raza, que son las nuestras y hablan nuestra lengua materna. Bien hace usted en sacar al sol las hondas raíces del erial humano, ellas son un índice de la vitalidad de la tierra y, además, es justo que se pudran al aire, si es que ha de darse la segunda labor, la del surco para la semilla.

Sigue hablando de la envidia cainita; envidia que el poeta había visto profundamente, corriendo por esos campos de Castilla.

Parece, a juzgar por los comentarios de García Blanco a esta carta, que a Unamuno le impresionaron hondamente las palabras: «... un trozo de planeta / por donde cruza errante la sombra de Caín», que citaba siempre que hablaba de la envidia hispánica. Y además del comentario recogido en *Cómo se hace una novela*, García Blanco nos trae algunos más, de los que destaco el siguiente:

Y veis también cruzar la sombra de Caín, como la vio cruzar por tierras del Alto Duero Antonio Machado, el poeta de estas soledades jugosas de misterio genesíaco («Junto a la cerca del paraíso», en *Los lunes de El Imparcial*, Madrid, 4-IX-1916, según informes de Manuel García Blanco).

A pesar de los muchos defectos, los hombres que habitan las tierras castellanas son héroes. Son los héroes que hacen la intra-historia de España: «Es uno de los héroes, de los héroes humildes —humiles—, de la tierra —humus—; es uno de los héroes del heroísmo vulgar, cotidiano y difuso, de todos los momentos. Es su ideal la realidad misma. Viene de la piedra, por camino de siglos y siglos, que se pierde en el pasado, va al ángel que alboreará en un porvenir inasequible», dice Unamuno [31].

Son ésas las mismas gentes del alto llano numantino, a las que Machado desea que el sol de España llene «de alegría, de luz y de riqueza».

Campos de Castilla se publica en 1912. Como dije, es en este libro de Machado, y no en ninguno de los anteriores,

---

[31] «Humilde heroísmo», en *Paisajes*, p. 65.

donde se manifiestan algunas claras influencias de Unamuno. Sabemos que don Miguel recibió con entusiasmo *Campos de Castilla* y lo comentó en carta dirigida al soriano José María Palacio:

> Señor don José María Palacio: A los pocos días de recibir su carta, señor mío, recibí el libro de Machado, y sin haberlo terminado, después de un hojeo en caliente —según mi modo—, le escribí una carta y el mismo día, al acabarlo, otra. Lo he vuelto a leer y va asentándose mi impresión primera. Al principio me saltó al alma una impresión casi mística, después he sentido mejor lo que de trágico tiene. Es todo un poeta Machado, y Soria le ha suscitado un fondo del alma que acaso de no haber ido ahí dormiría en él [32].

A fines de 1912, Machado, recién viudo, pide el traslado al Instituto de Baeza. Lo que pasó en el alma del poeta en esos terribles primeros meses de soledad y cansancio total, quedó definitivamente guardado en un grupo de extraordinarios poemas, que constituyen una cumbre de la poesía española. También la correspondencia que mantuvo en ese tiempo con algunos amigos es profundamente reveladora [33].

Manuel García Blanco en su ya citada obra recoge varias cartas que don Antonio dirigió a Unamuno, fechadas en los años de Baeza. La relación debió ser bastante íntima y, a juzgar por lo que hasta nosotros ha llegado, la correspondencia muy frecuente.

Sabemos, además, por confesiones propias, que Machado leía constantemente a Unamuno en esos años. En carta fechada en Baeza, el 31 de diciembre de 1914 (pp. 2-22 del estudio de García Blanco), escribe don Antonio:

> ¡Cuántas veces he leído su soberbio libro *Del sentimiento trágico en los hombres y los pueblos!* Por cierto que los filósofos de profesión parece que no han reparado en él. Es, no obstante, una obra fundamental, tan española, tan nuestra, que, a partir de ella, se puede hablar de una filosofía española, de esa filosofía tan arbitrariamente afirmada como negada, antes de su libro.

---

[32] *De la correspondencia de Miguel de Unamuno*, p. 9.
[33] Véase: *Cartas de Antonio Machado a Juan Ramón.* (Estudio preliminar de Ricardo Gullón. Ediciones La Torre, Universidad de Puerto Rico, 1959). La carta que lleva el núm. 13 (pp. 36-38) es particularmente interesante.

Y al año siguiente, en carta fechada en Baeza, 21 de marzo:

Querido y admirado maestro: Mil gracias por su *Niebla*, que leí de un tirón con el deleite y avidez con que leo cuanto usted escribe. Portentosa me parece de honda realidad su nivola y de humorismo, aunque desoladora. Fraternalmente simpatizo con su Augusto Pérez, ente de ficción y acaso por ello mismo ente en realidad. Volveré a leerla y a releerla (p. 25 del citado estudio de García Blanco).

En la revista madrileña *La Lectura* (año XIII, núm. 151, julio, 1913) hay otro escrito machadiano titulado: «Algunas consideraciones sobre libros recientes: *Contra esto y aquello*, de Miguel de Unamuno.» Es un largo comentario a algunos de los ensayos unamunianos que figuran en dicha obra, publicada en 1912.

En los poemas que Machado escribió entre 1912 y 1917, aproximadamente, se muestra, más que en ningún otro de otras épocas, la influencia del pensamiento de Unamuno. Está fechado en Baeza, 1913, el que al principio de estas anotaciones destaco. Lo están también —o fueron publicados en esos años— todos aquellos a que pronto voy a referirme. Unos vieron la luz en revistas; otros pasaron directamente a la edición de *Poesías completas*, o a la de *Poesías escogidas*, ambas de 1917.

El tema de España es uno de los fundamentales en la obra unamuniana. De hecho, el del paisaje, o el paisanaje, que antes señalé, son sólo proyecciones de aquél. A don Miguel le preocupó siempre profundamente el pasado y el futuro de su país; de los hombres que hacen la intrahistoria de su país. Y por salvarlo luchó, en contra de todas las corrientes. Fue la voz que clama en el desierto. Así se vio y se pensó a sí mismo. Así quiso ser. Amó a España doloridamente siempre. Y su esperanza se proyecta hacia un futuro inalcanzable. Hacia un sueño. Sueña una utopía, y lo utópico es siempre futuro y siempre inalcanzable.

La preocupación de Machado por los destinos de España, presente ya en *Campos de Castilla*, continúa manifestándose en estos poemas escritos en los años que siguen a la publicación de dicho libro.

Unamuno, que sueña con el futuro de España, sitúa ese futuro fuera del tiempo, haciéndolo inalcanzable, inexistente. Cuando Machado escribe esperanzado sobre el futuro renacer de España, piensa en términos temporales. A veces siente que el pesimismo lo invade y escribe:

> Españolito que vienes
> al mundo, te guarde Dios.
> Una de las dos Españas
> ha de helarte el corazón.

Pero dice, sin embargo, más o menos por la misma época:

> Mas otra España nace,
> la España del cincel y de la maza,
> con esa eterna juventud que se hace
> del pasado macizo de la raza.
> Una España implacable y redentora,
> España que alborea
> con un hacha en la mano vengadora,
> España de la rabia y de la idea [34].

La esperanza —esperanza en algo concreto— presentida en esos años malos, se convierte en una convicción muchos años más tarde cuando don Antonio, repetidas veces, reafirma su fe en su pueblo, y sobre todo, en la juventud que hará el mañana [35].

Acaso el no creer, en el fondo, en nada fuera la gran tragedia de don Miguel. Esa, y no la de dudar. Contrariamente a don Antonio, Unamuno no creyó nunca en su pueblo. Al menos así se deduce de lo que nos dejó. En contraste con los muchos momentos en que Machado afirma su fe en el hombre, y, concretamente, en el hombre de España, recojamos estas palabras de Unamuno, verdaderamente trágicas:

> No hay medio de adivinar, de vaticinar, mejor, cómo acabará todo aquello allá en mi España; nadie cree en lo que dice ser lo suyo: los socialistas no creen en el socia-

---

[34] El primer ejemplo pertenece a «Proverbios y cantares». Está incluido en *Poesías completas*, 1917. Le fue enviado por el poeta a Unamuno, en manuscrito, junto con una carta que García Blanco da como de mediados de 1913, aproximadamente. El segundo, titulado «El mañana efímero», está fechado en 1913. En la edición que vengo citando, están en pp. 177-178 y 165-166, respectivamente.

[35] Véanse los numerosos escritos, verso y prosa, publicados por Antonio Machado durante los años de la Guerra Civil. Muchos están en su último libro: *La guerra* (Madrid, Espasa-Calpe, 1937). Otros están recogidos en las ediciones de México (Séneca, 1940) y en las argentinas.

lismo, ni en la lucha de clases, ni en la ley férrea del salario y otros simbolismos marxistas; los comunistas no creen en la comunidad (y menos en la comunión); los conservadores, en la conservación; ni los anarquistas en la anarquía: los pretorianos no creen en la dictadura... ¡Pueblo de pordioseros! ¿Y cree alguien en sí mismo? ¿Es que creo en mí mismo? «¡El pueblo calla!» Así acaba la tragedia *Boris Godunoff*, de Puschkin. Es que el pueblo no cree en sí mismo. ¡Y Dios se calla! He aquí el fondo de la tragedia universal: Dios se calla. Y se calla porque es ateo.

Estas terribles palabras fueron escritas en el destierro de París [36]. Don Miguel, proyectando trágicamente su falta de fe— ¿fe en sí mismo?— sobre su patria, ve ante sí un conjunto de seres dejados de la mano de Dios que no pueden creer lo que llaman sus ideas, porque no creen en ellos mismos. Porque nadie cree en nada ni en nadie. Es él, naturalmente, el descreído. Y por serlo él, hace descreídos a todos los demás hombres. Y al mismo Dios.

Las críticas al señorito español se encuentran por todas partes en la obra de Unamuno. En la de Machado, se acentúan en los años de Baeza.

Tanto Machado como Unamuno entienden, comprenden y hasta disculpan los enormes defectos del hombre del campo. Del hombre que va dejando su vida sobre la tierra, trabajando de sol a sol. Peor que ese hombre de campo es siempre el hombre de la ciudad. Muy especialmente el señorito de la ciudad, que encarna todos los vicios y toda la maldad de una España corrompida.

El donjuanismo del señorito español es tema que ambos ven en forma muy parecida. El señorito español, cree Unamuno, tiene siempre alma de don Juan. Pero de don Juan Español que, «después de pasados los años de su ardiente mocedad, suele casarse y se convierte en un respetable burgués, lleno de achaques y de prejuicios, conservador y hasta neo. Oye misa diaria, pertenece a varias cofradías y abomina de cuantos no respetan las venerables tradiciones de nuestros mayores» [37].

En el «Llanto por las virtudes y coplas por la muerte de don Guido», escribe Machado:

---

[36] *Cómo se hace una novela*, pp. 90-91.
[37] «Sobre don Juan Tenorio», en *Mi religión y otros ensayos*, Espasa-Calpe, Buenos Aires, p. 112.

Murió don Guido, un señor
de mozo muy jaranero,
muy galán y algo torero;
de viejo, gran rezador.

Dicen que tuvo un serrallo
este señor de Sevilla;
que era diestro
en manejar el caballo,
y un maestro
en refrescar manzanilla.

Cuando mermó su riqueza
era su monomanía
pensar que pensar debía
en asentar la cabeza.

Y asentóla
de una manera española,
que fue casarse con una
doncella de gran fortuna
y repintar sus blasones,
hablar de las tradiciones
de su casa,
a escándalos y amoríos
poner tasa,
sordina a sus desvaríos.

Gran pagano,
se hizo hermano
de una santa cofradía;
el Jueves Santo salía,
llevando un cirio en la mano
—¡aquel trueno!—,
vestido de nazareno... [38].

Don Guido, señorito andaluz, es un don Juan que el
Comendador no se ha llevado a tiempo: «Y si no le hubiera
llevado a tiempo la sombra del Comendador, le habría visto
anciano respetable, defendiendo el orden, las veneradas
tradiciones de nuestros mayores, la libertad bien entendida
y el 'pan y catecismo', y asistiendo piadoso a las solemnida-
des de su Cofradía» [38], dice Unamuno.

En la segunda de las cartas que García Blanco nos ofrece
—la citada de 1913—, hay comentarios interesantísimos so-

[38] *Poesías completas*, pp. 101-103.
[39] «Ibsen y Kierkegaard», en *Mi religión y otros ensayos*, p. 57.

bre los señoritos de Baeza: «Es la comarca más rica de Jaén y la ciudad está poblada de mendigos y de señoritos arruinados en la ruleta.» Compara Blanco estas frases con algunos versos del conocido poema «El pasado efímero», que también le fue enviado en forma manuscrita a don Miguel y que tiene también bastante parecido con un poema unamuniano, muy posterior esta vez al de Machado [40].

De paso sea dicho, no es ésa la única vez en que Machado influye sobre Unamuno. Hay varias ocasiones en que el discípulo pesa, en alguna forma, sobre el maestro. Enfoques unamunianos de ciertos temas, y frases, o palabras, están, en ciertos casos, antes en Machado. Mas lo que el humilde don Antonio no sólo acepta, sino que a veces exagera, enorgulleciéndose de ello, no podría ser nunca aceptado por el soberbio don Miguel. Sin embargo, hay cosas tan obvias que no se pueden dejar pasar. En lo que se refiere al mundo del recuerdo, por ejemplo, fue Machado muy lejos desde sus primeros libros. Lo mismo que en el mundo de los sueños. En nuestra poesía, nadie como él se adentró tan profundamente por esos mundos. Por esas galerías sin fondo donde el poeta halla tantas y tantas cosas viejas, perdidas, para labrar con ellas la miel de la poesía. Ya en sus primeros libros descubre que en el recuerdo se mezclan lo vivido y lo soñado. Lo vivido se hace, a veces, sueño del pasado; el sueño se confunde, en la memoria, con lo vivido. Y todo llega a convertirse en sueño. Es el sueño la más auténtica vida, quizás; por eso el poeta cree que es a través de los sueños del pasado —en donde lo vivido y lo soñado se confunden— donde el hombre de los ojos abiertos puede encontrarse:

> Y podrás conocerte, recordando
> del pasado soñar los turbios lienzos,

---

[40] García Blanco (*op. cit.*, p. 15) establece el siguiente paralelo:

MACHADO	UNAMUNO
Este hombre del casino provin- [ciano que vio a Cara-ancha recibir un [día, tiene mustia la tez, el pelo cano, ojos velados de melancolía.	Este hombre del chorizo y de [la siesta que va de fiesta en fiesta, el de la buena hembra y la ban- [durria, el que ahoga su murria jugando al monte; este hombre del chorizo, el que adora a Belmonte, es el castizo.

141

en este día triste en que caminas
con los ojos abiertos.

De toda la memoria sólo vale
el don preclaro de evocar los sueños.

Dice Machado en 1907, adelantándose en este terreno varios
años a Unamuno que en 1912 —y sin la intensidad poética
de Machado— escribe en uno de sus «Soliloquios y conversaciones»:

En estas tardes pardas
mientras tardas las horas resbalando
van dejando tras sí huella de tedio,
el único remedio —¡triste estrella!
tan desterrado al verse,
es acogerse al golfo del recuerdo
de lo que nunca fue.

Y continúa: «¿Es que hoy tiene para usted más realidad lo
que ayer le sucedió que lo que soñó ayer?» La estrofa citada
es, desde luego, machadiana desde las «tardes pardas» hasta
el «recuerdo de lo que nunca fue». Típicamente machadianas
son esas horas que resbalan tardas, dejando esa huella de
tedio, que nos recuerda las horas de hastío del salón familiar
del adolescente Antonio Machado.

Pero volvamos a donde nos habían quedado.

Si del hombre español pasamos a la mujer española, hallamos bastantes semejanzas en cuanto a la opinión que de
ella tienen ambos escritores.

En *Vida de Don Quijote y Sancho*, dice Unamuno:

«Tu testamento se cumple, Don Quijote, y los mozos de
esta tu patria renuncian a todas las caballerías para poder
gozar de las haciendas de tus sobrinas, que son casi todas
las españolas, y gozar de las sobrinas mismas. En sus
brazos se ahoga todo heroísmo. Tiemblan de que a sus
novios y maridos les dé la ventolera por donde le dio a
su tío. Es tu sobrina, Don Quijote; es tu sobrina la que
hoy reina y gobierna en tu España; es tu sobrina y no
Sancho. Es la medrosica, casera y encogida Antonia Quijano, la que temía te diese por dar en poeta, 'enfermedad incurable y pegadiza'; la que ayudó con tanto celo al
cura y al barbero a quemar tus libros; la que aconsejaba
no te metieses en pendencias ni fueses por el mundo en

142

busca de pan de trastrigo; la que se te atrevió a asegurar en tus barbas que todo eso de los caballeros andantes es fábula y mentira...» [41].

Machado dirá más tarde:

> Es la mujer manchega garrida y bien plantada,
> muy sobre sí doncella, perfecta de casada.
> ... ...
> ... Devota, sabe rezar con fe
> para que Dios nos libre de cuanto no se ve.
> Su obra es la casa —menos celada que en Sevilla,
> más gineceo y menos castillo que en Castilla—.
> Y es del hogar manchego la musa ordenadora;
> alínea los vasares, los lienzos alcanfora;
> las cuentas de la plaza anota en su diario,
> cuenta garbanzos, cuenta las cuentas del rosario [42].

Esta mujer, la que reina hoy día en España, «apenas sabe menear doce palillos de randas y menea a los hombres de hoy en tu patria», dice Unamuno, dirigiéndose a Don Quijote, al final del párrafo arriba citado.

Y categóricamente afirma Machado:

> En esta España de los pantalones
> lleva la voz el macho;
> mas si un negocio importa
> lo resuelven las faldas a escobazos [43].

Idea que se recoge en la misma carta que he citado: «en verdad extraña que en este país de los pantalones haya negocios de alguna trascendencia que no resuelvan las mujeres a escobazos [44].

No sólo el hombre de España, sino todos los hombres —o mejor «cada uno de los hombres»— constituyen, podríamos decir, el tema fundamental de la filosofía de Unamuno. Y de la poesía de Antonio Machado. Mas hacer esta afirmación es decir muy poco. Creo —y me parece coincidir en esto enteramente con las ideas de don Miguel— que el hombre es, en una u otra forma, el tema central de toda

---

[41] *Obras selectas*, p. 446.
[42] «La mujer manchega», *Poesías completas*, p. 164.
[43] *Poesías completas*, p. 177.
[44] *De la correspondencia de Miguel de Unamuno*, p. 13. Ya Manuel García Blanco relaciona la carta con los versos.

filosofía: el hombre que nace y desnace; el ser que viene de la nada y va quién sabe a dónde. De la preocupación por la vida se pasa a la preocupación por la muerte, que no es más que el miedo a dejar de ser. A la desaparición. Y surge entonces el ansia de creer en aquello que es capaz de darnos la vida: el ansia de creer en Dios.

La preocupación religiosa de don Miguel es preocupación por su propia salvación. Todo hombre quiere seguir siendo eternamente. Ser inmortal. «Para sustentar esta inmortalidad» [45]. Para James, y para Unamuno, y para el campesino aquel de la anécdota, si Dios no hace al hombre vivir eternamente, entonces, ¿para qué Dios?» [46].

No pretendo entrar en un estudio del concepto religioso de Unamuno, tan estudiado ya, y tan nuevo cada vez. Tampoco quisiera superficialmente afirmar o negar si en el fondo de su alma llegó a creer en ese Dios que creaba para después creer en El. Ni si hace o no hace farsa con su dolor y con sus creencias o no creencias, tema de que se ha hablado ya en abundancia. Me propongo tan sólo señalar aquí que las ideas unamunistas influyeron en este aspecto marcadamente en el pensamiento machadiano, aunque hay que aclarar que dicha influencia desaparece totalmente en los últimos tiempos, como se puede ver en las últimas obras del poeta.

La influencia de Unamuno en el pensamiento religioso de Machado puede situarse claramente entre la publicación de *Campos de Castilla* y la primera edición de *Poesías completas*. Son ésos para Machado años de auténtica preocupación religiosa, como ha visto muy bien José Luis Aranguren, que intenta además, acertadamente, hallar las causas:

> Sobreviene la muerte de la joven esposa, de Leonor. Y es, de toda su vida, entonces, a mi entender, cuando Antonio Machado estuvo más cerca de Dios. A Miguel de Unamuno le levantaba a la fe el ansia de inmortalidad. A Antonio

---

[45] *Del sentimiento trágico de la vida* (7.ª ed.), Espasa-Calpe, Buenos Aires, 1945, p. 12.

[46] «Un día hablando con un campesino le propuse la hipótesis de que hubiese, en efecto, un dios que rige cielo y tierra, conciencia del Universo, pero que no por eso sea el alma de cada hombre inmortal en el sentido tradicional y concreto. Y me respondió: 'Entonces, ¿para qué Dios?'» (*Ibid.*, p. 12.)

Machado, por esos años de 1912 y 1913, la dulce esperanza de recobrar, algún día, a la amada muerta [47].

Don Antonio, que en sus años jóvenes buscaba a Dios entre la niebla, ahora parece aceptar la visión unamuniana y crearse, como Unamuno, su propio Dios. Un Dios brotado de la necesidad y del ansia de creer:

> Yo he de hacerte, mi Dios, cual tú me hiciste,
> y para darte el alma que me diste
> en mí te he de crear... [48].

Pero Machado, en ésta como en otras ocasiones, es sólo un hombre que quiere creer: no un creyente. A lo más, en estos años, como en el pasado, es un buscador. Mas un buscador que no encuentra lo que busca:

> El Dios que todos llevamos
> el Dios que todos hacemos,
> el Dios que todos buscamos
> y que nunca encontraremos.
> Tres dioses o tres personas
> de un solo Dios verdadero [49].

¿Creyó Machado? ¿Creyó Unamuno en su Dios creado? ¿Es sincero don Miguel cuando escribe de la fe viva que «no consiste en creer lo que no vimos, sino en crear lo que no vemos?» [50].

Como en muchas otras ocasiones, en «Mi religión» nos habla Unamuno de su lucha por creer, expresándose en los siguientes términos: «Mi religión es luchar con Dios desde el romper del alba hasta el caer de la noche, como dicen que con él luchó Jacob» [51].

Este concepto de lucha lo expresa Machado en palabras que recuerdan un poco a las de Unamuno:

> Todo hombre tiene dos
> batallas que pelear:

---

[47] «Esperanza y desesperanza de Dios en la experiencia de la vida de Antonio Machado», en *Cuadernos Hispanoamericanos*, núms. 11-12, Madrid, 1949, p. 389.
[48] *Poesías completas*, p. 180.
[49] *Ibid*.
[50] «La tradición eterna», en *En torno al casticismo*, p. 35.
[51] «Mi religión», p. 10.

145

en sueños lucha con Dios
y despierto con el mar [52].

Unamuno lucha con los ojos abiertos y a la luz del día; Machado, que funde sueños y realidades, lucha en sueños o en ensueños; a la claridad del día, sólo con el mar. O contra el mar, que es el morir. Acaso el Dios entrevisto en sueños es la esperanza de vida eterna, que desaparece en el día pleno, para dejar paso al vacío que viene con la muerte: «Señor, ya estamos solos mi corazón y el mar.»

Si don Miguel luchó siempre por creer en su Dios creado, el caso de Machado es otro. En la juventud el poeta busca a Dios entre la niebla, algunas veces. Lo busca, sin saber por qué caminos buscarlo. Más tarde, siguiendo los pasos del maestro, quiere crear a su Dios. El que por fin logra inventar —y esto muchos años más tarde— es el de Abel Martín. El que trae en sus manos la copa colmada de sombra, de nada, de muerte total.

El Dios de Abel Martín no es un Dios de esperanza, pero tampoco de desesperación. Viene acompañado de una resignación estoica que ya se presiente, muy de vez en cuando, en los primeros versos de don Antonio. Ahora se hace definitiva.

Machado no se desespera. Tal vez lo que don Miguel no consiguió nunca, lo logró Machado en sus últimos años: creer en los hombres. Por eso mientras Unamuno no se resigna jamás a la idea de la desparición total, Machado acepta tranquilamente la idea de un Señor que hizo la Nada, y que con las esencias de esa nada ahogará los gritos nuestros.

Cuando la fe de Unamuno en la vida eterna se va haciendo más y más problemática —más débil, acaso— comienza su verdadera agonía por quedar, por permanecer de cualquier modo; o, mejor, de todos. En los hijos. En las obras.

Don Miguel, que no se resigna a pasar, quiere convencerse y convencernos de que algo queda de todo lo que ha sido; lo que es. Así se expresa en un artículo de 1912:

Y de todo esto —me decía luego—, ¿qué me queda?, ¿qué les queda a los demás? ¡Oh, no, no, no! ¡Nada se pierde, ni el azar en el mar! ¡Algo queda de todo lo que pasa! ¡Doce años haciéndome no una firma, no una repu-

[52] *Poesías completas*, p. 172.

tación, sino haciéndome un alma! ¡Y siempre el alma por hacer! [53].

Un año más tarde se hace y nos hace Machado una pregunta que es casi una respuesta al «nada se pierde» del citado pasaje unamuniano:

¿Dices que nada se pierde?
Si esta copa de cristal
se me rompe, nunca en ella
beberé, nunca jamás.

Dices que nada se pierde
y acaso dices verdad,
pero todo lo perdemos
y todo nos perderá [54].

La preocupación por España —con sus hombres y sus mujeres, su vida pueblerina y la monotonía del ambiente de la ciudad chica— y la preocupación religiosa, nacida del ansia de que no se pierda lo que ha sido —en este caso, la mujer amada—, acaso sean los temás más frecuentes en la poesía machadiana de estos años —1913-1917—. La presencia de Unamuno pesa sobre el acercamiento de Machado hacia todos ellos.

El poeta permanece en Baeza hasta 1919. En su correspondencia con Unamuno se ve el deseo que tenía de salir del poblachón «entre andaluz y manchego», adonde llegó en 1912.

Acabado de llegar a Segovia —1919—, Machado envía a don Miguel una tarjeta felicitándole por un artículo recién publicado. La correspondencia no disminuye hasta el destierro de don Miguel; tampoco la admiración de don Antonio hacia el «gigante ibérico». Sin embargo, la influencia aquella, visible en parte en *Campos de Castilla,* y más en los nuevos poemas de *Poesías selectas* y *Poesías completas,* no se nota ya en los poemas de *Nuevas canciones* (1917-1924), ni en las obras posteriores a esa fecha.

[53] «Días de limpieza», en *Mi vida y otros recuerdos personales,* Losada, Buenos Aires, 1959, p. 127.
[54] *Poesías completas,* p. 175.

Con el título de «Parergon», hay en *Nuevas canciones* otro poema que lleva la siguiente dedicatoria: «Al gigante ibérico Miguel de Unamuno, por quien la España actual alcanza proceridad en el mundo.» No he podido comprobar si antes había o no aparecido en alguna revista.

Tengo informes de comentarios que con el título de «Leyendo a Unamuno», fueron publicados en *La Voz de Soria*, en 1922, y no han vuelto a reproducirse después de esa fecha [55].

En carta que Manuel García Blanco supone del año 1922, Machado habla de otros trabajos que en breve piensa publicar. Uno es, por lo visto, el de *La Voz de Soria*. Del otro no tengo noticia: «En breve le enviaré a V. un trabajo que publicaré en *La Voz de Soria* sobre su libro, y otro que remitiré a la revista *España*» [56]. El libro en cuestión es *Andanzas y visiones españolas*.

En 1923, Antonio Machado publicó el poema «Iris de luna» —que luego había de llamarse «Iris de la noche», al pasar a *Nuevas canciones*— en una revista madrileña [57]. En este momento, en que la influencia unamuniana sobre Machado es escasa, hay, sin embargo, unos maravillosos versos profundamente influidos por Unamuno:

> Y tú, Señor, por quien todos
> vemos y que ves las almas,
> dinos si todos, un día,
> hemos de verte la cara.

Unamuno habla en diversas ocasiones de «ver la cara de Dios», o de «verle a Dios la cara». Ya en 1906 escribe:

> Los que tienen sus tiendas en el pórtico del templo no querrán entrar en él. No dejarán sus pequeñas cosas ni para entrar en el templo y ver la cara de Dios [58].

Y, más tarde, en 1911:

> Detrás nuestro va nuestro Dios empujándonos, y al morir, volviéndonos al pasado, hemos de verle la cara, que nos alumbra desde más allá de nuestro nacimiento [59].

---

55 *La Voz de Soria*, núm. 27, 1º de septiembre de 1922.
56 *Op. cit*, p. 33.
57 *La Pluma*, enero 1923, año IV, núm. 32, pp. 28-29.
58 «El pórtico del templo», en *Mi religión y otros ensayos*, p. 132.
59 «Recuerdo de la Granja de la Moreruela», en *Andanzas y visiones españolas*, Espasa-Calpe, Buenos Aires, 1945, pp. 11-12.

En «La bienaventuranza de Don Quijote», cuento de 1922, escribe:

> Se le apareció Jesucristo... Y el Caballero, que como buen cristiano viejo y a la española creía a pies juntillas que el Cristo es Dios y había oído aquello de que quien a Dios ve se muere, se dijo: «Pues que veo a mi Dios, verdaderamente me he muerto.» Y al saberse ya muerto, del todo muerto, perdió todo el temor y miró cara a cara, ojos a ojos, a Jesús [60].

Quizá en Unamuno hay residuos de Kierkegaard, directamente y a través de Ibsen. Y la raíz, desde luego, está en la Biblia.

En el ensayo «Ibsen y Kierkegaard» dice don Miguel hablando de *Brand*, de Ibsen:

> Inés recuerda a Brand en el drama ibseniano aquellas terribles palabras bíblicas que Kierkegaard solía recordar, aquella sentencia de: quien ve a Dios muere [61].

Y en *Del sentimiento trágico de la vida:* «El que ve a Dios se muere, dice la Escritura», indicando a continuación el lugar exacto del que la cita procede: Jueces XIII, 22.

Muchos años más tarde, en el último retrato que Juan Ramón Jiménez hizo de Machado, nos encontramos con parecidas palabras:

> En la eternidad de esta mala guerra de España, que tuvo comunicada a España de modo grande y terrible con la otra eternidad, Antonio Machado, con Miguel de Unamuno y Federico García Lorca, tan vivos en la muerte los tres, cada uno a su manera, se han ido, de diversa manera lamentable y hermosa también, a mirarle la cara a Dios. Grande sería de ver cómo da la cara de Dios, sol o luna · principales, en las caras de los tres caídos, más afortunados quizá que los otros, y cómo ellos le están viendo la cara a Dios [62].

---

[60] *Cuentos*, 2. Biblioteca Vasca, Madrid, 1960, p. 189.
[61] *Mi religión y otros ensayos*, p. 55.
[62] «Antonio Machado», *Sur*, Buenos Aires, núm. 79, 1941. Ya Ricardo Gullón hizo notar la influencia de la frase unamuniana sobre Machado y Juan Ramón, al reproducir el citado retrato juanramoniano de Machado en *Estudios sobre Juan Ramón Jiménez*, Losada, Buenos Aires, 1960, p. 237.

Me parece que la sentencia, que tiene para Unamuno un significado bíblico, en los versos de Machado, y quizás también en la prosa de Juan Ramón, pierde tal significado para hacerse sinónimo de la pregunta por la inmortalidad. Durante los años de destierro de Unamuno las muestras epistolares son escasas. Después, ya en los treintas, Unamuno veía con frecuencia a los Machado, en las tertulias que éstos mantenían en algunos viejos cafés madrileños. Así, naturalmente, se hacen innecesarias las cartas.

En el destierro de Unamuno —concretamente, cuando don Miguel huye de Fuerteventura a París— escribe don Antonio una especie de letanías un tanto burlescas: «De franceses y de Chiriguos libra, Señor, a nuestro don Miguel...» [63].

Con el título de «Unamuno, político», hay otro escrito machadiano, publicado en *La Gaceta Literaria*, de Madrid, en el año 1930 [64].

Se hallan frecuentes referencias a Unamuno en las cartas a Guiomar [65].

En la tercera edición de *Poesías completas*, de Antonio Machado, de 1928, dentro de una nueva sección titulada «Cancionero apócrifo de Juan de Mairena», figuran unas interesantes ideas sobre poesía: «El *Arte poética* de Juan de Mairena» [66]. Lo más importante de su arte poética es la repulsa al barroco. Las razones que da Machado para rechazar el barroco español, tomando a Calderón como ejemplo representativo, son básicamente las mismas que unos treinta años antes había dado Unamuno para atacar el teatro calderoniano. Ambos ven en el barroco —y en Calderón, su representante principal— un arte lleno de artificio y falto de vida auténtica: un arte hecho de ideas descarnadas, que se convierte en momia. El barroco español es, para los dos, un invento tudesco y mucho menos español que Cervantes —que ambos oponen a Calderón en diversas ocasiones— o que los romances.

Las ideas de Unamuno sobre el barroco están expuestas en 1895 [67]. Las de Machado son mucho más tardías, aunque

---

[63] *Los complementarios y prosas póstumas*, Losada, Buenos Aires, 1957, p. 16.

[64] Madrid, 1º de Abril, 1930.

[65] Concha Espina, *De Antonio Machado a su grande y secreto amor.*

[66] *Poesías completas* (1899-1925). Madrid, Espasa-Calpe, 1928, páginas 367-380.

[67] «El espíritu castellano», en *En torno al casticismo*, pp. 71-78.

antes, aquí y allá, algo había dicho. No hay duda de que también en esto parece Machado hondamente influido por las ideas unamunianas.

Para Unamuno y para Machado todo arte tiene que tomar el «aquí» y el «ahora» como puntos de partida. El barroco, al querer eternizarse, lo hace ignorando ese aquí y ese ahora, y por ello, precisamente, no puede ser eterno.

Dice Unamuno que:

> hay un arte eterno y universal, un arte «clásico», un arte sobrio en color local y temporal, un arte que sobrevivirá al olvido de los costumbristas todos. Es un arte que toma el «ahora» y el «aquí» como puntos de apoyo, cual Anteo la tierra para recobrar a su contacto fuerzas [68].

Eso no lo logra el barroco, cuyo espíritu:

> no llegó, a pesar de sus intentonas, a la entrañable armonía de lo ideal y lo real, a su identidad oculta, no consiguió soldar los conceptos anegándolos en sus nimbos, ni alcanzó la inmensa sinfonía del tiempo eterno y del infinito espacio de donde brota con trabajo, cual melodía en formación y lucha, el Ideal de nuestro propio espíritu [69].

Como figura opuesta a todas las concepciones calderonianas, Don Quijote es a la vez lo español y lo universal. O, mejor dicho, el hombre universal, siendo por ello mucho más español. Símbolo de España. De la España soñada. De la futura, inalcanzable, utópica España de Unamuno.

El estudio que Machado hace de la poesía barroca es, me parece, completísimo, a pesar de las pocas páginas que ocupa.

Todo arte —en este caso la poesía— debe tomar, según Machado, el ahora y el aquí, como puntos de partida, aceptando las ideas unamunianas. La poesía que pretende eternizarse, tiene que partir, como la de Jorge Manrique, o los romanceros, del tiempo («el tiempo vital del poeta con su propia vibración»). «El poema que no tenga muy marcado el acento temporal estará más cerca de la lógica que de la lírica», cosa que le sucede siempre a la poesía calderoniana.

Y sigue Machado:

---

[68] «La tradición eterna», en *En torno al casticismo*, p. 26.
[69] «El espíritu castellano», en *En torno al casticismo*, p. 73.

Para alcanzar la finalidad intemporalizadora del arte, fuerza es reconocer que Calderón ha tomado un camino demasiado llano: el empleo de elementos de suyo intemporales. Conceptos e imágenes conceptuales —pensadas, no intuidas— están fuera del tiempo psíquico del poeta, del fluir de su propia conciencia [70].

La antítesis Calderón-Cervantes, establecida por Unamuno, pasa a incorporarse al pensamiento de Machado, que la acepta y la expone en diversas ocasiones. Aún la hallamos en sus últimos escritos:

> Como maestro de cristianismo, el alma rusa, que ha sabido captar lo específicamente cristiano —el sentido fraterno del amor, emancipado de los vínculos de sangre— encontrará un eco profundo en el alma española, no en la «calderoniana», barroca y eclesiástica, sino en la «cervantina», la de nuestro generoso hidalgo Don Quijote, que es, para mi juicio, la genuinamente popular, nada católica en el sentido sectario de la palabra, sino humana y universalmente cristiana [71].

Durante los años de la guerra civil, muerto ya Unamuno, don Antonio le consagra varios párrafos de las notas en prosa que publicaba en *Hora de España*. En el número 3 de esa revista hay un escrito titulado «Sigue hablando Mairena a sus alumnos»; en un apartado que lleva por título «Los cuatro Migueles», comenta:

> Decía Juan de Mairena que algún día tendríamos que consagrar España al Arcángel San Miguel, tantos eran ya sus Migueles ilustres y representativos: Miguel Servet, Miguel de Cervantes, Miguel Molinos y Miguel de Unamuno [72].

Le dedica otro párrafo en un artículo publicado en la revista *Madrid* (Cuadernos de la Casa de Cultura) [73].

El último artículo que don Antonio consagra a don Miguel, figura en la *Revista de las Españas* [74]. De él entresaco

---

[70] «El *Arte poético* de Juan de Mairena», en *Abel Martín. Cancionero de Juan de Mairena. Prosas varias*, p. 41.
[71] Carta a David Gigodsky. En: *La Guerra* (Madrid, Espasa-Calpe, 1937), pp. 69-71.
[72] *Hora de España*, núm. 3, 1937, pp. 5-12.
[73] Recogido en: *Obras*, Séneca, México, 1940. En: *Juan de Mairena*, II, Losada, Buenos Aires, 1943.
[74] Véase nota 4.

un párrafo revelador. La admiración de Machado por el maestro culmina en estas palabras:

> De quienes ignoran que el haberse apagado la voz de Unamuno es algo con proporciones de catástrofe nacional, habría que decir: «¡Perdónalos, Señor, porque no saben lo que han perdido!»

Pocos meses más tarde, la voz de don Antonio se perdía también, definitivamente, al otro lado de los Pirineos.

Puerto Rico, 1960.

La Torre, año IX, núms. 35-36, julio-diciembre 1961.

RICARDO GULLON

RELACIONES AMISTOSAS Y LITERARIAS ENTRE ANTONIO MACHADO Y JUAN RAMON JIMENEZ

Entre Juan Ramón Jiménez y Antonio Machado, aun siendo tan distintos, las diferencias eran menores que las coincidencias. Desde muy pronto se estableció entre ellos una relación cordial. Ambos eran andaluces, pero procedentes de lugares y grupos sociales distintos. Juan Ramón era de Moguer y pertenecía a una familia de negociantes prósperos; Antonio Machado nació en Sevilla y su padre vivía en situación poco holgada; por intentar mejorarla pasó a Puerto Rico, donde enfermó y hubo de ser repatriado a España para morir.

Juan Ramón, de niño, fue mimado por sus padres, quienes favorecieron su vocación tan pronto como se manifestó. Cuando llegó la hora de escoger carrera el padre quiso que estudiara la de Derecho, pero sin gran convicción, pues en cuanto el chico, al sufrir el primer fracaso, mostró deseos de abandonar los estudios para dedicarse a las letras, nadie objetó seriamente este propósito. Antonio Machado, en cambio, estudió carrera para vivir, siquiera modestamente, hubo de acogerse a las inevitables oposiciones y constituirse en catedrático de francés, primero en Soria, luego en Baeza y por último en Segovia.

Es sabido también que Juan Ramón encontró siempre quien le cuidara. En la etapa juvenil de su estancia en Madrid, el Dr. Simarro le tuvo a su cargo en el Sanatorio del Rosario, y al morir su esposa le llevó a su casa y le albergó en ella durante más de dos años. A partir de 1916, y durante cuarenta años, tuvo en Zenobia Camprubí Aymar mujer abnegada, que desempeñó también funciones de madre, agente de negocios, secretaria y chófer, cuando hizo falta. Machado no tuvo suerte en el matrimonio. Casó en Soria con la joven Leonor Izquierdo, quien enfermó a poco de casada y murió pronto, dejando a don Antonio triste, envejecido y solo. Aunque esa soledad fuera aliviada, más adelante, por la Guiomar de sus últimos versos, entre uno y otro amor vivió larga etapa de soledad en tres pueblos españoles.

Fue don Antonio provinciano por necesidad y universal por vocación y destino. En la universalidad coincide con Juan Ramón, y de ello tuvo lúcida conciencia, pero no en el provincianismo, ni siquiera en el castellanismo, pues discrepaba instintivamente de estas aproximaciones a lo tradicional y castizo de la patria.

El castellanismo le parecía a Juan Ramón tentación condenable, por cuanto implicaba de limitación y sujeción a un tradicionalismo de corto vuelo poético, y, según podrá verse en las cartas que siguen, Antonio Machado no ignoraba que su mejor poesía era otra. Lo mejor de ambos está en la poesía que pudiéramos llamar interior, pues como Rubén Darío dijo a Juan Ramón, «iban por dentro». No sería difícil reunir en un volumen poesías de los dos reveladoras de esa sustancial afinidad.

No parece menos intensa la dedicación a la poesía del uno que la del otro, pues aunque en apariencia la de Machado fuera menos exclusiva, por dedicarse a sus clases y a otros trabajos, en verdad su fervor en nada cedía al del amigo. Rafael Alberti escribió:

> Si Antonio Machado era el hombre alejado y perdido en provincias, Juan Ramón Jiménez es el hombre alejado y perdido en un piso. Su vida se desenvuelve en la monotonía de un bienestar burgués. Su tiempo se le ha pasado mirando las madreselvas, los malvas y los verdes del crepúsculo. Su encierro voluntario, con salidas momentáneas al mar, es la consecuencia de la vida española tirante y agria en los finales de la monarquía. No quiere enfrentarse con ella, como Lope hizo. La rehuye y, al rehuirla, él y los que como él hicieron, nos escamotearon una interpretación de varios años de historia de España. Punto de partida de mi generación son estos dos poetas [1].

---

[1] Fragmento de un artículo de Rafael Alberti, publicado en *Revista Cubana*, de La Habana. No he podido precisar la fecha.

Este párrafo de Alberti fue comentado por Juan Ramón: «Es verdad» —anota— y más adelante: «Aquí Alberti es honrado. Dice las cosas como son. Me gusta esta clase de crítica. Odio al adulador impenitente y lo desprecio»[2].

Y en verdad, según apunta el autor de *Sobre los ángeles*, ellos dos y Unamuno fueron punto de partida para la nueva poesía. Don Antonio siempre con acento menos «moderno», lo que no quiere decir menos actual y permanente, mientras en Juan Ramón la voluntad renovadora se hizo más fuerte conforme pasaban los años. Hay en ellos una profunda inclinación a utilizar los símbolos como medio de expresión lírica, y, aunque con inflexión diferente, se mueven con desembarazo por el terreno de lo simbólico. Es natural, dada la inclinación interiorizante acabada de subrayar.

La mutua estimación es buen fundamento para la amistad. Estimarse antes de conocerse es excelente manera de entrar en relaciones, y así ocurrió en este caso. Cuando se conocieron personalmente, ya se habían leído y reconocido. Como veremos en seguida hay pruebas inequívocas de ese reconocimiento y de la estimación consiguiente. Tal vez en el primer momento les acercó una similitud de carácter que no verán los distraídos: los que sólo se fijen en el atuendo distinguido del uno y el desaliño del otro; en la actitud, algo alejada, de aquél y la bondad operante de éste. Pero a lo que hay que atender es al idéntico arraigo de la vocación; a la autenticidad; al lirismo soterrado y hondo que dice en pocas palabras lo sustancial de los sentimientos. En la poesía descubrieron la similitud de éstos y se reconocieron semejantes en nostalgia, vaga tristeza, amor a la naturaleza y sensibilidad hacia cuanto fuera bello, misterioso y profundo. Pues son dos poetas del misterio. Rubén lo dijo, esta vez de Machado, pero aquí también el calificativo puede ser aplicado a los dos.

Traen el mismo camino. Vienen de Bécquer y de Rosalía; les atrajo un momento Rubén Darío y luego siguieron cada cual su vía, sin titubeo, sin dejarse desviar por influencia ni modas. Crearon su poesía desde sí mismos y en lo mejor de ellos: el fervor y la penetración en las galerías del alma.

Su amistad comienza en 1902. Cuando Juan Ramón fue a Madrid en la primavera del año 1900, los hermanos Ma-

---

[2] Nota autógrafa que se conserva en la Sala Zenobia-Juan Ramón de la Universidad de Puerto Rico, bajo el recorte del fragmento de Alberti arriba transcrito.

chado no estaban allí. Se hallaban en París trabajando para
la Casa Garnier y no volvieron a España hasta después del
regreso de Juan Ramón a Moguer. En el primer viaje a la
Corte del que iba a ser «andaluz universal», su acompañante
y mentor fue Francisco Villaespesa, quien más adelante se
ocupó de la impresión de los primeros libros juanramonia-
nos: *Ninfeas* y *Almas de violeta*.

Juan Ramón pasó a Madrid en mayo de 1901, camino de
Francia, y un año después, tras la estancia en el Sanatorio
de Castel d'Andort, en Le Bouscat, se ínstaló de nuevo en
el Sanatorio del Rosario, calle Príncipe de Vergara, de Madrid, en un lugar que entonces era casi campo.

En ese momento comienzan a visitarle varios poetas y
escritores, en su mayoría de su misma edad, deseosos de
relacionarse con quien ya en aquellos momentos aparecía
como figura destacada de la joven poesía. «Ya estaban en
Madrid los Machado —cuenta Juan Ramón—, mayores que
nosotros en edad y en todo, firmes sostenes de la poesía
nueva.»

Cansinos Assens ha publicado una curiosa versión de
una de estas visitas al Sanatorio del Retraído (como Juan
Ramón decía). En esa página encuentro una interesante versión de cómo vivían los Machado, y me parece vale la pena
recogerla. Cuenta Cansinos:

> El domingo, pues, un domingo soleado de invierno, un
> verdadero domingo, dirigíme a casa de los Machado, don-
> de era la primera vez que entraba. Vivían los Machado
> en el segundo piso de un gran caserón viejo y destarta-
> lado, con un gran patio lóbrego, donde el sol se perdía
> y el frío del invierno se encontraba de pronto. Volvía a
> recuperarse el sol al entrar en la gran sala cuadrada, con
> balcón a la calle, tan anegada en claridades cristalinas
> que al principio deslumbraba y no dejaba ver. Voces
> juveniles y efusivas me acogieron. Ya estaban allí todos,
> es decir, Villaespesa, Antonio de Zayas —duque de Amalfi—
> (¡un duque!), el poeta diplomático de *Joyeles bizantinos*—
> y Ortiz de Pinedo, un joven poeta, aún todo en blanco,
> cual yo mismo. Uno de los Machado, creo que Antonio,
> en mangas de camisa, se estaba acabando de afeitar ante
> un trozo de espejo, sujeto a la pared, como los que se
> ven en las carbonerías. La habitación destartalada, sin
> muebles, salvo algunas sillas descabaladas, con el suelo de
> ladrillo, salpicado de colillas y las paredes desnudas, tenía
> todo el aspecto de un desván bohemio. Eran tan pocas las
> sillas, que algunos permanecían de pie. Allá dentro, tras

una puerta lateral, sonaban voces femeninas. El sol, un verdadero sol de domingo, era el único adorno de aquella habitación que parecía una leonera de estudiantes. El sol y el buen humor juvenil [3].

El contraste entre los medios más bien bohemios en que se movían los Machado y el ambiente aséptico, silencioso y hasta elegante en que vivía Juan Ramón, es destacado por Cansinos, quien subraya igualmente el contraste entre las maneras de buen tono del poeta moguereño y «la efusividad popular de Villaespesa». Pero el dato más importante de cuantos comunica el cronista es el relativo al diferente interés que Juan Ramón prestaba a unos y otros visitantes: «Su atención —dice— se dirigía más bien a los Machado, sobre todo a Antonio, grave y discreto.» Después que Juan Ramón les leyó unos versos, Antonio Machado le dijo: «Tiene usted la flauta de Verlaine» [4].

Tales fueron los comienzos de una relación, no sólo literaria, sino personal, entrañable y viva. La admiración mutua fue base duradera y sólida de esta amistad. Ya había recibido Juan Ramón muestra de aquélla, pues con motivo de la publicación de *Ninfeas*, Antonio Machado le había dedicado un poema, que hasta la fecha no he logrado encontrar, pero al cual se alude en una nota autógrafa conservada en la Sala Zenobia-Juan Ramón de la Universidad de Puerto Rico. En otra nota, puesta a máquina y unida a las carpetas que Juan Ramón rotuló «Críticos y líricos de mi ser», consta lo siguiente:

> Antonio Machado me escribió otros dos poemas, uno sobre *Ninfeas* y otro sobre *Jardines lejanos*, que se publicó en el número antológico de la revista *Renacimiento*, Madrid, 1908, dirigida por nuestro fervoroso Gregorio Martínez Sierra. El primero ha seguido inédito hasta ahora. Espero poder publicarlo en otros volúmenes de *Vida* como los de Rubén Darío [5] y los de otros poetas y críticos, amigos y enemigos, que ahora no sé quién los tiene.

---

[3] R. Cansinos Assens, «Juan Ramón Jiménez», *Ars* (San Salvador), núm. 5, abril-diciembre, 1954.

[4] *Ibid.*

[5] Rubén Darío, *Cartas y Versos a Juan Ramón Jiménez*, Biblioteca de Indice, Madrid. Anunciado en la colección, pero no publicado. Al menos no he logrado ver ejemplares de este libro.

El 16 de marzo de 1901 había comenzado a publicarse en Madrid la revista *Electra*, en la que, según creo, por vez primera la generación modernista hacía acto de presencia colectiva, sin someterse a la dirección de sus mayores. Apostillando la copia mecanografiada de una carta de Jacinto Benavente, en que le dice: «En *Electra* tengo el gusto de leer composiciones suyas», Juan Ramón escribe:

> La revista *Electra* la hacía Francisco Villaespesa con los Machado, que acababan de volver de París y a quienes yo no había tratado aún. Yo estaba entonces en Moguer, de vuelta de mi primer viaje a Madrid. En *Electra* dieron Manuel y Antonio Machado versos suyos antes de publicar sus libros *Alma* y *Soledades*, y yo algunos poemas como «La canción de las niñas» y unos sonetos alejandrinos, muy influido todo por Rubén Darío, que no recogí nunca en libro.

Recuérdese que es en mayo de 1901 cuando Juan Ramón pasa a Francia, y *Electra* empezó a publicarse el 16 de marzo del mismo año. El último número de la revista es el nueve, correspondiente al 11 de mayo. La publicación era semanal. Se publicaron en ella, efectivamente, varios trabajos de Juan Ramón Jiménez: «Las niñas», anunciado como del libro en prensa *Besos de oro;* «Mística»; «Paisaje del corazón» y «Mística», segunda poesía con el mismo título. De Antonio Machado aparecieron varios poemas sin título, bajo la rúbrica genérica: «Los poetas de hoy»; «Del Camino». Entre los restantes colaboradores figuran: Villaespesa, Maeztu, Unamuno, Salvador Rueda, Baroja, Valle-Inclán, Manuel Machado y Azorín, que entonces firmaba todavía José Martínez Ruiz. En 1903 publica Antonio Machado su primer libro: *Soledades*, y en él encontramos un «Nocturno», dedicado a Juan Ramón Jiménez, y más tarde no incorporado al tomo de *Poesías completas*. Dámaso Alonso lo recogió en un artículo aparecido en el número de *Cuadernos Hispanoamericanos* dedicado a Machado [6]. Aquel libro fue comentado por Juan Ramón Jiménez en un artículo que apareció en *El País*, 1903. Pero, además, en el ejemplar de *Soledades* que perteneció a Juan Ramón (y que aparece muy subrayado por mano del

---

[6] Dámaso Alonso, «Poesías olvidadas de Antonio Machado», *Cuadernos Hispanoamericanos*, núms. 11-12, septiembre-diciembre, 1949, Madrid.

poeta) figura en la antepenúltima página una nota autógrafa de Juan Ramón que dice así:

Es consolador que en estos tiempos de «concursos poéticos» de *El Liberal* se publiquen libros como éste. Y sin embargo, con qué desdén mirarían a Antonio Machado los señores Balart, Zapata y Blasco y los poetitas premiados por esos buenos señores, si se encontraran en su camino! Lo que yo no concibo es que la gente sea tan bruta. Me regocijo íntimamente pensando en la desdeñosa sonrisa de Zapata al leer este libro.

Como el lector podrá comprobar cotejando estas líneas con el comienzo del artículo publicado en *El País*, Juan Ramón repite sustancialmente en el texto impreso lo apuntado en la nota autógrafa.

1903 es también el año de *Arias Tristes*, publicado por la librería de Fernando Fe, en Madrid. Y a su vez Antonio Machado publicó en *El País* un comentario extenso, sin duda de los más sagaces que se dedicaron a esa obra de Juan Ramón Jiménez. Me parece exacta su apreciación de que:

Ese libro es la vida que el poeta no ha vivido, expresada en las formas y gestos que el poeta ama. Así, tal vez, quisiera vivir el poeta.

La clarividencia de ambos se revela ostensiblemente en los dos artículos citados, muy distintos, por la penetración y el tono de sinceridad con que están escritos, a los que en trances tales suelen dedicarse los escritores primerizos, en legítimo esfuerzo de mutuo apoyo.

En 1903 comienza a publicarse la revista *Helios*, de que fue animador prominente Juan Ramón Jiménez [7]. Nacía bajo

---

[7] En carta de 1902, dirigida a Rubén Darío, le decía Juan Ramón:

Querido maestro: Cinco amigos míos, y yo, vamos a hacer una revista literaria seria y fina: algo como el *Mercure de France*: un tomo mensual de 150 páginas, muy bien editado. Nosotros mismos costeamos la revista; así, puedo decir a usted que vivirá mucho tiempo; es cosa madura y muy bien calculada. Nada de lucro; vamos a hacer una revista que sea alimento espiritual; revista de ensueño; trabajaremos por el gran placer de trabajar. En fin, basta esta afirmación: es una cosa seria.

la dirección conjunta de cinco escritores, que por el orden con que aparecen sus firmas en el artículo inicial eran los siguientes: Pedro González Blanco, Juan Ramón Jiménez, Gregorio Martínez Sierra, Carlos Navarro Lamarca y Ramón Pérez de Ayala. En el primer número se publicaron cinco poemas de Juan Ramón, correspondientes a *Arias Tristes*, y una reseña de *Peregrinaciones*, de Rubén Darío; en el segundo y sucesivos siguen apareciendo trabajos del poeta moguereño y en el cuarto comienza la colaboración de Antonio Machado, con los cuatro poemas siguientes: «El poeta visita el patio de la casa en que nació»; «El poeta recuerda a una mujer desde un puente del Guadalquivir»; «El poeta encuentra esa nota en su cartera»; «Y estas palabras inconexas». En este fascículo se incluye una breve reseña anónima de *Soledades*, que acaso sea de Martínez Sierra, autor de la inserta a continuación, pues en algún otro número se sigue el sistema de no firmar sino una vez cuando dos notas seguidas son de la misma pluma.

En las cartas de Antonio Machado se podrá comprobar que era Juan Ramón el receptor, y probablemente el solicitante de los originales machadianos.

En el número ocho de la revista se publicaron nuevos poemas de Machado, y de los más hermosos, por cierto. Entre ellos figura: «Y era el demonio de mi sueño» y «Desde el umbral de un sueño me llamaron». En el número once, aparecido en febrero de 1904, y último de la publicación, volvemos a encontrar poesías suyas. Es un grupo de cuatro:

Yo agradecería a usted infinitamente que nos enviara algo de lo que haga o tenga hecho: versos, prosa. Y, además, que nos concediera usted permiso para copiar algunas cartas o fragmentos de las cartas que usted escribe para *La Nación*.

¿Recibió usted mis Rimas? Si puede usted, no deje de enviarme un ejemplar de su último libro —*Peregrinaciones*— que no he encontrado, y me ocuparé de él —no porque usted me lo mande, sino por mi propio placer— en el primer número de la revista, que saldrá, según ahora pensamos, el día 1º de abril.

No eche usted en olvido mis peticiones, mi querido maestro, pues ya sabe usted que le agradeceré sus envíos con toda mi alma.

Le abraza su verdadero amigo

Juan R. Jiménez.

S/c, Sanatorio del Rosario,

Príncipe de Vergara 14, Madrid.

P. S. Debo decir a usted que la revista sólo publicará versos de tres o cuatro poetas, y prosa de muy contados escritores.

dos «Impresiones de otoño»: «Campo» y «A un viejo y distinguido señor», y dos «Galerías»: «Arte poética» y «Los sueños». Alguno de estos poemas no fue incorporado por Machado al tomo de *Poesías completas,* y como los antes citados fueron exhumados por Dámaso Alonso en su artículo de *Cuadernos Hispanoamericanos.*

En esta época todavía Juan Ramón y Machado se llamaban de usted, mas, según la correspondencia declara, su amistad habíase hecho más íntima y se cambiaban poemas inéditos. En 1904 apareció *Jardines lejanos,* una de cuyas partes está dedicada a Antonio Machado. Correspondió éste con un poema a Juan Ramón, titulado: «Los jardines del poeta», que tampoco figura en *Poesías completas.*

Vemos cómo esta buena amistad se consolidaba mediante mutuas dedicatorias y daba lugar, por otra parte, a correspondencia relativamente frecuente.

Entre los papeles de Juan Ramón he visto una copia mecanografiada y preparada para publicación, que lleva un curioso comentario de Juan Ramón. Es la carta número 8 de esta serie, en donde Machado le dice a su amigo:

> Tiempo tendremos de escribir para el alma omnibus de los profesores y de la chusma, y seremos pulidos, retóricos y hasta castizos.

Juan Ramón apostilla así:

> En esta fecha Antonio Machado y yo nos hablábamos todavía de usted. *Helios* es la revista que hicimos Gregorio Martínez Sierra, Agustín Querol, Ramón Pérez de Ayala, Carlos Navarro Lamarca, Pedro González Blanco y yo. Antonio y Manuel Machado, Francisco Villaespesa y yo habíamos pensado publicar un libro con poemas de los cuatro. ¡Qué lejos estaba Antonio Machado de pensar, cuando me escribió esta carta, que pocos años después se saldría de sus espejos, galerías, sus laberintos maravillosos, mezcla. confusa del simbolismo y de Bécquer, para enseñar francés con énfasis doctoral; para cantar los campos de Castilla con descripción excesiva, anécdota constante y verbo casticiero; para aceptar un sillón en la Real Academia Española; para pasar de la inmensa minoría a la castuoría inmensa!

En 1921 publicó Juan Ramón la revista *Indice,* y con este motivo volvemos a encontrar cartas de Machado que se refieren a su colaboración en ella. En primer término del número cuatro de la revista apareció su poema «Olivo del camino», firmado en Campo de Córdoba, 1920. Fue *Indice* una de las revistas más curiosas de la época, porque en ella se dan la mano los poetas de dos generaciones: la modernista y la de 1925; Ortega, Azorín, Machado, junto con Jorge Guillén, Pedro Salinas, Antonio Espina, José Bergamín y otros. Solamente salieron cuatro fascículos, tal vez por falta de recursos, pues las colaboraciones eran de primer orden y la calidad de la publicación alcanzaba nivel muy elevado. Después de *Indice* publicó Juan Ramón los libros pertenecientes a la *Biblioteca de Indice*, pero nada en ellos referido a Antonio Machado, ni probablemente hubo nunca propósitos de que apareciera tomo suyo en esta publicación.

Ignoro si Juan Ramón intervino en la edición de las *Páginas escogidas* de Machado, publicadas por el editor Calleja en 1917, pues ésa es la época en que Juan Ramón trabajaba para él, y precisamente en ese año sacaba Juan Ramón en la llamada Biblioteca Calleja los *Sonetos espirituales* y el *Diario de un poeta recién casado*. El año anterior el mismo editor imprimió *Estío;* en 1918, *Eternidades*, y en 1919, *Piedra y cielo*. Es verosímil, por lo tanto, que la influencia de Juan Ramón pesara sobre el ánimo de Calleja, animándole a publicar la antología machadiana en la serie de tomitos encuadernados en que se publicaron las de Azorín, Leopoldo Alas y otros.

Cuidó asimismo la primera edición de las *Poesías completas*, publicada por la Residencia de Estudiantes en 1917, que se acabó de imprimir en el establecimiento tipográfico de Fortanet, en Madrid, el 11 de junio de 1917. Esta circunstancia consta por una ficha autógrafa hecha a este libro por Zenobia Camprubí, con ocasión de colocar el ejemplar dedicado a Juan Ramón en la Sala de la Universidad de Puerto Rico, donde ahora se encuentra.

Hay una anotación de Juan Ramón, fechada en julio de 1921, donde dice:

> Antonio Machado, este [falta una palabra] de poesía, se anduvo siempre buscando, y antes se encontraba siempre. Ahora se ha perdido a sí mismo. ¿Dónde se ha perdido a sí mismo, en Baeza, en Soria, en Segovia, en Madrid? Pero ya se encontrará, y si no se encuentra más, ya se ha encontrado bastante.

Juan Ramón le admiraba bien y, a la postre, lo prefería a Unamuno. En ocasiones parecía considerar más «importante» a éste, pero en el momento del balance definitivo optaba por Machado.

Las mutuas dedicatorias de poemas no se habían interrumpido en los años anteriores. Juan Ramón Jiménez dedicó a Antonio Machado, en *Laberinto*, publicado en 1913, un admirable poema, muy conocido por figurar en la *Segunda Antología Poética;* en el *Diario de un poeta recién casado* le ofreció el precioso «Nocturno», también recopilado en la *Antología.* Por su parte, Machado le dedicó «La tierra de Alvargonzález» (que no era, por cierto, poesía muy del gusto juanramoniano), en *Campos de Castilla,* 1912, y en la sección de «Elogios» del mismo libro incluyó (en ulteriores ediciones) la composición titulada «Mariposa de la sierra», dedicada a su amigo por *Platero y yo.* En total son cinco los poemas dedicados por don Antonio a Juan Ramón y dos los que éste le ofrendara, además de una parte de *Jardines lejanos,* como queda dicho. Pero no con eso queda cerrada la relación entre ambos poetas [8].

En 1936, Juan Ramón vivió un período de intensa creación. También Machado. Mientras el primero colaboraba asiduamente en *El Sol,* de Madrid, e iniciaba, con *Canción,* la publicación de toda su obra poética, nuevamente ordenada, el segundo publicaba otra edición (la cuarta) de *Poesías completas,* y la primera de *Juan de Mairena.* En el tomo de verso seguían figurando las composiciones dedicadas a Juan Ramón, y en el segundo no faltaban alusiones a éste, directas o indirectas. En el capítulo sexto, entre los proverbios y consejos de Mairena, leemos uno de clara reminiscencia juanramoniana, que dice así: «A la ética por la estética, decía Juan de Mairena, adelantándose a un ilustre paisano suyo», y al final del mismo capítulo hay un poema, también alusivo a Juan Ramón, titulado «Recuerdo Infantil»:

> Mientras no suene un paso leve
> y oiga una llave rechinar,
> el niño malo no se atreve
> a rebullir ni a respirar.
>
> El niño Juan, el solitario,
> oye la fuga del ratón,

[8] No he podido ver el «Antonio Machado» publicado en *España,* Madrid, el 5 de enero de 1924, citado en la bibliografía de *Cuadernos Hispanoamericanos* de Juan Guerrero y E. Casamayor. Supongo que es el luego recogido en *Españoles de tres mundos* y antes *Unidad* (1925).

y la carcoma en el armario,
y la polilla en el cartón.

El niño Juan, el hombrecito,
escucha el tiempo en su prisión:
una quejumbre de mosquito
en un fundido de peón.

El niño está en el cuarto oscuro,
donde su madre lo encerró;
es el poeta, el poeta puro
que canta: ¡el tiempo, el tiempo y yo!

No es el único poemilla del volumen en donde aparece una alusión a Juan Ramón, pues en el capítulo XXII sin duda se refiere a él este otro:

¡Quién fuera diamante puro!
—dijo un pepino maduro.
Todo necio
confunde valor y precio.

Sin embargo —añadía Mairena, comentando el aforismo de su maestro—, pasarán los pepinos y quedarán los diamantes, si bien —todo hay que decirlo— no habrá ya quien los luzca ni quien los compre. De todos modos, la aspiración del pepino es una verdadera pepinada.

No falta tampoco alguna alusión un tanto irónica y de sentido menos favorable que las reseñadas. En el capítulo XLIX se lee:

Entre el hacer las cosas bien y el hacerlas mal está el no hacerlas, como término medio, no exento de virtud. Por eso —decía Juan de Mairena— los malhechores deben ir a presidio.

¿Puede suponerse que Machado estaba pensando en la exigencia de pureza juanramoniana, que tal vez le pareciera excesiva? E incluso, creo, otro párrafo del mismo capítulo se refiere también a Juan Ramón. Es aquel en que, tras copiar unos versos de Heine, comenta Mairena:

Así expresa Heine la fe romántica en la virtud creadora que se atribuye al fondo oscuro de nuestras almas. Esta fe tiene algún fundamento. Convendría, sin embargo, entreverarla con la sospecha de que no todo son perlas en el fondo del mar. Aunque esta sospecha tiene también su peligro: el de engendrar una creencia demasiado ingenua en una fauna submarina demasiado vistosa. Pero lo más temible en uno y otro caso para la actividad lírica, es una actividad industrial que pretenda inundar el mercado de perlas y de gusarapos.

Estas alusiones no debieron agradar a Juan Ramón, pues recortó las páginas correspondientes y las incorporó a su carpeta de *Artes a mí*, con la nota de: «Malas». Y hasta pienso si pudieron ser la fuente de algún resentimiento, manifiesto más tarde en comentarios un tanto despectivos acerca del atuendo y las costumbres de Machado.

En cambio, no pudo sino agradarle la referencia a su precepto lírico, recogida en uno de los apartados del capítulo XLVIII del *Juan de Mairena*. Vale la pena copiarla íntegramente:

El encanto inefable de la poesía —dice Machado— que es, como alguien certeramente ha señalado, un resultado de las palabras, se da por añadidura en premio a una expresión justa y directa de lo que se dice. ¿Naturalidad? No quisiera yo con este vocablo, hoy en descrédito, concitar contra vosotros la malquerencia de los virtuosos. Naturaleza es sólo un alfabeto de la lengua poética. Pero ¿hay otro mejor? Lo natural suele ser en poesía lo bien dicho, y en general, la solución más elegante del problema de la expresión. *Quod elixum est ne assato*, dice un proverbio pitagórico; y alguien, con más ambiciosa exactitud, dirá algún día:

No la toques ya más,
que así es la rosa.

Sabed que en poesía —sobre todo en poesía— no hay giro o rodeo que no sea una afanosa búsqueda del atajo, de una expresión directa; que los tropos, cuando superfluos, ni aclaran ni decoran, sino complican y enturbian; y que las más certeras alusiones a lo humano se hicieron siempre en el lenguaje de todos.

El 23 de febrero de 1936 apareció en *El Sol* de Madrid un breve comentario a las *Poesías completas* (cuarta edición) de Antonio Machado, suscrito por Juan Ramón Jiménez. Se incluye en el apéndice, por lo que es excusado glosarlo aquí. Juan Ramón escribió, además de este comentario, dos admirables retratos de su amigo. Uno figura en *Españoles de tres mundos;* el otro, más extraordinario todavía, fue redactado en Miami, en 1939, publicado en el número 79 de la revista *Sur,* de Buenos Aires, y luego reproducido en otras.

Pero antes de comentar este texto singular debo referirme a uno de don Antonio que corresponde a la época de la guerra española.

En agosto de 1936, Juan Ramón salió .de España, y al llegar a América hizo declaraciones manifestando sus simpatías por el gobierno de la República. A esta declaración le puso Machado un comentario que recojo en el apéndice y que fue, según creo, el último texto suyo relativo al autor de *Platero.* Este todavía le dedicó varios recuerdos. El primero en orden de fecha fue la comunicación enviada a *La Prensa* de Nueva York, el 27 de febrero de 1939, desde Miami, en la que decía lo siguiente:

> Un grupo numeroso de escritores, artistas, científicos españoles compañeros nuestros, están pasando hambre, frío, miseria completa en los campos de concentración que Francia ha destinado en su frontera del sur a los españoles salidos de Cataluña. Antonio Machado, nuestro gran poeta, símbolo alto de todos ellos, ha muerto allí, llenándonos a todos con su caída de sombra; y aunque sólo sabemos la primera noticia, estamos seguros de lo que ha muerto.

A continuación invitaba a los españoles e hispanoamericanos residentes en los Estados Unidos a ayudar a los intelectuales emigrados, y encabezaba una suscripción en favor de ellos con la suma de $ 40.00.

Fue en Miami también donde escribió y fechó el estremecedor recuerdo de Antonio Machado a que más arriba me refería. Es seguramente la página más impresionante dedicada al poeta, y lo es sobre todo por su final, donde Juan Ramón asocia a la figura de Machado las de Miguel de Unamuno y Federico García Lorca, «tan vivos de la muerte los tres, cada uno a su manera» y partidos «de diversa manera lamentable y hermosa también, a mirarle a Dios la cara». No puedo resistir el deseo de copiar aquí las palabras finales:

> Grande de ver sería —dice Juan Ramón— cómo da la cara de Dios, luna o sol principales, en las caras de los tres caídos, más afortunados quizá que los otros, y cómo ellos le están viendo la cara a Dios.

En 1944 publicó en *Cuadernos Americanos* de México, número 4, julio-agosto, bajo el título de «Un enredador enredado» un artículo dedicado a Antonio Machado, en el que sienta la tesis de que en éste se unen tres poetas: el discípulo de Rubén Darío, el discípulo de Bécquer y el castizo, que le parecía más vulgar y de menor interés que los otros. Se incluye también en el apéndice.

Nunca olvidó Juan Ramón al viejo amigo, y en sus clases sobre el Modernismo, en conferencias y conversaciones, no dejó de mencionar a Unamuno y a Machado como los dos más altos poetas de este siglo.

He procurado reunir los textos más significativos, con objeto de que el lector se dé cuenta de la importancia que hasta el final concedió el autor de *Diario de un poeta recién casado* al de *Soledades*. La última lectura pública que hizo Juan Ramón, en la Universidad de Puerto Rico, en abril de 1954, versó sobre el tema «El Romance, río de la lengua española», comentando desde el principio aquella admirable canción machadesca que tanto se complacía en citar:

> En un jardín te he soñado,
> alto, Guiomar, sobre el río,
> jardín de un tiempo cerrado
> con verjas de hierro frío.

A última hora había, creo yo, en Juan Ramón un sentimiento ambivalente hacia Machado; pero su claro juicio crítico no le engañaba cuando, en definitiva, le hacía preferirlo a cualquier otro poeta de nuestro tiempo. ¡Grande don Antonio Machado y grande también Juan Ramón Jiménez! Ellos dos y don Miguel de Unamuno situaron de nuevo a la poesía española en el nivel de grandeza que por fortuna conserva, pues quienes vinieron después, inspirados en su ejemplo, han sabido lograr desde otro clima o prolongando el anterior, poesía verdadera y duradera. Es una realidad el que, para la poesía española, los primeros cincuenta años del siglo XX fueron años áureos, de plenitud, variedad y riqueza.

La Torre, núm. 25, San Juan de Puerto Rico, enero-marzo, 1959.

ALLEN W. PHILLIPS

ANTONIO MACHADO Y RUBEN DARÍO

A don Ramón Martínez López, en la hora
de su jubilación, como testimonio de amistad.

Para encabezar la parte de la presente antología dedicada
a las relaciones de Antonio Machado con algunas de las grandes figuras de la época, me propongo estudiar brevemente
la firme amistad, tanto personal como intelectual, que lo
unía con el querido y admirado maestro Rubén Darío. Así
lo llamaba Machado en las pocas cartas que de él se conservan. Sus relaciones, siempre incólumes y sin sombras de
desafecto, no fueron tan íntimas y sostenidas como las del
poeta americano con Manuel Machado (quien durante el año
de 1909 le sirvió de secretario durante una temporada), pero
siempre las caracterizó una actitud de generosa y mutua
admiración, pese a que la poesía de Antonio Machado quiso
tomar, con el tiempo, rumbo distinto al seguido por Darío[1].

Notorias son las amistades de Rubén Darío con los
escritores españoles que conoció en los muchos años de
su residencia en Europa, a partir de los primeros días
de 1899, año de su segunda llegada a la península, comisionado por *La Nación*, de Buenos Aires. Casi desaparecida,
o caída en decadencia creadora la vieja generación de
escritores a quienes conociera en su primer viaje (1892),
Darío no tardó mucho en relacionarse con otros más

---

[1] Antonio Oliver Belmás recuerda sus conversaciones sobre los
hermanos Machado con Francisca Sánchez y escribe: «... Su simpatía
personal, me dijo la abulense, en estas o parecidas palabras, iba para
Manolo; pero su admiración profunda para Antonio.» *Este otro Rubén
Darío*. Barcelona, 1960, p. 184.

jóvenes, con los que pronto iban a revolucionar las letras españolas. Los más viejos de este grupo eran Unamuno y Valle-Inclán. Sus relaciones con Unamuno no siempre fueron enteramente cordiales (a veces por intervención de las malas lenguas), mientras nada empañó la íntima amistad de Rubén y Valle-Inclán [2]. Bien conocidos son las críticas y mal entendidos entre Darío y Unamuno, cruzados en cartas y artículos de tipo polémico [3]. Sin embargo, no debiera olvidarse que aquél admiraba mucho a éste y que lo descubrió como poeta, antes que nadie, cuando en 1907 comentó su primer libro de versos. Al morir el poeta americano don Miguel a su vez escribió un noble artículo necrológico, lleno de auto-reproches y remordimientos por su actitud anterior. Aquí me permito transcribir dos fragmentos de los últimos textos, porque me parecen muy significativos para la más amplia comprensión de la estética modernista y de la época literaria que aquí me concierne, y no sé si fueron alguna vez confrontados. De Unamuno, dice Darío [4]:

> ... es uno de los más notables removedores de ideas que hay hoy, y, como he dicho, según mi modo de sentir, un poeta. Sí, poeta es asomarse a las puertas del misterio y volver de él con una vislumbre de lo desconocido en los ojos. Y pocos como ese vasco meten su alma en lo más hondo del corazón de la vida y de la muerte. Su mística está llena de poesía, como la de Novalis. Su pegaso, gima o relinche, no anda entre lo miserable cotidiano, sino que se lanza siempre en vuelo de trascendencia. Sed de principios supremos, exaltación a lo absoluto, hambre de Dios, desmelenamiento del espíritu sobre lo insondable, tenéis razón si me decís que todo eso está muy lejos de las mandolinas...

y un poco más adelante, ya afirmada la necesidad de todo poeta de expresarse rítmicamente, se leen estas palabras

---

[2] Me he ocupado de las relaciones literarias entre Darío y Valle-Inclán en el ensayo «Rubén Darío y Valle-Inclán: historia de una amistad literaria», *Revista Hispánica Moderna*, XXXIII, núms. 1-2, enero abril 1967, pp. 1-29.

[3] Sobre Darío y Unamuno es muy útil el ensayo de José Luis Cano, «Unamuno y Darío», en *Poesía española del siglo XX*, Madrid, 1960, pp. 15-27.

[4] Rubén Darío, *Obras completas*, Madrid, 1950, vol. II, pp. 787-788 y 790.

sobre la nueva estética, en las que se plantea más que una cuestión formal:

> ... No es, desde luego, un virtuoso, y esto casi me le hace más simpático mentalmente, dado que, tanto en España como en América, es incontable, desde hace algún tiempo a esta parte, la legión de pianistas. El no da tampoco superior importancia a la forma. El quiere que se rompa la nuez y vaya uno a lo que nutre. Que se hunda uno en el pozo de su espíritu y en el abismo de su corazón para buscar allí tesoros aladínicos...

Ahora escuchemos a quien —tardíamente— quiso ser justo y bueno con el amigo desaparecido [5]:

> Nadie como él nos tocó en ciertas fibras; nadie como él sutilizó nuestra comprensión poética. Su canto fue como el de la alondra; nos obligó a mirar a un cielo más ancho, por encima de las tapias del jardín patrio en que cantaban, en la enramada, los ruiseñores indígenas. Su canto nos fue un nuevo horizonte, pero no un horizonte para la vista, sino para el oído. Fue como si oyésemos voces misteriosas que venían de más allá de donde a nuestros ojos se juntaban el cielo con la tierra, de lo perdido tras la última lontananza. Y yo, oyendo aquel canto, me callé. Y me callé porque tenía que cantar, es decir, que gritar acaso, mis propias congojas, y gritarlas bajo tierra, en soterraño. Y para mejor ensayarme me soterré a donde no oyera los demás.

Como se ve en estas citas no se trata, ni mucho menos, de un modernismo exotista, sino de uno ya interiorizado, esencial. Y es en esta línea intimista donde convendría situar a Antonio Machado.

Darío —dijimos— llegó a España en 1899. En las crónicas de *España contemporánea* (1901) y en la *Autobiografía* posterior (1912) se advierte su desilusión por el estado desolador de las letras españolas. Pronto pensará de otro modo cuando comienza a relacionarse con los escritores noveles. En esas páginas, y en otras, son frecuentes las alusiones a Benavente y a Unamuno; no olvida a Azorín, Maeztu, Valle, Palomero, amén de las palabras elogiosas siempre dedicadas a Galdós y a la Pardo Bazán. La amistad

---

[5] Miguel de Unamuno, «¡Hay que ser justo y bueno, Rubén!» Cito, según Manuel García Blanco, *Don Miguel de Unamuno y sus poesías*. Salamanca, 1954, p. 45.

de Darío, con el grupo de poetas más jóvenes es algo posterior; data de los primeros años del siglo: los hermanos Machado, Juan Ramón Jiménez, Pérez de Ayala y otros muchos de menor categoría.

Rubén Darío y Antonio Machado se conocieron por primera vez en París, año de 1902, cuando el poeta español desempeñaba un cargo de poca importancia en el Consulado de Guatemala, seguramente logrado por amable intervención de Gómez Carrillo. Antonio Machado recuerda ese primer encuentro en la escueta y reducida nómina de datos autobiográficos que aparecen en la indispensable *Antología* de Gerardo Diego (1932). En su primera y breve estancia en París (1899), cuando él y Manuel trabajaron de traductores en la Casa Garnier, no había conocido a Darío. Después del regreso de Antonio a España, Manuel convivió con aquél y con Amado Nervo, presentados por el mismo Gómez Carrillo, en cuya casa de Montmartre vivió algún tiempo Manuel. Era época de franca bohemia literaria y aún de ciertos excesos libertinos que alguna huella dejaron en la obra de Manuel Machado.

Poco tiempo duró la estancia de Antonio Machado en París, en su segundo viaje (1902), y es difícil documentar en forma concreta los contactos que sin duda hubo entre los dos poetas, desde entonces hasta la marcha de Antonio a Soria en 1907. Es lógico pensar en encuentros en los cafés madrileños frecuentados por artistas y poetas del grupo modernista; reuniones en casa de Villaespesa; tertulias literarias en el Sanatorio del Rosario, donde estaba recluido Juan Ramón Jiménez; redacciones de las revistas modernistas que se publicaban en aquel momento y en las cuales todos o casi todos colaboraban: *Electra* (1901), *Helios* (1903), *Alma española* (1903) y otras. Cada vez que Darío regresaba a Madrid solía reunirse con sus antiguos amigos, inclusive con el malogrado Alejandro Sawa y el actor Ricardo Calvo, íntimo de los Machado [6].

Retomemos brevemente el hilo de las vidas de Antonio Machado y del Rubén Darío siempre peregrino, que tantas veces se separaron. En septiembre de 1907, Machado está

---

[6] En 1899, antes de conocer al nuevo equipo de poetas, Darío, en términos desalentados, pasa revista a los poetas españoles de entonces, desde Campoamor y Núñez de Arce hasta Rueda, Grilo, y otros de menor categoría. «Los poetas», *Obras completas*, edición citada, volumen III, pp. 247-257.

establecido en Soria, donde necesariamente vivía una vida de otro tipo, divorciada del mundillo literario de Madrid; en 1909 se casa con Leonor; y, con beca, parte de nuevo para París —esta vez con su mujer— a principios de 1911. Se puede suponer que durante los primeros meses del año sus encuentros con Darío fueron bastante frecuentes [7]. De aquellos meses, ensombrecidos por la enfermedad de la joven esposa (regresaron a España en septiembre) se han conservado cuatro cartas de Antonio Machado a Darío. A pesar de la trivialidad de los asuntos, de este epistolario, además del afecto manifiesto en el modo siempre admirativo en que Machado se dirige a Darío pueden deducirse algunos datos significativos: por ejemplo, que Francisca Sánchez y su hermana María visitaron a Leonor en la clínica donde se hallaba internada; que Machado, a causa de la grave enfermedad de su esposa, tuvo que renunciar a su pensión y regresar de inmediato a Soria. En ese momento recurre a Darío (en carta fechada el 6 de septiembre de 1911) y le pide un adelanto de 250 ó 300 francos para gastos de viaje. Indudablemente su amigo le proporcionó el dinero necesario para volver a España. Anuncia además trabajos para *Mundial Magazine,* revista que en París dirigía Darío y en cuyas páginas se acogían colaboraciones de, entre otros, los Machado y Valle-Inclán. En una tarjeta postal, de fecha posterior, remitida desde la frontera, Antonio Machado pide perdón por no haber podido despedirse del generoso amigo y solicita el envío de las pruebas de imprenta de su artículo (con toda probabilidad se trata de la versión en prosa de «La tierra de Alvargonzález», publicada en el número 9 de *Mundial,* de enero de 1912) [8].

En 1912 muere Leonor, y poco después Machado se traslada a Baeza, como catedrático de Lengua Francesa. Durante esos años y los inmediatamente anteriores la vida del poeta americano era cada vez más errante: una vida que se dividía entre Madrid, París y Mallorca. Viaja a América en 1906 (Río de Janeiro), a Nicaragua el año siguien-

---

[7] Oliver Belmás opina que ese mismo año de 1911 era el de mayor contacto entre los dos poetas. *Ob. cit.,* p. 180.

[8] Las cartas a las cuales me he referido aquí, conservadas en el Seminario-Archivo Rubén Darío, han sido publicadas por Oliver Belmás, *ob. cit.,* pp. 180-184, y por Dictino Alvarez, *Cartas de Rubén Darío,* Madrid, 1963, pp. 75-88.

te; su visita frustrada a México data de 1910; y, en 1912, vuelve a América en aquella desafortunada gira de conferencias patrocinada por razones más comerciales que intelectuales por los dueños de *Mundial*. La falta de salud y los problemas domésticos le complican la vida al pobre Darío: se refugia en Valldemosa por algún tiempo (1913) y en 1914 deja Barcelona, otra vez rumbo a América, «camino de la muerte». Ya no habría de regresar jamás a Europa.

Los caminos de ambos poetas se habían separado, pero, como luego veremos, el alejamiento no merma en absoluto el profundo cariño y franca admiración que sentía Antonio Machado por el maestro americano, a quien tanto debían él y otros poetas españoles. Para nosotros, de mayor interés, que un mero itinerario vital son las relaciones literarias entre ambos escritores. A eso vamos ahora.

A estas alturas nadie puede negar la importancia decisiva que tuvo la presencia de Rubén Darío en el Madrid de principios del siglo. El modernismo había triunfado en América y sólo faltaba consolidar la victoria en España, superando así la tradición cerrada del país. En el despertar del ambiente artístico e intelectual Darío desempeñó papel destacado: los jóvenes, inclusive Antonio Machado, quedaron deslumbrados por su obra renovadora; su magisterio se reconoció en seguida. Mucho llevó Darío a España y mucho le dio España, como puede comprobarse en algunos de los poemas de *Cantos de vida y esperanza*. Incorporado al equipo nuevo y tan preocupado como ellos por la regeneración del país, se afanó en buscar el alma eterna de España y expresó su fe optimista en la raza y en la hispanidad. A mi juicio, se trata esencialmente de un doble movimiento convergente que va, primero, desde el cosmopolitismo de fuera hacia la hispanización del poeta, todo lo cual desemboca luego en la máxima interiorización. Este no es el momento, me parece, para hablar de modernismo y de noventayochismo, pero una vez más hay que recalcar que en ese instante caldeado la cuestión es, más que nada, la confluencia y fusión de una multiplicidad de tendencias renovadoras que, por esa misma fusión, dan la tónica a la época y al espíritu global de regeneración. Ya no es satisfactoria, ni cómoda, la tesis disociadora; no puede aplicarse cerradamente a Antonio Machado, que en los años iniciales del siglo fue combatiente solidario del grupo modernista, ni tampoco a Manuel Machado, en cuya obra se funden las tendencias estéticas e ideológicas del período[9].

En un texto muy conocido Antonio Machado se refiere precisamente a aquellos años iniciales del siglo. Un año después de la muerte de Rubén Darío, en 1917, escribiendo para nueva edición de *Soledades*, dice[10]:

... Por aquellos años, Rubén Darío, combatido hasta el escarnio por la crítica al uso, era el ídolo de una selecta minoría. Yo también admiraba al autor de *Prosas profanas*, el maestro incomparable de la forma y de la sensación, que más tarde nos reveló la hondura de su alma en *Cantos de vida y esperanza*. Pero yo pretendí... seguir camino bien distinto. Pensaba yo que el elemento poético no era la palabra por su valor fónico, ni el color, ni la línea, ni un complejo de sensaciones, sino una honda palpitación del espíritu; lo que pone el alma, si es que algo pone, o lo que dice, si es que algo dice, con voz propia, en respuesta animada al contacto con el mundo...

El fragmento transcrito tiene gran interés. Es, en primer lugar, una definición muy acertada, si bien algo negativa, de ciertos aspectos capitales de la poesía modernista y, de modo especial, de la de Darío. Y además es igualmente significativo para perfilar el rumbo intimista que había tomado ya, en 1903, la obra lírica del escritor español. No carece de interés que Machado haya diferenciado al poeta de *Prosas* y el de *Cantos*, pero esas mismas palabras no debieran entenderse, en mi opinión, como desvío completo del camino rubendariano[11]. Mucha es la simpatía que le dicta

---

[9] No será dato del todo perdido recordar las dedicatorias, luego suprimidas, en la primera edición de *Soledades*: Ramón del Valle-Inclán, Rubén Darío, Juan Ramón Jiménez, Francisco Villaespesa y don Eduardo Benot. A Rubén dedica Machado «Los cantos de los niños». Esta nómina revela las simpatías de Antonio Machado, y su aparente identificación con el modernismo militante de principios del siglo.

[10] Antonio Machado, *Obras. Poesía y Prosa*, Buenos Aires, 1964, páginas 46-47.

[11] A título de curiosidad quisiera recordar la tarjeta postal, fechada el 16 de junio de 1905, en la cual escribe Machado, dirigiéndose a Darío en París: «Aquí han triunfado los *Cantos de vida y esperanza*. Yo he escrito un artículo que no sé dónde publicar.» [Oliver Belmás, *ob. cit.*, p. 326.]

En un artículo mío, escrito en pleno fervor del centenario de Rubén Darío [«Releyendo *Prosas Profanas*», *Insula* (núms. 248-249), páginas 11-12], me opongo a la idea tan divulgada como errónea de postergar por frívola y artificiosa toda la poesía de *Prosas Profanas*

177

esas aseveraciones sobre la poesía modernista y la lección de Rubén. El modernismo de Machado no es nunca ni decadentista, ni decorativo, sino esencial, con ecos simbolistas más que parnasianos. Un modernismo que apunta siempre hacia dentro, interiorizado, pero no exento de claras reminiscencias rubendarianas, como ha señalado la crítica más autorizada, desde Juan Ramón Jiménez hacia abajo. Sería bueno en este momento escuchar la opinión de Octavio Paz, que se ha referido en un memorable ensayo a aquel papel de Darío en la vitalización de la poesía en lengua española y también a los poetas aparentemente más reacios a la renovación importada [12]:

> ... En sus días, el modernismo suscitó adhesiones fervientes y oposiciones no menos vehementes. Algunos espíritus lo recibieron con reserva: Miguel de Unamuno no ocultó su hostilidad y Antonio Machado procuró guardar las distancias. No importa: ambos están marcados por el modernismo. Su verso sería otro sin las conquistas y hallazgos de los poetas hispanoamericanos; y su dicción, sobre todo allí donde pretende separarse más ostensiblemente de los acentos y maneras de los innovadores, es una suerte de involuntario homenaje a aquello mismo que rechaza. Precisamente por ser una reacción, su obra es inseparable de lo que niega: no es lo que está *más allá*, sino lo que está *frente* a Rubén Darío. Nada más natural: el modernismo era el lenguaje de la época, su estilo histórico, y todos los creadores estaban condenados a respirar su atmósfera... Ser o no ser como él: de ambas maneras Darío está presente, en el espíritu de los poetas contemporáneos. Es el fundador.

Otro texto de Antonio Machado suele citarse para comprobar su supuesto desprendimiento del modernismo, y son los siguientes versos del «Retrato», poema que encabeza el libro *Campos de Castilla* (1912):

> Adoro la hermosura, y en la moderna estética
> corté las viejas rosas del huerto de Ronsard:

---

para someter a una posible revisión esa condena de superficialidad ante los acentos más graves y desgarrados de su libro posterior. Al pasar del libro de 1896 al de 1905, más que ruptura tajante la diferencia es, a mi juicio, de grado o intensidad.

[12] Octavio Paz, «El caracol y la sirena», *Cuadrivio*, México, 1965, páginas 12-13.

mas no amo los afeites de la actual cosmética,
ni soy un ave de esas del nuevo gay-trinar[13].

Confieso mi perplejidad ante esta estrofa. Al leer esos versos cabe preguntarse si de veras se trata, como en principio parece, de un rechazo directo de la poesía modernista y sobre todo de la de Rubén Darío. Son significativos los tiempos verbales (*corté*, claramente alude al pasado; *mas no amo*, trata de un presente actual) y también la fecha probable de composición del poema (entre 1907 y 1912, aproximadamente). Es decir, no aparecen todavía los ismos de vanguardia, y tal vez aquí alude Machado a los meros seguidores de Darío[14]. Ricardo Gullón, desde otro ángulo, se ha aproximado al significado de los versos en cuestión. Impugna la idea de que «la actual cosmética» se refiera de modo concreto a los modernistas, ya triunfantes antes de aquella fecha, y no cree tampoco que Machado hubiera hecho caso de los epígonos exotistas y huecos, cuyos aportes a la literatura eran mediocres. Llega Gullón a la conclusión, quizá acertada, de que Antonio Machado rechaza más que nada el artificio y el preciosismo poéticos[15]. Esas frivolidades jamás pudieran llevar a la profunda originalidad de aquel poeta que quería mirar «... hacia dentro, vislumbrar las ideas cordiales, los universales del sentimiento»[16]. Por un lado, siempre repudiaba Machado la palabrería y la musicalidad exterior; por otro, exaltaba la personalidad lírica auténtica que no debiera pagar tributo excesivo a las modas pasajeras del día, sino afanarse en la búsqueda de lo eterno humano. Autenticidad y naturalidad, renuncia de lo nuevo

---

[13] Es interesante anotar que en el poema titulado «Al maestro Rubén Darío», fechado en 1904, aparece la misma imagen referida al poeta americano «... que ha cortado / las rosas de Ronsard en los jardines / de Francia...».

[14] Rafael Ferreres tampoco cree que se trate de una ruptura con Rubén: «... La desviación por el gran poeta americano es clara, y también la huella. ¿No sería mejor concretar de los seguidores sin talento? Su admiración por otros modernistas muy inferiores a Rubén es manifiesta...» *Los límites del modernismo*, Madrid, 1964, p. 25. Y más adelante, en la nota 26 (p. 37), el mismo crítico dice: «En cuanto a lo de la 'actual cosmética' de los poetas del 'nuevo gay trinar', no cabe duda de que se refería a la peste de los rubenianos (como la que sufrimos hoy de los lorquianos).»

[15] Ricardo Gullón, *Direcciones del modernismo*, Madrid, 1963, páginas 167-172.

[16] Antonio Machado, edición citada, p. 47.

sólo por serlo, y de ahí su actitud francamente hostil ante la euforia metafórica de los ismos posteriores.

En un aparte, no resisto la tentación de recordar aquí el soneto «Tuércele el cuello al cisne», de González Martínez, escrito hacia las mismas fechas. Esta composición fue mal interpretada como manifiesto antirrubeniano, hasta que el poeta aclaró años después que no se refería a Darío, sino a los segundones sin talento que, a pesar de repetidas amonestaciones, seguían al poeta nicaragüense por el camino del preciosismo tan peligroso para la poesía. Mencionado el caso de González Martínez, formado en el modernismo como Machado mismo, agrego que existen entre la obra de ambos poetas extraordinarias afinidades de tema y de tono. Hay otro texto machadiano, de título significativo («Naturaleza y arte»), que no recuerda Gullón en su citado trabajo y que merecer ser copiado aquí [17]:

> ... Hace días leí unos versos de Pérez de Ayala, donde había trozos sencillamente homéricos. Pero también, en cierta zona *literaria*, noto un cierto hedor de *cosmético* que recuerda los «cabarets» de Montmartre, los cuadros de Anglada y *los versos de Rubén Darío, aquel gran poeta y gran corruptor. Un arte recargado de sensación me parece hoy un tanto inoportuno. Todo tiene su época. Necesitamos finos aires de sierra; no perfumes narcóticos.* Porque es preciso madrugar para el trabajo y para la casa. [Lo subrayado es mío.]

Por lo tanto, no interpreto la estrofa del «Retrato» como un ataque a Darío y la buena poesía modernista. Puede que en esos versos Machado insinúe una crítica a los epígonos, pero más que nada se trata, a mi juicio, de una afirmación de la independencia propia de un poeta que se esfuerza en superar lo meramente literario o preciosista. «Finos aires de sierra» se oponen a «perfumes narcóticos». Y esa misma idea está implícita en el siguiente epigrama tomado de «De mi cartera»: «Toda la imaginería / que no ha brotado del río, / barata bisutería.»

Ya cité más arriba las importantes palabras, tan simpáticas como en cierto sentido negativas de Antonio Machado sobre Rubén Darío, y convendría recoger ahora algunos testimonios del poeta americano referidos directamente al amigo español que tanto le admiraba. En su artículo «Nue-

---

[17] *Ibidem,* pp. 800-801.

vos poetas de España» (recogido en el libro *Opiniones*, 1906), inspirado en la pregunta que le hizo Gómez Carrillo sobre el estado actual de la poesía peninsular, Darío advierte en ella, con cierto orgullo justificado, una nueva floración estética lograda por la benéfica influencia del modernismo libertador. Vitalizada la lírica española, en gran parte gracias a la cultura importada, afirma Darío que el Parnaso español, antaño de segundo o tercer orden, puede parangonarse ahora favorablemente con cualquier otro parnaso del mundo, sencillamente porque la calidad es ya muy otra. ¡Qué diferencia entre ese texto y el más bien desolado «Los poetas» (1899) de *España contemporánea*! A juicio de Darío, pues, se ha universalizado definitivamente el alma española. En el escrito que aquí nos ocupa Darío apunta sus preferencias líricas: Los Machado, Pérez de Ayala, Juan Ramón Jiménez, Villaespesa y algunos más [18]. El nombre que encabeza esta nómina de «preferencias» es el de Antonio, de quien traza una semblanza exacta, que coincide en más de un respecto con la del famoso poema que en seguida veremos. Dice Darío [19]:

> Antonio Machado es quizá el más intenso de todos. La música de su verso va en su pensamiento. Ha escrito poco y meditado mucho. Su vida es la de un filósofo estoico. Sabe decir sus ensueños en frases hondas. Se interna en la existencia de las cosas, en la naturaleza. Tal verso suyo sobre la tierra habría encantado a Lucrecio. Tiene un orgullo inmenso, neroniano y diogenesco. Tiene la admiración de la aristocracia intelectual. Algunos críticos han visto en él un continuador de la tradición castiza, de la tradición lírica nacional. A mí me parece, al contrario, uno de los más cosmopolitas, uno de los más generales, por lo mismo que lo considero uno de los más humanos.

Han pasado algunos años. Antonio Machado en 1907 publica *Soledades, galerías y otros poemas*. En un artículo mandado a *La Nación* en 1909, Darío vuelve a enjuiciar,

---

[18] En contraste con el pesimismo implícito en las primeras crónicas escritas por Darío sobre España, en las de *Tierras solares* se da cuenta de una nueva juventud prometedora y expresa su fe en el porvenir. Además, en la página titulada «La tristeza andaluza», del mismo libro, se ocupa detenidamente y en términos de elogio de la temprana poesía de Juan Ramón Jiménez. *Obras completas*, edición citada, volumen III, pp. 892-901.

[19] *Ibidem*, vol. II, p. 414.

con más detalle ahora, la obra poética de su amigo [20]. Comienza su ensayo crítico diciendo que los hermanos Machado «como todo lo que hoy verdaderamente vale en esta literatura» han sido clasificados entre los miembros del grupo modernista. En aquellas fechas, al Darío maduro, cada vez más reacio a los rótulos y etiquetas de antaño, parece interesarle poco tal clasificación crítica y prefiere «decir sus almas de poetas». Más que los comentarios sobre determinados poemas, citados con profusión como era su costumbre, importan aquí, dada la índole de la presente nota, las afirmaciones de tipo general que hace Darío sobre el poeta español. Tratándose de un texto no muy divulgado me permito transcribir algunos fragmentos relativamente extensos y significativos para los fines que me conciernen ahora [21]:

> Antonio Machado es silencioso, meditabundo, lleno de honda y suave filosofía. El ha expresado en hermosos versos su frecuencia de ensueño, su amor al misterio, su indumentaria distraída, y lo que hay en su mirar dulce y penetrante y en su sonrisa condescendiente. Sabe traducir por su ciencia íntima todo lo que se ha vislumbrado del oculto idioma de las cosas desde Jámblico a Novalis. Sabe que la vida tiene sus encantos y sus horas risueñas; y nos hace advertir en voz baja que «Un golpe de ataúd en tierra es algo / perfectamente serio.»
>
> Yo le conocí antaño, en noches jóvenes, de cerveza y de lirismo. El silencioso se tornaba conversador y conversador gentil y chispeante. Tenía fáciles la saeta y la paradoja, y su ideología encantaba el ánimo. Su aspecto de joven lord descuidado parecía blindado de resignación y su paradoja y su saeta siempre iban suavizadas de indulgencia. Lleno del necesario orgullo de su secreta virtud, ni ha hecho de misionero, ni ha sentado plaza de defensor de cánones. Ha sonreído de la incomprensión del vulgo semiletrado, y tan solamente a sus íntimos ha hecho la gracia de sus comentarios.

Finaliza Darío su aproximación al poeta español con las siguientes certeras palabras, en las cuales de nuevo subraya

---

[20] Este texto, con título de «Los hermanos Machado», y muy poco conocido, fue publicado en *La Nación* (15 de junio de 1909). Se reproduce en *Puerto* (núm. 1 oct.-nov.-dic. de 1967, pp. 65-71), acompañado de un inteligente artículo de Angel Rama «Rubén Darío, lector de Antonio Machado», pp. 57-64.

[21] Citamos el texto en cuestión según el número de *Puerto*, antes mencionado, pp. 65-66.

el intimismo e individualidad de Machado, alma grave capaz de superar las vanidades o convenciones estéticas del día situándose en la posición auténtica que siempre va asociada con el cantor de Soria [22]:

> Pero este poeta no va más allá de lo intelectual convencional. No ve en el dotado del don de armonía ni trompetero ni tenorino. Sonríe de esta guitarra exuberante y de otras guitarras. Sonríe sin malignidad, sin encono, de tal cual pífano obstinado, o de tal traída y llevada marimba en delirio. Sabe que nuestras pasajeras horas traen mucho de grave y que las almas superiores tienen íntimas responsabilidades. Así vive su vivir de solitario, el catedrático de la vieja Soria. No le martirizan ambiciones. No le muerden rencores. Escribe sus versos en calma. Cree en Dios. De cuando en cuando viene a la corte, da un vistazo a estas bulliciosas vanidades. Conversa sin gestos, vagamente monacal. Sabe la inutilidad de la violencia y aun la inanidad de la ironía. Y ve desvanecerse el humo en el aire.

Preciosa semblanza del hombre y del poeta tan bien comprendido y apreciado por el amigo americano.

Al terminar el presente estudio sobre las relaciones amistosas entre Antonio Machado y Rubén Darío, quisiéramos citar otros testimonios, éstos en verso, que confirman el afecto y admiración que unían a ambos escritores. Se recordará que en *Cantos de vida y esperanza* aquel hermoso soneto alejandrino «Caracol» lleva dedicatoria a Antonio Machado [23]. En ese poema, de entonación grave, se afirma, a través del tiempo y mediante el caracol de oro, una misteriosa comunicación del poeta con la existencia anterior de Jasón el argonauta, y luego esas extrañas correspondencias, tan queridas de Darío, culminan en el estremecido terceto final:

> y oigo un rumor de olas y un incógnito acento
> y un profundo oleaje y un misterioso viento...
> (El caracol la forma tiene de un corazón.)

---

[22] *Ibidem*, p. 71.
[23] Cabe recordar que en el mismo libro Darío dedica a Manuel Machado un poema de naturaleza muy distinta, el muy sensual que se titula «¡Aleluya!». Al publicar su libro *Caprichos*, también de 1905, se lo dedica Manuel Machado al poeta americano.

Apenas es necesario aludir a la célebre oración por «Antonio Machado», poema recogido en *El canto errante* (1907) y tan finamente comentado por Ricardo Gullón en una nota reciente[24]. Decir que Darío, por la exactitud y la compenetración con el alma del amigo, logra un admirable retrato, es poco menos que obvio. Ha sabido, en versos de entonación machadesca, penetrar intuitivamente los secretos de Machado, porque son también los suyos. Los dos poetas están fundidos para siempre en el milagroso poema, mediante una especie de duplicación interior, en la cual se dan la mano para toda la eternidad. En ningún momento estuvieron más emparentados. Es el homenaje perfecto que revela, más que cualquier otro texto, su secreta coincidencia en el poetizar y en el vivir.

Como bien se sabe, en dos ocasiones Antonio Machado corresponde a Darío por medio de poemas llenos de simpatía y admiración. La primera composición, «Al maestro Rubén Darío», es de 1904, y en ella se elogian los aportes poéticos de Darío («... el oro / de su verbo divino») que unirán a América y España en el glorioso renacimiento literario. Aunque en la evocación inicial Machado alude al noble poeta de las rosas de Ronsard y los violines de Verlaine, parece sobre todo saludar al poeta más fuerte que se revelará plenamente en algunos poemas de *Cantos*, libro de inminente aparición en 1904, y de ahí pues, las imágenes de luz y de sonoridad, así como las de la nave «con fuerte casco y acerada proa». Movido por un dolor sincero, mayor intimidad se da en el poema elegíaco que escribe Machado inmediatamente después de recibir las noticias del fallecimiento de Darío en América. Los alejandrinos traen eco de los del maestro y demuestran cuán íntimamente aquél lo conocía y lo quería:

> Si era toda en tu verso la armonía del mundo,
> ¿dónde fuiste, Darío, la armonía a buscar?
> Jardinero de Hesperia, ruiseñor de los mares,
> corazón asombrado de la música astral.

y continúan, dentro de la tradición poética, los versos que preguntan por el paradero del amigo desaparecido. Unidas

---

[24] Ricardo Gullón, «Machado reza por Darío», *La invención del 98 y otros ensayos*. Madrid, 1969, pp. 33-36.

las Españas en su llanto, el poeta pide a los españoles una
sola inscripción en el mármol de la lápida:

> Nadie esta lira pulse, si no es el mismo Apolo,
> nadie esta flauta suene, si no es el mismo Pan.

Sin nombre, vol. II, núm. 1, San Juan de Puerto Rico, 1971.

SOBRE LA ESTETICA DE MACHADO

SOBRE LA ESTÉTICA DE MACHADO

ANTONIO SANCHEZ BARBUDO

IDEAS FILOSOFICAS DE ANTONIO MACHADO

LA FALTA DE DIOS

Es la falta de Dios la causa verdadera de esa *otredad* del alma a que Machado se refiere. Es a Dios a quien en verdad buscamos estando en soledad.

Lo triste es sentir esa «incurable alteridad» del alma, el ansia de Dios, y no creer en Él. Quien cree en Él cree en el prójimo, y ama a éste por amarle a Él. Ya Mairena decía que la fundamental enseñanza del Cristo es ésta: «Sólo hay un Padre, padre de todos, que está en los cielos.» Y a continuación el mismo Mairena comentaba: «He aquí el objeto erótico, trascendente, la idea cordial que funda, para siempre, la fraternidad humana» [1]. Pero Machado era tan sólo un buscador de Dios:

> por los caminos, sin camino, como
> el niño que en la noche de una fiesta
>
> se pierde entre el gentío
> y el aire polvoriento y las candelas
> chispeantes, atónito, y asombra
> su corazón de música y de pena,

---

[1] Antonio Machado, *Obras. Poesía y prosa*, edición de A. de Albornoz y G. de Torre (Losada, S. A., Buenos Aires, 1964), p. 399. Los números que siguen a las citas de Machado, indicando las páginas en que estas citas se encuentran, se refieren también a esta misma edición de *Obras completas* de la editorial Losada.

así voy yo...
....
siempre buscando a Dios entre la niebla (p. 112)

Era Machado de los que piensan que, sin fe previa, las pruebas racionales de la existencia de Dios no prueban nada. Su Dios era tan sólo el Dios del corazón. Mas esto necesita ser explicado.

Al hablar de «Dios del corazón» no resulta siempre muy claro si se habla sobre todo de un Dios existente fuera del corazón, y revelado, manifestado en el corazón del hombre, o bien si se trata de un Dios *sólo del corazón*, es decir, tan sólo de un presentimiento o nostalgia de Dios en el hombre, de una postulación de Dios que, por sí misma, no constituye ni mucho menos, digan lo que digan ciertos teólogos, una prueba convincente de la existencia objetiva de Él. En todo fideísmo tal equívoco queda a menudo latente. Y es que un Dios sujeto a nuestras palpitaciones, angustiosamente sentido, tiende a identificarse con el anhelo que de Él se tiene; tiende a convertirse en un Dios inmanente al hombre, sólo inmanente, lo cual equivale a una negación del verdadero Dios. Por eso sin duda dice E. Gilson que fideísmo y escepticismo a lo largo de la historia fueron a menudo unidos [2].

Pues bien, el Dios de Machado era el de los fideístas, pero de esos fideístas que empiezan por afirmar, no la existencia de Dios, sino el ansia de Él sentida en el corazón. «Dios revelado... en el corazón del hombre..., una otredad inmanente», escribía el propio Machado hacia 1935 (p. 459). «Inmanente», dice, sí, y «revelado»; pero quiere decir sin duda revelado como una nostalgia. Sólo los místicos alcanzan, por especial gracia divina, una revelación directa, o lo que ellos creen tal, lo cual para el caso viene a ser lo mismo. Para Machado, por lo que él dice en numerosas ocasiones, como para tantos otros mortales, ese Dios revelado en el corazón, de que él habla, esa otredad inmanente, era sólo un *deseo* de Dios. Y claro es que un hombre que siente en su corazón ese deseo de Dios puede, además, creer en Él. Siempre hubo fideístas que empezaron por creer en Dios, sin necesidad de pruebas, que sentían a Dios revelado en su corazón, aún sin ser místicos, y que precisamente por

---

[2] «La combinaison du scepticisme et du fidéisme est classique et de tous les temps» (*La philosophie au moyen âge*, 3ª ed. [París, 1947], p. 655).

creer sentían la nostalgia de Dios, el dolor de la separación, y ansiaban un conocimiento más íntimo. Y algunos de éstos, de pura fe, de pura impaciencia, fueron arrastrados a una cierta desesperación, al ansia expresada en el famoso *muero porque no muero*. Pero hubo siempre también, y abundan hoy sobre todo, fideístas que nunca estuvieron seguros de nada, salvo de su necesidad de Dios; fideístas que empiezan, diríamos, por el anhelo de Dios, no por la fe, y basándose en ese anhelo, y sólo en él —ya que éstos rechazaron siempre las pruebas, y mucho más después de Kant— quieren llegar a creer. Mas no siempre, ni mucho menos, lo consiguen. La fe, si es que llega a brotar, lo que raramente ocurre, nace en ellos de la desesperación, como en Kierkegaard, o como Kierkegaard quería, y no la desesperación de la fe, como sucede a los místicos, y como sucede a otros creyentes, ansiosos de un más pleno conocimiento de Dios, mientras se hallan en esta vida.

Pocas veces, decimos, esos fideístas que empiezan por el anhelo de Dios, sólo por el anhelo, llegan a creer. Las más veces *dudan*, y muy frecuentemente, aun sintiendo mucho en su corazón la necesidad de Dios, no creen en Él. A menudo ocultan, como Unamuno —creo yo— esa incredulidad bajo la *duda*. Pero hay también quien deseando muy sinceramente a Dios, definitivamente no cree en Él. Tal era el caso de Machado, que, como vamos a ver, creía sobre todo en la nada. Del sentimiento de la nada brotaban, para él, metafísica y poesía. Era, pues, Machado de los fideístas que, más propiamente, o con más claridad al menos, podríamos llamar ateos, aunque ciertamente ateos insatisfechos: hombres que sienten la falta de Dios.

La fe de Machado, si alguna vez existió, debió ser a lo más —salvo en la niñez— como en el caso de Unamuno, una momentánea fe a la desesperada, como esa a que alude cuando escribe:

> creo en Ía libertad y en la esperanza,
> y en una fe que nace
> cuando se busca a Dios y no se alcanza (p. 220).

Creer «en la esperanza» y en la «fe» —como esa «fe en la fe misma» que Unamuno aconsejaba hacia 1900— es cosa que tiene poco sentido. Unamuno, por su parte, así lo reconocería más tarde, al repudiar en *Del sentimiento trágico de la vida* su ensayo anterior *La fe*. Y Machado se refiere además, en los versos citados, y esto es lo que ahora nos importa, a una «fe que nace cuando se busca a Dios y no se alcanza», esto es, a una fe que nace de la desesperación, y que alguna vez quizá él en verdad sintiera, como lo había sentido al menos una vez Unamuno —en 1897—, aunque yo más bien creo que en éste como en otros casos, Machado se dejaba influir por Unamuno, a quién él admiraba ya a principios de siglo y siguió admirando hasta su muerte[3]. Pero de todos modos, esa fe a que Machado ahí se refiere suele ser, como fue en el caso de Unamuno, muy poco duradera; y, en general, puede decirse que es cosa tan vaga —apenas algo más que un simple no conformarse con la muerte— que a duras penas puede ser llamada fe. Por eso precisamente Unamuno, lo mismo que en los citados versos Machado, sentía la necesidad de afirmar la voluntad de sostenerla, voluntad de creer en esa esperanza, en esa «fe». No debió, pues, ser ese momento, como tampoco algún otro que en su obra pudiera señalarse, sino una muy remota y pasajera esperanza, a lo más; un fuerte *deseo*, más que verdadera fe, de que realmente existiera fuera del corazón ese Dios que su corazón ansiaba. Y en todo caso, es un hecho que, al contrario que Unamuno, Machado no insiste nunca en agarrarse a una tal dramática esperanza cuando ya ha perdido el impulso que la hizo nacer, y menos insiste en exhibirla y pavonearse con ella. Machado, más simple y honestamente, desesperaba sin alharacas. Y si algo insistió en afirmar, fue su incredulidad, su dolorosa negación. Eso hace en el apéndice a las *Poesías completas*, como aún veremos, y eso hacía diez años antes cuando escribía en «Profesión de fe»:

el Dios que todos hacemos,
el Dios que todos buscamos
y que nunca encontraremos (p. 212).

---

[3] En más de una página de *Campos de Castilla* se alude a Unamuno, y en otras se percibe un eco de él. «Siempre te ha sido, ¡oh Rector / de Salamanca!, leal / este humilde profesor / de un instituto rural. / Esa tu filosofía... / gran Don Miguel, es la mía», se lee en «Poema de un día» (p. 185), de 1913. En febrero de 1937, a raíz de la muerte de Unamuno, se refería a los cuatro «Migueles ilustres y representativos» de España, esto es, Cervantes, Servet, Molinos y Unamuno (p. 535). Y por esos mismos días, y después, más de una vez, le oyó quien esto escribe, en conversación privada, manifestar hacia Unamuno el mismo respeto y admiración que había expresado en sus escritos, si no mayor.

Era Machado ciertamente, como dice P. Laín Entralgo, un «menesteroso buscador de Dios» (*La generación del noventa y ocho* [Madrid, 1945], p. 130). Pero no destaca Laín Entralgo lo bastante ni destacan otros que tras él se han referido al inmanentismo religioso de Machado, que su ansia de Dios se levanta sobre la conciencia de la nada, que era en él lo fundamental; se levanta, en suma, sobre la base de una verdadera negación [4]. Esto resultará evidente cuando hablemos de su concepción, tan parecida a la de Heidegger, en cuanto al ser y la nada. Pero, además, se advierte en otras muchas ocasiones, como cuando escribe, al final del volumen primero de *Juan de Mairena:* «Mi maestro —habla siempre Mairena a sus alumnos— escribió un poema filosófico... cuyo primer canto, titulado «El Caos», era la parte más inteligible de toda la obra. Allí venía a decir, en sustancia, que Dios no podía ser el creador del mundo, puesto que el mundo es un aspecto de la misma divinidad; que la verdadera creación divina fue la Nada...» (p. 507). Que Dios no es el creador del mundo, que el mundo es «un aspecto» de la divinidad —clara afirmación de panteísmo— es cosa que él repitió a menudo.

Poco después, en 1937, en el volumen segundo de la misma obra, se refería a una versión «heterodoxa», que era la suya, sobre la divinidad de Cristo, «el hombre que se hace Dios, *deviene* Dios para expiar en la Cruz los pecados más graves de la divinidad misma» (p. 534). Podría alguien pensar que, pese a su heterodoxia, creía él en la divinidad de Cristo. Mas en la misma página advierte, no sin cierta sorna, que tal divinidad está «a salvo» en todo caso, ya que o bien Cristo «fue el divino Verbo», que es la versión ortodoxa, o fue «el hombre que se hace Dios», que era lo que Mairena creía. Y así se comprende lo que quiere decir con eso de que Cristo *deviene* —subrayado por él— Dios, y por qué habla de los «pecados» de la divinidad, esos pecados que Cristo debió expiar. Lo que se quiere decir, me parece, es que ya que la nada es lo que está reservado al hombre —como se ve en el poema «Muerte de Abel Martín», publicado después del apéndice (pp. 345-347), y que es uno de los últimos que escribió— éste, inconforme con su destino, con-

---

[4] En la misma página escribe Laín Entralgo: «Su idea de Dios —Dios como realidad ínsita en el hombre y como creación inmanente del espíritu humano que le busca— tiene tal vez una raíz en el pensamiento de Unamuno y coincide extrañamente con la concepción scheleriana de la divinidad.»

13

vierte a Cristo en Dios, y así Cristo *deviene* Dios, para expiar el pecado de la divinidad, que consiste en haber dado al hombre tan sólo la nada.

Ese llegar a ser Dios, ese *devenir* tiene también, podría decirse, un sello hegeliano. Pero no hay que olvidar que en la cita anterior no dice Machado que sea el hombre quien deviene de Dios, sino *el Cristo;* y, en suma, lo que Machado hace, simplemente, es poner de manifiesto una vez más su incredulidad, aunque ocultando ésta con la ironía. Lo cual no quiere decir, claro es, que tomara a broma los sentimientos religiosos.

Ese pesimismo que se esconde tras su ironía, como tras su anhelo, es lo que verdaderamente se encuentra en el fondo del pensamiento de Machado, aunque él no quisiera aceptarlo. Nadie podría a él acusarle de haberse «instalado» en la negación sin buscar a Dios. Él no hizo sino buscar. Pero el pesimismo o la negación reaparecen a menudo, como cuando, en el mismo artículo, unas páginas antes, dice que él no aconseja la duda de los filósofos, duda metódica o cartesiana, «ni siquiera el de los escépticos propiamente dichos, sino la duda poética, que es duda humana, de hombre solitario y descaminado, entre caminos. Entre caminos que no conducen a ninguna parte» (p. 531). *No conducen a ninguna parte,* afirmaba, pues, poco antes de morir; como muchos años antes había afirmado que *nunca encontraremos* a Dios.

Era la nada lo que sentía en el fondo de sí, y no es extraño que de ese fondo se levantara en él con frecuencia una apasionada nostalgia de Dios. Pasó la vida «buscando a Dios entre la niebla»; pero sólo admitiendo que el sentimiento de la nada era en él lo básico, el punto de partida, puede entenderse lo que en el apéndice se dice en cuanto a la «metafísica» de Martín y de Mairena, que es lo principal de su pensamiento y de la cual nos vamos a ocupar más adelante. Si lo que Machado dice en sus fragmentos filosóficos no se ha comprendido, ello se debe en gran parte, creo yo, a que no se ha comprendido ni querido comprender qué es lo que verdaderamente él dice en cuanto al problema de Dios.

Algo bien significativo —y nada católico por cierto— es que él, como tantos otros buscadores de Dios, rechazara el apoyo de la razón como medio de conocimiento de lo divino. El fideísmo de Machado, decíamos, era sólo el de los anhelantes de fe. Pero coincidía él con otros muchos fideístas, de mayor o menor fe, en su antipatía hacia los teólogos racionalistas, los que empiezan por aceptar las pruebas, y «prueban» en efecto la existencia de Dios, acaso sin haber sentido jamás el ansia de Él dentro del corazón. Con poco respeto se refería Machado al «dios aristotélico», causa primera, Dios que aunque todo lo mueve permanece inmóvil, ya que, como hacía observar Mairena, «no hay quien lo atraiga o le empuje, y no es cosa de que él se empuje o se atraiga a sí mismo» (p. 488). Y más adelante, cuando habla de esa versión heterodoxa del Cristo que *deviene* Dios, decía creer «en una filosofía cristiana del porvenir, la cual nada tiene que ver —digámoslo sin ambages— con esas filosofías católicas, más o menos esbozadamente eclesiásticas, donde hoy, como ayer, se pretende enterrar al Cristo en Aristóteles... Nosotros partiríamos de una total jubilación de Aristóteles... esto es para nosotros un acierto definitivo de la crítica filosófica, sobre el cual no hay por qué volver» (p. 534).

El «acierto definitivo» de la crítica, a que se refiere, y en general toda esa actitud suya en cuanto al «dios aristotélico», claro es que tiene mucho que ver con la crítica kantiana, bajo el peso de la cual se desarrolla el pensamiento de Machado, como el de tantos otros filósofos y teólogos contemporáneos. Bien sabido es que toda la *Crítica de la razón pura* no tiende sino a mostrar la imposibilidad en que la razón se encuentra de probar, o negar, la existencia de Dios. «El conocimiento nunca puede ir más allá de los límites del mundo sentible», repite Kant constantemente en esa obra (cf. Immanuel Kant's, *Critique of Pure Reason*, tr. F. Max Muller, 2ª ed. [New York, 1907], p. 201). Especialmente en el libro I de la «Dialéctica trascendental», en la misma obra, Cap. III, Sec. III-VII (loc. cit., páginas 471-516) se ocupa «De los argumentos de la razón especulativa para probar la existencia de un Ser supremo», y ahí reduce todas las pruebas —físico-teológica, cosmológica y ontológica— a una, la ontológica, que refuta cumplidamente, concluyendo: «Si, por lo tanto, trato de concebir un ser como la más alta realidad (sin ningún defecto), la cuestión permanece aún si dicho ser existe o no» (p. 484). Y también: «... cualquier existencia fuera de ese campo [el de la experiencia], aunque no pueda ser declarada en absoluto imposible, es sólo una suposición» (p. 485). En cuanto a la prueba por la aplicación del principio de causalidad, la prueba aristotélica, es también imposible, pues ese principio no tiene sentido sino aplicado «al mundo de los sentidos» (p. 491). En suma, «la necesidad de la existencia nunca puede ser conocida por conceptos» (p. 184).

Sin embargo, queriendo escapar del yugo de esa crítica, buscando un rayo de esperanza, Machado pensó a veces que, en último término, todo es cuestión de fe —fe religiosa o fe en la razón—, ya que con fe podían resultar válidas esas pruebas que Kant refuta. En 1935 escribía: «Es muy posible que el argumento ontológico... no haya convencido nunca a nadie, ni siquiera al mismo San Anselmo... Descartes lo hace suyo y lo refuerza con razones que pretenden ser evidencias... Más tarde Kant, según es fama, le da el golpe de gracia.» Y después de exponer brevemente el tal argumento y la crítica kantiana, agrega: «Reparad, sin embargo, en que vosotros no hacéis sino oponer una creencia a otra... El argumento ontológico lo ha creado una fe racionalista de que vosotros carecéis, una creencia en el poder mágico de la razón para intuir lo real... El célebre argumento no es una prueba; pretende ser —como se ve claramente en Descartes— una evidencia. A ella oponéis vosotros una fe agnóstica, una desconfianza de la razón... Porque todo es creer, amigos, y tan creencia es el *sí* como el *no*» (pp. 395-396). Y más adelante por boca de Mairena aún llega a afirmar que algún día resurgirá «la fe idealista» y volverá a ser válido el argumento ontológico, y éste se podrá hacer extensivo a otras ideas, pues para ello «bastará con que se debilite la fe kantiana, ya muy limitada de suyo». Mas a continuación agrega: «Entonces nosotros, escépticos incorregibles, tendremos que hacer algunas preguntas. Por ejemplo: ¿creéis en la muerte, en la verdad de la muerte, por el hecho de pensarla...» (p. 557). Con lo cual Machado recae a ese escepticismo al que, tras diversas piruetas, siempre va a dar; ya que, en efecto, si se deduce la existencia, la realidad de Dios, de la idea que de Dios tenemos, lo mismo podría deducirse la verdad absoluta de la muerte, pues como él en otra ocasión advierte, ésta es una idea que nos acompaña, y no una experiencia: «Es una idea esencialmente apriorística; la encontramos en nuestro pensamiento, como la idea de Dios... Hay quien cree en la muerte, como hay quien cree en Dios. Y hasta quien cree alternativamente en lo uno y en lo otro» (p. 515). Machado tenía en sí, obsesionantes, las dos ideas, pero es evidente que en él dominaba la creencia en la muerte, en la nada.

Cuál sería, con todo esto, esa «filosofía cristiana del porvenir» a que se refiere y cuyo advenimiento al parecer esperaba, es cosa que no sabemos, pero desde luego tendría poquísimo que ver con «esas filosofías católicas», como él dice. Mucho más tendría que ver, si acaso, con ciertas filosofías existencialistas de raíz protestante en las que, siguiendo a Kierkegaard, Dios se descubre en lo hondo de la conciencia, como fruto de la desesperación. El propio Machado insinúa a qué tipo de filosofía se refiere al escribir poco antes, poniendo como siempre sus palabras en boca de Mairena: «Imaginemos —decía mi maestro Martín— una teología sin Aristóteles...» Es decir, una teología en que la existencia de Dios no quede garantizada mediante las pruebas racionales. En una tal teología Dios quedaría sujeto a los vaivenes de nuestro propio corazón, alimentándose, como Unamuno decía, del ansia que de Él tengamos. Por eso, un alumno protesta diciendo que un Dios «totalmente zambullido en el tiempo» es inaceptable. Y Mairena, desconcertado, responde: «La verdad es... que en toda concepción panteísta —la metafísica de mi maestro lo era en sumo grado— hay algo monstruoso y repelente; con razón la Iglesia la ha condenado siempre... Yo, sin embargo, os aconsejo que meditéis sobre este tema para que no os coja desprevenidos una metafísica que pudiera venir de fuera y que anda rondando la teología, una teología esencialmente temporalista» (páginas 483-484). Y así vemos que esa «filosofía cristiana del porvenir», sin Aristóteles, a que luego se refiere, que seguramente es esta misma que anda rondando una teología «temporalista», no le dejaba a él tampoco satisfecho, ni podía dejarle faltándole fe para afirmar la existencia, fuera de él, fuera del tiempo, de ese Dios sentido primero en el corazón. Una tal teología corre siempre el peligro de caer en inmanentismo, en panteísmo; esto es, corre el peligro de negar la existencia de Dios, de un Dios objetivo, fuera del mundo y de nosotros, un Dios que pudiera salvarnos. Así, sin duda, lo creía Machado, y por eso le parece insuficiente, «repelente». Pero claro es que teniendo fe, es posible concebir una teología como la que él indica, sin Aristóteles, en la que se comience por sentir la necesidad de Dios, y no se pruebe la existencia de Él, pero se crea en Él; se crea que, además de sentirlo dentro, Dios está fuera. Tal es modernamente, por ejemplo, la teología de Barth; y rondando una teología de este tipo se hallan ciertas filosofías, como la de Scheler, en ciertos momentos, y aún más la de Jaspers. «El advenimiento del hombre y el advenimiento de Dios se implican, pues, naturalmente, desde un principio... Se me dirá —y se me ha dicho en efecto— que no le es posible al hombre soportar un Dios imperfecto, un Dios que se está haciendo. Respondo que la metafísica no es una institución de seguros para hombres débiles...» (*El puesto...*, pp. 164-165.) Jaspers, por su parte, en su *Metafísica*, en el tomo III de su *Philosophie* (Berlín, 1932), habla de la Trascendencia, que se revela al hombre en la angustia, en las «situaciones-límite», a la vez que rechaza el concepto de Dios como *primer motor* y el valor demostrativo de las pruebas, ya que la Trascendencia «no se prueba: se testifica» (cf. p. 66 y siguientes y 22 y ss.). Y en cuanto a la teología de Barth, por lo que tiene de kierkegaardiana, podría ser también calificada de «temporalista» (y, según sus críticos, de inmanentista, de ser un «nuevo modernismo»); pero lo que él hace es incitarnos a que nos elevemos hasta ese Dios, a que creamos en ese Dios, que se revela en el corazón como «lo fundamentalmente Otro», lo que nosotros no somos, y a lo que aspiramos: «When we Christians speak of 'God', we may and must be clear that this word signifies *a priori* the fundamentally Other, the fundamental deliverance form that whole world of man's seeking, conjecturing, illusion, imagining and speculation» (*Dogmatics...*, p. 36). Esto, que recuerda mucho a Kierkegaard —a quien tal vez Machado había leído— se parece bastante a lo que se lee en *Juan de Mairena*, después de una nueva andanada contra «el Dios aristotélico», de que «Dios revelado, o desvelado, en el corazón del hombre es una otredad muy otra, una otredad inmanente... Porque es allí, en el corazón del hombre, donde se toca y se padece esa otredad divina...» (p. 459). La diferencia con Barth, y de ahí el extremo «temporalismo» de la teología de Machado, es que para él esa *otredad* era definitiva y únicamente *inmanente*, es decir, era sólo un deseo de lo Otro que no implicaba la existencia real, objetiva, de eso Otro fuera de nosotros.

La filosofía «del porvenir» a que Machado se refiere, filosofía existencialista, temporalista, pero de la que falta esa fe que él añora, no es sino un inmanentismo a secas, es decir, un deseo, una necesidad de Dios; un Dios en el corazón y *sólo* en el corazón; algo que él desea tener, pero que no tiene. Y así por cualquier lado que las miremos, y pese a todas las apariencias, todas las palabras de Machado, en lo que a religión se refiere, van a dar a lo mismo: a la nostalgia de una fe que no tenía.

Quienes a pesar de todo esto que hemos dicho, y mucho

más que pudiera decirse (como, por ejemplo, sus ataques a esa España «devota de Frascuelo y de María», p. 196, según escribía en 1913; o a esa España de las «fuerzas negras, ¡y tan negras!», p. 669, según escribía desde Valencia, en 1937) hablen todavía de una robusta «fe cristiana» en Machado, como hace la romántica editora de las cartas de Machado a *Guiomar*, claro es que no se enteran de cuál era su religión, ⌐u filosofía o su poesía; no se enteran de nada. Críticos mejor informados, sin embargo, aun lamentando mucho que Machado no fuera católico, se han referido ya al inmanentismo religioso de éste, y a su desesperada necesidad de Dios, aunque no hayan reconocido ese fondo de negación, de *nada* que en él había, y que es lo fundamental; y aunque, bien sea por caridad o prudencia, o por ambas cosas juntas, no hayan sido suficientemente claros y explícitos [5].

LA «METAFÍSICA DE POETA» DE MARTÍN Y DE MAIRENA

Con las «rimas eróticas» que se incluyen en la primera parte del apéndice, Machado tendía sobre todo a indicar la necesidad que del amor se tiene como medio de conocimiento, aunque no sea más que como medio de conocimiento de nosotros mismos. En el mismo apéndice, después de tratar esas rimas, Machado escribe: «La conciencia —dice Abel Martín—, como reflexión o pretenso conocer del conocer, sería, sin el amor o impulso hacia lo otro, el anzuelo en constante espera de pescarse a sí mismo» (p. 305).

Ahora bien, en la conciencia hay ese impulso hacia lo otro, ese amor: esto es lo que él dice constantemente, y de ahí las rimas eróticas. Mas como a causa del idealismo de Machado resulta que «la amada es imposible», ya que el otro no tiene verdadera realidad fuera de la conciencia; como resulta que el amor «no encuentra objeto», así, tras el im-

---

[5] «Dios se le vuelve una pura creación del hombre: 'El Dios que todos hacemos', el Dios del primer Bergson y del último Scheler, el Dios de un cierto Unamuno...», escribe José L. Aranguren en su artículo «Esperanza y desesperanza de Dios en la experiencia de la vida de Antonio Machado». Y al terminar el mismo: «Si por religiosidad se entiende la fe en un Dios trascendente, su peregrinar espiritual consistió en un fluctuar entre escepticismo e inconcreta creencia, entre desesperanza y esperanza» (cf. *Cuad. Hisp.*, núms. 11-12, páginas 393 y 396).

pulso hacia el amor, la conciencia ha de volver a sí, derrotada. Por eso Machado agrega, después de las líneas citadas: «Mas la conciencia existe, como actividad reflexiva, porque vuelve sobre sí misma, agotado su impulso por alcanzar el objeto trascendente. Entonces reconoce su limitación y se ve a sí misma como tensión erótica, impulso hacia *lo otro* inasequible... Descubre el amor como... su *otro inmanente*, y se le revela la esencial heterogeneidad de la sustancia» (p. 305). Esto constituye uno de los puntos básicos de su pensamiento en la primera parte del apéndice. Adquirimos consciencia de la «heterogeneidad» del ser, de nuestro ser, a la vez que advertimos la imposibilidad del amor, el carácter inmanente, inasequible, de eso otro a que aspiramos. Y ese trágico sentimiento es el que nos revela «la esencial heterogeneidad de la sustancia», el ansia de amor que todo padece, una sed nunca satisfecha.

Comprendido lo que ahí dice Machado, se entienden mejor ciertas frases hermenéuticas —cargadas de ironía— que aparecen sueltas en la primera parte del apéndice, como esa que define el amor como «autorrevelación de la esencial heterogeneidad de la sustancia única» (p. 297). El amor, o, con más exactitud, el fracaso del amor, como él dice luego, el amor «en el camino de vuelta», nos revela la heterogeneidad de nuestro ser y así, a la vez, se descubre la «heterogeneidad de la sustancia única». Sustancia «única», ya que para el panteísta Martín todo es uno y lo mismo.

Y se comprende también, teniendo en cuenta esa esencial heterogeneidad de la sustancia, por qué se agrega, en la misma página antes citada, que la conciencia, al volver sobre sí misma, tras el fracaso del amor, supone una reflexión «más aparente que real, porque, en verdad, no vuelve sobre sí misma para captarse como pura actividad consciente, sino sobre la corriente erótica que brota con ella de las mismas entrañas del ser» (p. 305).

Resulta, pues, que la heterogeneidad del ser propio no es sino parte de una universal corriente erótica: la heterogeneidad del ser, entendido «ser» como el ser de la persona, no es sino parte de la esencial heterogeneidad del ser, del *ser* en general. Y ese fracaso del amor, ese como viaje de vuelta de la conciencia, gracias al cual dicha heterogeneidad particular y universal se descubre, era para Machado, por tanto, una experiencia básica. A ella probablemente aludía al referirse a «la hora de la primera angustia erótica», a ese hondo «sentimiento de soledad» que él recuerda en los versos: «¡Y cómo aquella ausencia en una cita, / bajo los olmos que noviembre dora, / del fondo de mi historia resucita!» (p. 299). Versos del apéndice que él ya advirtió, no aluden «a ninguna anécdota amorosa de pasión no correspondida», sino a «un sentimiento de ausencia».

Mas Abel Martín, a pesar de su panteísmo, o precisamente por él, lo que quería es que la conciencia se capte a sí misma, es decir, lo que quería era separar de la universal corriente erótica su particular heterogeneidad. Por eso dice: «La conciencia llega, por ansia de lo otro, al límite de su esfuerzo, a pensarse a sí misma como objeto total, a pensarse como no es, a desearse. El trágico erotismo de Espinosa llevó a un límite infranqueable la desubjetivación del sujeto. '¿Y cómo no intentar —dice Martín— devolver a *lo que es* su propia intimidad?' Esta empresa fue iniciada por Leibnitz —filósofo del porvenir, añade Martín—; pero sólo puede ser consumada por la poesía, que define Martín como aspiración a conciencia integral» (p. 307).

El propósito es, pues, devolver al ser, a la conciencia, su intimidad plena. Y esto habrá de conseguirse por la poesía, que es «hija del gran fracaso del amor» (p. 307). Machado, por influencia sin duda de Bergson, opone constantemente la poesía, el «pensar poético», que es el que descubre la heterogeneidad del ser, al pensar lógico «homogeneizador», que todo lo seca e iguala. Mas si es la poesía quien nos devuelve la intimidad, esa intimidad se alcanza, nos dice en la página siguiente, al volver sobre nosotros mismos, ya que sólo entonces «puede el hombre llegar a la visión real de la conciencia..., a verse, a *serse* en plena y fecunda intimidad». Y así «el pindárico *sé el que eres*, es el término de este camino de vuelta, la meta que el poeta pretende alcanzar« (pp. 307-308). En ello, sin embargo, pese a lo muy confusas que son estas páginas, no hay, tal vez, contradicción alguna: se alcanza la intimidad *por la poesía y en el fracaso del amor*, ya que la poesía es hija de ese fracaso, nos dice él. Mas ¿por qué, se preguntará, surge la poesía de ese fracaso? ¿Y por qué nos devuelve ésta la intimidad? ¿Qué quiere decir con todo ello? Machado viene a decir, creo, lo siguiente:

Cuando la conciencia vuelve sobre sí misma, tras el fracaso del amor, es decir, cuando el hombre descubre la *otredad* sin objeto de su alma, cuando descubre su soledad, se siente angustiado, perdido, «arrojado en medio del mundo», como diría Heidegger. Este es el momento, dice Heidegger,

201

y vamos a ver, viene a decir también Machado, en que el hombre descubre la nada, experimenta el sentimiento de la nada. Y es entonces cuando, asombrado, se pregunta por sí mismo por lo que él es y por las cosas que ante sí aparecen; es decir, es entonces cuando el hombre se plantea con toda su fuerza original la pregunta por el *ser*, la pregunta que es origen de la metafísica, tanto como de la poesía. Por algo Machado dice que la metafísica, tanto como la poesía, son hijas «del gran fracaso del amor». Esta es la situación básica. Tras ella el hombre puede adoptar una actitud especulativa, y entonces da en filósofo, o puede alargar, repetir esa emoción primera, recordarla constantemente, ser fiel a ella, y sólo a ella, es decir, adoptar una actitud lírica, y entonces da en poeta. Ahora bien, Machado cree, en el apéndice donde tan bergsoniano se muestra, que el razonamiento ahoga la emoción contenida en el primer asombro, es decir, que la filosofía nos aleja de la original cuestión, y por ello rechaza la «lógica», y con ella toda la metafísica tradicional, y se inclina hacia la poesía, que reproduciendo en cada instante la pregunta primera por el ser, el misterio primero, nos devuelve nuestra «propia intimidad». La actitud especulativa, dice, supone en cambio una «actitud teórica, de visión a distancia»; y las «ideas», ideas platónicas, aunque sean también «hijas del amor, y en cierto modo, del gran fracaso del amor», se convierten en «conjunto de signos..., meros trasuntos o copias descoloridas de las esencias reales que integran el ser» (p. 305). Por eso él rechaza la metafísica y se inclina hacia la poesía; pero como ahí él no hace sino filosofía, es decir, como lo que hace en el apéndice es reflexionar sobre el carácter esencial de la poesía, de cierta poesía al menos, la que él llama poesía «temporal», por eso es la suya una peculiar «metafísica basada en la poesía, basada en el valor revelador de la poesía, como medio de, alejándonos de la banalidad, recobrar nuestra intimidad y adquirir conciencia de nuestro propio ser.

Desde luego, al ofrecer esta explicación, vamos más allá de lo que Machado dice, explícitamente, en las páginas hasta ahora citadas. Pero ya veremos que todo cuanto él agrega, más adelante, lo confirma. Machado mismo reconoce la oscuridad de esas páginas, agregando que ello es «inevitable en una metafísica de poeta» (p. 306). Mas la oscuridad se debe también, creo yo, en este caso, a que esa metafísica nunca fue por él pensada sistemáticamente, y menos que nunca al principio, en la primera parte del apéndice. Ahí, a la metafísica tradicional, racionalista, se opone, como decimos, una «metafísica de poeta», de la cual aún vamos a hablar, de tono existencialista; pero se opone *además* a esa misma metafísica tradicional —y éste es uno de los mayores motivos de confusión en la primera parte— una «lógica temporal» de carácter bergsoniano, de la cual luego ya no vuelve a hablarse; una lógica que está sólo sugerida, apuntada, y «en la cual todo razonamiento debe adoptar la manera fluida de la intuición» (p. 301). Machado parte de Bergson, en el apéndice, pero pronto, en el mismo, se aleja de él, y su irracionanalismo deja de ser el propio del intuicionismo bergsoniano. En relación con esa «lógica temporal» martineana, se dice también que es el «lenguaje poético» el más adecuado para intentar la captación de la mutable realidad, ya que él puede «sugerir la evolución de las premisas asentadas», creándose así una lógica «en que A no es nunca A en dos momentos sucesivos» (p. 301). Y más adelante: «Necesita, pues, el pensar poético una nueva dialéctica, sin negaciones ni contrarios, que Abel Martín llama lírica y, otras veces, mágica, la lógica del cambio sustancial o devenir inmóvil, del ser cambiando o el cambio siendo» (p. 310) Pero en la segunda parte, de dos años después, ya no vuelve a tratarse de esa lógica temporal o dialéctica «mágica», y en cambio se desarrolla esa filosofía existencial, esa «metafísica de poeta» que en la primera parte aparece sólo muy confusamente esbozada. La «lógica temporal» y la «metafísica de poeta» sólo tienen en común el oponerse a la filosofía tradicional, intelectualista, y en volver los ojos hacia la poesía. Pero lo que empieza por ser sólo un eco de Bergson, acaba luego siendo un pensamiento precursor del de Heidegger y otros existencialistas, como en seguida vamos a ver.

Alguna relación sin duda existe (aunque ésta resulte oscura, y aunque no fuera la que hemos indicado) entre lo que Machado, al tratar de su metafísica, dice sobre el «fracaso del amor» y la «heterogeneidad del ser», gracias a lo cual se nos revela nuestra propia intimidad, y lo que dice de «la poesía» como medio también de alcanzar intimidad. La relación de todos modos no puede resultar clara sin ver antes más de cerca lo que él dice sobre la poesía «temporal», una poesía que tiene como base la angustia, el sentimiento de la nada. Antes, pues, de ir a ver, finalmente, el papel que en su «metafísica de poeta» tiene la poesía, veamos lo que en el mismo apéndice se dice en cuanto a la nada como fundamento de la pregunta por el *ser*.

Al final de la primera parte del apéndice, con el poema «Al gran cero», Machado se refiere ya a la nada como causa de la revelación del *ser*, de la pregunta por el *ser;* es decir, trata Machado ya en 1926 de lo mismo que se ocuparía Heidegger en «Was ist Metaphysik?» en 1929.

Para Martín, la verdadera creación de Dios no es el mundo, sino la nada, que por eso él llama «cero divino». Mas es claro que Machado creía mucho más en la realidad de esa nada, en la realidad de ese cero, que en su presunta divinidad. Asegurar que la obra de Dios es la nada, no es sino un modo de negar la clásica concepción cristiana, según la cual Dios creó el mundo extrayéndolo de la nada.

Machado, al comentar el poema «Al gran cero», escribe en oposición a los cristianos que «Dios, como creador y conservador del mundo, le parece a Abel Martín una concepción judaica, tan sacrílega como absurda. La nada, en cambio, es en cierto modo una creación divina...» (p. 311). Y en el volumen II de *Juan de Mairena:* «Dios sacó la Nada del mundo para que nosotros pudiéramos sacar el mundo de la nada» (p. 556).

Era para Martín esa nada como una negra «pizarra» sobre la cual el *ser* de las cosas se dibuja. Ello quiere decir que si no hubiera *nada* no hablaríamos del *ser,* no nos preguntaríamos por lo que las cosas en verdad sean, por su verdadera realidad; ni nos preguntaríamos por nosotros mismos, por nuestro propio *ser.* El pensamiento, escribe Machado en el apéndice, en 1926, «necesita de la nada para pensar lo que es» (p. 311). Es el temor de la muerte lo que hace entrañable nuestro pensar. Si no hubiera tiempo, tiempo que lleva a la nada, si las cosas no amenazaran a cada paso desaparecer, como nosotros mismos, no nos asombraríamos. La nada «asombra» al poeta, dice por eso Machado en la segunda parte del apéndice (p. 323). Es, en suma, la nada lo que nos hace mirar con extrañeza, y dicha extrañeza es lo que constituye la pregunta por el *ser.* Que éste es el sentido verdadero de lo que Machado dice, se ve con más claridad en la segunda parte que en la primera, y se confirma luego en *Juan de Mairena.* Pero ya en la primera es muy significativo lo que se indica en el poema «Al gran cero», poema humorístico y rarísimo que empieza así:

> Cuando *el Ser que se es* hizo la nada
> y reposó, que bien lo merecía,
> ya tuvo el día noche, y compañía
> tuvo el hombre en la ausencia de la amada.

Es decir, cuando Dios hizo la nada, el día tuvo su complemento en la noche. Gracias a la *noche* es posible percibir el día, lo creado, lo que es, pues si todo fuera día, sin el contraste necesario, no advertiríamos que era *día*, como no es posible pensar el ser sin la nada. Y que esa nada diera al hombre «compañía» en la ausencia de la amada, indica probablemente lo que antes ya dijimos: que la revelación de la nada coincide con el fracaso del amor. Sigue el poema:

> *¡Fiat umbra!* Brotó el pensar humano
> y el huevo universal alzó, vacío,
> ya sin color, desustanciado y frío,
> lleno de niebla ingrávida, en su mano.

> Toma el cero integral, la hueca esfera,
> que has de mirar, si lo has de ver, erguido.
> Hoy que es espalda el lomo. de tu fiera,

> y ese milagro del no ser cumplido,
> brinda, poeta, un canto de frontera
> a la muerte, al silencio y al olvido (p. 311).

El «pensar humano», el pensar sobre el «huevo universal», sobre el mundo, brota gracias a la nada, gracias al «cero integral», a la «hueca esfera». Sólo gracias a esa nada se «ve» realmente el mundo: gracias al *no-ser*. Por eso Dios empieza por dar al hombre lo contrario del ser, el huevo «desustanciado y frío, lleno de niebla ingrávida». Esa nada, «el milagro del no ser», es lo que estando erguidos, al ser hombres, produce en nosotros el asombro del ser y da origen a la metafísica; y esa nada es también lo que hace al poeta cantar, cantar «a la muerte, al silencio y al olvido». Hace cantar porque las cosas van a desaparecer, como nosotros, hundiéndose en la muerte, el silencio y el olvido. Y cantar con «canto de frontera», pues el poeta canta sintiéndose al borde de la nada como a punto de desaparecer. Este canto sólo es posible cuando el hombre es plenamente hombre, cuando su espíritu despierta, esto es, cuando «el lomo» de la fiera se convierte en humana «espalda». De la nada, pues, brota la metafísica, en su raíz, y brota la poesía «temporal».

Quizá esta explicación, que me parece es la primera que se aventura en cuanto al significado de dicho poema, no parezca demasiado audaz teniendo en cuenta lo que más tarde dice Machado mismo; y lo que escribe incluso a continuación del poema, a modo de comentario de éste, que ahora resultará clarísimo: «La nada... es, en cierto modo, una creación divina, un milagro del ser, obrado por éste para pensarse en su totalidad. Dicho de otro modo: Dios regala al hombre el gran cero, la nada o cero integral, es decir, el cero integrado por todas las negaciones de cuanto es. Así, posee la mente humana un concepto de totalidad, la suma de cuanto no es, que sirva lógicamente de límite y de frontera a la totalidad de cuanto es» (p. 311).

Pero es importante, antes de continuar con este análisis del papel concedido por Machado a la nada, hacer una aclaración. Si él estuviera refiriéndose tan sólo, como en ocasiones parece, al *no ser*, concebido éste como un artificio especulativo, como algo que se opone simplemente al *ser*, entonces ninguna novedad habría en su pensamiento. La novedad está en reconocer la *nada*, esto es, la experiencia de la *nada*, como fuente de la revelación del *ser*. Pero Machado identifica a veces la nada con el *no ser*; es decir, continúa por un lado refiriéndose al viejo concepto de *no ser*, mas a la vez percibe, probablemente por influjo de Bergson, que hizo, como vamos a ver, una crítica de dicho concepto, la falsedad de éste; y entonces, yendo más allá del propio Bergson, viendo lo que éste no llegó a ver, y adelantándose a lo que luego diría Heidegger sobre el ser y la nada, transforma ese *no ser* en *nada*, aunque siga en ocasiones llamándola todavía *no ser*, y aunque incluso, a veces, siga considerando el *no ser* según la clásica concepción de éste: como negación del ser.

Machado tiene, pues, una clara intuición en cuanto al papel ejercido por la nada; pero no separa siempre su hallazgo, lo nuevo, de las ideas tradicionales con respecto al *no ser*. Así, por ejemplo, escribe: «Del *no ser* al *ser* no hay tránsito posible, y la síntesis de ambos conceptos es inaceptable..., porque no responde a realidad alguna» (p. 310). Ahí, siguiendo probablemente a Bergson, decimos, rechaza como falso e inútil ese concepto del *no ser*, entendido como negación del ser. Mas, extrañamente, al parecer, agrega algo que diríase contradice lo anterior, aunque no lo contradice, pues está ahora considerando la nada, y no ya el *no ser*, a pesar de que así la llame: «No obstante, Abel Martín sostiene que, sin incurrir en contradicción, se puede afirmar que es el concepto del no ser la creación específicamente humana; y a él dedica un soneto...» El soneto que sigue a esas líneas es «Al gran cero», que, como hemos visto, trata del papel revelador, creador, de la nada, más que del concepto negativo del *ser*, más que del *no ser*. Tiene él, pues, razón al asegurar que no se contradice; y es ya bien significativo ese «No obstante...» que indica un cambio de pensamiento. Mas claro es que induce a confusión —seguramente porque su pensamiento no era por entonces del todo claro ni aún para él mismo— llamar del mismo modo *no ser* a cosas que son muy distintas. Y más confusión se crea aún cuando, en el comentario que sigue al poema, se dice que es la nada «el cero integrado por todas las negaciones de cuanto es», pues esto implica una concepción intelectualista de la nada que es algo muy diferente a esa nada experimentada en la angustia, como Heidegger dice, a ese sentimiento de la nada, que revela el *ser*, y que es a lo que en verdad Machado se ha referido en el poema.

Lo mismo que Machado dice en cuanto al ser y la nada, y con mayor, mucha mayor, precisión y claridad, es lo que en 1929 diría Heidegger. Este puntualiza con insistencia que esa *nada* a que él se refiere no es en modo alguno una simple suma de negaciones: «Nosotros afirmamos que la *nada* es más original que el *no* y la negación» (cf. «What is Metaphysics?», en *Existence and Being* [London, 1949], página 361). Nosotros, siguió diciendo Heidegger, podemos pensar lo que es como una «idea» y luego «negar lo que hemos así imaginado». Pero de este modo «llegamos a un concepto formal de una imaginaria nada y no a la nada misma» (ib., p. 363). Es la angustia lo que nos «revela la nada» (p. 366). Y concluye: «La nada es la fuente de la negación, y no al contrario» (p. 372). Machado no podía en modo alguno haber leído este ensayo cuando escribió su apéndice.

Lo que Machado había sin duda leído era lo que Bergson dice en *L'Evolution créatrice* sobre el mismo tema. De ahí debió partir Machado, que tan influido está por Bergson en el apéndice, para llegar luego a decir en cuanto a la nada algo que Bergson no dice, y que es lo verdaderamente original e importante. Bergson, como luego Machado, y como

Heidegger, rechaza por artificioso e inútil el concepto de *no ser:* «Después de haber evocado la representación de un objeto», y después de haber supuesto a éste existente, «nos limitamos a agregar a nuestra afirmación un *no,* y esto basta para pensarlo inexistente» (cf. *L'Evolution créatrice,* ed. Alcan [París, 1908], p. 310). La crítica de Bergson se halla perfectamente de acuerdo con el carácter antiintelectualista de su filosofía, y es, en todo caso, admisible. Pero Bergson, después de rechazar la *nada,* entendida como *no ser,* la nada concebida como una abstracción no advierte que hay una *nada* que no es sólo pensada, sino vivida, experimentada. Lo que a él le interesa hacer notar es sólo que así como siendo la realidad, según él, un «perpetuo devenir», cometemos el error de querer pensar lo móvil con lo inmóvil, así hay una segunda «ilusión» —de la cual él se ocupa en el capítulo IV, y final, de su obra— que consiste en servirse «del vacío para pensar lo lleno». Empieza diciendo: «Los filósofos no se han ocupado hasta ahora de la nada. Y, sin embargo, ésta es a menudo el resorte escondido, el invisible motor del pensamiento filosófico» (ib., p. 298).

Machado debió dar a estas palabras más importancia de la que realmente tienen en Bergson, que en último término piensa esa *nada* tan sólo como una «pseudoidea». Las palabras de Bergson tienen a veces una gran semejanza con las de Machado: La existencia, nos dice, aparece como «una conquista sobre la nada. Yo me digo que podría, que debería incluso no haber nada, y me asombro entonces de que haya algo. O bien me represento toda la realidad como extendida sobre la nada, como si fuera sobre un tapiz... En fin, que no puedo desprenderme de la idea de que lo lleno es como un bordado sobre el lienzo del vacío, que el ser se sobrepone a la nada» (p. 399). Mas no se olvide que esto no es para Bergson sino una ilusión que necesita ser explicada, un error de enfoque que él trata de corregir. A Machado, sin embargo, debió impresionarle todo esto y no parecerle, en cambio, tan convincente la refutación; o, más bien, Machado debió ver que la nada seguía estando ahí, para él, a pesar de la refutación. Que Machado en todo caso recuerda, más o menos conscientemente, estas páginas de Bergson al escribir la primera parte del apéndice sobre la nada, me parece muy probable, ya que incluso encontramos en Bergson la imagen del «círculo trazado con tiza sobre una pizarra», *cercle tracé à la craie sur un tableau* (p. 300). Bergson, establecido el problema, agrega: «Si pudiéramos probar que la idea de la nada, *en el sentido que la tomamos cuando la oponemos a la de existencia,* no es sino una pseudoidea, entonces los problemas que ella despierta se convertirían igualmente en pseudoproblemas» (p. 301). Y pasa a probarlo, y lo prueba: la idea de la nada, entendida como *no ser,* como suma de todas las negaciones del ser, es un falso concepto que deberíamos abandonar, un simple artificio especulativo. Pero todo ello nada dice en cuanto a la nada experimentada como posibilidad de la aniquilación del ser, de nuestro ser. Y en este sentido, que Bergson no tiene en cuenta, esa nada que no puede ser refutada, que no puede mostrarse sea una pseudoidea, porque tampoco es una idea, sigue viva y despertando problemas; el problema de la muerte, por ejemplo, y la pregunta por el *ser* de las cosas, la pregunta que da origen a la metafísica y a la poesía.

La idea de un objeto como «no-existente» es en verdad la idea del objeto «existente» al que se agrega «la representación de una exclusión de ese objeto» (p. 310), dice Bergson. Esto le permite afirmar que «la idea de la abolición no es una pura idea... Suprimid todo interés, toda afección: no queda entonces sino la realidad que fluye...» (p. 31). Y por eso, muy de acuerdo con toda su filosofía, termina diciendo que es preciso «habituarse a pensar el Ser directamente, sin hacer un rodeo, sin empezar por dirigirse al fantasma de la nada que se interpone entre ella y nosotros» (p. 323). Esto es lo que Bergson dice, que mucho debió servir a Machado. Pero él debió pensar, piensa desde luego, efectivamente, sobre todo más adelante, en la segunda parte del apéndice, que si «la abolición» no es una pura idea es una pura realidad. En suma, Machado, como Heidegger, adopta una posición existencial, y en ningún modo trata de suprimir «todo interés, toda afección», sino que es precisamente en su interés y su afección donde pone el acento: en su corazón. La concepción del Ser que Bergson propone, pese a todo su antiintelectualismo, no deja de ser una abstracción más, una hipótesis. Muchos años después, Bergson escribía aún: «Nous avons montré jadis qu'une partie de la métaphysique gravite, consciemment ou non, autour de la question de savoir porquoi quelque chose existe: pourquoi la matière, ou porquoi des esprits, ou pourquoi Dieu, plutôt que rien? Mais cette question présuppose que la réalité remplit un vide, que sous l'être il y a le néant, qu'en droit il n'y aurait rien, qu'il faut alors expliquer pourquoi, en fait, il y a quelque chose. Et cette présupposition est illusion

14

pure, car l'idée de néant absolu a tout juste autant de signification que celle d'un carré rond» *(Les deux sources de la morale et de la religion,* ed. A. Skira [Genève, 1945], página 240). Mas sea o no ilusión el presuponer que la realidad llena un vacío, el caso es que el hombre seguirá eternamente asombrándose ante lo que es, ante lo que aparece y desaparece; preguntándose por el ser, e implicando en esta pregunta a la nada, aunque el concepto de *nada* resulte ser una «pseudoidea».

Lo que origina toda clase de confusiones, repetimos, es el hecho de que, alejándose como se aleja, esencialmente, de la posición que Bergson adopta, siga, sin embargo, Machado muy apegado al modo de pensar de éste, o así parezca. Cuando en el apéndice se refiere a «un nuevo pensar», a un «pensar poético», que sería «pensar cualificador», no cabe duda que en Bergson piensa. Y agrega Machado: «Este pensar se da entre realidades, no entre sombras; entre intuiciones, no entre conceptos. 'El *no ser* es ya pensado como *no ser* y arrojado, por ende, a la espuerta de la basura.' Quiere decir Martín que una vez que han sido convictas de oquedad las formas de lo objetivo, no sirven ya para pensar lo que es» (p. 310). Todo esto no parece sino un eco de lo que Bergson decía de que hay que pensar el Ser directamente. Pero a continuación es cuando Machado escribe ese «No obstante...», reconociendo la importancia de la nada, y luego incluye el poema «Al gran cero», en el que no se alude ya tan sólo a un pensar lógico del ser, sino también a una revelación de la pregunta por el *ser*, gracias a la nada. El nos dice en el comentario que sigue al poema que es el «cero», esto es, el huevo desustanciado y frío, el no-ser, lo que hace brotar el «pensar humano», y nos advierte que este pensar es «pensar homogeneizador, no el poético, que es ya pensamiento divino» (p. 311), esto es, que es pensamiento lógico y no intuitivo; pero ya vimos que en el mismo poema ese mismo «cero» —que ahora es la nada— es lo que nos hace percibir con asombro el ser, cantar un canto «de frontera / a la muerte, al silencio y al olvido».

Se refiere, pues, Machado, en la primera parte del apéndice, a tres modos diferentes de «pensar lo que es». Uno el lógico, que se apoya en el no-ser, y que él rechaza, como Bergson, considerándolo un pensar «entre sombras»; un segundo modo que él imagina, por influencia de Bergson, del cual luego ya no vuelve a ocuparse en la segunda parte, y que supone una captación inmediata intuitiva del ser, una «lógica temporal»; y un tercer modo, que más que un pensar es un asombrarse ante el ser, sintiendo la nada, de donde nace la poesía. Este tercer modo es el que más nos importa, y del que aún nos ocupamos.

En *Juan de Mairena* se advierte todavía, a veces, como un recuerdo de la crítica bergsoniana al concepto del *no ser*, como cuando Machado escribe que siempre que «interviene el no ser va implícita la contradicción», y así «el llamado principio de contradicción... lleva implícita una esencialísima contradicción». Esto porque él supone pensar que *una cosa es* y luego que la *misma cosa no es;* mas no es posible pensar una cosa sin pensar que «sea algo», como «dice la lógica en su famoso principio», y esto mismo ocurre «cuando pensamos que *una cosa no es*» (pp. 450-451). Y entonces agrega, alejándose ya de Bergson: «Este era uno de los caminos... el de la reducción al absurdo de la pura lógica, por donde mi maestro llegaba al gran asombro de la nada, tan esencial en su poética». Lo cual parece indicar que, como dijimos, partiendo de la crítica de Bergson al concepto del *no ser*, llegó él al «asombro de la nada» esencial en su poética, como en su metafísica existencialista. En la página anterior, aludiendo probablemente a Heidegger, al que debía estar leyendo por entonces, 1935, dice que la nada es «motivo de angustia» y que ella plantea problemas no sólo al intelecto, sino también al «corazón». Heidegger le debió ayudar a ver más claro lo que él, por sí mismo, ya había intuido antes, en el apéndice; y no es raro lo intuyera porque, después de todo, una viva experiencia de la nada la tuvo él en su juventud, al menos, ya que de ella brotaron sus poemas de *Soledades*. El mismo Machado advertirá esto luego, al comentar a Heidegger. Pero volvamos ahora al apéndice.

Como en él emplea indiferentemente las palabras *no ser* y *nada*, suele ser difícil precisar cuándo está refiriéndose a la idea tradicional de la negación del ser y cuándo está refiriéndose a esa nada por él presentida que es base de la revelación del *ser*, de la pregunta por el ser. Dice, por ejemplo, que las ideas platónicas, que él las consideraba, siguiendo en su antiintelectualismo a Bergson, como «copias descoloridas de las esencias reales que integran el ser», son como un «dibujo o contorno trazado sobre la negra pizarra del no ser» (p. 305). Y aquí, dado que al parecer él piensa que esas «ideas» son pura abstracción intelectual, podríamos creer que esa «pizarra del no ser» a que se refiere la considera tan sólo un artificio desdeñable. Mas en la misma página dice que es nuestro desesperado anhelo, el «conato del ser por superar su propia limitación, quien las proyecta sobre la nada o cero absoluto». Y ahí no sólo nombra ya a la *nada*, sino que bien se percibe que esa *nada* no es un simple y frío concepto, sino algo que toca nuestro corazón, algo que nos angustia, determinando ese «conato», esa ansia de eternidad que nos hace proyectar las «ideas» sobre la nada; es decir, que nos hace inventar ese inmutable «ser», las ideas, elevándolo sobre un fondo de nada.

Vamos a ver que la «metafísica» esbozada, aunque sea confusamente, al final de la primera parte del apéndice, es la misma de la que con alguna mayor claridad trata en la segunda parte; pero antes fijémonos en el significado del poema «Al gran pleno o conciencia integral» (p. 312), que sigue al dedicado «Al gran cero», haciendo juego con él, y con el que se termina la primera parte.

En ese poema «Al gran pleno», el universo, «cuanto es», aparece cantando «en pleno día». El poema todo es una extraña fantasía. Es el mundo visto —imaginado— desde un punto de mira que no es el propio del hombre. No es el mundo tal como realmente se ve, desde la conciencia angustiada ante el pasar de las cosas y ante su propio e irremediable caminar hacia la muerte; no es el mundo mirado, como en verdad se mira, desde la frontera de la nada, de la noche, como el propio Machado dice en el poema «Al gran cero»; sino *como se vería* desde fuera de uno mismo, impersonalmente, intemporalmente; esto es, *como lo vería Dios:* a plena luz. El poema es una visión cósmica, panteísta, del mundo concebido como «gran pleno o conciencia integral», como un todo, serie de apariciones y desapariciones a través de las cuales la unidad permanece. Esas desapariciones, importantísimas desde el punto de vista de la conciencia individual, son insignificantes desde el punto de vista de la «conciencia integral» que es la que, no sin cierta sorna, aquí se considera. El poema comienza así:

Que en su estatua el alto Cero
—mármol frío,
ceño austero
y una mano en la mejilla—,
del gran remanso del río,
medite, eterno, en la orilla,
y haya gloria eternamente.

212

A menudo Machado identifica lo creado con el Creador, al modo panteísta, como cuando dice, repetidas veces, que el mundo no es la creación divina, sino «sólo un aspecto» de la divinidad. Y si Dios es todo, es como si Dios no fuera nada. Ya sabemos, por otra parte, que él de ningún modo creía en la existencia de ese Dios creador, causa primera. En este mismo poema claramente identifica a Dios con la nada al llamarle «el alto Cero». Mas por el asunto de este poema, que supone una visión desde fuera del mundo, necesita él imaginar a Dios, siquiera provisionalmente; un Dios que permanece a la orilla del «río», contemplando el pasar; un Dios que no hace nada, que se limita a decir que «sea» lo que ya es, «cuanto es». Y así sigue el poema:

> Y la lógica divina,
> que imagina,
> pero nunca imagen miente
> —no hay espejo; todo es fuente—,
> diga: sea
> cuanto es, y que se vea
> cuanto ve. Quieto y activo

El mundo, dicen los teólogos, es imagen de Dios, medio indirecto de conocer —a través del reflejo— su grandeza: a través del mundo conocemos a Dios como *en espejo*. Pero desde el punto de vista divino, en que Machado se sitúa en ese poema, claro es que «no hay espejo; todo es fuente», pues Dios desde «su estatua» contemplaría la obra continua de la creación, la obra de la naturaleza, la «fuente». Pero en quien Machado aquí probablemente piensa, más que en los teólogos, es en Leibnitz. Sabemos que para éste, extrayendo la mónada, cada una de las conciencias individuales, todas las percepciones del fondo de sí mismas, pero al mismo tiempo teniendo que coincidir estas percepciones con el mundo exterior, las almas son concebidas como «espejos». Y sabemos que Martín se oponía a esa concepción de las almas «a la manera de los espejos», como se lee en el apéndice (p. 294). Ahora bien, siendo su punto de vista, en el poema, el de la conciencia integral y no individual, visto el mundo desde fuera y no desde dentro del alma, no hay ya ni que hablar de los «espejos» de Leibnitz, pues todo es fuente, creación. Un eco bergsoniano de *La evolución creadora*, se podrá percibir, además, en esa concepción del mundo como vital fluir. Y sigue el poema, acentuando los tonos panteístas:

> —mar y pez y anzuelo vivo,
> todo el mar en cada gota,
> todo el pez en cada huevo,
> todo nuevo—,
> lance unánime su nota.
> Todo cambia y todo queda,
> piensa todo,
> y es a modo,
> cuando corre, de moneda,
> un sueño de mano en mano.
> Tiene amor rosa y ortiga,
> y la amapola y la espiga
> le brotan del mismo grano.
> Armonía;
> todo canta en pleno día.
> Borra las formas del cero,
> torna a ver,
> brotando de su venero,
> las vivas aguas del ser.

Las cosas del mundo, al ser pensadas por el hombre, lógicamente, con la ayuda del *no-ser*, del cero, no son sino como figuras salidas de ese molde del cero, de esas «formas del cero», lo que llena ese hueco del cero. Mas desde el punto de vista de Dios, con la «lógica divina», ya no necesitamos ese molde, ni hay que pensar las cosas lógicamente, como lo opuesto al no ser: el ser es percibido directamente. Por eso invitándonos —por influjo de Bergson— a percibir el ser de un modo inmediato, poético, intuitivo y no lógico, dice: «Borra las formas del cero / torna a ver... las vivas aguas del ser.»

El poema tiene, pues, raíces bergsonianas, antiintelectualistas. Pero es al mismo tiempo, y en oposición al poema «Al gran cero», una visión del mundo desde fuera, fuera de la lógica tanto como fuera de la conciencia angustiada que descubre la nada. Por eso es sobre todo una fantasía, una broma. Porque si tal vez es posible una visión directa, intuitiva del ser, al modo bergsoniano, al modo divino; es decir, si podríamos eliminar el *no-ser* en nuestra visión del mundo, nunca podremos eliminar la nada. Nosotros nos enfrentamos siempre al mundo desde nuestra temporalidad, desde nuestra propia conciencia solitaria y angustiada. Tal es al menos el punto de vista existencialista, heideggeriano, que más que una teoría sobre lo que el mundo sea, es, creo yo, un intento de describir la situación real del hombre en el mundo, ante el mundo; lo que el hombre realmente es cuando se libera de las máscaras con que a menudo encubre su verdadera situación. Y algo muy parecido, un darse cuenta de nuestra angustiosa situación, un adquirir conciencia, es lo que Machado pretende con su «metafísica de poeta», o con esa poesía «temporal» de que habla en la segunda parte del apéndice.

En dicha segunda parte, la pequeña sección que se titula «La metafísica de Juan de Mairena» (pp. 322-324), no es sino un comentario filosófico al contenido de la sección que precede, la que trata de «El *arte poética* de Juan de Mairena», donde se habla de la temporalidad en la poesía, como luego vamos a ver. En cuanto a la «metafísica» de Mairena, es la misma que la «metafísica» de Abel Martín, de la primera parte, en lo que ésta tiene que ver con la nada, y de la cual nos hemos ocupado. Machado ya dice que «su punto de partida», el de Mairena, «está en un pensamiento de su maestro Abel Martín» (p. 322). Y a continuación comienza a hacer un breve resumen de esa metafísica mairenesca: «Dios no es el creador del mundo... No hay problema genético de lo que es... Cuanto es aparece; cuanto aparece, es... No hay, pues, problema del ser, de lo que aparece. Sólo lo que no es, lo que no aparece, puede constituir problema... el *no ser*... a que Martín alude en su soneto inmortal «Al gran cero», la palabra divina que al poeta asombra y cuya significación debe explicar el filósofo» (pp. 322-323). El poeta, pues, se limita a asombrarse, y no se plantea el problema de la realidad del mundo externo, ya que acepta las apariencias como realidades. El problema para él está en que eso que percibe lo siente como milagrosamente sostenido sobre un fondo de nada. Por eso se agrega a continuación: «¿Cómo, si no hay problema de lo que es, puesto que lo aparente y lo real son una y la misma cosa... puede haber una metafísica? A esta objeción respondía Mairena: 'Precisamente la desproblematización del ser, que postula la absoluta realidad de lo aparente, pone *ipso facto* sobre el tapete el problema del *no ser*, y éste es el tema de toda futura metafísica'... Esta metafísica... de la pura nada... no pretende definir el ser (no es, pues, ontología), sino a su contrario» (p. 323).

Dejando aparte el hecho de que, otra vez, se confunda o parezca confundirse, el *no ser*, entendido como lo contrario del ser, con la «pura nada», bien se ve que es en verdad de esta última de lo que se trata, y que ella es la que, cuando se contempla el mundo ingenuamente, sin problema, «pone *ipso facto* sobre el tapete el problema», el problema de la aniquilación del ser, de lo que aparece. Es la pura nada quien causa el asombro del poeta, y de ese asombro nace la poesía.

Vimos que en la parte primera del apéndice se hablaba de dos medios diferentes, aunque seguramente relacionados entre sí, de adquirir conciencia del propio ser, intimidad. Uno era en «camino de vuelta», al descubrir, tras el «fracaso del amor», esa heterogeneidad trágica, sin objeto, de nuestro ser. Otro era por medio de la «poesía». Poesía que —se insinuaba ya en el poema «Al gran cero»— brota a causa del sentimiento de la nada. Los dos medios vienen a ser el mismo, decíamos, pues al descubrir esa heterogeneidad u otredad inmanente se descubre la nada. Pero el hecho es que si en la primera parte el acento se pone —salvo al final— en lo de la heterogeneidad, en la segunda de lo que se trata especialmente, como vemos, al ocuparse de la metafísica de Mairena, es de la poesía, esto es, de esa «metafísica... de la pura nada», esa nada que plantea el problema del *ser* y despierta la poesía. Y a esa misma metafísica mairenesca, de la pura nada, es a la que él seguirá refiriéndose años más tarde.

Todo poeta, dice también en la segunda parte, «supone una metafísica... el poeta tiene el deber de exponerla, por separado, en conceptos claros» (p. 322). Y esto es lo que Machado, que era sobre todo un poeta, trató de hacer, aunque no lograse hacerlo en términos del todo claros: exponer su metafísica, fundada en sus experiencias de poeta. En sus últimos años, Machado, el filósofo, no haría sino meditar sobre las experiencias del joven poeta de *Soledades*.

Si su exposición no resulta clara es, creo yo, entre otras cosas, porque le cohibía la grandiosidad de esa empresa de cambiar, con su «metafísica de poeta», con su filosofía existencial, el rumbo de la metafísica clásica. Lo que él al escribir el apéndice, incluso la segunda parte, sin duda no sabía, es que por la misma época, en 1927, con *Sein und Zeit*, recogiendo hilos del pasado, partiendo sobre todo de Kierkegaard y apoyándose en el método riguroso de Husserl, Heidegger iba a intentar con toda seriedad esa empresa. De haberlo sabido, como Machado dijo años más tarde, hacia 1935, cuando lo leyó, Mairena «hubiera tomado más en serio las fantasías poético-metafísicas de su maestro Abel Martín» (p. 448). Él se dio en seguida cuenta que la metafísica de Heidegger era en esencia, como la suya, metafísica de poeta y para poetas. El mismo dice en 1937, en el artículo dedicado a exponer *Sein und Zeit*, que el hacer básica «la existencia del hombre» para abordar los problemas metafísicos, es algo con una «nota profundamente lírica, que llevará a los poetas a la filosofía de Heidegger, como las mariposas a la luz» (p. 566).

Finalmente, aún en la segunda parte del apéndice, para terminar esa brevísima exposición de la metafísica de Mairena, dice Machado que «*Los siete reversos* es el tratado filosófico en que Mairena pretende enseñarnos los siete caminos por donde el hombre puede llegar a comprender la obra divina: la pura nada» (p. 323). Lo que con esto se dice, de modo más inmediato, es tal vez, simplemente, que por muchos caminos llegamos siempre a descubrir la misma desolada situación del hombre, la falta de Dios, la nada. Pero debe también tenerse en cuenta que en la primera parte se especifica que esos «reversos» no son sino «formas de objetividad», es decir, proyecciones de nuestro «anhelo erótico», apariencias en suma (p. 307). Y así resultaría que lo que dice en la segunda parte es que esas apariencias o «reversos» con los caminos que nos llevan a descubrir la nada; o sea, que es el mundo, ante las cosas, cuando descubrimos que ellas carecen de fundamento.

En la primera parte, nos dice que es «en camino de vuelta» cuando se adquiere «plena y fecunda intimidad», esto es, cuando se reintegran «a la pura unidad heterogénea», o sea, a la conciencia, «las citadas formas o *reversos del ser*» (p. 308), es decir, cuando reconocemos que es dentro de nosotros donde se encuentra lo que buscábamos fuera; pero nadie, agrega, «logrará ser el *que es, si antes no logra pensarse como no es*», nadie logrará ser él mismo sino gracias a ese impulso hacia lo otro, lo que él no es, aunque ese otro no exista. Todo esto no es sino parte de esa metafísica de Martín en tanto que ésta trata de la «heterogeneidad del ser». Pero entonces resulta que si gracias a esos «reversos», al descubrirlos como inmanentes, es cuando adquirimos conciencia de nosotros mismos, cuando descubrimos la trágica heterogeneidad, y es entonces cuando (como antes decíamos y Machado parece insinuar) se descubre la nada, esto se halla aparentemente en oposición con lo que se dice en la segunda parte, ya que una vez es «en camino de vuelta», al volver hacia nosotros cuando, en suma, se descubre la nada, y otra es no al volver, sino en esas mismas apariencias, al vivir entre ellas, cuando

217

descubrimos la nada. Para uno la nada se revela al descubrirse el carácter inmanente de lo otro todo, y para el poeta, que acepta las apariencias como realidades, la nada se revela en esas mismas apariencias. La contradicción, más aparente que real desde luego, proviene de que a lo largo del apéndice el pensamiento de Machado va evolucionando, y pasa de esa metafísica de la heterogeneidad del ser, llena aún de ecos bergsonianos, a la más clara y definitiva metafísica de la pura nada, metafísica poética, existencial.

Lo importante es que en la segunda parte, como al final de la primera, la nada «asombra» al poeta, y éste se plantea, aunque no explícitamente, el problema del *ser*, no racional sino existencialmente, desde el fondo de su corazón. No le preocupa al poeta la esencia de lo que aparece, de lo que él ama, sino su existencia y su futura desaparición. El *ser*, en suma, revelado a la conciencia por la nada, no es el ser inmutable, sino el ser inmerso en la corriente del tiempo y considerado desde nuestro ser, inmerso en el tiempo también.

LA POESIA «TEMPORAL». CONCLUSIONES

Lo que Machado había escrito en el apéndice en cuanto al poeta y las apariencias, lo repite en *Juan de Mairena*: el filósofo puede dudar de la realidad del mundo externo, pero el poeta no, ya que «nadie duda de lo que ve, sino de lo que piensa», y «para el poeta sólo hay *ver*». Por eso la poesía es «un acto vidente, de afirmación de una realidad absoluta, porque el poeta cree siempre en lo que ve» (p. 449). El ser poético «se revela o se vela; pero allí donde aparece, es». Dicho ser poético no le plantea al poeta «problema alguno», es decir, no plantea el problema de su realidad; pero «la nada, en cambio, sí» (p. 450). Es la nada lo que convierte cuanto es, o cuanto aparece, en problemático. Y por eso canta el poeta: por el asombro de la nada, al ver proyectado el ser sobre la nada. Lo que el poeta contempla aparece, gracias a la nada, erguido momentáneamente sobre el vacío, milagrosamente sostenido, yendo a su destrucción. Y el poeta mismo se siente temporalmente, sólo temporalmente, flotando sobre vacío, yendo también a su destrucción. Y así el poeta canta el brillo de unos ojos

218

que un día han de eclipsarse, los cabellos que habrán de encanecer, el crepúsculo cuyos colores se extinguen. Canta porque el tiempo pasa y lleva todo a la nada. «¿Cantaría el poeta sin la angustia del tiempo?», preguntaba meses antes Machado, por boca de Mairena. Y agregaba que es «la poesía como diálogo del hombre con el tiempo» (p. 373). Y poco más adelante, en 1935: «Sin el tiempo... el mundo perdería la angustia de la espera y el consuelo de la esperanza. Y el diablo ya no tendría nada que hacer. Y los poetas tampoco» (p. 427). Y dos años después, en el volumen segundo de *Juan de Mairena*: «Sólo en silencio, que es, como decía mi maestro, el *aspecto sonoro de la nada*, puede el poeta gozar plenamente del gran regalo que le hizo la divinidad, para que fuese cantor, descubridor de un mundo de armonías» (p. 526). Sabemos ya que ese regalo no es sino la nada, el sentimiento de la nada; o el del tiempo, que lleva a ella. Y muy poco antes de morir aún escribía que el «encanto melódico» de la vida es el de «su acabamiento», encanto que «se complica con el terror a la mudez» (p. 555).

No puede, pues, caber duda de que Machado, en sus últimos años pensaba que la intuición de la nada, y la consiguiente emoción ante el paso del tiempo, era lo que determinaba la poesía. Pero eso es también lo que él mismo había dicho en el apéndice, no sólo al tratar de la metafísica de Martín o de Mairena, sino al tratar del «arte poética», en la segunda parte, esto es, al tratar de la «temporalidad» en la poesía.

Hay «temporalidad» en los poemas de Machado no como pudiera creerse, y el propio Machado parece indicar, sólo porque se aluda en ellos al paso del tiempo; ni tampoco por el carácter rítmico, melódico, de sus mejores versos. Estos son tan sólo medios obvios, y muy necesarios, de poner de manifiesto la «temporalidad» que debe tener la poesía.

Temporalidad es emotividad. Poesía temporal quiere decir en Machado en último término poesía emotiva. Poesía escrita con una emoción cuya raíz se halla en el sentimiento del tiempo o, si se prefiere, de la nada. Por eso en dicha «arte poética» condena Machado la poesía barroca española (lo cual hace pensando, a la vez, en los poetas *puros*, neogongorinos, de hacia 1927), acusándola de excesivamente artificiosa, de fría e intelectual, y pone como ejemplo de esa poesía el soneto «A las flores», de Calderón; y, en cambio, en las mismas páginas, se ensalza la famosa estrofa de Jorge Manrique: «¿Que se hicieron las damas / sus tocados, sus vestidos / sus olores...?», pues «la emoción del tiempo es todo en la estrofa de don Jorge; nada, o casi nada, en el soneto de Calderón» (p. 317). Y ello aunque en ambos el tema sea el mismo, esto es, «la fugacidad del tiempo y lo efímero de la vida humana» (p. 316). Y es que en el soneto «conceptos e imágenes conceptuales —pensadas, no intuidas— están fuera del tiempo psíquico del poeta, del fluir de su propia conciencia» (p. 316). Por eso, agrega, Calderón «no canta, razona, discurre en torno a unas cuantas definiciones». Y, en cambio, Manrique habla de una vívida experiencia; no de «cualesquiera damas, tocados, fragancias y vestidos, sino aquellos que, estampados en la placa del tiempo, conmueven —¡todavía!— el corazón del poeta» (p. 317). Y por eso, digo ahora yo, si no hay poesía temporal por el simple hecho de aludirse al paso del tiempo, puede, en cambio, haberla aunque no se aluda a él.

Al señalar las características del «barroco literario español», dice poco más adelante Machado que una de éstas es su «carencia de temporalidad». Y con ello quiere decir que hay en esa poesía «preponderancia del sustantivo y su adjetivo definidor sobre las formas temporales del verbo; el empleo de la rima con carácter más ornamental que melódico y el total olvido de su valor mnemónico» (p. 319). Esto podría hacer creer, y así algunos lo han creído, que lo que Machado entiende por «temporalidad» es el uso de esas «formas temporales» del verbo, o sea, las que más aluden al paso del tiempo; y, por otro lado, el empleo de las rimas con valor melódico. Mas lo que él quiere en verdad decir es que esa carencia de elementos que él llama «temporales» en el poema, de elementos que sugieren el paso del tiempo, es un cierto indicio de la frialdad y artificiosidad del poema, de su falta de emoción, esto es, de su esencial falta de temporalidad. Y así, aunque el poema tuviera esa aparente «temporalidad», lograda con medios técnicos, de nada ello valdría si faltara la emoción del tiempo, si faltara la verdadera *temporalidad*. Por eso Mairena, que «se llama a sí mismo *el poeta del tiempo*» (p. 315), refiriéndose a «medida, acentuación, pausa, rimas», afirma que «el poema que no tenga muy marcado el acento temporal estará más cerca de la lógica que de la lírica». Pero inmediatamente agrega esto, que es lo verdaderamente importante: «La temporalidad necesaria para que una estrofa tenga acusada la intención poética está al alcance de todo el mundo;

se aprende en las más elementales preceptivas. Pero una intensa y profunda impresión del tiempo sólo nos la dan muy contados poetas.» Y en la misma página, líneas antes, se dice que «es el tiempo (el tiempo vital del poeta con su propia vibración) lo que el poeta pretende intemporizar, digámoslo con toda pompa: eternizar».

Y así vemos que lo importante, en definitiva, es «el tiempo vital del poeta», esa «intensa y profunda impresión del tiempo», es decir, lo importante es «la emoción del tiempo». Y en tal emoción reside la «temporalidad» de la poesía, de que Machado tanto habla. Y por eso hemos calificado de poesía «temporal» ésa que nace de un sentimiento de angustia ante el paso del tiempo, ante el desvanecimiento de las cosas, ante la nada. En diversas ocasiones, sin embargo, se refiere Machado a «temporalidad» entendida como fluidez y movilidad —eco bergsoniano— en oposición a rigidez; o bien como equivalente a historicidad en oposición a una pretendida «intemporalidad» de la poesía abstracta, intelectual. Pero siempre, en último término, lo que se quiere destacar es el indispensable contenido emotivo, «temporal», de la verdadera poesía lírica. «La lírica... debe darnos la sensación estética del fluir del tiempo. Es precisamente el flujo del tiempo uno de los motivos líricos que la poesía trata de salvar del tiempo, que la poesía pretende intemporalizar», escribía en *Los Complementarios*. Por eso en su «gramática lírica» el verbo era lo importante, como decía en un poema (p. 287). Y por eso desdeñó siempre los «laberintos de imágenes y conceptos» de los «poetas jóvenes», ya que «la lírica ha sido siempre una expresión del sentimiento...», como escribía a Guiomar (cf. *De Machado a su grande y secreto amor*, p. 62), lo cual repetiría en diferentes ocasiones.

Podría pensarse que esa poesía «temporal» preconizada por Machado en «El *arte poética* de Juan de Mairena» es diferente de esa otra poesía social, futura, a que se alude, al final de la misma segunda parte del apéndice, en el diálogo entre Mairena y Meneses. Mas no es así, ya que Meneses, si bien se refiere a una lírica que habrá de trascender del «yo aislado, acotado, vedado al prójimo», destaca también el carácter emotivo, «temporal», de la misma al advertir que «no hay lírica que no sea sentimental» (pp. 324-325); y aunque en esa poesía futura el poeta prescindiera «de su propio sentir..., anota el de su prójimo y lo reconoce en sí mismo como sentir humano» (p. 328). Y ésa era la poesía de Machado; poesía hija de la soledad, brotada de la contemplación de lo que aparece, de lo otro; fruto de un apasionado diálogo del hombre con el mundo y con el tiempo. Poesía que implica un entrañable planteamiento del problema del *ser;* y por eso la metafísica existencialista de Mairena, una metafísica que se quiere arranque, como en Heidegger, del original asombro ante las cosas, no es en definitiva sino una exaltación del valor de la poesía «temporal» como medio de conocimiento; conocimiento al menos de nuestro propio e íntimo ser. La «metafísica» de Machado no es, en último término, sino una justificación de sus ideas sobre la poesía, un comentario a su mejor poesía.

Veamos ahora, en resumen, las ideas filosóficas de Machado. El. punto de partida del pensamiento de Machado está en sus *Soledades,* en ese como pasmo del alma —alma asombrada ante las cosas, ante los recuerdos, ante sí misma— de que él nos habla en ese libro. Partió de esas primeras experiencias de su niñez y adolescencia —ese melancólico sentirse solo en el mundo— y a ellas volvería. En *Campos de Castilla,* ya en su madurez, frente al paisaje y los hombres, enamorado, queriendo escapar de su soledad, busca una poesía «objetiva». Pero el año que publica ese libro, 1912, muere su esposa y Machado vuelve a sentirse solo, irremediablemente solo. Sin embargo, no se resigna. La musa se aleja y se hunde en la filosofía. Adopta una actitud displicente, irónica. Le falta Dios. Mas en el fondo de su corazón aún espera. Sueña en una razón salvadora, objetiva, que hiciera posible la comunicación de los espíritus. Reconoce, más tarde, que es en el amor, sobre todo, en la fraternidad cristiana, donde podría hallarse la salvación: en una apasionada comunión de las almas. Su vena poética se ha ido debilitando cada vez más. Y ahora siente la necesidad, aunque no sin timidez, no sin reservas, de escribir sobre todo aquello que durante años le había estado obsesionando sin cesar.

En el apéndice recoge varias de sus ideas, reflexiones, comentarios; pero a la vez agrega algo que no estaba en sus escritos anteriores. Vuelve ahora la espalda a la razón, a la filosofía clásica. Se acentúa el influjo de Bergson; pero él siente que tiene algo que decir, algo nuevo que aún es confuso en su mente. La confusión la acentúa él exponiendo sus ideas con el mayor desorden posible. Y el fondo trágico de su pensamiento queda oculto bajo una capa de humor en que se envuelve por horror a lo melodramático y por desconfianza de sí mismo y de su propio pensamiento. El acento lo pone ahora, decididamente, en el amor, en la necesidad que del *otro* tenemos; pero ese otro no está tal vez sino en nuestro propio corazón: lo único cierto es la «heterogeneidad del ser», esa *otredad* inmanente, sin salida, ese deseo de amor nunca satisfecho. Llega un momento en que se descubre que la soledad es irremediable. La filosofía tal vez no pueda consistir, en último término, sino en darse cuenta de eso. Para el poeta, en cambio, al parecer, no hay problema, pues él no se propone conocer, sino amar, y ama como real lo que ante él aparece; mas el problema para él está en la desaparición de eso que aparece: el problema está en el tiempo, en la nada. Es precisamente la nada, es el tiempo, lo que hace brotar la poesía. Y así lo que el poeta siente es lo mismo que el filósofo descubre cuando éste se desprende del andamiaje intelectual con el que oscurecía el sentimiento que dio origen a la filosofía: que la nada es el fundamento de todo. Al sentir la heterogeneidad sin objeto de nuestra alma nos sentimos solos, solos en medio del mundo y llenos de deseos, caminando hacia la muerte ante un mundo que se desvanece. Poesía y filosofía no son la misma cosa, pero brotan de un mismo sentimiento original. El poeta es más fiel que el filósofo a esta emoción original, que él reproduce cada vez que, angustiadamente, canta el mundo que contempla. Y la filosofía debe volver a encontrar sus raíces acercándose a la poesía. Sólo por la poesía, o con esa nueva, poética, filosofía existencial que él intuye, nos daríamos cuenta de lo que somos, recobrando así nuestra intimidad, nuestro propio ser, nuestro espíritu, hecho de angustia por el tiempo y ansia de lo otro, de lo desconocido: de asombro ante la nada y heterogeneidad, de angustia en la soledad y trascendencia; esto es, impulso hacia un más allá que no alcanzamos.

Pero lo típico de Machado, tanto como su honda melancolía, es no abandonar nunca del todo, aún creyendo sobre todo en la nada, una ardiente, aunque vaga, una remota esperanza de salvación para todos. Por eso la primera parte del apéndice, tras el poema «Al gran cero», acaba con el poema «Al gran pleno», de exaltación vital, panteísta. Y la segunda parte, tras la desolada metafísica de la «pura nada» de Mairena, termina con las esperanzadoras palabras de Meneses en cuanto a los poetas del mañana, que cantarán sentimientos colectivos, libres ya del narcisismo, del romanticismo o barroquismo de los poetas actuales.

Pensando no ya en el apéndice, sino en la obra toda de Machado, creo puede también decirse que ésta, esencialmente melancólica, no es sino un intento de escape de la soledad, una desesperada búsqueda de salvación. En no pocos de sus poemas, de cualquier época, se percibe, creo yo, una nota que es siempre la misma, una ilusión «cándida y vieja», como viento de primavera que quisiera levantarse de los campos de nieve, o ilusión que en un vuelo quisiera desprenderse de la tristeza y de la muerte. Ya en *Soledades* él cantaba:

> En el ambiente de la tarde flota
> ese aroma de ausencia,
> que dice al alma luminosa: nunca,
> y al corazón: espera (p. 61).

Y un sentimiento muy parecido expresaría él en sus poemas otras muchas veces [6]. Mas esa esperanza que el corazón mantiene, ese como buen presagio más allá de la razón, ¿no es acaso lo que aparece también constantemente en las prosas de Machado, con sus siempre renovadas apelaciones al «hombre nuevo», a la fraternidad y al amor, así como a la razón salvadora y a la objetividad? Y es que el pensamiento de Machado, como su poesía, es triste, pero él no quería en modo alguno que lo fuese.

«Hay que buscar razones para consolarse de lo inevitable», escribía en 1935 en una última carta, tristísima, a su amada *Guiomar*, de la que había tenido que separarse. Y por esos mismos días, cuando él se muestra en sus escritos, no sin razón, especialmente grave; por esos días en que estaba leyendo a Heidegger, ya así reafirmaba sus más amargas convicciones, escribía en *Juan de Mairena*: «Porque —todo hay que decirlo— nuestro pensamiento es triste, y lo sería mucho más si fuera acompañado de nuestra fe, si tuviera nuestra más íntima adhesión. ¡Eso nunca!» (p. 512).

---

[6] Escribía, por ejemplo, en *Soledades*: «Fue una clara tarde de melancolía / Abril sonreía... / ... El viento traía / perfume de rosas, doblar de campanas...» (p. 87). Y en el famoso poema «A un olmo seco», de *Campos...*, poema que fecha en «Soria, 1912», y que debió escribir en la primavera de ese año, no lejos de su esposa enferma, poco antes de que ésta muriera: «Mi corazón espera / también, hacia la luz y hacia la vida, / otro milagro de la primavera.» Como dice acertadamente Aranguren en su mencionado ensayo: «Machado vacila, fluctúa, va y viene una y otra vez de la esperanza a la desesperanza, de la desesperanza a la esperanza.»

Estas palabras quizá sean, de todas cuantas de él he leído, o le oí decir, las que mejor le retratan.

La inconformidad de Unamuno con la muerte tenía un acento recargadamente trágico, que él quería que tuviera. Machado, en cambio, nunca clama: su tono es el de la melancolía, no el de la desesperación. Machado lo que no aceptaba era, precisamente, su honda y verdadera tristeza, su profunda y muy justificada melancolía. Él amaba a los otros, miraba a los otros. Él miraba siempre hacia el mañana, aunque tras éste no viera sino la nada. Muy significativo es que uno de sus últimos poemas, antes de la guerra, ése con el que suelen cerrarse las últimas ediciones de sus *Poesías completas*, el llamado «Otro clima», aluda al «mundo nuevo», a las luchas que se avecinan:

> el tiempo lleva un desfilar de auroras
> con séquito de estrellas empañadas...

Pero más allá de «la selva huraña», donde percibe «torsos de esclavos jadear desnudos», aparece *un nihil de fuego escrito;* más allá del previsible futuro está la nada. Sin embargo, en ese futuro ponía él sus ojos.

Ese querer elevar la mirada y levantar una esperanza por encima de la pena, aunque la nada esté detrás, es lo que distingue a él, tan noventaiochista en otros aspectos, de sus compañeros todos de generación.

La vida toda de Machado, sus ideas, su modo de hablar, su físico, sus amores: todo estaba en perfecta consonancia con lo que es su mejor poesía, y ésta con su filosofía. Machado era sólo uno. Era un solitario que había mirado a los ojos de la Esfinge, un triste que tenía el corazón lleno de amor y de piedad para los otros. Fue un gran poeta; un pensador también, no metódico, pero sí profundo. Y fue, sobre todo, un hombre bueno.

Revista de la Universidad, Buenos Aires, 1953.

GUILLERMO DE TORRE

TEORIAS LITERARIAS DE ANTONIO MACHADO

I

La obra conjunta de Antonio Machado es tan parva en extensión como rica en intención. Sus dos porciones principales: poesía y teorías sobre la poesía. Sobre una y otra se ha escrito caudalosamente. ¿Por qué? Desde luego por su valor intrínseco y su potencia sugestiva, pero también quizá por cierta ley tácita, advertible en historia literaria, que lleva a prolongar los textos poéticos concisos —densos— convirtiéndoles en pretextos inacabables. Sucede, sin embargo, en el caso de Antonio Machado que casi todos sus escoliastas se han aplicado a glosar aquellos conceptos que versan sobre la obra propia del poeta, desatendiendo aquellos otros referentes a la ajena. Estos últimos no son muchos, ciertamente —si contamos aparte las páginas de Abel Martín y Juan de Mairena—, pero importa conocerlos y anotarlos. La empresa, no muy fácil hasta ahora, por la dispersión de tales escritos críticos, resultará en adelante más hacedera merced a la edición definitiva de la obra completa de Antonio Machado que Aurora de Albornoz y yo tenemos en prensa.

Antes de establecer un inventario y las correspondientes glosas, no será inoportuno tratar de indagar la actitud del poeta ante el fenómeno literario en general. He aquí a un escritor a quien la literatura como tal —más allá del estricto horizonte poético— distaba mucho de apasionarle, ni siquiera de llenar sus horas: aquellas lentas y espaciadas, monótonas horas de provincia, cuyo sedimento depresivo

227

gravitó siempre en él, y que trasluce, entre otros, el «Poema de un día. Meditaciones rurales»:

Tic-tic, tic-tic, el latido
de un corazón de metal.
En estos pueblos ¿se escucha
el latir del tiempo? No.
En estos pueblos se lucha
sin tregua con el reló,
con esa monotonía,
que mide un tiempo vacío.

Mas ni la holgura de tiempo ni la apretura de recursos económicos, al combinarse, fueron motivos suficientes para sacudir el ritmo lento de sus días provincianos ni llenar los largos intervalos de su producción puramente poética con páginas de otra naturaleza, para las cuales no le faltaban estímulos o solicitaciones. De ahí que sólo muy ocasionalmente Antonio Machado —aun contando, por supuesto y sabido, con un instrumento verbal apto, con una prosa discursiva de enjundia— se resolviera a expresar por escrito su parecer sobre libros, autores, hechos intelectuales. Ahora bien, el motivo básico de tales inhibiciones iba más allá de lo temperamental o humoral; afincaba no tanto en un desdén de las letras como en una inclinación muy acentuada hacia la filosofía. Lo confesó de modo explícito en un escrito destinado al público, pero que contiene datos autobiográficos, confidenciales. Es su no pronunciado «Discurso de ingreso a la Academia Española», que data de 1931. Nos confiesa allí:

Pobres son mis letras, en suma, pues aunque he leído mucho, mi memoria es débil y he retenido muy poco. Si algo estudié con ahinco fue más de filosofía que de amena literatura y confesaros he que con excepción de algunos poetas, las bellas letras nunca me apasionaron.

Fue, pues, más íntimamente la filosofía su pasión. ¿Correspondida, no correspondida? Dámaso Alonso (Cuatro poetas españoles, 1962) opina que «el encuentro con la filosofía, me expresaré mejor, con la historia de la filosofía reciente, fue fatal para su poesía. No le pudo destruir, porque no se destruye a un gran poeta». Pero más verosímil pudiera ser que el gusto por la filosofía, por las lecturas filosóficas . en general —y no sólo del Heidegger de segunda mano, también de Kant, Leibniz, Spinoza, Nietzsche, Schopenhauer, Bergson y otros que cita o parafrasea—, llenó en la mente de Antonio Machado el hueco que produjeron escepticismos o incredulidades. Desde joven, desde antes de acabarse la normal continuidad de su vena poética (la de *Soledades* y *Campos de Castilla*) —motivo al cual achaca Dámaso Alonso su filosofismo—, Machado debió de sentir la imantación del pensamiento especulativo. Y pasados los años, no satisfaciéndose con la · pura poesía, mas sin llegar a estimarse dueño de la filosofía, llegó a soñar una suerte de ósmosis o intercambio entre ambas, mediante la cual habrían de trocarse los papeles entre poetas y filósofos. «Los poetas —escribía por boca de Juan de Mairena— cantarán su asombro por las grandes hazañas metafísicas, por la mayor de todas muy especialmente, la que piensa el ser fuera del tiempo, la esencia separada de la existencia...» «Los filósofos, en cambio, llegarán a una metafísica existencialísta fundamentada en el tiempo.»

Pretexto o viático para una temporada en París, 1910-1911, fue la asistencia a un curso de Henri Bergson en el Colegio de Francia. Y en el hecho de que ya maduro, ejerciendo como profesor de francés, desde años atrás, se sometiera a exámenes, cursando el doctorado de Filosofía en la Universidad de Madrid, hay que ver algo más que un pretexto externo para mejorar su situación. En rigor, sus máximas admiraciones, entre los contemporáneos, no iban hacia ningún puro, poeta o escritor; se encontraban en Unamuno y en Ortega y Gasset, con quienes hubiera querido aparearse filosóficamente. En sustitución, vino a desempeñar el puesto —extraoficial, sin diplomas— de poeta de la generación de 1898 (según he explicado en *El fiel de la balanza)* que Unamuno parecía más llamado a ocupar «si no despreciara los sentidos tanto», según frase de Ortega en el artículo que dedicó a *Campos de Castilla*. Veía Ortega en tal libro un comienzo de «novísima poesía» que, más allá de la rehabilitación estética de las palabras, llevada a cabo por Rubén Darío, les infundiera sentido y contenido. Aquel artículo orteguiano vino a ser probablemente la incitación más valiosa que Machado recibió para dar un sesgo intelectual a sus versos inmediatamente posteriores: me refiero a los «Proverbios y cantares». Y esto, a pesar de las numerosas afirmaciones que prodiga contra lo conceptual en la lírica; más exactamente, de la lucha que desde entonces parece haberse entablado en su espíritu entre la ambi-

229

ción de pensamiento y un invencible fondo sentimental. De ese vértice polémico arrancan en puridad todas las reflexiones sobre la lírica en que abundan tanto el propio Machado como sus portavoces u otros *yo*, los poetas apócrifos.

¿No cabría adivinar en la tesitura burlona que tales personajes adoptan ante el mundo un reflejo en la frustración de Machado como filósofo? ¿Acaso las facecias innumerables de Abel Martín y Juan de Mairena (personajes que en lo novelesco traen lejanas reminiscencias de Bouvard y Pécuchet, de Belarmino y Apolonio), sus ironías de soslayo, no son una escapatoria por la tangente ante el muro de los problemas filosóficos? Por lo tanto, literariamente el resultado es más original y bello que tantas logomaquias pseudofilosóficas... también frustradas. Literariamente... ¿Pero acaso esto pudo haberle consolado a Machado? Porque, en definitiva, ¿qué valor asignaba el poeta a la literatura, particularmente a la española, vista en sus grandes figuras, cómo reaccionaba ante ciertas tendencias discutidas, hasta qué punto conocía las obras?

II

Desde luego, nos faltan datos precisos para responder abiertamente a tales cuestiones. Pero contamos con cierto texto semi-inédito que nos permitirá algunas inducciones. Me refiero a un *Cuaderno de Literatura*, encontrado años después de la muerte de Machado, junto con el otro, el de *Los complementarios*. Contiene una serie de apuntes elementales, redactados seguramente para servirle de guión o memoranda en algún curso de historia de la literatura española, dado en el Instituto de Segunda Enseñanza de Baeza, 1915 (esta fecha lleva en su cubierta el cuaderno), a alumnos de corta edad, durante alguna temporada en que Machado actuó como profesor suplente, al margen de su cátedra regular de idioma francés. Vistos objetivamente tienen un valor muy secundario. No estaban ni de cerca ni de lejos destinados a la publicidad. Por tan claros motivos (y contrariando la opinión de su primer editor, Enrique Casamayor, Bogotá, 1952, quien les antepuso un prólogo desmesurado con el simple afán de valorizar, o más bien «hinchar», su hallazgo) hube de excluir tal *Cuaderno de Literatura* al recopilar la primera edición en libro de *Los complementarios* (Losada, Buenos Aires, 1957). Sin embargo, ahora, sin modificar tal juicio, pero una vez resuelta su incorporación a las *Obras completas,* he considerado que sería útil recorrerlo despacio con el propósito de ver si de estas páginas surgen algunos conceptos-claves, alguna idea rectora de Antonio Machado en trance de enfocar la literatura clásica española. Muy pronto sobrevino la decepción; los mencionados apuntes se limitan a una simple memoranda, al registro de títulos, autores, ocasionalmente fechas, y someros rasgos de caracterización correspondientes a los siglos XVI y XVII. Comienzan con Diego Hurtado de Mendoza; terminan con Luis Vélez de Guevara. La circunstancia de que abunden los detalles biográficos, inclusive algunos de carácter anecdótico, confirman la presunción de que las clases tenían como auditores muchachos del Bachillerato, de doce a quince años, y el deseo de retener así su atención. Por regla general tales síntesis no parecen haber sido hechas de primera mano, sino más bien tomando como referencia algunas de las historias generales de la literatura española más comunes o leídas a la sazón.

Pero ¿cuál de ellas? Sin ninguna duda, la de James Fitzmaurice Kelly; conjetura que se apoya no sólo en el dato de que este autor sea uno de los pocos que Machado cita como autoridad (nombrándole simplemente por descuido o brevedad, Fitz), sino por la transcripción, en ocasiones, literal, que hace de datos y juicios. Una simple compulsa, efectuada en los casos de unos cuantos autores (Castillejo, Guevara, el del *Lazarillo de Tormes,* entre los primeros que trata), permite confirmarlo. Fitzmaurice Kelly: «... notemos que el vocablo *Lazarillo* se encuentra ya en *La loçana andaluza,* inmunda producción de Francisco Delicado...» Machado: «La palabra *lazarillo* se encuentra en *La loçana andaluza,* inmunda obra de Francisco Delicado.» Lo mismo sucede a propósito de Juan de Valdés. Escribe Fitzmaurice Kelly: «... compartió las simpatías erasmistas de su hermano [Alfonso], le siguió con mayor talento en su *Diálogo de Mercurio y Carón* (1528), sátira anónima a la manera de Luciano, donde se condenan los abusos eclesiásticos. Esta sátira que abunda en alusiones maliciosas es una de las obras más bellas en prosa castellana que produjo el siglo XVI... Cervantes sacó provecho de ella, como puede verse comparando los consejos del rey a su hijo con los de Don Quijote a Sancho Panza». Y transcribe, resume Machado: «Juan de Valdés, tan erasmista como su hermano, escribió un *Diálogo de Mercurio y Carón,* donde se condenan los abusos de la Iglesia. Es una de las obras más bellas de la prosa del siglo xvi. Cervantes aprovechó los consejos del rey a su hijo en los de Don Quijote a Sancho.»

Podría argüirse que transcripciones tan serviles tienen como justificativo el hecho de que las lecturas clásicas de Machado no incluirían, tal vez, a los prosistas, limitándose a los de su propio gremio, los poetas. Pero si pasamos a este capítulo comprobaremos que, a propósito de Herrera y de Fray Luis, directamente leídos por él, tampoco aporta el más mínimo juicio particular o impresión propia, limitándose siempre a extractar la Historia de Fitzmaurice Kelly.

Desde luego, el caso es baladí, pero si lo destacamos es para poner en evidencia el hiperbolismo fácil de ciertos comentaristas, la irresponsabilidad baratamente apologética de quienes, como el antes mencionado transcriptor de la edición colombiana del *Cuaderno de Literatura* (ampliando el artículo «Antonio Machado, profesor de literatura», en *Cuadernos Hispanoamericanos,* 11-12, Madrid, septiembre-diciembre 1949), llega a escribir con increíble soltura: «El material recogido por Machado es, ante todo, de primera mano. Con su bagaje de conocimientos, Machado, que durante toda su vida fue un infatigable lector, vuelve de nuevo a las obras que quiere historiar, analizándolas en conjunto, y luego, una por una, las más importantes y características virtudes del autor.»

Avanzando en las páginas del *Cuaderno,* y aun dejando de lado la fácil busca de nuevos «paralelismos» con Fitzmaurice Kelly, me he detenido en los apuntes sobre Calderón, Góngora y Quevedo, a fin de averiguar si en aquellas fechas había brotado en Machado la aversión contra el barroquismo o bien si agregaban nuevas luces y fundamentos a sus conocidos puntos de vista. El primer autor no aparece incluido; sí los segundos. Pero nuevas decepciones. En el caso de Góngora, Machado sigue limitándose a extractar o aumentar algo los juicios de Fitzmaurice Kelly. Escribe éste muy mesuradamente: «Si no encantaba a su público, podía sorprenderle, y en tal estado de espíritu, llegó a ser el hierofante de un arte exótico...», y Machado: «Como su manera sencilla no encantó a su público se convirtió a un arte exótico», repitiendo después lo que antes era usual encontrar sobre Góngora en todos los manuales sobre «su cambio de manera», su entrega a las inversiones violentas. Finalmente, respecto a Quevedo, el mismo sistema de calco. Párrafos como el siguiente de Fitzmaurice Kelly pasan literalmente, sin mudar una coma, al *Cuaderno* de Machado: «Por desgracia este literato es conceptista y ostenta allí [la *Política de Dios*, el *Marco Bruto*...] todas las habilidades de su escuela: la pomposa paradoja, la forzada antítesis... Quevedo protestó del gongorismo, pero sustituyó una afectación por otra.» De suerte que nos quedamos sin ver el más pequeño germen de los puntos de vista más personales que años después expondría Machado reiteradamente sobre barroquismo y que, a nuestra vez, más adelante habremos de glosar y aun discutir. Por el momento, mayor novedad ofrecerá sacar a luz otras teorías o puntos de vista literarios machadianos a propósito de autores contemporáneos.

III

No son muchos los escritos donde se encuentran; de hecho no llegan a la docena los autores comentados por Machado con motivo de libros recién aparecidos. El primer artículo de esta clase fue uno sobre *Arias tristes* de Juan Ramón Jiménez, 1904, y se corresponde con otro de Juan Ramón sobre *Soledades*, un año antes. A Unamuno le dedica dos artículos, uno a propósito de la *Vida de Don Quijote y Sancho*, en 1905; otro sobre *Contra esto y aquello*, en 1913, amén de comentarios sueltos y de la correspondencia con él cambiada —ya inserta en *Los complementarios*—, al cabo mucho más reveladora de sus «afinidades electivas». Cierto artículo sobre las *Meditaciones del Quijote*, en 1915, de Ortega y Gasset, no pasa de ser un bosquejo o introducción de algo inacabado. Sobre Valle-Inclán: un prólogo de circunstancias a *La corte de los milagros*, para una reedición hecha en Barcelona durante los días de guerra, 1938. En cuanto a los comentarios sobre textos poéticos: un prólogo a *Helénicas* de Manuel Hilario Ayuso (1914), el mismo amigo a quien dedica «Los olivos» en *Campos de Castilla*. En igual género su escrito de mayor importancia es el que consagró al libro *Colección* de José Moreno Villa, 1925; además, otro como prólogo a *El caracol encantado* de Saulo Torón, 1926, y finalmente un elogio sobre *Esencias* de Pilar Valderrama, 1930.

Ahora bien, antes que los juicios particulares sobre libros y autores, lo que nos interesa aislar o realzar en esos escritos machadianos son sus «constantes», la frecuencia de ciertos puntos de vista que reaparecen con variantes o adiciones en otros lugares y que contribuyen a definir su actitud crítico-literaria. Así sucede, en lo que se refiere a Unamuno, mostrando desde el primer momento una filial tangencia con su espíritu, que corrobora el epistolario. Machado —como escribí en otro lugar— se «unamuniza» al corresponder con don Miguel o al comentar sus libros. Así, a propósito de la *Vida de Don Quijote y Sancho* escribe *(La República de las Letras*, núm. 14, 1905):

> En nuestro mundo intelectual nadie mueve tanta guerra como el sabio Unamuno. El espíritu batallador, expansivo y generoso reside en este donquijotesco varón. [...] En el ambiente de triste paz en que vivimos sólo Unamuno y unos cuantos guerrean —que no hemos de llamar guerras a disputas de comadres y pedreas de golfos. [...]

Y al señalar la relación entre ideas e imágenes, agrega:

> ...las ideas del pensador adquieren fuerza y expresión de imágenes de poeta. Sólo el sentimiento es creador. Las ideas se destruyen y pasan. En realidad, ni las ideas de los pensadores, no las imágenes de los poetas, son nada fuera del sentimiento de que nacen. Una ideología no vale más que una metáfora; generalmente vale menos. La pura ideología y la fría imaginativa son deleznables. [...] Hoy queremos ser intelectuales —que es algo como no ser nada— y pronto silbaremos cuanto brota del corazón. Sin embargo, nuestra miseria es y ha sido siempre sentimental. Aterra el inmenso fárrago de nuestra literatura.

Menos sustancia propia contiene otro artículo, el que consagró a *Contra esto y aquello* de Unamuno (*La Lectura*, XII, 3, 1913), puesto que se limita a ser una paráfrasis; hecha con estricto espíritu discipular, subrayando algunos de los más conocidos y permanentes puntos de vista unamunianos. Incluso exagerando su conocida fobia antigálica, llega a escribir en cierto momento: «¡Oh, si los Pirineos se convirtieran en el Himalaya!» Y a propósito del sentimiento religioso español, contrastado con «la fuerza y vitalidad del protestantismo francés»:

... nuestra mística fue un comienzo de reforma religiosa... Representa, a mi juicio, el gran momento introspectivo de la raza, en que llega ésta, por la vía intuitiva, a expresar, aunque de un modo balbuciente, su yo fundamental. Y ¿adónde hubiera llegado esta reforma ahogada en germen por la Inquisición o malograda por sí misma? Cabe imaginar —nada más inofensivo que este género de fantasías— un momento filosófico erigido por los descendientes de aquellos místicos españoles, tan grande como el levantado por los nietos de Lutero en tierra tudesca, arrebatando la hegemonía intelectual a la raza latina. Pero nosotros ahogamos el ascua en ceniza. Cuando cesó para la Iglesia todo peligro de reforma, el sentimiento religioso asfixiaba, y con él toda virilidad espiritual.

Un escrito todavía más ocasional, o menos espontáneo que otros, fue el prólogo que escribió para una reedición de *La corte de los milagros* de Valle-Inclán y que en rigor se reduce a una semblanza donde reaparecen algunos de los rasgos y anécdotas ya conocidos. Por ejemplo —aunque mejor contado por Machado—, ésta:

> El capitán fracasado, no por su culpa, que llevaba consigo [Valle-Inclán] proyectó acaso sobre toda su vida una cierta lección de heroísmo y abnegación militar, contribuyó en mucho a aquel sentido de consagración a su arte, como tarea ardua y espinosa que le distinguirá siempre entre sus coetáneos, por su capacidad de renunciación ante todas las comodidades del oficio y por la inflexible lealtad a sus deberes de escritor. Como alguien nos refiriese el caso de un poeta que, abandonando las faenas de su vocación, ponía su pluma al servicio de intereses bastardos, y se tratase de hallarle disculpa en la necesidad apremiante de ganarse la vida, don Ramón exclamó: «Es un pobre diablo que no conoce la *voluptuosidad del ayuno*.» ¡La voluptuosidad del ayuno! Reparad en esta magnífica frase de don Ramón, y decidme qué otra ironía hubiera proferido el capitán a quien se intima la rendición por hambre de la fortaleza que, en trance desesperado, defiende.

IV

Para encontrar entre los escasos trabajos de Machado uno donde se manifiesten de modo articulado teorías o puntos de vista literarios hay que avanzar hasta 1925, hasta el titulado «Reflexiones sobre la lírica» que apareció en la *Revista de Occidente* (junio, 1925) como comentario al libro *Colección* de José Moreno Villa. Poeta éste, por cierto, muy afortunado en suscitar comentarios de calidad, pues su libro *El Pasajero* (1914) había dado pie a un ensayo sobre estética de Ortega y Gasset. Aunque ese texto de Machado sea más conocido que los anteriores y que otros que citaremos después, importa destacar algunos pasajes, ya que ahí se anticipan teorías desdobladas en *Juan de Mairena*. Por ejemplo, las referentes al valor de las imágenes líricas según se

> engendren en dos zonas diferentes del espíritu del poeta: imágenes que expresan conceptos y no pueden tener sino una significación lógica, e imágenes que expresan intuiciones y su valor es preponderantemente emotivo.

Tratando de fijar un punto de partida a la eliminación del empleo lógico, conceptual de la palabra, Machado recuerda los propósitos del simbolismo, concretamente de Mallarmé. Mas para Machado el soporte lógico del poema es imprescindible, pero no excluye, antes requiere, el elemento emotivo. Uno y otro son para él «la carne y la sangre» del espíritu del poema:

> No es la lógica lo que el poema canta, sino la vida aunque no es la vida lo que da estructura al poema, sino la lógica.

Cabalmente esta pugna no de contrarios, sino más bien dialéctica de complementarios será el eje de buen número de reflexiones machadianas sobre la lírica en general y sobre su propia poesía.

Variante o ampliación es el discurso de ingreso a la Academia. Aquí, tras reconocer que «la poesía, y especialmente la lírica, se ha convertido para nosotros en problema», repite los puntos de vista sobre lo lógico y lo intuitivo, hace una retrospección de las tendencias surgidas después del simbolismo, donde «comienza el período de la franca desintegración, la reducción al absurdo del subjetivismo romántico» para luego incursionar ligeramente a través de Proust y Joyce. Pisando terreno más firme, Machado sostiene que actualmente «los poemas están excesivamente lastrados de pensamiento», y que:

... el nuevo barroco literario, como el de ayer mal interpretado por la crítica, nos da una abigarrada y profusa imaginería conceptual. Hoy como ayer conceptistas y culteranos tienen el concepto, no la intuición, por denominador común.

Al reprochar la carencia de «una línea melódica» en Paul Valéry y en Jorge Guillén, «trazada sobre el sentido individual», al afirmar que «su frigidez nos desconcierta y, en parte, nos repele», proponiendo a seguido «una zona media» como campo de ejercitación lírica, Machado, por su parte, no deja de desconcertarnos. Aún más, nos trae a la memoria ciertos puntos de vista sostenidos por Ramón Pérez de Ayala, cuya poesía, por cierto, está aún por vindicar, pues no merece en modo alguno la preterición de que le hicieron víctima los administradores de nuestra hacienda lírica en función de antólogos. En contraste con el hipopsiquismo —«predominio del yo, de la subjetividad emotiva y pasional»— y del hiperpsiquismo —«predominio del logos ordenador, de la intuición intelectual»—, Pérez de Ayala se inclinaba a un punto central: el mesopsiquismo o «psiquismo de diapasón medio», concluyendo que «la poesía se cifra en la percepción honda, directa y sintética de la normalidad». Abominación de los extremos, busca de un punto de conciliación al que asimismo, por otras vías, parece querer conducirnos también Machado, con su crítica pareja de la poesía discursiva y de la poesía «pura», que «emplea las imágenes como puro juego del intelecto».

De aquella duple discrepancia arrancan todos los razonamientos poéticos de Machado; asimismo su desconfianza por las imágenes y metáforas, expresadas reiteradamente. Así a propósito de «un libro de Vicente Huidobro» (sin que precise cuál, pero como esa apuntación de *Los complementarios* data de 1916, fácil es inferir que se refiere a *Ecuatorial* o a *Poemas árticos*), donde escribe:

> Sólo un espíritu trivial, una inteligencia limitada al radio de la sensación, puede recrearse enturbiando conceptos con metáforas, trasegando el pensamiento vulgar para cambiarle los odres, sin mejorarle el contenido [...] En la lírica, imágenes y metáforas son de buena ley cuando se emplean para suplir la falta de nombres propios y de conceptos únicos que requiere la expresión de lo intuitivo, nunca para revestir lo genérico y convencional. Los buenos poetas son parcos en el empleo de metáforas, pero sus metáforas, a veces, son verdaderas creaciones.

237

En cierto momento —en su discurso de ingreso a la Academia, que es su pieza teórica más expresiva, no obstante hallarse inacabada— identifica imaginismo y barroquismo, según ya vimos.

Y en el mismo texto, pocas páginas más adelante, hallamos los siguientes párrafos de ampliación:

> La poesía, para resumir mi pensamiento en pocas palabras, no ha superado aún el momento barroco que, *mutatis mutandis*, se da en los períodos de honda transformación, el momento equívoco en que el arte patina en la frontera de una época nueva, sin poder ser clásico, sin atreverse a ser plenamente moderno. Hoy como ayer el barroco es más gesto que acción, y, como siempre, gesto híbrido que dibuja una fuerza que se padece más que una fuerza creadora que se aplica a un objeto. Literalmente es todavía ingenio y retórica, laberinto de imágenes, maraña de conceptos, actividad estéticamente perversa, que no excluye la moral, pero sí la naturaleza y la vida.

Alfilerazos, cuando no ataques contra el barroquismo, se encuentran asimismo en todos sus escritos de la misma índole. Machado aprovecha cualquier ocasión —hasta las aparentemente más lejanas— para descargar mandobles contra lo que parece ser su *bête noire*. Así en las líneas prefaciales a *El caracol encantado* (1926) del poeta canario Saulo Torón:

> También el mar, que usted ama tanto, puede curarnos de nuestra afición al amaneramiento barroco, al pensamiento conceptual, horro de toda idealidad.

También en el artículo apologético que dedicó a *Esencias*, de Pilar Valderrama (*Los lunes de El Imparcial*, 5 de octubre de 1930), o sea, la heroína de sus «Canciones a Guiomar», reaparece la misma obsesión:

> Pilar Valderrama no profesa en la orden barroca, que rinde culto a la dificultad, creada artificialmente por ingenua ignorancia de lo realmente difícil. Se sabe que en poesía no hay giro o rodeo que no sea una afanosa búsqueda del atajo, de una expresión directa; que los tropos, cuando superfluos, ni aclaran ni decoran, sino complican y enturbian, y que las más certeras alusiones a lo humano se hicieron siempre en el lenguaje de todos.

Al cabo, los mismos conceptos que, puestos en verso, había expresado antes en «Proverbios y cantares» de *Nuevas canciones:*

> El pensamiento barroco
> pinta virutas de fuego,
> hincha y complica el decoro.
> Sin embargo —oh, sin embargo—
> hay siempre un ascua de veras
> en un incendio de teatro.

V

Cesando de entresacar alusiones (rasguños) sueltos vengamos ahora, de una vez, al texto central en que más extensamente expuso Antonio Machado sus objeciones contra el barroco. Está a la cabeza del «Cancionero apócrifo» y figura bajo el epígrafe de «El *Arte poética* de Juan de Mairena», personaje de ficción al que hace nacer en 1865 y morir en 1909; fechas que no es superfluo recordar a fin de explicar la «rancidez», el anacronismo fatal que rezuma tal alegato antibarroco. Como quiera que han sido muy leídas desde la fecha en que vieron la luz, en *Poesías completas,* no será menester detallarlas y bastará una esquemática síntesis. Al exponer su concepto de la poesía como arte temporal —concepto multívoco, que ha dado origen a muchas divagaciones y sobre el cual Dámaso Alonso ha puesto los puntos sobre las íes—, Machado ejemplifica la «intensa y profunda impresión del tiempo», aquella que capta y fija una intuición poética vivida, en las *Coplas* de Jorge Manrique. Opuestamente, como ejemplo de una frustrada temporalización, puesto que emplea «conceptos e imágenes conceptuales», pensadas, no intuidas —situadas «fuera del tiempo psíquico del poeta», de lo captado y vivido por su propia conciencia— aduce el famoso soneto a las flores de Calderón de la Barca. Concluye que expresiones como «el albor de la mañana» y «la noche fría» son genéricas, impersonales, no específicas, personales como lo son la evocación de los tocados y colores de las damas, como el trovar de las músicas acordadas en las coplas manriqueñas.

Pero ante todo, pudiéramos objetar: ¿no hay por un lado

239

malicia, y por otro candor, en elegir como muestra poética del barroquismo precisamente un trozo de Calderón que no tiene específicamente nada de barroco, cuyas líneas son tan límpidas? Y en cuanto a la emoción poética, al sentimiento del tiempo, ¿por qué han de ser menores al verterse de modo simétrico, silogístico, recurso común a cuantos sonetistas en el mundo han sido? ¿No hay en esta bipartición una antipatía de principio, justificada en lo que se refiere a la sensibilidad peculiar del autor, pero inaceptable desde cualquier otro punto de vista o del gusto? Quizá donde únicamente acierta Mairena es al escribir que:

> el tan decantado dinamismo de lo barroco es más aparente que real, y más que la expresión de una fuerza actuante, el gesto hinchado que sobreviene a un esfuerzo extinguido.

Supuesto que armoniza con la situación cronológico-histórica del barroco español, con el sentimiento del «desengaño», experimentado por las conciencias más alertas de la mitad y del último tercio del siglo XVII, a la vuelta de grandezas bélicas y empresas expansivas. Ahora bien, Mairena —consciente de sus excesos polémicos— intenta salvar de la hoguera «el talento poético de Góngora y el robusto ingenio de Quevedo, Gracián o Calderón», «tan patentes como la inanidad estética del culteranismo y el conceptismo». Distingo inútil, semejante al de aquellos que intentan mutilar las grandes personalidades extirpándoles lo que les es más inalienable y exclaman, por ejemplo: «¡Gran pintor es el Greco, pero lástima que diese en alargar todas sus figuras!»; o «¡Qué magistral artista es Picasso, claro que descontando su cubismo...!»

En cuanto a las siete objeciones que Mairena endereza contra el barroco literario español, recogeremos únicamente aquellas que rebasando la órbita estricta de lo poético tienen un alcance artístico más general. Por ejemplo: «su culto a lo difícil artificial y su ignorancia de las dificultades reales»; «culto a la expresión indirecta, perifrástica como si ella tuviera por sí misma un valor estético»; «culto supersticioso a lo aristocrático». Tres reparos que pueden condensarse en uno e intentar refutarse recordando que desde los orígenes siempre existió un «mester de clerecía», que el «trobar clus» es tan legítimo y con tantos blasones históricos como el abierto; además, que al pasar de los siglos, y particularmente a partir del simbolismo —época en la que se engendra Machado— el arte se permite cada vez mayores distancias respecto al mundo de la realidad, no sólo en las letras, también en la plástica, en la música. Y respecto a la poesía, recordar —con Ortega— que nunca ha sido naturalidad; al menos, su naturalidad es artificial, del mismo modo que no hay arte sin artificio, junto con otras verdades —ya lugares comunes— del mismo orden.

VI

Y a propósito de naturalidad: sin duda Antonio Machado, tan español, no alcanzó a leer cierta expresión de Helmuth Hatzfeld afirmando que «España es un país *naturaliter* barroco»; tampoco otra de Sacheverell Sitwell: «El carácter nacional español es barroco por predestinación.» Y varias afirmaciones no menos categóricas, como ésta de Luciano Anceschi: «Lo que se ha llamado barroco histórico en España no parece ser otra cosa que el desarrollo, la complicación y una suerte de fermentación activa de disposiciones nativas que vienen desde los tiempos más remotos de la literatura y del arte del país.» Indudablemente Juan de Mairena —como hijo de ese fin de siglo XIX español, por lo general tan anclado en conceptos estáticos, tan poco abierto a los horizontes del mundo—, no pudo adivinar el gran movimiento de reivindicación del barroco que se iniciaría años después, a partir de Wolfflin, Weisbach, Worringer, en las artes plásticas; de Hatzfeld, Pfandl, Anceschi, Raymond, Rousset y tantos otros en las literarias [1]. En todo caso más bien se hubiera mostrado partidario de Croce y su depreciación del barroco como «arte bruto».

Ahora bien, si aquel otro poeta apócrifo, Pedro de Zúñiga, que proyectaba Machado, pero que se quedó nonato, hubiera alcanzado nuestros días, viéndose obligado así a encararse con problemas nuevos, en grave aprieto habríase

[1] La bibliografía sobre este punto se encontrará en mis ensayos «Lo barroco en el pensamiento y el arte de España» (*Humanidades*, año II, tomo 2, núm. 5, Mérida, Venezuela, enero-marzo de 1960) y «Sentido y vigencia del barroco español», en *Sur*, núm. 283, Buenos Aires, julio-agosto de 1963, versiones parciales del trabajo más completo que con el título del segundo aparece en *Studia Philologica. Homenaje a Dámaso Alonso*, III, Madrid.

encontrado ante el del barroco español, concebido como una categoría propia, más allá de la habitual bifurcación literaria: culteranismo, conceptismo. ¿Cuál hubiera sido su reacción ante la imagen de un mismísimo Cervantes barroco que algunos nos ofrecen con no menor audacia que sutileza? ¿El españolismo vertebral de Machado habríase sentido halagado o herido al ver que, otros países, otras literaturas —que siempre se habían considerado lejanas, inmunes al «morbo» barroquista—, por ejemplo, la de Francia, reclaman su parte en tal corriente o movimiento?

En fin, nada tan distraido a la par que inútil como aventurar conjeturas y lanzarse a hipótesis. Tampoco tendría sentido oponer a las negaciones sistemáticas de Mairena un alud de afirmaciones o exaltaciones detalladas. Lo único que nos importa es colocar una suerte de banderines de aviso a la entrada de esa sección del «Cancionero apócrifo» con el fin de prevenir a los jóvenes lectores de buena fe, para que no se dejen llevar de una admiración sin matices ante el conjunto de la obra machadiana, y repiensen por su cuenta los lugares discutibles, como es el caso de las teorías sobre el barroco. Porque la admiración más fértil hacia un escritor no reside en aceptar las cuestiones como él las dejó, sino en prolongarlas, inclusive contrariarlas, para darles nueva vida.

La Torre, núms. 45-46, enero-junio, 1964.

BERNARDO GICOVATE

LA EVOLUCION POETICA DE ANTONIO MACHADO

Por la misma índole de su personalidad, por una parte, y porque su poesía despierta lealtades que rayan en la adoración, por otra, no se ha podido reducir la obra de Antonio Machado a una u otra clasificación. Para la mayoría de los escritores coetáneos, en cambio, se ha encontrado ya, mal o bien, un sobriquete, un encasillamiento crítico que, aunque no satisface, engaña al menos a la pasión erudita. Habrá que felicitarse de que se haya salvado de las academias blasfemas la poesía de Machado, aunque no será, por supuesto, sin preguntarse si no corre a manos de sus admiradores un riesgo parecido al que podría correr a manos del frío historiador.

Un resultado inmediato de la admiración reciente por la poesía de Machado ha sido el mantenerla, por medio de la exégesis constante, en una contemporaneidad falsa. Entendámonos, toda la poesía vigente de una lengua tiene la contemporaneidad de su existencia simultánea dentro de la mente pensante del momento. Pero no es esto lo que sucede con la obra de Machado, la que, además de existir de otra manera, digamos casi en su trono de permanencia, sigue suscitando la clase de comentario que acompaña por lo general al poema recién publicado. La vida que se le ha infundido en los últimos años a su poesía es uno de los rasgos más acusados del ambiente intelectual de hoy y es muy diferente de la atención crítico-histórica que han recibido otros poetas de su misma promoción. El beneficio que se deriva de esta actualidad se puede comprobar repetidamente en la profundidad y seriedad del pensamiento poético joven. Sin embargo, en lo que se refiere a la obra de Antonio Machado no parece que todo haya sido benéfico y que, si bien no ha sufrido su poesía en absoluto del olvido respetuoso que rodea a las grandes figuras poco leídas, es posible que nuestra actitud adolezca hoy del defecto de la simplificación que acompaña a menudo a lo que se cree comprender por completo a través de una familiaridad excesiva.

Por ejemplo, es casi axiomático en la crítica de hoy afirmar que no ha habido cambios, ni una mínima evolución en la trayectoria poética de Antonio Machado. Como resultado de una vaga teoría del arte, se cree que la virtud mayor de un poeta consiste en presentar en todos sus versos, desde la juventud a la vejez, un mismo carácter de autenticidad que pruebe la unidad de la obra. Y de aquí las dos virtudes más buscadas: autenticidad y unidad. Ambas son difíciles de definir, lo que no obsta para que el crítico afirme que se da una o la otra, como sucede en la conclusión de un estudio detallado y valioso de los temas de Machado: «Nos parece, pues, que, tras el estudio de esos tres grandes temas machadianos —tiempo, sueño, amor—, así como de los subtemas que de ellos se derivan, vistos en su relación a una raíz común: la preocupación por lo temporal, la unidad de la poesía de Machado queda de manifiesto, presentada, como aspirábamos, de una manera más orgánica»[1].

Quizá estas palabras ayuden a encontrar uno de los significados del concepto de unidad. Lo que se afirma en esta cita de Ramón de Zubiría es que hay un tema central que enlaza toda la obra de Machado. Se dirá entonces que la obra de un poeta tiene unidad cuando nos es dado encontrar en su centro un tema que irradie sus poderosas preocupaciones hacia todos los subtemas de la obra, algo como una obsesión intelectual del poeta. Si es así, no podemos considerar este concepto de valor para un estudio del arte, puesto que no nos indica de ninguna manera la excelencia mayor o menor de la forma poética. Se refiere en realidad este concepto a la psicología del creador, y la admiración del crítico se dirige hacia un tipo de personalidad solamente. Estamos de lleno en un campo no artístico, lejos del concepto de unidad de la *Poética* que se refería a la relación

---

[1] Ramón de Zubiría, *La poesía de Antonio Machado* (Madrid, 1959), página 208.

entre el todo y las partes de una obra —épica, drama o poema lírico— y nunca a la labor de un escritor a través de los años.

Es que se ha tomado un concepto aristotélico y se le ha injertado al menos un siglo y medio de crítica romántica. La autenticidad o sinceridad del artista [2], que parece referirse a la relación de la obra presentada y lo vivido por él, se ha tomado como punto de referencia y se le ha reconocido unidad al poeta sólo cuando su sinceridad es tal que no puede evadirse de un tema vital que lo ha aprisionado. Pero aun si se quisiera aceptar esta relación de la sinceridad y la unidad, habría que considerarse también la posibilidad de que la persona cambie sinceramente y, por consiguiente, la posibilidad de autenticidad sin unidad. Y, además, no sería difícil conjeturar la existencia de sinceridad, autenticidad y unidad sin gran valor artístico, ya que no parece imposible que un escritor dé auténticamente la misma nota monocorde de sincero sentimiento sin escribir bien.

Lo que no quiere decir todavía que se pueda hablar de evolución en la obra de Machado. Pero sí que si la hubiera, no le quitaría ello validez a su poesía. Todavía podría aceptarse que su obra empieza «relativamente tarde, pero con pasmosa seguridad de medios y madurez de pensamiento», que «desde los primeros versos, en *Soledades* (1903) alcanza plenitud de expresión y de significación» [3], y admitir por esta razón que no hay evolución en la obra de Antonio Machado. Sin embargo, se desprende de estudios recientes la conclusión de que ha habido una cierta preparación literaria antes de las *Soledades* y un interés por corregir y mejorar los poemas de este libro [4]. Al menos, diríamos, ha habido evolución en el pensamiento del poeta durante los primeros años del siglo. Pero, si descontamos este movimiento de aprendizaje inicial, afirma la mayoría de los críticos, la plenitud de 1903 impide la evolución posterior.

---

[2] Se ha estudiado el concepto de sinceridad artística en un libro reciente de Henri Peyre, *Literature and Sincerity* (New York, 1962).

[3] Ricardo Gullón, *Las secretas galerías de Antonio Machado* (Madrid, 1958), p. 7.

[4] Dámaso Alonso, en «Poesías olvidadas de Antonio Machado», *Poetas españoles contemporáneos* (Madrid, 1952), pp. 103-159, estudia la edición de 1903 de las *Soledades*. Véanse también interesantes detalles acerca de la actividad literaria del joven Machado en Aurora de Albornoz, *La prehistoria de Antonio Machado* (San Juan, Puerto Rico, 1961).

Quizá fuera más exacto decir, creo yo, que esta maestría juvenil le impide al crítico ver una evolución posterior porque, si bien es posible que un poeta de menos de veintiocho años haya encontrado su madurez, no parece que se pueda concebir que este mismo escritor siga su labor a través de más de treinta años sin progreso o retroceso alguno. Puede muy bien que nos haya cegado en la crítica de Antonio Machado la diversidad y excelencia de sus distintos libros. Nos son tan queridos de modos distintos los distintos momentos de su obra que no podemos decidirnos a establecer la superioridad de uno sobre otro. Pero el término evolución no tiene por qué indicar la inferioridad del comienzo frente a la plenitud del momento culminante. Se puede muy bien afirmar que en la evolución de Antonio Machado se logra una síntesis más completa con el pasar de los años y que de la perfección parcial de sus primeros momentos pasamos a una perfección que abarca la primigenia seguridad de la expresión, la certeza del pensamiento y la síntesis de todos los éxitos anteriores en un sistema poético más vasto y seguro. Por desgracia no creo que nos sea posible hoy leer las *Soledades* sin injertar en nuestra emoción el recuerdo del *Cancionero apócrifo,* lo que dificulta enormemente la aclaración de los cambios que se suceden en la evolución de Antonio Machado y explica nuestra precipitada aceptación de una madurez absoluta desde el comienzo mismo de su obra.

Será difícil, quizá imposible, encarar la obra de Machado con completa ingenuidad, como si no se conociera ya su gigantesca personalidad. Pero no sería justo intentar la lectura del Machado juvenil sin, al menos, una aproximación a esta actitud, para establecer no sólo el valor histórico de sus *Soledades,* sino más aún, el ingente valor de lo que llegó a ser el poeta a partir de entonces. Para ayudarnos en este propósito, recordemos un poema de sencillez quizá un poco engañadora:

La calle en sombra. Ocultan los altos caserones
el sol que muere; hay ecos de luz en los balcones.

¿No ves, en el encanto del mirador florido,
el óvalo rosado de un rostro conocido?

La imagen, tras el vidrio de equívoco reflejo,
surge o se apaga como daguerrotipo viejo.

Suena en la calle sólo el ruido de tu paso;
se extinguen lentamente los ecos del ocaso.

¡Oh, angustia! Pesa y duele el corazón... ¿Es ella?
No puede ser... Camina... En el azul, la estrella.

La forma métrica es decididamente modernista por sus alejandrinos pareados, los encabalgamientos y las débiles cesuras. Aún más, los «ecos de luz» tienen el sabor sinestésico del fin de siglo, y se hace hincapié en las imágenes de deleite sensorio con el «equívoco reflejo» y los «ecos del ocaso» que ahora pasan a ser ecos de la luz que se extingue o sonidos misteriosos de la tarde. La vaguedad de un estado de alma, meta del poeta simbolista, se transmite a través de la imagen de un «daguerrotipo viejo». Sólo el último dístico se distingue y, a primera vista, parece pertenecer menos al ambiente finisecular que el resto del poema. Si nos detenemos un instante, sin embargo, tendremos que aceptar que «En el azul, la estrella» proviene de Darío y el «¿Es ella?», que parece referirse a la cita imaginaria de la filosofía del autor de Abel Martín, proviene directamente de Gustavo Adolfo Bécquer, quien en sus «Pensamientos» ya decía «¿Dónde me ha dado esta cita misteriosa? No lo sé...» [5].

Sin pretender de ninguna manera haber exprimido todo el significado del poema y sin detenernos en el grito «¡Oh, angustia!» que adquiere extraordinaria intensidad al irrumpir sin preparación aparente, pasemos a comparar este poema con un momento de los «Recuerdos de sueño, fiebre y duermivela» del *Cancionero apócrifo* [6]:

---

[5] Gustavo Adolfo Bécquer, «Pensamientos», *Obras completas*, 8ª ed. (Madrid, 1954), p. 693. Esta cita prueba, además, que en la prosa filosófica de Machado todavía se continúa el pensamiento de Bécquer. Se ha estudiado en detalle la permanencia de Bécquer en la obra de Machado, pero no he visto señalado este detalle, ni tampoco la semejanza del poema XXXV:

> Al borde del sendero un día nos sentamos.
> Ya nuestra vida es tiempo, y nuestra sola cuita
> son las desesperantes posturas que tomamos
> para aguardar... Mas Ella no faltará a la cita,

con uno de estos «Pensamientos»: «Sentado al borde del camino... siempre esperando» (*Obras completas*, p. 694).

[6] Este poema poco comentado se cuenta entre lo más valioso de Antonio Machado. Para un análisis de su estructura y de su valor,

—Es ella... Triste y severa.
Di, más bien, indiferente
como figura de cera.

—Es ella... Mira y no mira.
—Pon el oído en su pecho
y, luego, dile: respira.

Estamos, por supuesto, ante la misma presencia. Pero
lo que era el centro del poema, casi todo el poema en las
Soledades, es aquí un fragmento de una estructura larga
y compleja. Y he aquí la primera distinción entre lo juvenil
y lo maduro de Antonio Machado. En las *Soledades* no tiene
el poeta todavía la ambición o la fuerza necesaria para
construir un poema largo que refleje o abarque la experiencia de una vida o, quizá, no ha vivido lo necesario para
intentarlo. Lo que se ve en fragmento en las *Soledades,* encuentra en el *Cancionero* un lugar dentro de una amplia
estructura. De la misma manera, se puede comparar un
fragmento posterior, de *Campos de Castilla,* escrito después
de la muerte de Leonor, y otro fragmento del mismo poema
del *Cancionero apócrifo:*

La muerte no respondió.
Mi niña quedó tranquila,
dolido mi corazón.
¡Ay, lo que la muerte ha roto
era un hilo entre los dos!

En este poema se ha logrado ya algo que no se había
intentado siquiera en las *Soledades.* Una experiencia vivida
por el poeta se ha trasladado a una definición que tiene
un significado total para él. Se trata todavía de un fragmento de experiencia, pero se lo ve ya como algo permanente que necesita identificarse en el pensamiento y com-
prenderse, no como algo momentáneo que se describe a
través de las sensaciones y que sirve para transmitir de
autor a lector una emoción, la angustia de la soledad de
amor, de la cita fallida. Pero compárese el poema CXIII
con los versos que siguen a la cita anterior de los «Recuerdos de sueño, fiebre y duermivela»:

véase Luis Rosales, «Muerte y resurrección de Antonio Machado», en
Cuadernos Hispanoamericanos, Madrid (septiembre-diciembre 1949),
435-479, y mi artículo «El testamento poético de Antonio Machado»,
en *PMLA,* Nueva York, LXXI (1956), pp. 42-50.

—No alcanzo hasta el mirador.
—Háblale.
　　　　—Si tú quisieras...
—Más alto.
　　　　—Darme esa flor.
¿No me respondes, bien mío?
¡Nada, nada!
Cuajadita con el frío
se quedó en la madrugada.

XII

¡Oh, claro, claro, claro!
Amor siempre se hiela.

La experiencia ahora no es ni la falta de la amada en la cita adolescente, ni la pérdida de la amada en la madurez del dolor, también, claro está, sólo fragmento. Se habla aquí en unos versos de la amada deseada, encontrada, y perdida, y se da, inmediatamente, una síntesis de lo que significa el amor que se hiela siempre de la misma manera que se hiela la amada al morir. De aquí la profundidad ambigua del verso «Amor siempre se hiela» que resume a través de los dos significados del sustantivo una larga experiencia vital.

Quizá haya logrado establecer el análisis anterior un hecho que es, a mi parecer, fundamental en la poesía de Machado: el cambio paulatino de una concepción del arte que urgía la presentación de lo fragmentario en su emoción y por medio de la sensación a una concepción de la poesía que exige la visión total de· la experiencia humana lejos de lo personal o momentáneo. En cierto sentido esta evolución es contraria al pasar histórico del simbolismo francés y el modernismo hispánico a la poesía de vanguardia, que realmente intensificó la fragmentación del pensamiento poético insistiendo en darle valor único y excluyente a la metáfora. La aceptación de esta teoría provisoria de la evolución de Antonio Machado explicaría a la vez la poca simpatía del poeta para con los escritores de vanguardia y su vigencia posterior cuando se ha tratado de volver al poema de envergadura y complejidad para escapar de la prisión de la metáfora.

Sería entonces necesario volver a estudiar la poesía de Machado partiendo de la premisa de que su obra última abarca en su superioridad y madurez las intuiciones juveniles y llega a culminar en los poemas largos del *Cancionero apócrifo*, al contrario de lo que se cree comúnmente de que ha habido una pérdida de valor poético [7] por la intromisión de la filosofía u otras razones. Se verá entonces probablemente que la prosa filosófica de Abel Martín y Juan de Mairena no es más que un andamiaje que ha utilizado el poeta para construir poemas como las «Canciones a Guiomar», la «Muerte de Abel Martín» y «Otro clima» y el ya mencionado «Recuerdos de fiebre, sueño y duermivela», los que deberán ser analizados minuciosamente para adquirir un conocimiento claro de la plenitud artística de Antonio Machado.

La Torre, núms. 45-46, San Juan de Puerto Rico, enero-junio 1964.

---

[7] Allison Peers, *Antonio Machado* (Oxford, 1940), pp. 23-28.

JUAN LOPEZ-MORILLAS

ANTONIO MACHADO Y LA INTERPRETACION TEMPORAL DE LA POESIA

1. POESIA Y TIEMPO VITAL

Como todo quehacer poético reciente, la poesía española contemporánea es materia compleja que, si bien despierta viva curiosidad, no rinde dócilmente sus secretos a quien la aborda por vez primera. No nos proponemos, sin embargo, debatir aquí el tema, tan sobado por cierto sector crítico, de la inteligibilidad de la poesía moderna. Sobre esta vana y enojosa cuestión han dicho más de un despropósito gentes que se expresan de ordinario con la mayor discreción. Para nuestros fines bastará sentar *a priori* que el decir poético moderno es a menudo difícil y en ocasiones enigmático. La mayoría de los críticos y no pocos poetas convienen sin esfuerzo en que la nueva poesía tiende al hermetismo, aunque discrepan en cuanto al motivo de esa tendencia. Algunos achacan la dificultad a un descenso en el nivel de la educación general y afirman, con Allen Tate, que «la poesía moderna es difícil porque hemos perdido el arte de leer toda poesía que no se lea a sí misma»[1]. Otros, como Karl Vossler, aseguran que la dificultad estriba en la rebelión del poeta actual contra una lengua achabacanada por el uso cotidiano, y estiman que el poeta tiene la obligación de hallar y restaurar lo que pudiera llamarse el alma del lenguaje[2]. Otros, por último, como Pedro Salinas, buscan la explicación del hermetismo en la enérgica asevera-

---

[1] Allen Tate, *Reason in Madness*, 1941, p. 98.
[2] Karl Vossler, *Gesammelte Aufsätze zur Sprachphilosophie*, 1923, páginas 149-150.

ción, por parte del poeta moderno, de una individualidad cada día más amenazada por la formidable presión de las masas anónimas de nuestro tiempo [3]. Es evidente que estas interpretaciones podrían desplazarse del terreno de la poesía moderna al del arte moderno en general; más aún, ese desplazamiento nos revelaría la verdadera índole del problema, y la debatida cuestión de la inteligibilidad de la poesía reciente quedaría relegada a un plano secundario en el examen de la estética moderna. No es aventurado suponer que quien no entiende a Hart Crane, Ungaretti o Saint-John Perse mostraría pareja incapacidad frente a ejemplos contemporáneos de pintura, escultura o música. Porque, bien mirado, no se trata de una incomprensión de las formas concretas del arte, sino de un no entender, o no querer entender, los motivos foscos e inarticulados que empujan al artista hacia la faena creadora. Poco importa que éste, concorde con el parecer de los románticos, se vea a sí mismo como encarnación mesiánica; o que, como prefiere Ortega, sea indiferente a la noción trascendental del arte y considere su labor como puro juego. En todo caso no podrá rehuir las angustias y perplejidades de su tiempo vital ni cerrar los oídos al murmullo insistente de su conciencia. Y aunque quiera evadirse del mundo real —como parece sugerir el llamado «arte escapista»— esa fuga será sólo una reacción contra la realidad y estará *ipso facto* determinada por esa misma realidad. El cinismo y la frivolidad de nuestros días no logran ver que el artista está irrevocablemente anclado a su tiempo, y que sus creaciones no son otra cosa que la objetivación de su experiencia temporal. El esfuerzo por aceptar o rechazar su tiempo influirá no sólo en las formas, sino también en la esencia de su arte. Cuando el hombre frívolo o trivial declara que el artista moderno es un irresponsable o un mentecato, lo que quiere decir es algo muy distinto, a saber: que no es plácido ni insensible, y que manifiesta, por ende, una preocupación espiritual que la mayoría de sus congéneres no sienten o no son capaces de expresar adecuadamente.

No estará de más repetir que el artista está íntimamente ligado a su tiempo, pues sólo así podremos acaso comprender al artista actual. En esta ocasión, sobre todo, hemos de insistir continuamente sobre el elemento temporal en el

---

[3] Pedro Salinas, *Reality and the Poet in Spanish Poetry*, 1940, páginas 132-135.

arte, puesto que nos proponemos exponer y comentar la interpretación temporal de la poesía elaborada por uno de los mayores poetas líricos de la lengua castellana. Menester será recordar, a este respecto, que al tratar de nuestros contemporáneos nos es imposible desprendernos de los prejuicios que con ellos compartimos. Con ellos compartimos asimismo una lengua, un ambiente, una tradición histórica y una psicología cultural. Nada, pues, tan inútil como tratar de desviarnos de ellos a fin de observarlos con clínica imparcialidad. A lo sumo, deberemos ajustar nuestro paso al suyo e intuir, más que comprender, el sentido de su labor.

2. DIÁLOGO POÉTICO

Esa sujeción del artista al tiempo, a la que arriba aludimos, ha sido subrayada más de una vez por Antonio Machado en sus copiosas notas sobre el quehacer poético [4]. Puede afirmarse que para él tal sujeción es evidente, que se trata de una verdad axiomática capaz de sostener el ambicioso edificio de una metafísica de la poesía. «La poesía —dice Machado— es diálogo, el diálogo de un hombre con su tiempo» [5]. Y diálogo es, en este caso, una especulación sobre cualquier tema relativo a la naturaleza y el destino humanos o a la eterna demanda de una realidad última y absoluta. Es muy significativo que en *Juan de Mairena*, su principal obra en prosa, Machado se retrate a sí mismo como una especie de pedagogo socrático que conversa con sus discípulos en una clase imaginaria de Retórica y Sofística. La máxima ambición de Mairena es fundar una «Escuela Popular de Sabiduría Superior», en la que se enseñaría que el conocimiento es una ilusión válida, la verdad es relativa y la especulación es el único esfuerzo digno del hombre inteligente. No es extraño, por lo tanto, que Mairena diga a sus oyentes: «Vosotros sabéis que yo no pretendo enseñaros nada, y que sólo me aplico a sacudir la inercia de vues-

---

[4] Esparcidas por su obra en prosa: *Juan de Mairena, Abel Martín, Prosas varias* y los prólogos a diversas ediciones de sus colecciones de poesía. Todos los textos de Machado que se citan en este trabajo se han tomado de la edición de sus *Obras completas*, Méjico, Editorial Séneca, 1940.

[5] *Juan de Mairena*, p. 489.

tras almas, a arar el barbecho empedernido de vuestro pensamiento, a sembrar inquietudes, como se ha dicho muy razonablemente, y yo diría, mejor, a sembrar preocupaciones y prejuicios»[6].

En este testimonio se reflejan las aficiones socráticas de Machado. Declara, al igual que el filósofo ateniense, que no sabe nada, pero afirma que la más noble tarea es la tentativa de conocer algo. Aquellos que buscan definiciones absolutas, diría Machado, o pretenden apoderarse de la verdad con frenético abrazo deben mantenerse apartados de la poesía y la filosofía. La omnisciencia y la certidumbre son materia de teología, con perdón de algunos metafísicos alemanes. «La inseguridad, la incertidumbre, la desconfianza, son acaso nuestras únicas verdades —dice el poeta—. Hay que aferrarse a ellas»[7]. A la luz de esta «duda inmetódica» resulta clara la predilección de Mairena por la sofística y la retórica. Ninguna de las dos es una *disciplina* en el sentido pedagógico del término, sino sólo un *instrumento* para excitar la especulación. Conviene apuntar que, como el mismo Machado indica, la sofística ha de ser entendida en uno de sus significados originales, a saber, como libre pensamiento o, quizá mejor, como libre encuesta mediante la cual «pretendemos fortalecer y agilizar nuestro pensar para aprender de él mismo cuáles son sus posibilidades, cuáles sus limitaciones»[8]. Por otra parte, la retórica de Machado-Mairena es sólo un vehículo para la lógica, para «el estudio de las normas o hábitos de pensar que hacen posible el conocimiento de algo o la ilusión de que algo conocemos»[9].

Sería error, no obstante, suponer que el diálogo de Machado, tal como se nos ofrece en *Juan de Mairena*, es afín a la dialéctica socrática. Más que poner a sus discípulos en camino de una determinada conclusión, Mairena prefiere hacerles ingresar en un laberinto ideológico y dejarles allí para que busquen la salida por su cuenta. La técnica dialógica de Mairena no es, al cabo, más que una exteriorización de sus íntimas zozobras y contradicciones. Lo que pregunta a sus oyentes se lo ha preguntado previamente a sí mismo. Y cuando les aconseja que reflexionen sobre un asunto «hasta que les hiervan los sesos», está claro que los suyos han llegado ya al punto de ebullición sobre ese tema sugerido.

[6] *Ibid.*, p. 660.
[7] *Ibid.*, p. 687.
[8] *Ibid.*, p. 573.
[9] *Ibid.*, p. 572.

Porque es preciso repetir una vez más que el único diálogo fértil para poeta y artista es el que mantienen con su tiempo, o, dicho de otra manera, con su conciencia del tiempo.

El interés de Machado por el tiempo no está fuera de lugar en una época caracterizada por el propósito anhelante de hallar en el tiempo la fundamentación de una nueva metafísica. Así, pues, cuando Mairena sostiene que el «poeta puro» es el que consigue «vaciar [su tiempo] para entendérselas a solas con él, o casi a solas»[10], Machado extiende a la esfera de la poesía aquello mismo que los pensadores «temperalistas» desde Bergson hasta Heidegger vienen proclamando en el terreno de la filosofía. Y cuando afirma que, «en cuanto nuestra vida coincide con nuestra conciencia, es el tiempo la realidad última, rebelde al conjuro de la lógica, irreductible, inevitable, fatal»[11], parafrasea la noción de la *duración (durée)*, de Bergson, y la del tiempo *primario (uгsprüngliche Zeit)*, de Heidegger.

3. EL BERGSONISMO DE MACHADO

Discípulo declarado de Bergson, Machado no puede resistir la tentación de levantar una interpretación temporal de la poesía sobre los cimientos de la filosofía bergsoniana. Está, además, convencido de que acometer tal empresa responde tanto a un estímulo histórico como a una exigencia social, ya que, como advierte, «nuestro siglo... es, acaso, el que más se ha escuchado a sí mismo, tal vez porque nosotros, los que en él vivimos, tenemos una conciencia marcadamente temporal de nuestro vivir»[12]. Y añade: «El hombre de nuestra centuria ha sido un sedicente *enfant du siècle*, ha hablado de un *mal del siglo*, y habla, en nuestros días, de un *fin de siglo*. De este modo ha expresado, más o menos conscientemente, una vocación a la temporalidad que no es propia de todos los tiempos.» Esta vocación se descubre más que en nada en la excepcional trascendencia que el siglo XIX ha atribuido a la música y la poesía lírica, que son «las artes temporales por excelencia»[13]. Ello explica el

10 *Ibid.*, p. 479.
11 *Ibid.*, p. 478.
12 *Ibid.*, p. 521.
13 *Ibid.*

convencimiento de Machado de que una perspectiva temporal de la poesía es no sólo metafísicamente viable, sino históricamente viable, sino históricamente oportuna. Observa, por añadidura, un gradual acercamiento de la poesía y la filosofía, al par que un vigoroso renacer del pensamiento metafísico; y ello le lleva a pronosticar sin titubeos que cuando se junten poesía y filosofía lo harán en el común terreno de una interpretación temporal de la realidad. «Algún día —anuncia— se trocarán los papeles entre los poetas y los filósofos. Los poetas cantarán su asombro por las grandes hazañas metafísicas, por la mayor de todas, muy especialmente, la que piensa el ser fuera del tiempo...; los filósofos, en cambio, irán poco a poco enlutando sus violas para pensar, como los poetas, en el *fugit irreparabile tempus*. Y por este declive romántico llegarán a una metafísica existencialista fundamental en el tiempo; algo, en verdad, poemático más que filosófico» [14].

Un examen atento del tiempo machadiano nos revelaría que se trata de un tiempo cualitativo que, como la *duración* de Bergson, no se percibe sino intuitivamente, ya que sólo la intuición (nunca el intelecto) puede vislumbrar el flujo infinito de lo real. Como Bergson mismo señala, esa intuición es una forma de visión, la «facultad de ver que es inmanente a la facultad de obrar» [15], una captación instantánea que le es negada a quien pretende comprender la realidad por medio del análisis intelectual. Una forma particular de esta visión intuitiva es la «facultad estética», que el filósofo francés encuentra en el hombre junto a la percepción normal. El artista posee esa facultad de modo eminente, aunque como Bergson se apresura a indicar, no en cuanto a la vida en general, sino sólo en cuanto a sus manifestaciones individuales [16]. Es, pues, una forma limitada de intuición, en virtud de la cual el artista intenta recobrar la «intención de la vida», si la palabra «intención» se entiende, como la entiende Bergson, en su sentido escolástico de «dirección». Bergson quiere decir que, después de intuir un objeto en el flujo de lo real, el artista ha de recrearlo como un todo en movimiento, desdeñando el procedimiento intelectual que

---

[14] *Ibid.*, p. 626. Sobre el bergsonismo de Machado véanse también Carlos Clavería, *Cinco estudios de literatura española moderna*, 1945, páginas 102-109, y Antonio Sánchez Barbudo, *Estudios sobre Unamuno y Machado*, 1959, pp. 256 y sig.
[15] Henri Bergson, *L'Evolution créatrice*, 12ª ed., 1913, p. 272.
[16] *Ibid.*, p. 192.

empezaría por concebir el objeto como inmóvil y procedería luego a analizarlo en la muchedumbre de sus componentes.

Paralelamente al filósofo francés, Machado considera la poesía como «una mera manera de ver»: «lo poético es ver», declara paladinamente. Y agrega que la poesía es siempre «un acto evidente, de afirmación de una realidad absoluta, porque el poeta cree siempre en lo que ve, cualesquiera que sean los ojos con que mire»[17]. Esta es, sin duda, la visión inmanente a la acción —la visión intuitiva— de que habla Bergson. Al igual que éste, y que otros metafísicos de nuestro tiempo, Machado defiende la percepción intuitiva de lo real y deplora el desdén con que vienen tratándolo los filósofos intelectualistas y empíricos. No es que niegue, o que siquiera limite, el poder de la razón. A decir verdad, confiesa sin empacho que en el fondo de nuestra conciencia alienta siempre una creencia en la razón. Pero, como su contemporáneo Ortega, Machado sabe que una interpretación racional de la realidad lleva aneja la erección de estructuras geométricas en las que la vida —esto es, la realidad— brilla por su ausencia. A la vez como hombre y como poeta, Machado está convencido de «que no hay vivir sin ver, que sólo la visión es evidente y que nadie duda de lo que ve, sino de lo que piensa»[18]. La «acción vidente» de Machado es, por lo tanto, la percepción inmediata de una realidad fluyente y mudadiza en cuanto dicha percepción conduce al acto creador. En el momento de la creación, nos dice, «coincidimos con la corriente de la vida, cargada de realidades virtuales que acaso no llegan nunca a actualizarse, pero que sentimos como infinitamente posibles»[19]. Puede añadirse que en el instante de este contacto tangencial con la «corriente de la vida», el poeta aprehende intuitivamente que la realidad no es un ensamble estático de partes independientes, sino un flujo gigantesco cuya expresión consciente es la *duración*, esto es, el tiempo.

4. TIEMPO Y TEMPORALIDAD

El poeta intuye el poema en el momento en que su conciencia coincide con el flujo de lo real. Esto quiere decir

---

[17] *Op. cit.*, pp. 600-601.
[18] *Ibid.*, p. 601.
[19] Prólogo a *Páginas escogidas*, 1917, p. 30.

257

que, de entre esas «realidades infinitamente posibles» que percibe, elige una o varias como objeto de su creación poética. Importa señalar que, en tal elección intuitiva, no existe diferencia entre el poeta y el artista plástico. Uno y otro ejercitan esa forma especial de percepción no intelectual que Bergson llama «facultad estética». Uno y otro persiguen, como meta de su labor, la extratemporalización de su experiencia; en otros términos, aspiran a traducir su visión en una acción que está fuera del flujo de la realidad y que, por ello mismo, adquiera permanencia [20]. Pero aquí concluye la semejanza entre el poeta y el artista plástico. En adelante habrán de seguir trayectorias divergentes. El artista plástico ha fijado la mirada en un objeto dado, lo ha contraído y circunscrito en un contorno, es decir, ha impuesto límites exclusivos y discontinuos a un fragmento de realidad. El lienzo pintado o la piedra tallada son concretizaciones, solidificaciones de tiempo en espacio. Dan razón de su fuente temporal, pero sólo de manera momentánea, inmóvil, fenomenológica. Son, si se nos permite la exageración, formas de arte excesivamente intelectuales. Su expresión está irremisiblemente ligada a la materia, y ésta es un medio estático y extratemporal. Y si queremos recuperar a través de ellas la «intención de la vida» hemos de empezar por rasgar todos los velos intelectuales que la materia interpone entre la visión intuitiva del artista y nosotros.

No acontece lo mismo con la creación poética. Después de intuir el poema en el flujo de lo real, el poeta, lo mismo que el artista plástico, procurará extratemporalizarlo, es decir, darle permanencia, arrebatándolo con este fin de las mutaciones fugaces y radicales que produce el tiempo. Su propósito será «que su obra trascienda de los momentos psíquicos en que es producida» [21]. Pero, a diferencia del artista plástico, el poeta no intentará encajar su visión de la realidad en un molde separado y excluyente; ni tampoco podrá, a causa de la condición inmaterial de su medio, contemplar su creación como si fuera un trozo de tiempo solidificado. Hemos visto más arriba que el artista plástico transmuta tiempo en espacio. El poeta, en cambio, transmuta tiempo en temporalidad, esto es, tiempo cualitativo en tiempo cuantitativo. Machado expresa esta idea con una extravagante metáfora, diciendo que el poeta es un pescador de

---

[20] «El 'Arte poética' de Juan de Mairena», en *Abel Martín*, p. 389.
[21] *Ibid.*, p. 389.

peces vivos, es decir, de peces que pueden vivir fuera del agua [22]. El poema debe, pues, vivir como tiempo finito y medido, con independencia de su principio generador, que es también tiempo, pero infinito e inmensurable.

Si ahora examinamos con cuidado la manera como se efectúa esa transmutación de tiempo en temporalidad, echaremos de ver que Machado saca buen provecho de las distinciones que, en materia de tiempo, establecen los filósofos temporalistas. No sólo Bergson [23], sino también Husserl [24] y Heidegger [25], admiten varias especies de tiempo. El filósofo francés, en particular, hace de la diferencia entre tiempo cualitativo y cuantitativo el sostén principal de su teoría de la conciencia [26]. El tiempo cualitativo *(durée pure)* es «la forma que toma la sucesión de nuestros estados conscientes cuando nuestro yo se deja vivir, cuando se abstiene de establecer una separación entre el estado presente y los estados precedentes» [27]. En este sentido, *duración pura* de Bergson es la esencia misma de la realidad, la percepción del infinito *devenir* que es la vida. Mas junto a esta especie de tiempo figura el tiempo cuantitativo *(durée homogène)*, en el que los estados conscientes «adoptan para nosotros la forma de una línea continua, o de una cadena, cuyas partes se tocan sin interpretarse» [28]. Según Bergson, en esta segunda clase de duración se ha infiltrado la idea de espacio. Ello implica que los estados conscientes se manifiestan como momentos separados y que, por consiguiente, pueden ser yuxtapuestos u ordenados en serie, en suma, tratados matemáticamente. Por el sencillo hecho de estar en un mundo que percibimos directamente como espacio, la idea de espacio se introduce incluso en la representación de nuestros estados psíquicos, falseando la percepción interna que de ellos tenemos. La duración pura se traduce en extensión con sólo darle una representación simbólica en el espacio. El paso de la duración pura a la duración homogénea es, en resumen, una forma de espacialización.

Resulta, pues, en conclusión que la temporalidad es tiem-

---

[22] *Juan de Mairena*, p. 489.

[23] *Essai sur les données immédiates de la conscience*, 1889.

[24] *Vorlesungen zur Phänomenologie des inneren Zeitbewusstseins* (edición de Martín Heidegger, 1929).

[25] *Sein und Zeit*, 1927, Tomo I. Véanse en particular las pp. 329-333 y 390 y sig.

[26] *Op. cit.*, pp. 57-106.

[27] *Ibid.*, p. 76.

[28] *Ibid.*, p. 77.

po contado o medido; entiéndase bien, no tiempo que se ha transformado en espacio, sino tiempo que ha sido tratado como espacio. De modo tácito o expreso, todos los filósofos temporalistas la consideran como una perversión de la duración pura. En efecto, cuando Heidegger califica el tiempo medido de «tiempo mundano» o «tiempo vulgar»[29], no es difícil advertir una insinuación peyorativa en las dos expresiones. Machado, sin embargo, no toma en consideración estas otras derivaciones de la descripción metafísica del tiempo. No le importa averiguar si el tiempo medido es una forma de espacialización, como sostiene Bergson, o una forma de temporalización, como quiere Heidegger. Para él la temporalidad es la expresión que el poema asume como tal poema, como realidad artística que ha surgido de una intuición en el flujo vital. Lo que se apropia en la filosofía bergsoniana es la doble perspectiva del tiempo que habrá de servir de apoyo a su propia interpretación temporal de la poesía.

5. POESÍA TEMPORAL Y POESÍA LÓGICA

Machado afirma que «todos los medios de que se vale el poeta: cantidad, medida, acentuación, pausas, rimas, las imágenes mismas, por su enunciación en serie, son elementos temporales»[30]. Por consiguiente, es obligación de todo poeta reforzar la temporalidad de su creación mediante el empleo adecuado de estos elementos. Que son instrumentables más que poéticos el mismo Machado lo sugiere cuando dice que «la temporalidad necesaria para que una estrofa tenga acusada la intención poética está al alcance de todo el mundo: se aprende en las más elementales preceptivas»[31]. Determinar la temporalidad de un poema recurriendo sólo a tales elementos sería tan ingenuo como determinar la temporalidad de la vida humana por medio de un reloj. No hay que olvidar que la temporalidad de un poema es una especie de «tiempo personalizado», una efusión del «tiempo vital del poeta con su propia vibración»[32], y que, en consecuen-

---

[29] *Op. cit.*, pp. 404-428.
[30] «El 'Arte Poética' de Juan de Mairena», en *Abel Martín*, p. 389.
[31] *Ibid.*
[32] *Ibid.*

cia, no podemos contentarnos con aplicar a una dada creación poética pautas que son comunes a un gran número de poemas. Sería pueril juzgar que los centenares de poetas que han usado el verso de romance como vehículo de composición han logrado una misma tasa de temporalidad en sus poemas; o que los poetas de la escuela modernista tienen una conciencia del tiempo muy semejante porque todos ellos comparten un subido número de imágenes poéticas idénticas. En realidad, como observa Machado, «una intensa y profunda impresión del tiempo sólo nos la dan muy contados poetas. En España, por ejemplo, la encontramos en don Jorge Manrique, en el Romancero, en Bécquer; rara vez en nuestros poetas del Siglo de Oro»[33]. La repulsa que manifiesta Machado hacia el barroco literario español resulta cabalmente de la ausencia de temporalidad que percibe en él. Los poetas barrocos —Góngora, Calderón, Quevedo— procuran resarcirse de su notable falta de intuición ataviando a sus imágenes en una sofocante indumentaria conceptual. Olvidan que la función de la poesía no consiste en raciocinar, en equiparar, en definir. Eso lo hace la lógica. El poeta es un descubridor de lo eternamente nuevo y, según Machado, «el mundo es lo nuevo por excelencia, lo que el poeta inventa, descubre a cada momento»[34]. El poeta debe esforzarse por acentuar las diferencias esenciales que median entre su propia visión de la realidad y la ajena. La poesía barroca, como la «rezagada escolástica» de que proviene, «no canta; razona, discurre en torno a unas cuantas definiciones»[35]. Al apropiarse las armas de la lógica, el poeta barroco no tiene en cuenta que sus «conceptos, e imágenes en función de conceptos... tienen, por lo menos, esta pretensión: la de ser hoy lo que fueron ayer, y mañana lo que son hoy... Si la lírica barroca, consecuente consigo misma, llegase a su realización perfecta, nos daría un álgebra de imágenes, fácilmente abarcable en un tratado al alcance de los estudiosos, y que tendría el mismo valor estético del álgebra propiamente dicha, es decir, un valor estéticamente nulo»[36]. El poeta barroco que, olvidando que la temporalidad es la «peculiar vibración de su tiempo vital», reduce el tiempo a un silogismo, logra sólo destemporalizar el tiem-

[33] *Ibid.*, pp. 389-390.
[34] *Juan de Mairena*, p. 512.
[35] *Abel Martín*, p. 392.
[36] *Ibid.*, p. 395.

po, lo que equivale a destruir la sustancia de toda poesía genuinamente lírica.

Machado se da perfecta cuenta de que su noción del barroco es muy distinta de la que ha puesto en boga la crítica alemana contemporánea. Rechaza, en particular, el empeño con que se viene hablando del dinamismo del arte barroco. Para él, ese «tan decantado dinamismo de lo barroco es más aparente que real, y, más que la expresión de una fuerza actuante, [es] el gesto hinchado que sobrevive a un esfuerzo extinguido»[37]. Fustiga sin piedad las dos formas en que cuaja el barroco en la literatura española del siglo XVII. En el culteranismo y el conceptismo ve sólo una prueba más de que se ha secado el caudal lírico español, tan rico hasta entonces en resonancias temporales; un aspecto más, en suma, del empobrecimiento espiritual que se iba adueñando del país. Podría decirse que el español del siglo XVII pierde contacto con el mundo de los sentidos, con el creciente, cambiante y raudo flujo vital, con su propia experiencia psíquica, y que busca refugio en un mundo de conceptos y definiciones, de imágenes genéricas con las que se divierte haciendo juegos malabares, afanoso de lograr un trivial virtuosismo. Machado, sin embargo, sabe que el barroco literario no es un simple capricho de unos cuantos escritores del siglo XVII. Jamás sugiere que Góngora, Gracián o Quevedo aspiraran a revocar una tradición literaria por pura voluntad de pervertir el gusto. Como los artistas todos, también ellos eran hijos de su tiempo. Y, apunta Machado, «en toda época, de apogeo o decadencia, ascendente o declinante, lo que se produce es lo único que puede producirse, y... aun las más patentes perversiones del gusto, cuando son realmente actuales, tendrán siempre una sutil abogacía que defiende sus mayores desatinos»[38].

6. LA ANGUSTIA EXISTENCIAL

En el último decenio de su vida Machado se sintió hondamente cautivado por algunas manifestaciones de la filosofía alemana contemporánea. Leía extensamente, dominado por una insólita sensación de urgencia, como buscando con avi-

---

[37] *Ibid.*, p. 393.
[38] *Ibid.*, p. 400.

dez algún medio de acallar sus inquietudes metafísicas. Como buen bergsoniano, no podía ocultar su desdén hacia la pequeña compañía de pensadores que en la Universidad de Marburgo continuaban proclamando la omnipotencia filosófica de Kant e interpretando a éste, según Machado, en un sentido hegeliano. Al modo de Ortega, que en su mocedad había estudiado en Marburgo, Machado opinaba que Hermann Cohen y sus secuaces en el neokantismo se divertían en levantar una torre de naipes especulativa, mientras la vida, desestimada, fluía bajo las ventanas de sus gabinetes de estudio. Mas la indiferencia del poeta por esa rama de la filosofía germánica se trocó en vivo interés ante lo que Husserl venía haciendo en la Universidad de Friburgo. De la fenomenología de Husserl pasó al intuicionismo emocional de Scheler [39], y de éste al existencialismo de Heidegger [40]. En estas doctrinas columbraba nuevos brotes del bergsonismo y de su visión anti-intelectualista de la realidad, flamantes indicios de ese descenso por el «declive romántico» que había de llevar al enlace de la poesía y la filosofía en «una metafísica existencialista fundamentada en el tiempo». Pero quien enardeció la imaginación de Machado fue Heidegger con su tentativa de interpretar metafísicamente lo que el poeta español había querido interpretar líricamente: el sentido temporal de la existencia y de la. muerte. Claro está que el existencialismo de Heidegger no era una doctrina radicalmente nueva, sino que debía mucho al pensamiento de Kierkegaard, Bergson y Husserl. También Miguel de Unamuno había buscado en Kierkeggard la confirmación de su propia visión atormentada del problema de la vida y de la muerte [41]. Ignoramos por qué Machado prefirió Heidegger a Unamuno, a despecho de la inmensa admiración que siempre profesó al segundo. Acaso no sea exagerado sugerir que, no siendo específicamente religioso, Machado se sentía

---

[39] Un estudio a fondo de la influencia de Scheler en Machado sería de gran interés. A la muerte del filósofo alemán, en 1928, escribió el poeta español: «Ni siquiera un minuto de silencio consagrado a su memoria. ¡Como si nada hubiera pasado en el mundo! Sin embargo, ¿para cuándo son los terremotos?» *Juan de Mairena*, p. 716. Como indicio de las opiniones de Machado acerca de Alemania puede verse su comentario sobre *Die Ursachen des Deutschenhasses* de Scheler en *Juan de Mairena*, pp. 767-771. Sánchez Barbudo toca la cuestión del posible influjo de Scheler en Machado en *op. cit.*, pp. 229 y ss.

[40] *Juan de Mairena*, pp. 787-797.

[41] Machado compara la actitud de Heidegger frente a la muerte con la de Unamuno en *Juan de Mairena*, pp. 793-794.

más afín a la metafísica agnóstica de Heidegger que a la interpretación cristiana que Unamuno da de la vida y de la muerte. Sea como fuere, es indudable que Heidegger vino ahora a representar en cuanto a la identificación de la temporalidad con la existencia humana lo que antes había representado Bergson con respecto a la identificación del tiempo con la realidad. En este particular conviene tener presente que Machado no siguió quizá muy de cerca la intrincada trama del pensamiento de Heidegger [42]. En realidad, no hizo más que servirse de aquellos aspectos de la filosofía de éste que podían encajar fácilmente en su propia interpretación temporal de la poesía.

En su manifestación inmediata, la temporalidad coincide con la duración de la vida humana, entiéndase bien, con la de la vida de cada individuo. De hecho, se trata de una creación humana, en el sentido de que sólo el hombre tiene conciencia de que *su* tiempo y *su* existencia no son sino dos perspectivas diferentes de una misma cosa. Esto es precisamente lo que quiere decir Machado cuando afirma que la temporalidad es «el tiempo vital del poeta en su propia vibración». Parafraseando a Heidegger, Machado habla de la existencia como de «una vibración humana anterior a todo conocer: la inquietud existencial, el *a priori* emotivo por el cual muestra todo hombre su participación en el ser... Ahora bien, esta inquietud... que surge del fondo de la humana existencia, humilde, finita, limitada... nos aparece, ya como un temor o sobresalto que el *se* anónimo *(das Man)* aquieta, trivializándole, convirtiéndole en tedio consuetudinario, ya transfigurado en angustia incurable ante el infinito desamparo del hombre» [43]. Sería ocioso buscar en Heidegger una definición de la angustia. Tampoco sus predecesores en el uso del vocablo —San Agustín, Kierkegaard, Unamuno —nos esclarecen su sentido. Todos insisten, no obstante, en considerar la angustia como rasgo eminentemente humano, como un atributo de la existencia misma. Para Machado, la angustia existencial es lo que atañe al poeta de modo primario, porque «el mundo del poeta, su

[42] Sobre Heidegger véase Georges Gurvitch, *Les Tendances actuelles de la philosophie allemande,* 1930, pp. 207-234. Sobre Heidegger y Machado: Sánchez Barbudo, *op. cit.,* pp. 296 y ss.; y para una interpretación opuesta a la de Sánchez Barbudo, véase Julián Marías, «Machado y Heidegger», en el suplemento de *Insula* de 15-X-1953.
[43] *Juan de Mairena,* p. 789.

mundo, es casi siempre materia de inquietud»[44]. Y a la manera de los existencialistas, mantiene que esta inquietud adquiere su más intenso y humano sentido en la inquietud ante la muerte[45].

Machado hace hincapié en el hecho de que la muerte es un tema que, hasta hace poco, la filosofía ha soslayado con esmero. Ello, sin embargo, no es de extrañar, puesto que «es tema que se vive más que se piensa; mejor diremos que apenas hay modo de pensarlo sin desvivirlo»[46]. Añade que «el hombre no ha llegado a la idea de la muerte por la vía de la observación y de la experiencia. Porque los gestos del moribundo que nos es dado observar no son la muerte misma; antes al contrario, son gestos todavía vitales»[47]. La muerte es la compañera inseparable del hombre. Su aparición en la conciencia es motivo de asombro, pues nadie sabe de dónde ni cómo surge. Mientras la vida es «un objeto de conciencia innmediata», la muerte es, en cambio, «una idea esencialmente apriorística..., objeto... de creencia, no de conocimiento»[48].

Para Heidegger, la muerte no es un simple acontecimiento que, en un instante dado, viene a interrumpir la existencia, sino la existencia misma que ha llegado a su plena realización. En esta ontología de la muerte distingue Machado la primera tentativa filosófica de «darnos un cierto consuelo del morir con la muerte misma, como si dijéramos, con su esencia lógica, al margen de toda promesa de reposo o de vida mejor»[49]. Así concebida, la muerte hace posible la comprensión de la angustia existencial, puesto que entonces puede decirse que toda angustia se convierte en angustia ante la muerte. El hombre trivial (*das Man*, de Heidegger) acaso trate de desvirtuar el significado de esa angustia diciendo que, al fin y al cabo, todo el mundo se muere. El hombre valeroso sentirá tal angustia en toda su intensidad y, saturado de ella, se acercará al término de su existencia con resolución resignada. La angustia genuina se convierte para Heidegger en libertad para la muerte (*Freiheit zum Tode*)[50].

[44] *Ibid.*, p. 791.
[45] *Ibid.*, pp. 561-563 y 791-794.
[46] *Ibid.*, p. 561.
[47] *Ibid.*, p. 711.
[48] *Ibid.*
[49] *Ibid.*, p. 792.
[50] *Sein und Zeit*, pp. 260-267 y 297 y ss.

Al aceptar la temporalidad como manifestación de la existencia, la angustia como el sentido de la existencia y la muerte como la realización de la existencia, Machado ha hecho suyos los preceptos sobresalientes de la filosofía de Heidegger. Él mismo confiesa, al principio de su propio comentario sobre el filósofo alemán, que mucho antes de que éste apareciera en escena, él estaba ya preparado a acoger con fervor una metafísica existencial por el estilo de la de Heidegger [51]. Por una parte, esa metafísica se ajustaba bien a la interpretación machadiana de la poesía como «palabra en el tiempo»; por otra, venía a dar una respuesta parcial a la preocupación metafísica que el poeta venía sintiendo desde tiempo atrás. Nunca se habían aproximado tanto la poesía y la filosofía como en la obra del profesor germánico. Pero la fusión posible de las dos no impedía a Machado comprender lo que implicaba esta visión pesimista del mundo, esta filosofía de la desesperación. Poco antes de su muerte, a la que se acercó con la resolución resignada que tanto admiraba, el gran poeta-filósofo escribía: «Nos vamos a enfrentar con un nuevo humanismo, tan humilde y tristón como profundamente zambullido en el tiempo. Los que buscábamos en la metafísica una cura de eternidad, de actividad lógica al margen del tiempo, nos vamos a encontrar... definitiva y metafísicamente cercados por el tiempo» [52].

Intelectuales y espirituales, Revista de Occidente, Madrid, 1961.

---

[51] «Para penetrar y hacer cordialmente suya esta filosofía de Heidegger, Mairena, por lo que tenía de bergsoniano y, sobre todo, de *poeta del tiempo*... estaba muy preparado.» *Juan de Mairena*, p. 788.
[52] *Ibid.*, pp. 796-797.

GERARDO DIEGO

«TEMPO» LENTO EN ANTONIO MACHADO

La poesía de Antonio Machado ha sugerido más de un ensayo sobre su sentido del tiempo, pero yo no ˙conozco ninguno que se ocupe de su «tempo». Hay que emplear la palabra italiana para indicar su intención musical. En español podríamos decir su andadura, que no es palabra muy grata, o su velocidad, pero al menos en este caso el sentido positivo, rápido, de la palabra contradice el concepto, que se avendría mejor con el contrario de lentitud. Es urgente inventar o aplicar un vocablo para expresar este concepto que no sólo tiene aplicación musical, aunque en música adquiera un rango de primacía. En la conversación y aun en la literatura se emplea indebidamente «ritmo», pero el ritmo es otra cosa que nada tiene que ver con el «tempo». La organización del tiempo en unidades con sus múltiplos y divisores es cosa distinta de la mayor o menor urgencia con que en su lecho abstracto discurren unas aguas concretas, aguas de música o también de poesía métrica. Y esto es precisamente lo que llamamos «tempo». Pues bien: salta al oído que la poesía de Antonio Machado, su verso material y fonético, fluye a un «tempo» lento. Continuando el italianismo musical diríamos que «Lento maestoso», o bien «Largo, pesante e mesto».

Convengo desde un principio en que hay no poco de arbitrario, de convencional en esta manera de aplicación de lo musical a lo poético. Sin embargo, creo que existe también un fondo de verdad estricta. Porque el «tempo» en un poema versificado tiene una doble significación. Indica cómo se ha de interpretar, es un rótulo, una guía para la

267

lectura o declamación, exactamente lo mismo que en los papeles de la música aparece encabezando el pentagrama y a veces, cuando el compositor es escrupuloso, exigente y desconfiado —y con cuánta razón— de los intérpretes, acompañado de la indicación metronómica: tantas negras o corcheas por minuto. Pero además, al hablar del «tempo» en el verso de Antonio Machado queremos expresar que si debe recitarse con morosidad, es porque intrínsecamente es moroso. Otro tanto puede decirse de la música. Es ella misma, no su autor, la que pide su «tempo» adecuado. Lo reclama con tal claridad, que de hecho no hace falta para un lector sensible que el editor se lo indique. Roberto Schumann decía comentando la manía de la prisa, que no es como se ve, cosa exclusiva de nuestro tiempo, aunque el nuestro le haya agravado y sistematizado, que todos los grandes músicos ponían en sus partituras algunos compases de más nutrida y menuda notación, cuya velocidad máxima compatible con la claridad y la nitidez de una técnica diestra señalaba la velocidad general del tiempo. Los maniáticos de la rapidez abordaban el tiempo con tal exageración, que al llegar a ese pasaje se veían obligados, bien a realzar injustificadamente, bien a embrollar confusamente la dicción. Quiere esto decir que para un verdadero artista no suele haber duda del «tempo» que conviene a cada obra y que dicho «tempo», por tanto, es algo inherente a su misma sustancia temporal y expresiva, y no añadidura postiza para báculo de ejecutantes y alumnos.

Sin embargo, en costumbres de comunicación poética, no estaría de más que los poetas se tomasen el trabajo de indicar el «tempo», incluso con precisiones de metrónomo y, por supuesto, con acotaciones parciales de detalle para tal o cual pausa, acelerando o «rallentando».

Un estudio satisfactorio del «tempo» implícito en la lírica de Antonio Machado habría de realizarse con aparato rítmico y fonético, y también con abundancia de experimentación estadística y comparativa con otros artistas del verso. No me es posible, trabajando en el campo y sin más libros que las poesías de Machado, emprender una tarea de esa naturaleza. Confío, en cambio, en que no me engañará mi instinto, ayudado en este caso por recuerdos personales de la entonación y declamación del poeta.

He dicho antes que el ritmo no tenía nada que ver con el «tempo». Claro es que al pie de la letra no es verdad. Es sólo una manera de expresarse corriente, para expresar que son dos cosas distintas e inconfundibles. Por lo demás, el ritmo tiene que ver con el «tempo», está relacionado con él y a veces con tal intimidad que puede decirse que ritmo y «tempo» mutuamente se condicionan. ¿Cómo no habían de estarlos los que podríamos definir como el cuerpo («tempo») y el alma («ritmo») del tiempo? Son el ritmo y la densidad, el peso material del sonido, los que condicionan el «tempo» mutuamente se condicionan. ¿Cómo no habían de estarlo los que podríamos definir como el cuerpo («tempo») y el alma («ritmo») del tiempo? Son el ritmo y la den-«tempo» de un móvil desplazándose en el cauce de la vida fungible.

Si en el concepto de ritmo no hay pérdida posible y podemos atenernos a su realidad numérica y a su organización periódica, en cambio, en el de peso específico de cada costumbre versificada de poeta entra la arbitrariedad en dosis peligrosas. Aquí tenemos que auscultar y sopesar con la máxima cautela para no dejarnos engañar con prejuicios o despistar con alusiones. Es algo de lo que sucede con la onomatopeya, cuyos límites máximos pueden extenderse a todo el lenguaje y que ingeniosamente interpretada puede probar lo mismo un aserto que su contrario. Guardémonos, pues, de sentenciar sobre la densidad de un poeta fiándonos en el método estadístico. Es posible que no nos conduzca a nada práctico o, lo que es peor, que nos engañe y nos lleve a conclusiones paradójicas. Lo esencial en este trance es guiarnos por nuestra intuición y siempre pensando en el sentido de lo que el verso dice. El secreto del ritmo y de todo lo material del lenguaje reside en su fidelidad al sentido. Estudiar el ritmo, la densidad o el «tempo» en abstracto es poco menos que inútil.

Presumo que todo lo que podría obtenerse de una pesquisa sistemática de todos los versos de Antonio Machado y de su cotejo con los de otros poetas señalados de signo temporal paralelo o adverso, sería una demostración de su preferencia por las acentuaciones intensas y ahincadas y por la relativa proximidad y abundancia de los acentos. Es decir, que el perfil orográfico de su melodía verbal es alpino, hay constantes desniveles entre picos y senos que exigen una declamación enfática, lenta, rica en pausas y con gran diferencia de presión entre las sílabas tónicas y las átonas. Asimismo creo que el estudio que imagino (y que, por otra parte, sería tan divertido de explorar que es probable que si no hay voluntarios yo mismo lo lleve a cabo) demostraría el gusto del poeta por las sílabas trabadas en posición favorable, por ejemplo, coincidiendo con el acento, como para indicar —de un modo inconsciente e instintivo, claro está— el ahinco con que debe detenerse el poeta o su lector, que no ha de hacer sino incorporarse rítmica y espiritualmente al poeta hasta identificarse con él, si quiere gozar de verdad y de lealtad su poesía, al llegar a todas esas cimas vibrantes y sonoras.

Los versos de Antonio Machado suelen ser octosílabos, endecasílabos y también en su juventud, alejandrinos y algunos dodecasílabos. En estos dos últimos tipos de versos, la andadura suele ser monótona y pesada; la acentuación no obligatoria suele recaer con frecuencia en la misma sílaba, por ejemplo, en la segunda de cada hemistiquio en los alejandrinos, lo que les da un curioso parentesco con los de los románticos:

> El numen de estos campos es sanguinario y fiero;
> al declinar la tarde, sobre el remoto alcor,
> veréis agigantarse la forma de un arquero,
> la forma de un inmenso centauro flechador.
> Veréis llanuras bélicas y páramos de asceta
> —no fue por estos campos el bíblico jardín—,
> son tierras para el águila, un trozo de planeta
> por donde cruza errante la sombra de Caín.

Al esquema de que hablo corresponden casi exactamente todos los versos de estas dos memorables estrofas, salvo el segundo. En los versos de arte menor no es fácil sacar nada en limpio de la sola acentuación. Mucho más interesantes son los endecasílabos. Machado prefiere, me parece, los sáficos y, en todo caso, los acentuados en sílaba cerrada o en agudo más pausa, lo que exige un freno para domeñar el encabritamiento:

> El plomizo balón de la tormenta
> de monte en monte rebotar se oía.

El primero se acentúa en el centro del verso con acento prolongado a la fuerza por la ene y la de que la sigue y continúa a «tempo» lento con otras dos sílabas cerradas antes del final. El segundo es un sáfico (a la manera habitual, es decir, sin el acento del primer obligatorio) y se detiene por ello y por la exigencia de las sílabas *mon* más *te*, así como en el *tar* agudo. Pero es, sobre todo, la perfecta

270

adecuación al sentido lo que hace que el verso resuene y bote con concavidad de tormenta en la sierra. El último verso es muy de Antonio Machado: «Gritó: ¡Morir en esta sierra fría!» Otro sáfico, también con acento y abismo de pausa además en la segunda sílaba y casi en la sexta. En general, creo que una de las cosas que pueden y deben estudiarse en un poeta es la frecuencia de sus acentos en los endecasílabos. No basta tener en cuenta los rítmicos. Hay que apuntarlos todos, porque la acentuación potestativa es quizá la más expresiva del sentido rítmico del poeta. Cuantos más acentos tenga un verso, más lenta ha de ser su declamación, y más peso arrastra por tanto. Si al número y cercanía se agrega el peso de la sílaba, por su estructura cerrada, tendremos los datos esenciales para comprender su «tempo». Todavía queda uno, al que nuestros clásicos concedían con razón importancia. El número de palabras, lo que está relacionado a su vez con otra cosa, la abundancia y violencia de las sinalefas. Antonio Machado ha escrito muchísimos versos tersos, horizontales, con pocos acentos y facilísima fluidez susceptible de ligereza; pero los más típicos entre los suyos nos suenan esculpidos, graníticos y enfáticos. Cada amigo de su poesía haga la prueba con los versos que su memoria recuerde y verá con cuánta frecuencia le exigen esa declamación accidentada y mayestática.

Al ser así el verso de Antonio Machado no hace sino ser fiel a su vocación sentenciosa y rotunda. La riqueza mental y la profundidad cordial de su inspiración exigían pareja densidad y ahinco en la materialidad fonética y prosódica. Comparando su verso con el de su hermano Manuel sorprende su opuesto signo. El de Manuel es ligero hasta la ingravidez, aunque no precisamente frívolo. Su ligereza alada no excluye su hondura, pero siempre transparente y flúida. El de Antonio es metálico y opaco, reverbera llamas y esconde minas. Es un verso, para decirlo de una vez, enfático, porque enfático era el mismo poeta.

Antonio Machado tuvo siempre vocación de actor. Un dato que nos revela más de lo que parece a primera vista. Le quedó de aquellos ensayos de juventud el gusto por la declamación ampulosa, a la que le llevaba ciertamente su naturaleza misma y la pasión plástica que hace poderosas y firmísimas de dibujo, no sólo sus descripciones de paisaje, sino sus sueños de galerías del alma. Por dicha, esa inclinación enfática se contrarrestaba con la sencillez y la humildad de sus «pocas palabras verdaderas» y con la transparencia de un corazón bellísimo. Y así era un gozo escucharle decir versos, por ejemplo, de Darío, a quien adoraba sobre todos, o simplemente sentenciar de veras o de burlas. Toda frase en sus labios se peraltaba y enfatizaba hasta el perfil del verso y de él pudo decirse, al contrario de M. Jourdain, que hablaba en verso sin saberlo. Hablaba en verso y vivía en poesía.

Cuadernos Hispanoamericanos, núms. 11-12, Madrid, 1949.

[Publicado originalmente en inglés, con el título de «Antonio Machado's Temporal Interpretation of Poetry», en el *Journal of Aesthetics and Art Criticism*, VI: 2 (diciembre 1947), pp. 161-171.]

TOMAS NAVARRO TOMAS

LA VERSIFICACION DE ANTONIO MACHADO

En varias ocasiones, Machado declaró su preferencia por las formas métricas sobrias y sencillas. En los años de su juventud, la poesía modernista había invadido el campo del verso con audaces experiencias e invenciones. Sólo temporalmente, Machado adoptó algunas de aquellas novedades. Rehuyó todo lo que su ponderado juicio consideraba como artificioso o superfluo. Puso, en cambio, con frecuencia, en la elaboración de sus versos, delicados efectos artísticos, no estudiados de propósito, sino nacidos de su hondo sentido del ritmo y armonía del idioma.

Las referencias abreviadas a sus obras en las notas siguientes se harán de este modo: *Soledades: Soledades, galerías y otros poemas,* Madrid, 1907. *Campos: Campos de Castilla,* Madrid, 1912. *Nuev. canc.: Nuevas canciones,* Madrid, 1924. *Canc. apocr.: Cancionero apócrifo,* Revista de Occidente, Madrid, 1931.

METROS. En el repertorio del modernismo se han contado 46 variedades de versos; en el de Machado, sólo 9. Se sirvió principalmente de los dos metros básicos de la tradición poética española: el octosílabo y el endecasílabo. Ambos figuran en la poesía que ocupa el frente de su primer libro, *Soledades,* 1903, y se mantienen en lugar superior en su versificación hasta el final de su obra.

Octosílabo. Se advierte en el carácter rítmico del octosílabo de Machado cierto temple viril, no sólo en relatos dramáticos como el del poema de «La tierra de Alvargonzález», sino hasta en poesías de tono lírico como la dedicada a evocar el eco de las *Arias tristes,* de Juan Ramón Jiménez.

En general, la variedad trocaica de este metro, que es, como se sabe, la más suave y musical, actúa en las composiciones de Machado con menor relieve que en las de sus contemporáneos. Es de notar que la proporción en que Machado solía combinar las cuatro modalidades del octosílabo es semejante a la que se observa predominantemente en los antiguos romances populares, que fueron parte predilecta de sus primeras lecturas.

Endecasílabo. Entre las variedades del endecasílabo, dio preferencia, especialmente en los sonetos, a las más lentas y graves. Puede señalarse como ejemplo el soneto en que hizo la semblanza de Azorín, en el que sólo intervienen las formas sáfica y melódica. Dentro de su relativa limitación, el tipo heroico, de ritmo trocaico, eleva su papel en la grave meditación de «El dios ibero» y de «Orillas del Duero», *Campos*. La variedad enfática, rara en Machado, con cláusula dactílica inicial, no figura sino como punto de partida de algún soneto: «Tuvo mi corazón encrucijada», *Nuev. canc.* A la equilibrada proporción de tales variedades obedece sin duda el armonioso y sereno ritmo de los cuartetos de «El viajero», *Soledades*. Aparte de este pasaje y de los sonetos, empleó regularmente el endecasílabo combinándolo con el heptasílabo.

Algunos ejemplos no corresponden a la exactitud y propiedad con que Machado construía este verso. Unos casos irregulares de la poesía «La vida hoy tiene ritmo», *Soledades*, pueden ser alteraciones tipográficas o acaso detalles de un borrador no corregido: en «Bulle la savia joven en las nuevas ramas», se podría suprimir «nuevas»; en «Yo he seguido tus pasos en el viejo bosque», habría que eliminar «viejo»; en «De tus piernas silvestres entre verdes ramas», cabe excluir «verdes». En esta misma composición, el segundo verso, «de ondas que pasan» aunque no sea disonante, es ejemplo único y extraño al orden que Machado aplica a este género de composiciones; acaso haya que suponer «de las ondas que pasan». Otras irregularidades de más bulto dan a la poesía sobre las «Bodas de Francisco Romero», *Nuev. canc.*, el aspecto de una improvisación que el autor no trató de retocar.

Hexasílabo. Otros dos metros de antigua tradición hispánica usados por Machado, son el hexasílabo y el heptasílabo. Se sirvió de uno y otro en romancillos y canciones, aparte de su papel auxiliar como quebrados de sus respectivos dobles. Al hexasílabo lo empleó en su común forma mezclada de las variedades dactílica y trocaica. Una probable asociación intuitiva entre la sensación del ritmo y el tema lírico puede explicar el hecho de haber dado preferencia al rápido movimiento dactílico en el comentario del corro de los niños: «Yo escucho los cantos — de viejas cadencias», y de haberse servido del compás del trocaico, más uniforme y lento, para la melancolía de «Sueño infantil», ambas poesías en *Soledades*.

Heptasílabo. El heptasílabo, por su parte, tal como aparece en Machado, representa el período en que, rectificando la uniformidad trocaica a que se le había reducido en la poesía romántica, volvía a recuperar gradualmente su antiguo carácter polirrítmico. En la introducción de «Galerías» y en «Inventario galante», *Soledades*, compuestos en este metro, sigue presente la influencia de la práctica inmediatamente anterior; los heptasílabos no trocaicos aún no llegan a representar ni un diez por ciento en el total de cada una de ambas poesías.

Dodecasílabo. Otros dos versos usados por Machado, de menos arraigo en nuestra poesía, son el dodecasílabo y el alejandrino. No eran de invención moderna, pero fueron en gran parte reelaborados por el modernismo, sobre todo el segundo de ellos. Se sirvió Machado del dodecasílabo en varias poesías de su primer período, anteriores a *Campos de Castilla*, 1912. No parece que después volviera a utilizarlo hasta un breve pasaje, «Palacios de mármol, jardín con cipreses», del *Cancionero apócrifo*, 1931, en el que la pesadilla de Abel Martín, recuerda en movimiento y situación, aparte del humorismo, otro momento semejante y rimado en el mismo metro, del desvarío de don Félix de Montemar.

Como verso compuesto de dos hexasílabos, el dodecasílabo puede ser uniformemente dactílico o trocaico o bien puede diferenciar sus dos mitades asignándolas cruzadamente a uno u otro tipo. Dentro de la norma corriente de combinar en la misma composición las distintas variedades indicadas, Machado mostró señalada inclinación a destacar la modalidad dactílica en «Fue una clara tarde triste y soñolienta», «Era una mañana y abril sonreía», y «Naranjo en maceta, qué triste es tu suerte», *Soledades*. Su «Fantasía de una noche de abril», en el mismo libro, puede ser considerada casi totalmente bajo este tipo rítmico; entre sus 85 dodecasílabos, sólo 6 se apartan de la uniformidad dactílica.

Otra particularidad de esta última composición es indicio de la libre actitud del autor ante el conflicto de la medida silábica y el encuentro de los hemistiquios. Practicó el hiato entre vocales en «Acecha en la oscura ' estancia la dueña», pero aplicó la reducción a sinalefa en «Señora si acaso o ' tra sombra emboscada». Atribuyó valor pleno a la terminación esdrújula, con encabalgamiento sobre el segundo hemistiquio, en «Centellas de lángui ' dos rostros velados», pero no compensó la terminación aguda en otra ocasión al decir «La tarde de abril ' sonrió. La alegría...» El encabalgamiento de la terminación esdrújula se repite en varios versos de la citada poesía.

Alejandrino. El cultivo del alejandrino lo concentró Machado en *Campos de Castilla*, 1912, donde figuran en este metro su «Retrato», «A orillas del Duero», «Por tierras de España», y algunas otras de sus composiciones más famosas. Antes de esta fecha, sólo había empleado el alejandrino en escasas y breves poesías, algunas de no más de cuatro versos. Después de *Campos de Castilla* tampoco volvió a utilizar este metro, con excepción del pasaje final de la poesía a Grandmontagne, en *Nuevas Canciones*, 1924.

Procedió Machado en la elaboración del alejandrino del mismo modo que en la del heptasílabo, cuyas circunstancias se repiten esencialmente, como es sabido, en los hemistiquios del primero. Así, pues, hizo uso preferente de la variedad de este metro en que sus dos mitades son trocaicas, con apoyos rítmicos en las sílabas pares de cada mitad: «Mi infancia son recuerdos de un patio de Sevilla», *Campos*. La mezcla de hemistiquios trocaicos y mixtos, abundantemente practicada por otros poetas de su tiempo, apenas alcanza en Machado a una décima parte de sus alejandrinos: «Guarda su presa y llora la que el vecino alcanza», *Campos*. No adoptó la variedad acentuada en las sílabas tercera y sexta de cada hemistiquio, popularizada por la «Sonatina» de Rubén Darío.

Aunque uno y otro compuestos y polirrítmicos, el alejandrino de Machado, con su fondo trocaico, y el dodecasílabo del mismo autor, de base principalmente dactílica, ofrecen entre sí un fuerte contraste. El alejandrino fue para Machado un instrumento claro y definido. Sin ninguna vacilación mantuvo en él el hiato de las vocales entre los hemistiquios. Con igual regularidad asignó a la primera parte del verso la terminación esdrújula, prescindiendo de la preocupación silábica: «Lucir sus verdes álamos al claro sol de estío», *Campos*. Aprovechó eficazmente en muchos casos el intervalo entre los hemistiquios como lugar propicio para subrayar el adjetivo: «Me llega un armonioso tañido de campana.» «La forma de un inmenso centauro flechador», *Campos.*

Hexadecasílabo. En «Orillas del Duero», «Hacia un ocaso radiante» y «El poeta», *Soledades,* se sirvió del largo hexadecasílabo de 8-8, alternando con octosílabos simples. No siguió el modelo de uniforme ritmo trocaico del «Año Nuevo» de Darío, sino la combinación polirrítmica practicada por Díaz Mirón, Jaimes Freyre y otros poetas. Aunque la antigüedad de tal metro se remontase hasta los primitivos romances, el sello de su elaboración modernista lo dejó impreso Machado en la mezcla de versos compuestos y simples y en particularidades como la de terminar el primer hemistiquio en palabra débil en casos como «Bajo las palmeras del ' oasis al agua buena», o en parte de una locución adverbial como «El campo parece más ' que joven adolescente».

Eneasílabo. De uno de los metros más característicos del modernismo, el eneasílabo, sólo dio Machado una breve muestra de cuatro cuartetos, probable ensayo de juventud, en «Recuerdo infantil», conservado entre los apuntes de Juan de Mairena. El tipo del eneasílabo corresponde a la variedad trocaica, con acentos en cuarta y octava: «Mientras no suene un paso leve.» Por los mismos años, esta variedad de eneasílabo atrajo el interés de los poetas en España y América. La forma dactílica, con acento en segunda, quinta y octava, más familiar en el romanticismo, alterna con el decasílabo del mismo carácter rítmico en tres versos de «El sol es un globo de fuego», *Soledades.*

Decasílabo. Otro metro poco usado por Machado, el decasílabo polirrítmico de 5-5, figura en «Donde las niñas cantan en corro», *Soledades,* y en «Rejas de hierro, rosas de grana», *Nuev. canc.,* en esta última combinado con pentasílabos. La primera reaparece más tarde entre las notas de Mairena, con cambio de disposisión de los versos, y de alguna palabra en el primero de sus cuatro cuartetos y con alusión irónica del maestro al encanto rítmico de su «verso bobo», indicio de la actitud del poeta en sus últimos años respecto a sus antiguas experiencias métricas.

Ametría. El escéptico profesor de retórica aplicaría sin duda esa misma denominación a la ametría rítmica de la canción «El casco roído y verdoso», *Soledades,* formada por veinte versos no rimados y de medidas variables entre 6 y 18 sílabas, cuyo claro efecto musical se funda en su base dactílica, puntuada por cambios de compás, repercusiones verbales y terminaciones agudas. Otro ensayo análogo, en menor grado de ametría, representa la poesía «Oh, tarde luminosa», *Soledades*, en la que, aparte de los heptasílabos iniciales, los demás versos, de 6, 10 y 12 sílabas, se enlazan en el mismo movimiento dactílico y bajo la misma asonancia. Cabe suponer que en el único verso de 15 sílabas de esta poesía, «Las alas agudas tendidas al aire sombrío», se introdujo por accidente la palabra «sombrío», incongruente con la luminosidad de la tarde y cuya supresión acomodaría el verso a la medida de los demás dodecasílabos. Al mismo tipo amétrico pertenece «A la hora del rocío», *Nuev. canc.*, en la que los versos de 5, 6, 8 y 10 sílabas se combinan libremente bajo la asonancia de cada estrofa.

En ninguna ocasión se dejó atraer Machado por la nueva corriente del verso libre sin ritmo regular, ni medida, ni rima, ni estrofa. Su opinión sobre este punto la expresó en *Nuevas canciones*, en un sencillo consejo a la manera de los de su Abel Martín:

> Verso libre, verso libre...
> Líbrate, mejor, del verso
> cuando te esclavice.

En resumen, todos los tipos de verso que practicó Machado están presentes en sus *Soledades, galerías y otros poemas*, 1907. Abandonó pronto los metros modernistas de 12 y de 16 sílabas. Ya en la versificación de *Campos de Castilla*, 1912, quedó limitada al alejandrino pleno y al endecasílabo y octosílabo con sus respectivos quebrados. A pesar del importante papel que el alejandrino desempeñó en este libro, también tal metro desapareció después, casi totalmente, de la atención de Machado. En sus últimas obras, a la vez que su lírica se hacía más depurada y densa, su versificación se fue reduciendo al clásico endecasílabo, común instrumento de la poesía grave, y a los versos de 8, 7 y 6 sílabas en sus formas más simples y populares.

Estrofas. Entre las pocas combinaciones que se salvaron del derrumbamiento de las estrofas del romanticismo, Machado cultivó el soneto, el cuarteto y la redondilla; del modernismo recibió al pareado en metros largos y las silvas semilibres, y de la tradición popular recogió el romance, la cuarteta, la seguidilla y la solear.

Soneto. La adhesión de Machado al resurgimiento del

soneto no se manifestó resueltamente hasta *Nuevas canciones*, 1924. En adelante se sirvió con asiduidad de esta forma métrica hasta el fin de su vida. Entre el escaso número de sus composiciones correspondientes a los años de la guerra civil, la mayor parte fueron sonetos. El modernismo practicó el soneto en toda clase de versos, breves y largos; Machado se limitó moderadamente al tradicional endecasílabo, con la única excepción del soneto en metro alejandrino sobre *Flor de santidad*, de Valle-Inclán, anticipado en *Campos de Castilla*, 1912. En varios de sus sonetos, se ajustó al orden clásico en la disposición de las rimas; en otros lo alteró más o menos, como concesión a la actualidad modernista.

Cuarteto. Del cuarteto endecasílabo de versos plenos y regulares no hizo uso exclusivo en ninguna poesía. De ordinario compuso esta estrofa con libre combinación de versos de 11 y 7 sílabas. En parte de la composición «Orillas del Duero», en «Fantasía iconográfica» y en algunas otras poesías de *Campos de Castilla* hizo alternar cuartetos plenos y quebrados en beneficio de la variedad y movimiento de la exposición. La impresión serena y reflexiva de la primera sección de «El viajero», *Soledades*, va subrayada por el ponderado·y sostenido compás de sus cabales cuartetos endecasílabos, sólo alterado por dos distantes heptasílabos intercalados en el relato. En realidad el único ejercicio dedicado uniformemente a esta estrofa lo realizó Machado en los cuartetos de sus sonetos, a veces de rimas abrazadas, ABBA, y más frecuentemente de rimas cruzadas, ABAB.

Hasta *Campos de Castilla*, 1912, no había usado el cuarteto alejandrino sino en breves y contadas poesías. Fue en este libro donde le hizo desempeñar papel principal, empleándolo como forma única en varias de sus poesías más famosas: «Retrato», «Por tierras de España», «Recuerdos», etcétera. A diferencia del endecasílabo, el cuarteto alejandrino lo compuso siempre en versos plenos y rimas cruzadas, ABAB. La atención que le dedicó fue transitoria; no volvió a utilizarlo en sus libros posteriores.

Del cuarteto ABAB en metro dodecasílabo hizo uso Machado en «A un naranjo y a un limonero», *Soledades*. Es de notar en esta poesía el hecho de que, de sus cinco cuartetos, el tercero, que es eje del conjunto, se diferencia de los demás por sus rimas abrazadas, ABBA. Equilibrio semejante se observa en «Era una mañana y abril sonreía», otra de las poesías dodecasílabas de *Soledades*, compuesta en cuartetos y quintetos, entre los cuales el cuartero que ocupa el centro de la composición repite la misma rima básica de los quintetos que forman los extremos.

Los cuartetos de decasílabos, 5-5, en «Donde las niñas cantan en corro», *Soledades*, añaden a la musicalidad del metro el efecto de la alternancia entre las rimas llanas de los versos impares y de las agudas de los pares, AÉAÉ. Otras ocasiones en que Machado practicó este mismo efecto fue en los cuartetos eneasílabos de «Recuerdo infantil», en *Juan de Mairena*, 1936: «Mientras no suena un paso leve», y en la poesía «Preludio», *Soledades*, en cuartetos alejandrinos. Machado era parco en general en el empleo de rimas agudas fuera de los versos cortos. En las composiciones en versos de más de ocho sílabas, no solía hacer intervenir tales rimas sin propósito determinado.

Redondilla. Figura la redondilla como elemento familiar en todos los libros de Machado, y especialmente en *Soledades, galerías y otros poemas.* En algunas composiciones, como «Recuerdo infantil» y «Copias elegíacas», las redondillas son de tipo cruzado, abab; otras veces, como en «Sonaba el reloj la una», aunque el tipo indicado sea siempre el que predomina, suele también intervenir la variedad abba.

Responden probablemente a escondidas imágenes melódicas tres redondillas de fino tono lírico del *Cancionero apócrifo:* Una, «En Alicún se cantaba», consta de octosílabos y hexasílabos alternos, 8-6-8-6; otra, «En el nácar frío», usa el verso breve como punto de partida, 6-8-8-8; otra, «En el gris del muro», sitúa en parejas esos mismos versos, 6-6-8-8. En «Amanecer de otoño», *Campos*, dos redondillas alargan sus últimos versos como ensanchando el espacioso paisaje, 8-8-8-16. De manera análoga, el alargamiento del verso final en la redondilla heptasílaba que empieza «De diez cabezas, nueve», 7-7-7-11, parece mostrar el propósito de subrayar la firmeza de su aseveración.

La redondilla heptasílaba «Ni vale nada el fruto», *Campos*, en versos uniformes, única de este tipo, tiene el corte característico de las de los *Proverbios* de Sem Tob, cuyo nombre se menciona en otro de los proverbios de Machado.

Pareado. El pareado alejandrino, de tradición francesa y adaptación modernista hizo una breve aparición en *Soledades* en «La calle en sombra. Ocultan los altos torreones...». Donde Machado puso de relieve esta estrofa fue en la composición «A orillas del Duero» que empieza «Mediaba el mes de julio. Era un hermoso día», en la dedicada a Azorín por su libro *Castilla,* en la de «La mujer manchega» y en otras composiciones menores, todas en *Campos de Castilla.*

Los pareados hexadecasílabos abundan en la poesía que lleva también por título «Orillas del Duero», y empieza «Se ha asomado una cigüeña a lo alto del campanario», y asimismo en la de «El poeta». Al contrario que el alejandrino, el pareado hexadecasílabo no llegó a adquirir representación independiente y uniforme en la versificación de Machado. Alterna con otras combinaciones en las poesías citadas y hasta su propia forma oscila entre la pareja de versos plenos y la de pleno y quebrado. Machado no lo practicó después de *Soledades,* su primer libro, 1903. Fue el rasgo de métrica modernista de que se desligó. Posteriormente, en *Nuevas canciones,* 1924, después de haber abandonado también el pareado alejandrino de *Campos de Castilla,* volvió su atención al popular pareado octosílabo en varios de sus proverbios y axiomas. No siendo el endecasílabo verso modernista ni popular, no lo utilizó en la formación de pareados.

Silva aconsonantada. El modo de silva aconsonantada que Machado empleó no fue el de versos libremente trabados sin ninguna apariencia de orden estrófico, que venía siendo el modelo tradicional desde el Siglo de Oro, y que Darío, Unamuno y otros poetas modernos continuaron. La modalidad usada por Machado no tiene el verso como unidad básica, sino la estrofa, y consiste propiamente en una libre serie de pareados, tercetos, cuartetos y otros grupos de forma definida. Representa en realidad una disposición intermedia entre la poesía en estrofas uniformes y la de versos rimados sin orden alguno. Contra lo acostumbrado en la silva clásica, rara vez dejaba Machado en las suyas un verso sin rima. Otro poeta que por el mismo tiempo hizo uso de esta misma silva de estrofas mezcladas fue el mexicano González Martínez.

Pertenecen a este género las tres composiciones en versos hexadecasílabos y octosílabos de *Soledades.* En la de «Orillas del Duero» y en la de «El poeta», alternan pareados y cuartetos, con predominio de los primeros; en la de «Hacia un ocaso radiante», son los cuartetos los que figuran en mayor proporción.

Desde *Campos de Castilla* en adelante, los metros en que Machado compuso la silva aconsonantada fueron, de una parte, los de once y siete sílabas, y de otra, los de ocho y cuatro. En ninguna ocasión adoptó la mezcla de versos de 14, 11, 9, 7 y 5 sílabas que la silva llegó a reunir en manos de otros contemporáneos. La silva de endecasílabos y heptasílabos, a base de cuartetos, con intervención ocasional de algún terceto o quinteto, figura en «El dios ibero»; en «Orillas del Duero», tercera poesía de este título que empieza «Primavera soriana, primavera»; en «Olivo del camino», en «Muerte de Abel Martín» y en otras composiciones de análogo carácter, grave y meditativo, contenidas en *Campos de Castilla, Nuevas canciones* y *Cancionero apócrifo*.

La silva de octosílabos y tetrasílabos aconsonantados, de vieja tradición trovadoresca, reanudada por los poetas románticos y desarrollada por los modernistas, la reservó Machado para temas familiares, como los de «Los olivos» y «Las encinas», y principalmente para comentarios humorísticos o satíricos como los de «Poema de un día», «Llanto de las virtudes y coplas por la muerte de don Guido», «El gran pleno o conciencia integral», etc. Los versos de ocho y cuatro sílabas se entrelazaban aquí con más soltura que los de once y siete en su propia silva, aunque también entre aquellos ocupen el primer plano los grupos de cuatro octosílabos de las redondillas y las parejas de los pareados.

Quinteto. No fue Machado poeta atraído por el propósito de inventar estrofas nuevas. Sin embargo, una experiencia de esta clase puede verse en una de sus primeras poesías, «Fantasía de una noche de abril», formada por estrofas de cinco versos dodecasílabos, de los cuales los cuatro primeros riman a modo de serventesio, mientras que el último, contra lo usual, queda suelto, con terminación aguda, ABABÉ. La terminación suelta parece perdida en la unidad de la estrofa, pero adquiere valor rítmico en la sucesión de finales agudos de los dieciséis quintetos del poema.

El quinteto regular, con los cinco versos rimados, sólo lo empleó Machado en combinación con otras estrofas, y en especial con el cuarteto, en sus silvas aconsonantadas. Le dio papel principal en «Era una mañana y abril sonreía», poesía en dodecasílabos donde, junto a dos cuartetos, aparecen tres quintetos con rimas dispuestas de diversas maneras. Otro quinteto, rimado AbBBa, encabeza la silva aconsonantada en metro decasílabo «Rejas de hierro; rosas de grana», *Nuev. canc.*

Asonancia. En el fondo, no obstante su evidente dominio de la rima consonante, Machado sintió siempre decidida predilección por la asonancia. La causa principal de esta inclinación era sin duda su constante propósito de evitar todo lo que pudiera tener apariencia de artificio. Algunas de sus máximas en *Nuevas canciones* aluden a la asonancia: «Prefiere la rima pobre, — la asonancia indefinida.» «La rima verbal y pobre — y temporal es la rica.» Por boca de Mairena hacía resaltar el ejemplo de Bécquer, el de las rimas pobres, en cuya poesía «todo parecía escrito para ser entendido» Sin duda la actitud de Machado no es ajena al nivel de estimación a que la asonancia ha ascendido en la poesía moderna.

Romance. Una de sus principales formas asonantes fue el romance. El Romancero, en la colección de su tío don Agustín Durán, había sido una de sus primeras lecturas. En el prólogo de *Campos de Castilla* se refirió a la impresión que los romances le habían producido: «Me pareció el romance la suprema expresión de la poesía.» De aquel estímulo nació más tarde «La tierra de Alvargonzález».

Romances octosílabos y romancillos hexasílabos y heptasílabos fueron apareciendo a lo largo de su obra, antes y después del poema citado. Puso en ellos toda clase de reflejos e impresiones de su experiencia poética. Alguna vez los compuso también en versos mayores, como en «Los sueños» y «Pascua de Resurrección», en endecasílabos, y «El sol era un globo de fuego», en eneasílabos y decasílabos. Su único romance en alejandrinos es el que escribió con motivo de la muerte de Rubén Darío. Una vez aplicó la variedad moderna del romance popular en cuartetas octosílabas de asonancias independientes, en la parábola de «Era un niño que soñaba», *Campos,* y en otra ocasión introdujo esta misma variedad al final de «En la sierra de Quesada», *Nuev. canc.* Algunos de sus romancillos en versos cortos continúan la tradición lírica de las letrillas con estribillo, por ejemplo, los de «Abril florecía — frente a mi ventana», y «Amada, el aura dice — tu pura veste blanca», *Soledades.*

Silva arromanzada. Desde *Soledades* a *Campos de Castilla* se sirvió con gran frecuencia de la silva arromanzada de endecasílabos y heptasílabos libremente combinados y sin otro enlace que la asonancia uniforme en los versos pares, serie menos corriente en el modernismo que la de metros fluctuantes de diversas medidas, la cual Machado ensayó una sola vez en la poesía amétrica «Oh, tarde luminosa», *Soledades.* Utilizó la silva arromanzada en temas del mismo carácter que los tratados en la silva aconsonantada de igual clase de metros. Ejemplos característicos son sus meditaciones en «Campos de Soria» y en la composición sobre la muerte de don Francisco Giner de los Ríos.

La presencia de la silva arromanzada, tan frecuente en sus primeros libros, disminuyó en *Nuevas canciones* y quedó suprimida en *Cancionero apócrifo*, donde aumentó, en cambio, el número de silvas aconsonantadas, hecho que no significa cambio de actitud en el autor respecto a la asonancia, sino un tratamiento más estricto en cuanto a la correspondencia de la rima con el carácter de la composición. Se observa, en efecto, que en los últimos libros se refuerza la representación de la rima consonante con sonetos y silvas aconsonantadas, al mismo tiempo que aumenta la proporción de la asonancia en canciones, soledades, consejos y proverbios. Dato significativo es que en su última silva, «El crimen fue en Granada», sobre el fusilamiento de Federico García Lorca, al expresar su indignación, en versos trémulos y oscilantes, Machado se acogiera de nuevo a la popular asonancia.

Cantares. De la devoción folklórica, que Machado compartió con su hermano Manuel, y que en su origen debió ser herencia de su padre y del círculo de relaciones familiares en que ambos poetas se criaron, dejó entre otros testimonios el de sus cantares, incluidos en gran parte en *Campos de Castilla* y *Nuevas canciones*. En los cuatro octosílabos de la simple cuarteta asonante, tan identificada con el ritmo y compás del idioma, el sentido epigramático de Machado gustó de poner mucha parte de sus juicios, consejos, humorismos y cavilaciones.

Compuso numerosas cuartetas de puro estilo popular, algunas de las cuales correrán seguramente de boca en boca, como coplas anónimas, por los campos españoles. En otras, acomodadas probablemente a algunas de las múltiples variantes del canto, introdujo particularidades de ritmo combinando el ordinario octosílabo con los de cuatro, cinco o seis sílabas, 8-4-8-8, 8-5-8-5, 8-8-8-6, 6-6-6-8, etc. En una sola ocasión compuso la copla como quintilla asonante, abaca.

Mostró clara predilección por las andaluzas soleares, tercetos octosílabos con asonancia en el primero y tercero, aba. Las soleares empezaron a figurar en sus libros antes que las cuartetas y las compuso en mayor número. Aparecen en general como coplas sueltas, pero figuran también a veces en serie estrófica, como en «Canta, canta en claro ritmo», *Nuev. canc.*

El terceto quebrado, que lleva el nombre de playera o soleariya, salió de manos de Machado con numerosas variantes, en que los versos de ocho sílabas, que son el elemento más constante, alternan con otros mayores y menores. En *Cancionero apócrifo* las variedades incluyen combinaciones de 4-6-10, 6-6-11 y 6-6-12. La flexibilidad de la copla se adaptaría en cada caso a la melodía que le sirviera de molde. La soleariya más breve, en hexasílabos, además de figurar en coplillas independientes, aparece como unidad estrófica en «Desde mi ventana» y «Por la sierra blanca», *Nuev. canc.* En tercetos de hexasílabos uniformes y con mezcla de octosílabos, la compuso el autor en «Soledades a un maestro», sobre don Francisco A. de Icaza.

Sorprende que la seguidilla simple, de 7-5-7-5, tan sevillana, no fuera copla del repertorio de Machado. Dejó seis finas y airosas seguidillas de 7-5-7-5 : 5-7-5, con la denominación de canciones de mozas del alto Duero: «Molinero es mi amante», «Por las tierras de Soria», etc., *Nuev. canc.* Apenas hay detalle en estas coplas que no se ajuste al tipo normal. Tal vez por menos familiares, el autor no las trató con la libertad de cambios y variantes con que manejó las cuartetas y soleares.

Estrofas ocasionales. A veces la extensión de sus apuntes excede a la de las meras coplas de tres o cuatro versos. La idea de la estrofa se ve también presente, de manera más o menos definida, en la organización de estos grupos. El consejo que empieza «Este amor que quiere ser», *Soledades*, sigue el orden de una sextilla octosílaba de rimas alternas, ababab. Otra sextilla, en «La luna, la sombra y el bufón», *Nuev. canc.*, consta de una redondilla y un pareado, ababcc. El principio de «Soria fría, Soria pura» es otra sextilla formada por tres pareados, aabbcc.

La septilla octosílaba, compuesta por una cuarteta y un terceto de rima aguda, abcb : édé, es un modelo que el autor empleó en «Soria de montes azules», y en otras seis ocasiones en *Nuevas canciones*. La combinación inversa, aunque no con cuarteta, sino con redondilla precedida de terceto monorrimo, aaa : bccb, ocurre en «Todo amor es fantasía» y en otros dos casos en *Cancionero apócrifo*.

Del mismo modo ocasional construyó el grupo independiente de ocho octosílabos de varias maneras, ninguna de ellas coincidente con la octavilla aguda, cuyo artificio, prodigado hasta el hastío por la poesía romántica, fue objeto de decidida crítica por parte de Mairena. En «Ya hay un español que quiere», la octavilla consta de redondilla y cuarteta, abab : cded; en «Asomada al malecón», *Canc. apócr.*, junta dos redondillas, abba : cddc; en «Deletreos de armonía», *Soledades*, se compone de dos redondillas cruzadas, abab : cded, forma repetida en las tres estrofas de «Anoche cuando dormía», *Soledades*. En la sección de proverbios de *Campos de Castilla*, se registra una octava alejandrina, ABBA : CDDC, en «sí, cada uno y todos sobre tierra iguales», y otra con el primer cuarteto alejandrino y el segundo endecasílabo, ABAB : cDDC, en «Sabe esperar, aguarda que la marea fluya».

No adoptó la décima clásica, mantenida por otros poetas, pero tuvo presente muy de cerca su estructura al disponer en el orden de abba : bcdcdc los diez octosílabos de «Con esta maldita fiebre», *Canc. apócr.* Dio a la décima forma realmente distinta, mediante la suma de una sextilla aguda y una redondilla, aaéaaé : bccb, en «Nunca perseguí la gloria», *Campos*. La décima de «Horizonte», *Soledades*, en alejandrinos está formada por dos cuartetos con pareado intermedio, ABAB : CC : DEED, disposición semejante a la de «Quiso el poeta recordar a solas», en el mismo libro, donde el primer cuarteto está formado por endecasílabos y alejandrinos alternos y el resto por alejandrinos continuos.

Variedad. No obstante la progresiva reducción del repertorio de sus metros y la relativa escasez de sus tipos de estrofas, la impresión que se recoge del conjunto de la versificación de Machado es de extraordinaria variedad. Hay un continuo y movido cambio de efectos rítmicos aun entre sus formas de apariencia más semejante. Sin tratar de introducir innovaciones, su procedimiento consistió en someter a constante reelaboración los modelos más corrientes y en combinar con libertad los elementos métricos de cada composición.

Se apartó en general de la ordinaria práctica de mantener en el poema el mismo tipo de estrofa. Las únicas poesías de relativa extensión en que observó tal uniformidad figuran en *Campos de Castilla* y se limitan al formal tratamiento de los cuartetos y pareados alejandrinos. En «Fantasía de una noche de abril», *Soledades*, no resistió al impulso de romper con un arpegio final el desfile de los acompasados quintetos dodecasílabos.

En el extenso poema de «La tierra de Alvargonzález», el relato, en romance, pasa por constantes cambios de asonancia, al compás del desarrollo de sus episodios. Las silvas aconsonantadas de Machado son, como se ha visto, series de distintas estrofas libremente combinadas. Dentro de la sencilla forma de sus cantares, consejos y proverbios, ocurren modificaciones y diferencias que multiplican sus variantes.

El rasgo más importante de tal variedad es su carácter natural y espontáneo, como si se hubiera producido por puro reflejo de los movimientos de la sensibilidad del autor en la composición de sus poemas. No es difícil advertir las transiciones de su actitud en los cambios de versificación entre las distintas partes de «El viajero», *Soledades;* en el paréntesis lírico de las redondillas intercaladas en la silva hexadecasílaba de «El poeta», en el mismo libro, y en la soltura de contrastes entre romances, silvas, redondillas y soleares, combinados en la polimetría de «Recuerdos de sueño, fiebre y duermivela», *Canc. apócr.* La diversa disposición de las rimas en sus sonetos, su preferencia por el cuarteto de endecasílabos y heptasílabos libremente combinados y su mezcla de redondillas de distinto tipo puede responder al simple deseo de evitar la repetición de moldes rutinarios.

Empleó en varios casos el antiguo recurso, aplicado en poesía y en música, de cerrar la composición con algún giro o signo que marque la terminación del poema. Se ha aludido ya a este efecto con relación a «Fantasía de una noche de abril», *Soledades,* cuyos quintetos dodecasílabos se cierran mediante un recortado cuarteto de 12-12-9-6. El poema a Juan Ramón Jiménez por sus *Arias tristes,* en perfectas y uniformes redondillas, termina con una quintilla, cuyo final recoge como un eco el verso «Sólo la fuente se oía». En la composición titulada «Jardín», *Soledades,* en silva arromanzada de endecasílabos y heptasílabos, el final se alarga con un alejandrino. El paisaje marino descrito en rápidos metros fluctuantes en «El casco roído y verdoso», *Soledades,* prolonga más extensamente su final con cuatro lentos versos de 12, 13, 16 y 18 sílabas.

Armonía. Pareja de la variedad y resultado de esta misma es la armonía que se percibe de manera general en las composiciones de Machado, de la cual se han señalado ejemplos en las páginas anteriores. Bastará añadir el recuerdo de «Yo voy soñando caminos», *Soledades,* donde las dos variedades de redondilla, cruzada y abrazada, se combinan en dos grupos simétricos bajo el esquema abab : cddc : efef, entre los cuales se reparte, alternando descripción y canción, el encanto melancólico de la copla que sirve de fondo.

Análogo carácter musical se destaca en «Anoche cuando dormía», *Soledades,* cuyas tres octavillas octosílabas constan idénticamente de dos redondillas, la primera descriptiva y la segunda explicativa; las rimas en toda la composición son alternativamente llanas y agudas, y las tres estrofas empiezan repitiendo los mismos dos primeros versos, los cuales se resumen en una redondilla final como clave del poema.

El romance «Inventario galante», *Soledades*, se desarrolla como una melodía en que alternan, en secciones iguales de doce versos cada una, las notas cálidas relativas a la vehemente hermana de ojos oscuros y carne morena y los suaves tonos evocativos de la otra hermana, clara y débil como un lucero en el azul lejano.

Se encuentran en los versos de Machado efectos de armonía vocálica, de rima interior, de anáfora, de correlaciones y de otros complementos rítmicos. El más repetido y visible es el de la ligadura de un verso con el siguiente mediante la reiteración de los mismos vocablos y expresiones, base del antiguo «lexaprende», trovadoresco y popular:

> Tus labios besaron mi linfa serena
> y en la clara tarde dijeron tu pena.
> Dijeron tu pena tus labios que ardían;
> la sed que ahora tienen entonces tenían.

Soledades

> Perfume de rosas, doblar de campanas;
> doblar de campanas lejanas, llorosas.

Soledades

> Caer la blanca nieve sobre la fría tierra,
> sobre la tierra fría la nieve silenciosa.

Campos

> Todo pasa y todo queda;
> pero lo nuestro es pasar,
> pasar haciendo caminos,
> caminos para la mar.

Campos

De este modo la versificación de Machado resulta a la vez sencilla y compleja, antigua y moderna, clásica y popular. A través de su obra, mientras de una parte fue desnudando sus versos de novedades externas, de otra fue ahondando en la elaboración y refinamiento de lo familiar y tradicional. Es probable que no hubieran sorprendido al autor estos resultados del estudio de su métrica, tan de acuerdo con las enseñanzas de Juan de Mairena, aunque sin duda habría ofendido a su delicadeza este frío análisis de un aspecto de la intimidad de su obra.

No era fácil obtener noticias ni impresiones de Machado sobre sus propios versos. No se prestaba a leerlos ni le gustaba oírlos leídos por otro. Cuando se sentía apremiado por alguna invitación, solía delegar en su hermano Manuel. Su resistencia a leer sus versos y su prevención contra las máquinas parlantes impidieron persuadirle a que inscribiera un disco para el Archivo de la Palabra del Centro de Estudios Históricos. Fueron inútiles las gestiones que se hicieron en Madrid durante varios meses para incorporar a la documentación oral del Centro el testimonio de su voz, que era grave, sonora y varonil, y de su palabra, que era noble, reposada y cordial.

Por fin, en Barcelona, después de la impresión que le produjeron algunos discos del Archivo, especialmente el de Valle-Inclán, accedió a hacer su inscripción, y hasta se designaron las poesías que había de leer. Mientras residió en Rocafort trabajaba solitariamente, después que los amigos se retiraban y los familiares dormían. La contemplación de la huerta y de la ciudad de Valencia en la noche silenciosa quedó impresa en «Ya va subiendo la luna sobre el naranjal», que fue una de las poesías señaladas para la inscripción. Otra fue «El crimen fue en Granada», que Machado leyó un día, con emocionado acento, en ocasión excepcional, ante la multitud congregada en la Plaza de Castelar, de Valencia. Desgraciadamente, la situación en Barcelona al tiempo en que se trató de grabar el disco hizo imposible poder disponer de los materiales necesarios.

La Torre, núms. 45-46. San Juan de Puerto Rico. Enero-junio, 1964.

TEMAS DE MACHADO

JOSE LUIS. L. ARANGUREN

ESPERANZA Y DESESPERANZA DE DIOS EN LA EXPERIENCIA DE LA VIDA DE ANTONIO MACHADO

I

¿Cómo acontece en el corazón del hombre la llegada de la fe? Desde el punto de vista puramente humano, no sobrenatural, la fe suele sobrevenir, muchas veces, como el regreso del hijo pródigo a la casa paterna, del emigrante a su país de origen, del hombre cansado a su hogar; como una recuperación —enriquecida, desengañada, reflexiva o deformada— del modo infantil de estar ante Dios. El joven tiene, en mayor o menor grado, que *emanciparse*, es decir, desvincularse de sus padres, situarse *frente* a ellos y frente a cuanto de ellos ha recibido; también, por tanto, frente a la religión paterna o, por lo menos, frente al modo paterno de vivir la religión. Es el instante en que se abandona la casa donde se ha nacido para vivir por propia cuenta y fundar nuevo hogar espiritual; para vivir de lo que nos ha venido de fuera, de la calle, del aula, de los otros o también desde un dentro fantaseado e irreal. Es la edad de los sueños y las ilusiones, de las aventuras y las revoluciones. Después transcurre el tiempo y el hombre aprende a ser justo con la tradición, con su pasado. Recuerda a los padres y, generalmente, comprueba que en vano buscará por la vida un cariño tan cobijador, tan fiel, tan abnegado como el suyo. Recuerda su niñez y casi siempre termina reconociendo que no hay años tan felices, tan ricos, tan evidenciadores como aquéllos. Recuerda su ingenua piedad infantil, que hablaba a Dios sencillamente y le pedía, como quien pide un vaso de agua, el milagro de cada día. Pero esta mirada hacia

293

atrás no para en inoperantes nostalgias. Ahondando un poco más, descubre que sus padres, su familia, su pasado, su tradición, su niñez, su religión, continúan viviendo en él y él en ellos. Y desde este momento su existencia, proyectada, sí, hacia adelante, abierta hacia todas las promesas y todos los futuros, no avanzará, empero, a la aventura, sino apoyada en una historia y en una fe.

Vida, pues, reconciliada con su origen. Pero esta reconciliación es distinta en cada caso y puede ser total o parcial. Unamuno, por ejemplo, formado en un hogar católico, tras un período de descreimiento o indiferencia religiosa, regresa, sí, a la fe, pero ¡qué diferente de la fe de sus mayores, de la fe de su niñez! Fe alterada, transmigrada, extrañada. Para otros, en el extremo opuesto, la fe recuperada no tendrá más sentido que el de un refugio de los desengaños o los fracasos de la vida. Es difícil saber recobrar las creencias niñas, con la cabeza levantada y el corazón animoso, no simplemente para guarecerse en ellas, sino para vivirlas y hacerlas crecer, por encima de nuestra cabeza, hasta la estatura de nuestro esfuerzo más alto. Pero, como quiera que sea, a quienes hemos recibido una primera formación religiosa, se nos ha dado una maravillosa posibilidad: la de reconquistar íntegramente nuestro origen, la de no tener que renegar, ni siquiera en una partecilla, aquello que nos funda y nos constituye.

Mas, para otros, la fe no puede ser una reconciliación, sino un logro. Son los conversos, los que no vuelven, sino que llegan. Aquellos cuya alma no fue regada o, apenas, con el agua bendita de las oraciones, al Angel de la Guarda, a la Virgen María, al Niño Jesús. Yo no he investigado nada sobre la familia Machado y puedo, por tanto, estar equivocado en un más o en un menos. Pero el hecho innegable es su afiliación republicana y las convicciones laicas (en los hombres de la primera República el anticlericalismo era una nota constitutiva del credo político). Después, trasladada la familia a Madrid, ya se sabe también su adhesión a la Institución Libre de Enseñanza. Tan ligados a ella se sentían que se le iban detrás, cambiando de casa, cada vez que aquélla hacía mudanza de local. El muchacho Antonio fue discípulo fervoroso de la Institución, y sus maestros más venerados, Benot, Costa, Cossío y Giner. Ahora bien, este institucionalismo quedó grabado para siempre, quizá no muy honda, pero sí indeleblemente, en el alma de Antonio Machado. Otros hombres menos profundos, su mismo hermano

Manuel, más entregados a las mudanzas que, cada día, va trayendo la vida, más porosos, más abiertos a lo que va viniendo luego, más olvidadizos también, podrán cambiar con cierta facilidad, hasta de creencias. Antonio Machado, no. Nadie menos voluble que él. Su grave memoria de la vida no le permitirá arrojar, como lastre inútil, ni una sola de sus horas vividas. Por eso su experiencia poética —y su experiencia de la vida, que es una y la misma cosa—, nada varia, nada tornadiza, sólo consistirá en ir ahondando, incansablemente, en las «galerías» de su alma y de su mundo. No es menester recordar sus actos públicos de inalterable fidelidad a la Institución, tales como el sonado artículo contra los métodos pedagógicos del P. Manjón o el poema a la muerte de don Francisco Giner. Pero en este último sí conviene que nos detengamos, porque no sólo las rémoras, también ciertos impulsos de Machado, le vienen de su origen institucionista. Por ejemplo, el amor al campo de Castilla. Antonio Machado, ya se sabe, es uno de los descubridores del paisaje castellano. Pero quien le enseñó a amarle y vivir fuera de la Villa y Corte, dentro de él, ¿acaso no fue Giner?

> ...Oh, sí, llevad, amigos,
> su cuerpo a la montaña,
> a los azules montes
> del ancho Guadarrama.

Sólo después de estos versos, después, sobre todo, de conocer el amor guadarrameño de don Francisco Giner, acabamos de comprender en su hontanar primero aquel «¿Eres tú, Guadarrama, viejo amigo?», y hasta, si se me apura, *Campos de Castilla* entero.

Otro tanto acontece con la bondad laica, con la filantropía de don Antonio, hija legítima de la de don Francisco. ¿Cómo no poner en relación el «soy, en el buen sentido de la palabra, bueno» con la mística, secularizada y humanitaria bondad de «el viejo alegre de la vida santa»? Con la seriedad ante la vida, la tarea y la vocación ocurre igual. Todo eso para no hablar del único tema político de Antonio Machado, el de la España nueva, joven, laboriosa, frente a la otra, el tema de «las dos Españas», aprendido, a la letra, en la Institución. (No comprendo cómo todavía no se ha decidido nadie, después de *La generación del noventa y ocho*, de Laín, a escribir el libro español, absolutamente necesario, sobre la Institución Libre de Enseñanza en sí misma y en relación con lo que, por debajo de su metafísica aprendida, había en los hombres del krausismo español).

II

La experiencia machadiana de la vida, su «camino», empezó, pues, para la religión, con mal pie. Peor que irreligioso, laico. (Este «peor» Machado lo comprenderá muy bien, andando el tiempo, cuando defienda el valor religioso de la blasfemia.) Pero, ya lo hemos adelantado, a él no le será nunca posible abandonar ese camino para tomar otro. El puede adelantar, ahondar y también retroceder y aun fracasar. Cambiar, no. En los años mozos, cuando el alma estalla de esperanzas y poesía, Dios no suele urgir demasiado. Y, sin embargo, desde su primer libro, Antonio Machado advierte su hueco, el lugar hacia donde tendría que estar. En las *Soledades* cabe distinguir, quizá, dos modos de actitud poética. Hay allí, ciertamente, modernismo, más que de lenguaje, de sentimiento y de fragmentarismo impresionista. Pero hay ya, también, poemas en que con una madurez impresionante se toma en peso la vida entera, y no abstraida de sí misma, sino en su despliegue temporal, y se la reconcentra a lo largo y a lo hondo de unas cuantas estrofas. Así, el poema «El viajero» o el siguiente, uno de los más hermosos, «He andado muchos caminos...» (los dos regidos por el mismo símbolo machadiano de la vida, «viaje» y «camino» que, como el de la «barca» y el manriqueño «río», visualiza una personal experiencia poética de la existencia), que termina así:

Son buenas gentes que viven,
laboran, pasan y sueñan,
y en un día como tantos,
descansan bajo la tierra.

Y, en seguida, otro poema, «En el entierro de un amigo», que, con su actitud ante la muerte («Un golpe de ataúd en tierra es algo perfectamente serio») y su final («Definitivamente duerme un sueño tranquilo y verdadero») está metido ya, quiera o no, en el «siempre buscando a Dios entre la niebla» o, por lo menos, en la «vieja angustia» y la «pura fe en el morir».

Todavía es importante destacar otros dos poemas. Uno, aquel cuyo estribillo dice:

> No te verán mis ojos;
> ¡mi corazón te aguarda!

que, con su última estrofa, es la anticipación de una actitud posterior —pronto nos detendremos en ella—, por desgracia no mantenida, en la que el poeta estuvo, a mi entender, más abierto y propicio que nunca, a la gracia de la esperanza de la fe.

El otro poema es el titulado «El poeta», y nos importa aquí de manera algo indirecta. Antonio Machado, en sus primeros libros, *Soledades* y *Soledades, galerías y otros poemas*, fue, inevitablemente —estaba en la época—, poeta de sensibilidades y melancolías. Pero, al final de este poema, se arranca del alma «el demonio de los sueños», la ficción que idealizara primaveralmente el pasado, simplemente, románticamente, porque pasó y murió. No. A Antonio Machado el patio de Sevilla y el huerto claro donde madura el limonero; los años de Madrid, las enseñanzas de sus maestros y la juvenil amistad de sus amigos; la pobre tierra soriana y el cariño de Leonor; los olivares de Andalucía la Alta, las tertulias de Baeza, la memoria del padre (recuérdese el espléndido soneto a él dedicado, aquel que comienza «Esta luz de Sevilla... Es el palacio», de una actualidad poética tan palpitante que merecería, él solo, todo un estudio), su pasado entero, en fin, no le importa porque se fue y está ya instalado en una añorante, «poetizada» lejanía. No, sino porque Antonio Machado continúa todavía (el «todavía» machadiano, el «pasado vivo») siéndolo. Porque él es hombre de buena memoria, hombre con alma de galerías sin fondo, hombre que, además de tener un pasado, lo es. Hay un texto del *Juan de Mairena* que viene a confirmar lo que aquí se afirma. Dice así:

> ...os aconsejo una incursión en vuestro pasado vivo, que por sí mismo se modifica, y que vosotros debéis, con plena conciencia, corregir, aumentar, depurar, someter a nueva estructura, hasta convertirlo en una verdadera creación vuestra.

Y ahora me parece que empezamos a entender a este hombre que sintió, como nadie, «el hoy de ayer». Hablábamos antes de la huella impresa en él por sus maestros. La que le grabó su padre, estudioso del folklore y las tradiciones andaluzas, es —cualquiera que haya hojeado su poesía o su poética lo echará al punto de ver— mucho más honda todavía. Antonio Machado no olvida nunca. O mejor, como Rilke, olvida para hacer de los recuerdos «sangre, mirada y gesto»; olvida para entrañar. (La coincidencia entre estos dos coetáneos poetas, los más grandes, para mí, de ayer, y los maestros de la poesía de hoy, es sorprendente; compárense con el conocido pasaje de los *Cuadernos* las «Otras canciones a Guiomar» y su comentario posterior en el *Juan de Mairena*).

Le entendemos en su dualidad dubitante frente a lo que pueda haber del *otro lado* de la muerte, dubitación que arrastrará a lo largo de su vida entera. Dos poemas, uno en la serie «Del camino», de las «Galerías» el otro, expresan, mejor que todos los demás de esta primera etapa, esta desesperanza y esta esperanza. El primero, radicalización de la temporalidad de la existencia, dice así:

> Al borde del sendero un día nos sentamos.
> Ya nuestra vida es tiempo, y nuestra sola cuita
> son las desesperantes posturas que tomamos
> para aguardar... Mas Ella no faltará a la cita.

No creo que haya en la historia universal de la poesía una anticipación poética tan clara y terminante, en sólo cuatro versos, del sentimiento de la vida subyacente a esa filosofía actual de la finitud temporal, del cuidado, de la desesperación (no gesticulante y retórica, a lo Unamuno, sino mansa y callada) y el ser-para-la-muerte, como la que se expresa aquí. A este respecto se habla —hablamos— tal vez demasiado, de Miguel de Unamuno. Se habla del «yo soy yo y mi circunstancia» de Ortega. ¿Por qué no hablar nunca del «ya nuestra vida es tiempo» a propósito de *Seind und Zeit*?

El otro poema, que, si bien tímida e interrogativamente, sostiene una esperanza y casi una prueba de la inmortalidad del alma, es como sigue:

> ¿Y ha de morir contigo el mundo mago
> donde guarda el recuerdo
> los hálitos más puros de la vida,

la blanca sombra del amor primero,
la voz que fue a tu corazón, la mano
que tú querías retener en sueños,
y todos los amores
que llegaron al alma, al hondo cielo?
   ¿Y ha de morir contigo el mundo tuyo,
la vieja vida en orden tuyo y nuevo?
¿Los yunques y crisoles de tu alma
trabajan para el polvo y para el viento?

Y aquí quiero, simplemente, transcribir un párrafo de Max Scheler, del pensador a quien Antonio Machado dedicó estas palabras: «A la muerte de Max Scheler, hubiera dicho Juan de Mairena: Ni siquiera un minuto de silencio consagrado a su memoria. ¡Como si nada hubiera pasado en el mundo! Sin embargo, ¿para cuándo son los terremotos?» Pues bien, Max Scheler, en *Muerte y supervivencia*, escribió esto:

> Quiero a un amigo y mañana estoy agonizando; evidentemente, este amor puede comenzar y cesar conforme a las leyes esenciales del amor y del odio. Si veo con evidencia que estaba engañado acerca de la persona del amigo, deja de existir el amor. De otras mil maneras podría ese amor comenzar y cesar conforme a éstas y otras leyes esenciales. Pero me muero. ¿Qué podría significar esto para el ser y para la perduración del sentido de mi amor?

III

Y después escribió *Campos de Castilla*. Se había encontrado y compenetrado ya con la tierra castellana. El pedregal y el serrijón, el fuerte olor del monte, la primavera humilde, los cerros cenicientos y los verdes pradillos, todo el campo de Castilla que, de triste que es, no puede menos de tener alma, es ahora ya el símbolo esencial del poeta: Campos de Castilla, alma de Antonio Machado.

El poeta ha descubierto del todo su paisaje del alma y su voz. Mas su «experiencia de la vida», su ir viviendo como la encina que

brotas derecha o torcida
con esa humildad que cede

299

sólo a la ley de la vida,
que es vivir como se puede,

va a crecer, de un golpe, amargamente. Sobreviene la muerte
de la joven esposa, de Leonor. Y es, de toda su vida, entonces, a mi entender, cuando Antonio Machado estuvo más
cerca de Dios. A Miguel de Unamuno le levantaba la fe el
ansia de inmortalidad. A Antonio Machado, por estos años
de 1912 y 1913, la dulce esperanza de recobrar, algún día,
a la amada muerta. Unamuno encerraba a la vez, dentro de
sí, angustia y confianza, desesperación y esperanza. Machado
vacila, fluctúa, va y viene una y otra vez de la esperanza
a la desesperanza, de la desesperanza a la esperanza, «a solas
con su sombra y con su pena».

Esta propiciación a la esperanza se expresa en versos
como éstos, del poema «A un olmo seco»:

Mi corazón espera
también, hacia la luz y hacia la vida,
otro milagro de la primavera.

«Recuerdos» está, al revés, tomado de desesperanza. Y
luego, este verso, quizá el más religioso de todo Antonio
Machado:

Señor, ya me arrancaste lo que yo más quería.
Oye otra vez, Dios mío, mi corazón clamar.
Tu voluntad se hizo, Señor, contra la mía.
Señor, ya estamos solos mi corazón y el mar.

Y el siguiente, desgarrado de desesperanza y esperanza:

Dice la esperanza: un día
la verás, si bien esperas.
Dice la desesperanza:
sólo tu amargura es ella.
Late, corazón... No todo
se lo ha tragado la tierra.

O aquel otro, también breve y bellísimo, de sueño, que
termina en esta estrofa:

Sentí su mano en la mía,
tu mano de compañera,
tu voz de niña en mi oído
como una campana nueva,

> como una campana virgen
> de un alba de primavera.
> ¡Eran tu voz y tu mano,
> en sueños, tan verdaderas!...
> ¡Vive, esperanza, quién sabe
> lo que se traga la tierra!

Antonio Machado vive para recordar. Pero, como él dice, le falta ya el hilo que anuda el recuerdo al corazón y convierte en alma sus despojos, las memorias. Y a seguida, el último canto de esperanza, esperanza de resurrección:

> Un día tornarán, con luz del fondo ungidos,
> los cuerpos virginales a la orilla vieja.

Y tras él, el grito «anhelante de milagro», según la expresión, tan justa, de Pedro Laín:

> ¡No puedo cantar, ni quiero
> a ese Jesús del madero,
> sino al que anduvo en el mar!

Para mí, la despedida de la gran esperanza es aquel poema que comienza «Palacio, buen amigo...». El siguiente, «Otro viaje», termina ya así:

> Soledad,
> sequedad.
> Tan pobre me estoy quedando
> que ya ni siquiera estoy
> conmigo, ni sé si voy
> conmigo a solas quedando.

El que le sigue, «Poema de un día», es, en mi entender, aunque esto no hace ahora al caso, extraordinariamente importante por cuanto que en él se vuelve a alumbrar la fuente narrativa, temporal, concreta, biográfica, existencial, abierta a la realidad, con la ventaja sobre «La tierra de Alvargonzález» —pese a la menor pretensión y extensión— de que se ha abandonado la forma objetiva de relato para meterse el poeta dentro del poeta y «contarse» desde él. En cambio, es también el primer poema machadiano en que la pura lírica comienza a retroceder ante la «filosofía». Pero, sobre todo, y esto es lo que ahora nos importa, vuelve a caer otra vez en la desesperanza y el viejo escepticismo, en la duda de la que —que nosotros, hombres, sepamos— ya nunca saldrá.

IV

Y entonces comienza poco a poco a acontecer que el «triste y pobre filósofo trasnochado» y el poeta gnómico, sentencioso, el poeta de proverbios, donaires y saber popular, presentes ambos ya en su juventud, ahogan al poeta lírico. El proceso es patente aunque, como digo, luengo y de trayectoria indecisa, zigzagueante. Recordemos aquellas palabras del *Mairena*, tan esclarecedoras del modo de ser de Antonio Machado: «Hay hombres, decía mi maestro, que van de la poética a la filosofía; otros que van de la filosofía a la poética. Lo inevitable es ir de lo uno a lo otro, en esto, como en todo.» Por de pronto, recién destinado a Baeza, se pone a estudiar formalmente filosofía y se licencia en ella. Naturalmente lo que él busca no es la «filosofía de profesores», sino todo lo contrario: la consolación por la filosofía. Antes había escrito: «Quien habla solo espera hablar a Dios un día.» Ahora que ya no espera hablar con Dios va a trabar diálogo con los filósofos, con los consoladores. Y simultáneamente escribe estos «Proverbios y cantares», cuyo sentido último se encierra, para mí, en estos tres amargos versos en que, ahondando en el conocido refrán popular, la desesperanza ha triunfado ya:

> El que espera desespera,
> dice la voz popular.
> ¡Qué verdad tan verdadera!

Ya la «sabiduría», la «filosofía», no consistirá sino en desengañar:

> A quien nos justifica nuestra desconfianza
> llamamos enemigo, ladrón de una esperanza.
> Jamás perdona el necio si ve la nuez vacía
> que dio a cascar al diente de la sabiduría.

302

Dios, el sueño de un sueño:

> Ayer soñé que veía
> a Dios y que a Dios hablaba;
> y soñé que Dios me oía...
> Después soñé que soñaba...

Los ojos están ya «hartos de mirar sin ver». Escepticismo. Pues:

> a preguntas sin respuesta
> ¿quién te podrá responder?

Todavía un paso más abajo, filosofía de la existencia finita, definitivamente mortal:

> Fe empirista. Ni somos ni seremos.
> Todo nuestro vivir es emprestado.
> Nada trajimos; nada llevaremos.

Es la vejez prematura, desengañada, campoamoresca, escéptica. Y, quizá, hacia esta época es cuando vuelven, con más fuerza que nunca, los prejuicios institucionistas «la sangre jacobina», la confusión —tan radicalmente resuelta por Unamuno mediante una fe antieclesiástica— entre la religiosidad y la beatería hipócrita —«el usurero a su rosario»—, supersticiosa o ñoña —«los corazoncitos de Jesús»—, entre la Iglesia y los sacristanes, y el desdén por la piedad de pandereta de «esa España inferior que ora y bosteza».

Pero la esencia de la vida de Machado —no nos cansaremos de repetirlo— es un ir y venir. Aunque sin referencia directa y, por supuesto, sin esperanza trascendente explícita, bastantes años después volvemos a encontrar esperas y esperares. Anotemos aquellas dos canciones, la que empieza «Hay fiesta en el prado verde», la siguiente, «Contigo en Valonsadero», y también, aunque no haga a nuestro propósito, el soneto «¿Empañé tu memoria? ¡Cuántas veces!», en el que, más allá de flaquezas, de «amores por el atajo», la memoria de Machado guarda, a través de los años, su único amor.

Entre todos los poemas de esta época es menester destacar aquel cantar en que, volviendo sobre el amado símbolo manriqueño de la vida-río que va a dar a la mar, el poeta levanta los ojos hacia su desconocido manantial:

> ¡Oh Guadalquivir!
> Te vi en Cazorla nacer;
> hoy, en Sanlúcar morir.
> Un borbollón de agua clara,
> debajo de un pino verde,
> eras tú, ¡qué bien sonabas!
> Como yo, cerca del mar,
> río de barro salobre,
> ¿sueñas con tu manantial?

Pero sin olvidar, sobre todo, aquella estrofa final de canción:

> Y tú, Señor, por quien todos
> vemos y que ves las almas,
> dinos si todos, un día,
> hemos de verte la cara.

Y, en fin, las «Canciones a Guiomar», cuya mención traigo aquí para hacer notar un curioso paralelismo. Cuando al poeta se le muere la amada real y verdadera, Leonor, está —o por lo menos yo lo pienso así— a punto de empezar a creer en el Dios real y verdadero. Después, cuando Dios se le vuelve una pura creación del hombre —«el Dios que todos hacemos», el Dios del primer Bergson y del último Scheler, el Dios de un cierto Unamuno y un cierto Rilke—, Antonio Machado inventa, con cargo a Juan de Mairena o a Abel Martín, lo mismo da, la amada inexistente:

> Todo amor es fantasía;
> él inventa el año, el día,
> la hora y su melodía;
> inventa el amante y, más,
> la amada. No prueba nada,
> contra el amor, que la amada
> no haya existido jamás.

Antonio Machado, nacido en el subjetivismo, vuelve a él, regresa a la soledad.

V

El último Antonio Machado inventa un dios, inventa una amada, inventa, en fin, a Juan de Mairena. Y aquí es

menester proponernos con algún detenimiento, si bien esque-
máticamente, pues no es ésta la ocasión oportuna para más,
la pregunta por el «Cancionero apócrifo» y por el *Juan de
Mairena*. ¿Cuál es el sentido último de estos textos? Si deja-
mos aparte el puro «astracán filosófico» y los temas menores, de arte, política, teatro y varios, advertimos que las
tres cuestiones esenciales allí tratadas son: 1ª, la de una
«metafísica para poetas»; 2ª, la poética, y 3ª, el problema
de su escepticismo existencial y, muy particularmente, el
atolladero religioso.

Mairena escribió: «El poeta tiene su metafísica para andar por casa, quiero decir, el poema inevitable de sus creencias últimas, todo él de raíces y de asombros». Esa «metafísica» de Machado, verdaderamente anticipadora y genial,
es la resumida en aquellos versos de más arriba: el «ya nuestra vida es tiempo», la angustia del pasar, el *fugit irreparabile tempus*, la irreductible realidad última de éste y el
desesperanzado aguardar a la muerte. Por eso dice Mairena
que, de todas las máquinas inventadas por el hombre, la
más interesante y específicamente humana es el reloj, con
el cual pretende engañarse a sí mismo pensando que, al
dividir el tiempo infinitamente, como Zenón de Elea, con-
seguirá salvarse de la finitud. Y, sin embargo, el intento se
vuelve siempre contra él, pues sólo el tiempo finito puede
medirse y el reloj resulta, así, una prueba de la creencia
del hombre en su mortalidad. ¡Ah, si de verdad se pudiera
parar, sin romperle, el reloj que cada uno de nosotros llevamos dentro! (Antonio Machado siente el paso del tiempo
y la ruptura final de la muerte en dos tremendas sensaciones auditivas: el tic-tac —o el tic-tic, como él oía— del
reloj y los ruidos secos de la inhumación: golpes del martillo en el ataúd, de la azada en el sitio de la fosa, del ataúd
en tierra). En cuanto a ésta, a la muerte, nos acompaña,
sin dejarnos un momento, durante toda la vida, y por eso
está lleno de sentido que nos la representemos plásticamente
como el esqueleto —la «notomía»— que llevamos dentro.

Estas dos intuiciones, tiempo y muerte, habían sido siempre temas centrales de Machado, temas propios de poeta,
temas que los filósofos habían obstinadamente sorteado o,
lo que para Machado viene a ser igual, «pensado». Pero,
ya en su vejez, se encuentra con que, justamente cuando los
poetas —él menciona a Valéry, pero con más razón, acaso,
habría que citar a Guillén— se entregan, al revés que Manrique y Bécquer, a cantar el ser fuera del tiempo, «los

filósofos... llegarán a una metafísica existencialista, fundamentada en el tiempo; algo, en verdad, poemático más que
metafísico». Es decir, se encuentra con que los filósofos
empiezan a pensar de veras lo que tantos años llevaba él
sintiendo. A mí me parece que, bajo el ropaje deliberadamente anticuado, quien más ha influido en la «filosofía»
de Mairena es Heidegger —un Heidegger más o menos de
primera mano, eso no lo sé—, y los ataques a la forma de
pensar aristotélico-escolástica se comprenden muy bien desde este punto de vista de la temporalidad. El tema es sobre-
manera interesante, porque, sin duda, también están presentes Bergson y Unamuno, y porque ahí están, además, la
antítesis solipsismo-otredad (lo que Abel Martín llamaba
«la esencial heterogeneidad del ser») y el gran problema
de la relación entre la filosofía y la poesía según Mairena.
Pero no es en un trabajo como éste, que se refiere a la
religiosidad y no a la filosofía de Machado, donde se puede
tratar con la debida amplitud.

Y con esto pasamos a la segunda cuestión, directamente
relacionada con la primera. Acabamos de ver que, para
Machado, «la vida es tiempo». Pero si es así, una poesía como
la suya, que marcha al hilo mismo de la vida, tendrá que
ser «arte temporal», «palabra en el tiempo», relato, y su
elemento lingüístico fundamental, la parte de la oración
que expresa el tiempo, es decir, el verbo. Y aquí se ha de
volver a decir de la poética —cuyo detalle no podemos analizar— lo que antes se dijo de la poesía. O sea, que si tomamos esta palabra en su sentido profundo y no como conjunto de meras recetas técnicas para la versificación, la
poética de Machado es, con la de Rilke, la más viva, fecunda
y operante en la hora actual.

¿Cómo llegó Antonio Machado a ella? De la única manera
posible: meditando, a posteriori, sobre la poesía —Manrique,
el Romancero, Bécquer y, por la banda contraria, el barroco— y sobre su poesía. Reflexionando, porque ya no
creaba, porque el filósofo, porque el retórico, porque el crítico habían sofocado al poeta. Efectivamente, reparemos en
que los poemas compuestos por Machado en esta época no
son sino ejemplificaciones de sus teorías (aunque estas teorías se funden —y por eso tienen ese inapreciable valor—
en su experiencia poética anterior). Y el hecho de que
Mairena fuese maestro de Retórica debe tomarse al pie
de la letra.

Las anteriores digresiones sobre el sentido metafísico

y poético del *Mairena* nos han servido para mostrar qué encerrado estaba el pensamiento último de Antonio Machado en los confines de la más radical temporalidad. Sin embargo, se equivocaría profundamente quien pensase que la duda y la esperanza han quedado por completo eliminadas. Mairena es todavía más escéptico que Machado, «escéptico hasta el escepticismo», incansablemente dubitante, incansablemente ignorante:

> Confiemos
> en que no será verdad
> nada de lo que sabemos.

ya que, por debajo de lo que se sabe, está siempre lo que se cree, o lo que se quisiera creer. Y si en una ocasión Mairena, porque el tema de la muerte no es para jóvenes, que viven hacia el mañana y se imaginan indefinidamente vivos, dándoles por el gusto, les habla de la inmortalidad, en otra se detiene en esta frase hecha, «abrigo la esperanza», para observar cómo, en efecto, es menester *abrigarla* para que no se nos hiele, y tan pronto prueba en la lección 28 la existencia de Dios como en la 29 su inexistencia, para sostener, en otro lugar, este breve diálogo:

> —Dios existe o no existe. Cabe afirmarlo o negarlo, pero *no dudarlo.*
> —Eso es lo que usted cree.

Y se niega, en fin, ni aun en compañía del Dante, a bajar a los infiernos, es decir, se niega a *dejar toda esperanza.*

VI

Y llegamos al final. Nos hemos esforzado por ir acompañando a Antonio Machado, poeta del tiempo, a lo largo de su indeciso vivir en el tiempo. Me doy cuenta de la imperfección de este estudio. Sería menester disponer previamente de una investigación minuciosa sobre la vida del poeta, la fecha de cada poema y la circunstancia concreta y existencial de que brotó, para poder realizar cumplidamente la obra que yo he iniciado aquí porque la ecuación poesía-vida en ningún poeta es más verdadera que en Antonio Machado y nadie ha autenticado más que él la poesía, nadie la ha acercado tanto a la verdadera existencia.

De todos modos, algo creo que hemos esclarecido. Por de pronto hemos visto cuán verdadero era el verso de Rubén Darío: Antonio Machado «iba una y otra vez» y, como él mismo escribió, tenía «un alma siempre en borrador, llena de tachones, de vacilaciones y de arrepentimientos». Hemos intentado seguirle en sus ires y venires, en sus dudas, en su indecisión. Y ahora, para resumir, debemos preguntarnos por su religiosidad. Si por religiosidad se entiende una preocupación constante y profunda por el origen, destino y paradero final del ser humano y por el problema de Dios, sin duda fue un hombre verdaderamente religioso. Si por religiosidad se entiende la fe en un Dios trascendente, su peregrinar espiritual consistió en un fluctuar entre escepticismo e inconcreta creencia, entre desesperanza y esperanza. Católico, nunca lo fue. Acaso habría llegado a serlo. El no era hombre, ciertamente, para convertido por teólogos, apologistas o predicadores; pero por el ejemplo sencillo de una mujer piadosa, provinciana y amada, tal vez sí. Yo no puedo olvidar aquellos seis versillos de las *Nuevas canciones:*

En Santo Domingo
la misa mayor.
Aunque me decían
hereje y masón,
rezando contigo,
¡cuánta devoción!

Si le hubiera vivido la esposa, ¡quién sabe! Nada ni nadie —ya lo hemos visto— le acercó, como ella, a Dios. Después, con el paso de los años, se le fueron enterrando memorias y esperanzas. Y, un día, en tierra extraña, murió. ¿Qué aconteció aquel día en el alma de Antonio Machado? Un personaje de *Las Adelfas* dice:

morir, Araceli, es irse
cada cual con su secreto.

También él se llevó el suyo. Pero dejándonos antes —nada menos—, «unas pocas palabras verdaderas».

Cuadernos Hispanoamericanos, núms. 11-12, Madrid, 1949.

JOSE MARIA VALVERDE

EVOLUCION DEL SENTIDO ESPIRITUAL DE LA OBRA DE ANTONIO MACHADO

A José Luis L. Aranguren

¿Qué significa eso del «sentido espiritual» de una poesía, o, mejor dicho, de la obra conjunta de un poeta? Aunque la afirmación escandalice, acaso por demasiado ortodoxa, la poesía es ordenación, constitución de un cosmos con sentido en nuestra alma, y, por lo tanto, en su esencial necesidad de salvarse de su situación perpetuamente insostenible, precaria e imperfecta. El hombre concibe siempre el mundo más o menos ordenado; incluso, sólo lo concibe en la medida en que lo ordena —no se habla aquí de comprender, que es asunto en que queda la palabra a disposición del filósofo que la pida— y casi siempre siente la necesidad de expresar esa concepción suya, comunicándola, para que se haga hacienda y posesión verdadera del alma, punto de apoyo en su caminar, y aun —si no se me malentiende en sentido idealista— para que sea plena y efectivamente verdad lo que concibe, pues ˙la realidad sólo llega a ser mundo de objetos, cosmos, cuando se la expresa. Expresar no es sólo constatar lo que está ahí, sino dotarlo de sentido humano y personal, ya que la palabra sintetiza la más íntima e inefable subjetividad con la más sólida e impenetrable objetividad. En consecuencia, la poesía, o es una ordenación de tendencia salvadora, o es un mero pasatiempo —tal vez muy útil y respetable— para ciertos ratos del día. Por supuesto, las ordenaciones poéticas, sobre ser imperfectas y parciales, no tienen por qué coincidir superpuestas sobre la misma senda, con diferencias sólo de grado, por más que siempre, de modo más o menos remoto, se orienten a confluir en una sola desembocadura. Al contrario, cada una se apoya en una base peculiar, la manera de ser individual del poeta y su situación, y anda así su camino diverso, azaroso y a menudo fracasado o retrocedido. Esa común inclinación de la llanura del alma, hace que las poesías que pudieran llamarse anarquistas —como la de un Rimbaud— no dejen de incluirse en la concepción aquí expresada, como ordenaciones desde una clave nueva, insólita, acaso más parcial que otras, y hasta si se quiere, de menor altura absoluta en una valoración espiritual última —lo cual difícilmente suscribiríamos nosotros—, pero, de cualquier manera, siendo siempre ordenaciones legítimas, cimentadas al menos en un lado vivo y legítimo de las tendencias del alma.

En la vida de la poesía y del lenguaje, o sea, en la vida del espíritu, vale más no meterse a distinguir causas y efectos, anterioridades y posteridades. De hecho, la mente y sus producciones se dan enlazadas reobrando recíprocamente; no sabemos bien —ni nos interesa demasiado— cuándo es el pensamiento el que engendra la palabra y cuándo es la palabra la que ocasiona el pensamiento, ni aun si tiene pleno sentido plantearse esa disyuntiva. Y así, jamás hay que suponer que la obra de un poeta viene dada simplemente a partir de un sentido espiritual previo, del que sería sólo consecuencia y expresión; por el contrario, más bien esa actitud espiritual suele ser fruto, en cierto grado, en vez de premisa, de la labor poética, tanto en su anverso de experiencia anímica como en su reverso de experiencia artesana, productora de artefactos, objetos con entidad autónoma. Incluso en los poetas que parten de una fe, sin salir de ella en su vida, la poesía reobra sobre su creencia ahondándola y enriqueciéndola humanamente, igual que ser padre hace al creyente ser creyente de otro modo nuevo. En otras ocasiones, el camino de la poesía, arrancando de una creencia heredada, no mora en ella, sino que construye su edificio según otro proyecto, sin dejar de usar piedras de su antigua casa solariega, pues, en definitiva, nadie empieza sólo desde la nada ni desde sí mismo sólo. De ese modo, cabe afirmar que una poesía, o reside en una creencia —en sentido muy amplio—, o va hacia ella, al venir desde la herencia de otra, aunque a menudo quedándose descaminada en mitad del yermo.

Con todo esto, al echar una ojeada general sobre la obra de Antonio Machado, se advierte inmediatamente en ella una íntima evolución, un proceso penoso, esforzado, con una cara de logro y otra de fracaso trágico, sin salir apenas del mismo punto, del pozo que, minero del alma, iba ahondando día a día en el acendramiento de su palabra. Vamos a ver, diferenciando sus etapas, la alta y tremenda aventura espiritual de la obra de Antonio Machado —lo cual no es exactamente lo mismo que la persona de Antonio Machado—; vamos a asistir a su tragedia, la tragedia típica del vate, del poeta-profeta, vehículo de la voz suprema, pero a quien le es negado vivir a la sombra de esa voz a la que sirve.

Ahora bien, antes de ello, y con harto dolor de mi corazón, debo detenerme a hacer una advertencia sobre el carácter general de este trabajo. Con harto dolor, digo, porque yo me sentiría exento de todo portazgo valorativo y de homenaje si la obra de Antonio Machado estuviera hoy, a los diez años de su muerte, asistida y servida por todo el caudal de críticas y comentarios que por ley natural habría de corresponder al que acaso sea nuestro máximo poeta moderno, o si gozara de la boga consagradora, siempre escasa en lucidez, de todos modos, de un Rilke o un Valéry. Y es que no se trata aquí de buscar por los pelos una concepción del mundo —una «Weltanschauung», diremos, ya que la palabra se ha puesto al alcance de todos los bolsillos— y un sentido último espiritual a un poetilla lírico menor, como habría más margen para acusar si estudiáramos a un Gutierre de Cetina cualquiera, o aun, salvando inmensas distancias, a un García Lorca, a un Bécquer mismo, o hasta a su propio hermano don Manuel Machado. El hecho de que casi nadie haya leído con la necesaria detención e insistencia las páginas en prosa de Antonio Machado, y otras variadas circunstancias, nos han velado la importancia de quien no me hartaré nunca de calificar como una de las personalidades más enterizas de nuestra historia cultural, de redondez verdaderamente goethiana —por usar el módulo específico de «redondez» intelectual de mayor vigencia—, y de una importancia de pensamiento equiparable a la de su compañero y maestro Unamuno. (Entre paréntesis, algún día será menester estudiar despacio la influencia del pensamiento unamuniano en Machado.) Esta influencia y parcialidad de la atención dedicada a Antonio Machado se explica, en parte, aunque no se justifica, si atendemos a su modo de manifestarse, al carácter de su palabra, velada en ironía y detenida sobre sí propia, sin irrumpir apremiantemente sobre el lector, como en el gran hablador Unamuno, sino lacónicamente remansada sobre sí propia, sabiendo que no hay para qué apresurarse, pues no por decir antes y más abundosamente las cosas van a quedar mejor expresadas. Su misma claridad le embosca; y aún más su infinita ironía, en la prosa a veces elevada al cubo, cuando al apócrifo Mairena endosa a su doblemente apócrifo maestro Abel Martín la responsabilidad de ideas, de que tampoco se dice que éste estuviera muy seguro. Esta distanciación en que acabó expresándose aquel «borroso laberinto de espejos» de su alma, de que hablaba en las «Soledades y Galerías», hace dificultosa la simplicidad inagotable de su palabra, que siendo de una sola pieza tiene infinitas luces. Dijo él mismo: «Da doble luz a tu verso / para leído de frente / y al sesgo.» Y aunque no era para él mismo, como todo retrato se parece al pintor, se le puede aplicar lo de aquel retrato, en emblema de su sentenciosidad andaluza:

> Como el olivar
> mucho fruto lleva,
> poca sombra da.

Con todo, aunque se comprenda así que el acceso al meollo del pensamiento machadiano haya de ser lento, no es justo que la multitud lectora, falta de la guía y el valimiento crítico de los maestros —puesto que parece haberlos—, siga quedándose sin remedio en las simples impresiones líricas fragmentarias, y no contamos todos con algunos puntos externos de referencia en la delimitación de su volumen. Y, en este caso, es lamentable que al lanzarse, casi con sensación de ridículo, a un incipiente y modesto comentario sobre el sentido espiritual de su obra, tenga uno que creerse obligado a reivindicar previamente que no se trata de buscar cinco pies al gato, sino de recensionar obviamente a un poeta que, a la hora de la metafísica, tiene una altura de pensador raras veces igualada en nuestro suelo.

Una vez puesto en este marco, y despachada esta aduana, ya podemos empezar nuestro panorama sucesivo de la obra machadiana. Naturalmente, la evolución que en ella se advierte no es brusca, sino biológicamente curvada y continua, pero creo que se puede dividir en tres etapas sin gran violencia, con tal que no se entienda que son absolutamente sucesivas en el tiempo y que el comienzo de una suprime por completo la vigencia de la anterior. La primera se manifiesta claramente en el libro *Soledades, Galerías y otros poemas*, que alcanza desde 1899 hasta 1907. Las otras dos etapas no son tan obviamente separables; es evidente que *Campos de Castilla* (1912) centra la segunda —sobre todo, si ponemos a un lado sus «Proverbios y cantares»—, y que el libro en prosa *Juan de Mairena* (1936), con otras prosas últimas, pertenece a la tercera, pero en medio, en un terreno complejo e imbricado, queda el libro *Nuevas canciones* (1917-1930), de estructura muy diversa, así como los *Cancioneros apócrifos* de Abel Martín y Juan de Mairena, en los que, como es sabido, predomina mucho la dosis de prosa.

Vamos a ver ahora en qué consistieron estas etapas, es decir, vamos a contar la heroica y trágica vida de la poesía de don Antonio Machado, la biografía de su obra, no de su persona. Para caracterizar la primera etapa frente a la segunda, disponemos de unos textos suyos *a posteriori*, de inapreciable valor. En la edición de *Páginas escogidas*, de Calleja (1917), el poeta hubo de intercalar sendos prologuillos para las representaciones antológicas de sus dos libros hasta entonces publicados, juntamente con una nota general crítica y otra biográfica (todo ello recogido en la edición mejicana de 1940). En el de las *Soledades...* declara cómo fue Rubén Darío el punto de partida de su obra, si bien arrancando de una fecunda discrepancia admirativa. «Yo pretendía», dice —«y reparar en que no me jacto de éxitos, sino de propósitos—, seguir camino bien distinto. Pensaba yo que el elemento poético no era la palabra por su valor fónico, ni el color, ni la línea, ni un complejo de sensaciones, sino una honda palpitación del espíritu; lo que pone al alma, si es que algo pone, o lo que dice, si es que algo dice, con voz propia, en respuesta animada al contacto del mundo. Y aun pensaba que el hombre puede sorprender algunas palabras de un íntimo monólogo, distinguiendo la voz viva de los ecos inertes; que puede también, mirando hacia dentro, vislumbrar las ideas cordiales, los universales del sentimiento. No fue mi libro realización sistemática de este propósito; mas tal era mi estética de entonces». En efecto, esta lírica intimista, de poema breve, de «rimas», empalma con la tradición de Bécquer y de Heine, de un romanticismo

313

venido a postromanticismo por la corrosión de la ironía, peinando las melenas de su *pathos* para interiorizarse en la soledad, por las «galerías» del alma —tal es el símbolo que da título a la segunda parte del libro—. Recordemos como ejemplo de rima que hubiera podido firmar Heine, aquella:

La casa tan querida
donde habitaba ella,
sobre un montón de escombros arruinada
o derruída, enseña
el negro y carcomido
maltrabado esqueleto de madera.
La luna está vertiendo
su clara luz en sueños que platea
en las ventanas. Mal vestido y triste,
voy caminando por la calle vieja.

O mejor, como síntesis del libro, repitamos aquella inmortal:

Desde el umbral de un sueño me llamaron...
Era la buena voz, la voz querida.
—Dime: ¿vendrás conmigo a ver el alma?...
Llegó a mi corazón una caricia.
—Contigo, siempre... Y avancé en mi sueño
por una larga, escueta galería,
sintiendo el roce de la veste pura
y el palpitar suave de la mano amiga.

Ahora bien, en la grave inteligencia machadiana, este intimismo no podía quedarse en un sentimentalismo ni en una pureza de análisis psicológico de corto radio, pues ya estaba clavando preguntas:

¿Y ha de morir contigo el mundo tuyo,
la vieja vida en orden tuyo y nuevo?
¿Los yunques y crisoles de tu alma
trabajan para el polvo y para el viento?

y, por otra parte, contando también, narrando las estampas del mundo en su torno. La reacción posterior es clara, y él mismo la explica haciendo la crítica del primer libro en el prologuillo para el segundo de la mencionada edición (1917) y, dos años más tarde, en 1919, en prólogo a una nueva edición (Colección Universal) de las *Soledades, Galerías y o. p.* En este texto habla del tiempo en que escribió el libro, y

314

dice: «Ningún alma podía entonces aspirar al clasicismo, si por clasicismo ha de entenderse algo más que el dilettantismo helenista de los parnasianos. Nuevos epígonos de Protágoras (nietzscheanos, pragmatistas, humanistas, bergsonianos) militaban contra toda labor constructora, coherente, lógica. La ideología dominante era esencialmente subjetivista; el arte se atomizaba, y el poeta, en cantos más o menos enérgicos —recordad al gran Whitman entonando su *mind cure,* el himno triunfal de su propia cenestesia—, sólo pretendía cantarse a sí mismo, o cantar cuando más el humor de su raza. Yo amé con pasión y gusté hasta el empacho esta nueva sofística...»

Pero la reacción inexorable ha tenido lugar, y el poeta explica el camino recorrido: «Cinco años en la tierra de Soria, hoy para mí sagrada —allí me casé; allí perdí a mi esposa, a quien adoraba—, orientaron mis ojos y mi corazón hacia lo esencial castellano. Ya era, además, muy otra mi ideología. Somos víctimas —pensaba yo— de un doble espejismo.» Y explica cómo ha fracasado en él el subjetivismo, sin poderse tampoco afirmar en un objetivismo radical. «¿Qué hacer entonces? Tejer el hilo que nos dan, soñar nuestro sueño, vivir; sólo así podremos obrar el milagro de la generación.» Y entonces vemos cuál es el modo de poesía que surge al fluir de la vida, una poesía transida de temporalidad viva y narrativa. «Y pensé que la misión del poeta era inventar nuevos poemas de lo eterno humano, historias animadas, que, siendo suyas, viviesen, no obstante, por sí mismas.» En seguida veremos cuál fue el fruto poético de tal nueva actitud; ahora debemos demorarnos un momento en esta conquista de la realidad, libre al fin del solipsismo, que exalta a Antonio Machado hasta hacerle sentirse precursor y preparador de una futura edad con fe y con épica, un tiempo clásico y creyente. Dice en 1919, a continuación de las frases arriba citadas sobre la atomización del arte: «Pero amo mucho más la edad que se avecina, y los poetas que han de surgir cuando una tarea común apasione las almas... Sólo lo eterno, lo que nunca dejará de ser, será otra vez revelado, y la fuente homérica volverá a fluir. Démeter, de la hoz de oro, tomará en sus brazos —como el día antiguo al hijo de Keleo— al vástago tardío de la agotada burguesía, y, tras criarle a sus pechos, lo envolverá otra vez en la llama divina.» Él considera, pues, su labor como una labor interina, enderezadora de caminos y clamante en el desierto. Y mientras tanto, comienza a crear esas historias animadas que viven por sí solas. En efecto, el libro *Campos de Castilla*, vertido a la hermosa y grave realidad, hecho todo de estampas y leyendas, culmina en el romance «La tierra de Alvargonzález». Varios años llevo preguntándome con asombro cómo es posible que sigan resbalando los ojos de todos sobre este poema como sobre un cuentecillo en verso de poca trascendencia. Antonio Machado se dio muy buena cuenta de que este poema podía representar, como realidad o como símbolo, el punto culminar, divisor de aguas, en su obra. Tras de las palabras de antes sobre las «historias animadas», añade: «Me pareció el romance la suprema expresión de la poesía, y quise escribir un nuevo Romancero. A este propósito responde «La tierra de Alvargonzález». Muy lejos estaba yo de pretender resucitar el género en su sentido tradicional... Mis romances no emanan de las heroicas gestas, sino del pueblo que las compuso y de la tierra donde se cantaron; mis romances miran a lo elemental humano, el campo de Castilla y al Libro Primero de Moisés, llamado Génesis.» Verdaderamente era insólito encontrar, en un tiempo de pequeñas intimidades líricas, de arte fragmentario, una obra capaz de ser anónima, por primera vez desde hacía varios siglos, una auténtica obra épica, desprendida y sostenida en pie por sí sola; escuchar la vieja andadura de la asonancia narrativa entre un paisaje de filigranas o de intimismos.

Mas ¿hasta qué punto es «La tierra de Alvargonzález» un logro, y no sólo un designio, la indicación de un hermoso ideal? Un análisis suficiente de esta obra requeriría una amplia y sólida monografía, y en este momento ello queda fuera de nuestro plan; lo que sí está claro —y ahora nos basta— es que después de ella al cantor se le empieza a quemar la voz, se le va quebrando cada vez más entre el cantar y el decir de las pequeñas reflexiones en verso, y, como compensación de este principio de naufragio poético, aparece la prosa, la gran prosa de Machado, en los comentarios de los cancioneros apócrifos y en la metafísica de Abel Martín y Juan de Mairena. Con este paso del verso a la prosa entra la tercera de las etapas que, de modo instrumental y pedagógico, convinimos en marcar. Me interesa subrayar el hecho de que en los diez o quince últimos años de su vida, la producción en verso de Machado disminuye hasta casi desaparecer —diez o doce poemas breves son todo su haber posterior a 1930.

En efecto, Antonio Machado, como cimentador y profeta

316

de un nuevo modo del espíritu («profeta», como dirá después «rasurado, a corto plazo y sin la usuraria pretensión de no equivocarse») había ido mucho más allá de donde podía llegar el poeta. «La tierra de Alvargonzález», sobre el trampolín de la tradición y de la perennidad campesina, fue un gran salto hacia ese horizonte que Antonio Machado presagiaba con voz de clarín, pero era demasiado, y se impuso el repliegue. Poéticamente, el regreso a la biografía sentimental y el canto de los sueños dio origen a una serie de sonetos («Los sueños dialogados») de los más altos que se hayan escrito en castellano, flanqueados por poemas de motivación más externa y circunstancial, y proverbios gnómicos. Y fue en prosa, en la prosa filosófica o pseudofilosófica y crítica de sus apócrifos, donde comenzó a dejar elaborada, irónica y casi jeroglíficamente, la expresión de su buena nueva; a dejar dicho lo que hubiera sido prematuro querer cantar. Asistimos al creciente apogeo de un peculiar escepticismo paradójico, que Machado mismo sabe que, de puro radical, es lo que mejor puede dejar la vía franca a la creencia.

Dos son los caminos, decía, en que las páginas en prosa de Machado desarrollan el meollo original de sus concepciones, el «arte poética» y la filosofía, siempre haciendo responsables a sus apócrifos Mairena y Martín. En el primer camino, los textos más importantes son el «Arte poética», de Abel Martín, y las «Reflexiones sobre la lírica» (con ocasión de un libro de Moreno Villa), ensayo éste que vio la luz en 1925 en la *Revista de Occidente,* y no ha sido recogido posteriormente ni siquiera en la edición mejicana de 1940. Sin pretender ahora dar un resumen válido y garantizable de su pensamiento, sí se puede marcar cómo su penetración en el sentido temporal de la poesía —«la palabra en el tiempo»—, al suponer en la poesía un carácter narrativo, objetivador, por su inserción en el tiempo, que no es sólo íntimo e individual, sino justamente el ámbito de comunidad y comunicación de todos, corresponde también a su oposición denodada contra el subjetivismo, que todo lo hace inefable y aun lo aniquila; sin volcarse, no obstante, a un utópico objetivismo ultrancero. «Lo que a usted le pasa», dice en el diálogo de Mairena con Meneses, que en seguida volveremos a citar, «en el rinconcito de su sentir, que empieza a no ser comunicable, pronto acabará por no ser nada». Es decir, la poesía existe como expresión de lo genérico y elemental humano y no de lo individual. («No es el yo fundamental / eso

317

que busca el poeta / sino el tú esencial.») Ya es expresión alegórica e irónica de esta idea el mismo diálogo entre Juan de Mairena y Jorge Meneses, creación de Mairena, acerca de la Máquina de Trovar, aparato que compone versos que expresan el sentimiento de una comunidad de hombres, pero nunca de uno sólo, «iniciando así a las masas en la expresión de su propio sentir». Habla Meneses:

> *Meneses.*—... El sentimiento individual, mejor diré, el polo individual del sentimiento, que está en el corazón de cada hombre, empieza a no interesar, y cada día interesará menos. La lírica moderna, desde el declive romántico hasta nuestros días (los del simbolismo), es acaso un lujo, un tanto abusivo, del hombre manchesteriano, del individualismo burgués, basado en la propiedad privada. El poeta exhibe su corazón con la jactancia del burgués enriquecido que ostenta sus palacios, sus coches, sus caballos y sus queridas. El corazón del poeta, tan rico en sonoridades, es casi un insulto a la afonía cordial de la masa, esclavizada por el trabajo mecánico. La poesía lírica se engendra siempre en la zona central de nuestra psique; no hay lírica que no sea sentimental. Pero el sentimiento ha de tener tanto de individual como de genérico, porque aunque no existe un corazón en general que sienta por todos, sino que cada hombre lleva el suyo y siente con él, *todo sentimiento se orienta hacia valores universales* o que pretenden serlo. Cuando el sentimiento acorta su radio y no trasciende del yo aislado, acotado, vedado al prójimo, acaba por empobrecerse y, al fin, canta de falsete. Tal es el sentimiento burgués, que a mí me parece fracasado; tal es el fin de la sentimentalidad romántica. En suma, no hay sentimiento verdadero sin simpatía; el mero *pathos* no ejerce función cordial alguna, ni tampoco estética. Un corazón solitario —ha dicho no sé quién, acaso Pero Grullo— no es un corazón; porque nadie siente si no es capaz de sentir con otro, con otros... ¿Por qué no con todos?
> *Mairena.*—¡Con todos! ¡Cuidado, Meneses!
> *Meneses.*—Sí, comprendo. Usted, como buen burgués, tiene la superstición de lo selecto, que es la más plebeya de todas. Es usted un cursi.
> *Mairena.*—Gracias.
> *Meneses.*—Le parece a usted que sentir con todos es convertirse en multitud, en masa anónima. Es precisamente lo contrario...»

En las «Reflexiones sobre la lírica», texto verdaderamente fundacional y mañanero, vemos a Machado partir de una actitud nueva, renacida, en reacción frente al desesperanzado convencimiento de la opacidad del ser, que nos espeja nuestra propia mirada. «El hombre actual —dice— no renuncia a ver. Busca sus ojos, convencido de que han de estar en alguna parte. Lo importante es que ha perdido la fe en su propia ceguera.» Y añade, escudándose detrás de un «Supongamos...» para no arrogarse ínfulas dogmáticas: «Supongamos por un momento que el hombre actual ha encontrado sus ojos, los ojos para ver lo real a que nos referimos. Los tenía en la cara, allí donde ni siquiera pensó en buscarlos. Esto quiere decir que empieza a creer en la realidad de cuanto ve y toca. El mundo como ilusión —piensa— no es más explicable que el mundo como realidad.» «Este hombre —escribe más adelante— ya no puede definirse por el sueño, sino por el despertar.»

La posición de Antonio Machado ya vemos que es la del hombre que ha recobrado la realidad. Pero ¿cómo la posee ahora, o cómo cree poseerla y en qué grado? No de un modo realista, en el sentido clásico del vocablo, sino siempre desde el yo, poseyendo el mundo sólo a través de la palabra, vertido hacia fuera, pero irreductible en su diferenciación; comunicado con los demás en el cauce del tiempo, que posibilita la navegación de la palabra, pero que al mismo tiempo la limita y ataca inevitablemente. Se podría hablar de un «realismo temporal»; yo preferiría, si no hay más remedio que dar una fórmula, decir «realismo poético», a saber: el convencimiento de que el único camino y ámbito de posesión de la realidad es la palabra, con sus garantías, pero con sus limitaciones, sobre todo las temporales, que no son barreras impuestas al espíritu desde fuera, sino la patentización de los límites constitutivos de la contextura del mismo espíritu.

Y así, si su arte poético es, como hemos visto, por un lado radicalmente antirromántico, oponiéndose al concepto burgués de la poesía como expresión del yo del poeta, por otro lado, en cambio, niega también que la poesía pueda vivir en una atmósfera exclusivamente lógica, de vigencia abstractamente universal, donde los conceptos se hallen desprendidos de su concreción en el tiempo vivido y personal, como se ve en la rigurosa crítica de la poesía conceptista y culterana que hace Machado, girando en torno a la contraposición entre unas estrofas de Jorge Manrique y el soneto de Calderón «A las flores». «La poesía —dice— aquí no canta; razona, discurre en torno a unas cuantas definiciones.

Es —como todo o casi todo nuestro barroco literario— escolástica rezagada.» Esto es lo que me impedía antes aceptar sin más el nombre de realismo para la nueva situación que Antonio Machado plantea revolucionariamente, frente a la vieja herencia de subjetivismo en descomposición; no se trata, como en un realismo en sentido filosófico extremado, de conceder valor absoluto a nuestros conceptos como representantes de las cosas, sino más humildemente, una vez convencidos de la realidad del mundo y de la utilidad fidedigna de los ojos, entonces, hablar de la realidad, manejarla con palabras, conversar en torno a ella, o sea, narrarla, medula ésta del lenguaje. ¿Hay aquí un término medio entre objetivismo y subjetivismo? Más bien opinaría yo que se trata de un planteamiento distinto, que no es alcanzado por semejante disyuntiva; una postura más sencilla y originaria.

Acaso extrañará, después de esta exclusión de la actitud filosófica, que pasemos a hablar de la metafísica de Abel Martín y de Juan de Mairena. Pero ya su carácter apócrifo nos pone en la pista segura de su sentido: es una filosofía irónica, es decir, dada como símbolo de una intuición que no es filosófica, y que, por ende, debe entenderse en su conjunto poéticamente. En verdad, este planteo puede desorientar mucho, y conviene estar sobre aviso. Salvo algún vago precedente, como el *Sartor Resartus*, de Carlyle, es inaudito esto de poner en boca —o en pluma— de un personaje ficticio todo un vasto sistema metafísico para que, en definitiva, haya de ser tomado oblicuamente, poéticamente, como simbolización de algo que no admite expresión especulativa filosófica. (El poeta es el único hombre incapaz de filosofar en serio.)

Se recordará que el concepto clave de esta metafísica —pues como versiones de una sola pueden ser tomadas las de Martín y Mairena— es la «otredad». El impulso machadiano contra todo solipsismo, inmanentismo y subjetivismo, alcanza aquí una expresión filosófica, no por poéticamente irónica menos radical, pero al mismo tiempo entra en una vía muerta: el precursor no puede, porque todavía no es hora, dar vida y carne a los nuevos modos del alma que anuncia, y se queda en la prosa irónica y escéptica, buscando alegorías, a falta de símbolos vivos. Ya es sabido en qué consiste esa otredad: en poner en la misma entraña del ser una esencial heterogeneidad, un desdoblarse, un *querer ser lo que no se es*. Habla del «momento erótico, de honda inquietud, en que el Otro inmanente empieza a ser pensado como trascendente, como objeto de conocimiento y de amor». Y en otros lugares insiste sobre la «otredad» irreductible del ser, que la mente humana, en su trabajo de imponer unificación a ultranza, no logra abarcar en su dominio. Pero ya hemos visto, en la frase citada, que ese Otro no acaba de romper la inmanencia del Ser, y en última instancia, todavía no se libra del panteísmo la idea de Dios que aquí pueda tener lugar. (En esta filosofía, recordemos, Dios no es el autor del ser creado, sino, al contrario, de la nada, que delimita y contamina ese ser, y sobre cuya negra pizarra se escribe el pensamiento.) Con esto quedamos abocados a una pregunta muy grave: ¿cuál era la fe personal de Antonio Machado, aparte ya de las opiniones de sus apócrifos? No le vemos nunca arribado por completo a una fe trascendente y auténtica; «siempre buscando a Dios entre la niebla», como decía, en alguna otra ocasión, canta, unamunianamente, la creencia en un Dios tan creado por él mismo como creador suyo:

(PROFESIÓN DE FE)

Dios no es el mar, está en el mar; riela
como luna en el agua, o aparece
como una blanca vela;
en el mar se despierta o se adormece.
Creó la mar, y nace
de la mar cual la nube y la tormenta;
es el Creador y su criatura lo hace;
su aliento es alma, y por el alma alienta.
Yo he de hacerte, mi Dios, cual tú me hiciste,
y para darte el alma que me diste
en mí te he de crear. Que el puro río
de caridad que fluye eternamente,
fluya en mi corazón. ¡Seca, Dios mío,
de una fe sin amor la turbia fuente!

E inmediatamente:

El Dios que todos llevamos
el Dios que todos hacemos
el Dios que todos buscamos
y que nunca encontraremos.
Tres dioses o tres personas
del solo Dios verdadero.

321

Más tarde, en singular paradoja, le vemos en un sentido más escéptico y al mismo tiempo con mayor comprensión e inclinación hacia el cristianismo. Conviene subrayar el acierto con que Antonio Machado observa la vinculación del alma española al cristianismo. Y, ante el mismo Cristo, nos deja en suspenso con su ironía: Juan de Mairena dice que nunca ha dudado de su divinidad. pues o fue, según la versión ortodoxa, el Verbo divino humanado, o, según una versión heterodoxa que endosa a Abel Martín, el hombre que deviene Dios. Y es curioso que su progresivo acercamiento hacia Cristo fuera acompañado de un airado despego hacia la filosofía clásica medieval y neomedieval. Con expresión de dureza seguramente injusta, pero que convendría no echar en saco roto, dice en el *Mairena:* «... creo yo en una filosofía cristiana del porvenir, la cual nada tiene que ver —digámoslo sin ambages— con esas filosofías católicas, más o menos embozadamente eclesiásticas, donde, hoy como ayer, se pretende enterrar al Cristo en Aristóteles. Se pretende, he dicho, no que se consiga, porque el Cristo —como pensaba mi maestro— no se deja enterrar. Nosotros partiríamos de una total jubilación de Aristóteles, convencidos de la profunda heterogeneidad del intelectualismo helénico, maduro en el Estagirita, con las intuiciones, o si queréis, revelaciones del Cristo.» Y en otro sitio, separando de modo ejemplar la grandeza de Cristo y el cristianismo, de la indignidad de los cristianos, dice: «Y si el Cristo vuelve, de un modo o de otro, ¿renegaremos de Él porque también lo esperen los sacristanes?»

Ahora bien, el que Antonio Machado no llegue a la creencia, no obsta para que el sentido de su obra, incluso de modo consciente para él mismo, sea una sólida primera piedra en el camino para todos hacia ella. La tragedia es patente: después de haber señalado, proféticamente, los rumbos de salvación, no puede recorrerlos hasta las tierras de promisión, y, descabalgando primero del verso, se queda en la simbolización filosófica, para luego quemarse vivo en las parrillas de su propio escepticismo corrosivo, que no le dejaba habitar en sus afirmaciones, positivas y enriquecedoras, dejadas a cargo de sus apócrifos. En esta pendiente, la última arma que le queda contra el escepticismo es sólo el propio escepticismo: «Aprende a dudar, hijo, y acabarás dudando de tu propia duda. De este modo premia Dios al escéptico y confunde al creyente.» Tal vez se podría hablar de un «sano escepticismo», de un escepticismo que no se excluye a sí mismo, y, por tanto, deja abierto el portillo para salir de ese negro callejón sin salida.

En la presente ocasión nos podríamos explayar en un largo paréntesis, no del todo ocioso, hablando del *Juan de Mairena*, es decir, no de los «Cancioneros apócrifos», con el Arte poética y la Metafísica, sino del libro publicado en 1936 con el subtítulo «Sentencias, donaires, apuntes y recuerdos de un profesor apócrifo», auténtica mesa revuelta donde alternan sin distinción, por ejemplo, la crítica del concepto de sustancia, con chistes, cuentecillos y ocurrencias del mejor humor. Quien no se desconcierta en este batiburrillo, advierte inmediatamente la calidad de oro macizo del pensamiento que burla burlando, se va exponiendo allí sobre los más varios temas, algunos de ellos vueltos a tratar luego, en forma más remansada, en los ensayos posteriores, reunidos en la edición de 1940 bajo el título «Sigue hablando Juan de Mairena a sus discípulos», como ocurre con la idea de nacionalidad, examinada y criticada en los trabajos «Alemania o la exageración» y «Algunas ideas de Juan de Mairena sobre la guerra y la paz». Desde luego, a los hombres estirados les ha de sacar de quicio esta forma gnómica, salpicada de «boutades», y, a veces, de auténticas proposiciones inadmisibles; pero dejando en cuarentena ciertos brevísimos puntos, querríamos saber cuántos pensadores ha habido en nuestra lengua de tan hondo calado, de tan terrible y en ocasiones excesiva profundidad como Antonio Machado. Mas tal vez será mejor dejar aquí la mención de esta obra, que puede parecer dinamitera a quien viva satisfecho a la sombra de tinglados intelectuales, ideológicos y patrioteros.

La poesía tiene dos momentos, dos direcciones a menudo entreveradas simultáneamente: según una, es construcción, creación de objetos más perennes que el bronce; en la otra, es introducción al silencio, aprendizaje del buen callar. El cruce de estos dos caminos opuestos forma la íntima y polémica contradicción de la palabra humana, y, arquetípicamente, de la forma plenaria del lenguaje, o sea, el lenguaje poético. «Lo que permanece —dice el verso de Holderlin— lo fundan los poetas.» Gracias a la palabra, a su labor distanciadora y separadora, las cosas logran constituirse en tales, y la realidad deja de ser un caos continuo, abigarrado y fugazmente fluyente, para convertirse ante nosotros —lejos ya de nosotros— en cosmos de objetos, distintos y durables. Pero, por otra parte, las palabras nacen para arder, para empezar su autoaniquilación en holocausto tan pronto como son dichas; porque las palabras, al quedarse solas ante la mirada, tiemblan y se agujerean dejando ver más allá de ellas, convictas de su manquedad y deficiencia, como simples manos indicadoras, que señalan hacia lo que no son ellas, hacia ese oscuro fondo inagotable, sobre el que flotan, mínimas y desamparadas. En la palabra de algunos poetas —así un Dante Alighieri— domina la potencia constructiva, creadora; en otros —así un Rimbaud—, domina el mortal destino de sacrificio de la palabra, oblata en el altar del silencio; en Antonio Machado hemos visto cómo se han sucedido las dos fuerzas, primero, el impulso constructivo, y luego, la gravitación hacia el *nihil*, en la cual, si hay un instante en que invoca.

> Brinda, poeta, un canto de frontera
> a la muerte, al silencio y al olvido,

en seguida calla, en el naufragio de la palabra, ahogada ya en la conciencia de su ignorancia, en la duda y el temor, y se quema, dejando sólo esas palabras de ceniza, irónicas y escépticas, de sus últimas prosas.

Después de lograr franquear el umbral de su intimidad, salir de las galerías del alma hacia la luz del día que bautizaba las cosas ante los ojos, Machado había sentido en el clarín de oro del sol la profecía de rumbos salvadores del alma; y entonces se había lanzado a construir el símbolo poético de mejores tiempos, pasados o futuros, o de nunca; la épica, la narración con vida propia, que para él quiso ser «La tierra de Alvargonzález». ¿Lo logró de veras, o quizá vale ese romance como mito de ese otro modo de ser de que quiso ser expresión, más que por lo que en sí mismo sea? Ya es mucho preguntar esto, para que haya que contestarlo también.

Ahí queda la tragedia de la poesía de Antonio Machado, el que no pudo creer su propia profecía, el que no pudo vivir sobre la esperanza inventada por él mismo; destrozado entre la ilusión del horizonte y la altura a donde volaba, y de la grandeza del mar a donde iban a desembocar las fuentes que él alumbraba, y entre su desdichada condición de hombre que sólo posee en definitiva el letal don de la inteligencia. Así, abrumado ante la perspectiva de la fe (en trágica chanza, escribe en el Mairena: «Un Dios existente sería una cosa demasiado tremenda. ¡Que Dios nos libre de él!»), y, por otra parte, sin la entusiasta ingenuidad que podía haberle hecho poner, sin salir del aquende mundano, en un futuro o en un pasado la edad de oro de la felicidad y el reinado de ese nuevo espíritu, se queda, en el andar de sus años, huérfano de sus propias revelaciones comenzadas, escuchando, en la soledad de su corazón, la carcoma de la inteligencia, como el tic-tac que devora el tiempo, matándolo al medirlo.

Nosotros, discípulos suyos, debemos hoy decir de cuánto nos ha servido, y, sobre todo, de cuánto nos puede servir el destino trágico de Antonio Machado, su conato de creencia, y su manso, bondadoso y honrado escepticismo. Y ojalá que aprendiendo su lección múltiple y bella sigamos andando por el rumbo que soñó el que, humildemente, sólo valoraba su obra, tal vez nunca igualable, porque representaba «haber trabajado con sincero amor para futuras y más robustas primaveras».

Cuadernos Hispanoamericanos, núms. 11-12, Madrid, 1949.

CONCHA ZARDOYA

LOS CAMINOS POETICOS DE ANTONIO MACHADO[1]

Antonio Machado caminó mucho en sus viajes. En su breve y escueta autobiografía (1931) nos informa sucintamente de sus andanzas viajeras[2]: Hizo a pie «largo camino»[3] para llegar a Collioure, en enero de 1939: éste fue su último viaje. Se fue de España y de la vida, desnudo, sin equipaje, hambriento. Casi murió en el camino, tantas veces presente en sus versos:

> He andado muchos caminos
> he abierto muchas veredas...[4]

El 'camino' se vincula no sólo a muchos versos y a muchos poemas machadianos, sino que hasta da nombre a una sección entera de sus *Poesías completas:* «Del camino».

Pedro Laín Entralgo observa cómo el poeta —en su pre-

---

[1] Este estudio apareció en su versión primera en *La Torre*, Río Piedras, Puerto Rico, enero-junio 1964, pp. 75-98. Después, en forma más completa, se integró en «Los caminos poéticos del 98», largo trabajo que encabeza mi libro *Poesía española del 98 y del 27 (Estudios temáticos y estilísticos)*, Madrid, Gredos, 1968, pp. 102-103. Esta de hoy es una versión abreviada.

[2] Cf. Antonio Machado, *Poesías completas*, 3ª ed., Buenos Aires, Losada, 1951, p. 14.

[3] *Antonio Machado (1875-1939). Vida y Obra. Bibliografía. Antología. Obra inédita*, Nueva York, Hispanic Institute in the United States, 1951, p. 11.

[4] Antonio Machado, *Poesías completas*, 4ª ed., Madrid, Espasa-Calpe, 1959, p. 187. De aquí en adelante citaremos siempre por esta edición, indicando el número de página entre paréntesis y al final de cada cita.

ocupación temporal—, al referirse al curso del hombre en el tiempo, elige el *camino* como una de las imágenes más adecuadas[5].

¿Qué caminos recorre el poeta? ¿Sólo son una obsesiva manifestación de la temporalidad del hombre y de las cosas? ¿Hacia dónde camina? ¿A lugares concretos, únicamente? ¿Hacia un «cobdiciadero» lugar de meditación contemplativa? ¿En romería poética va hollando las sendas de los montes el poeta solitario? ¿Va en busca de los «otros», de los prójimos?

Antonio Machado, más que andar, peregrina, pues un fervor profundo le llena el alma: «¿No tiemblas —se pregunta—, andante peregrino?» (p. 75). Peregrina, sí, en sueños, recorriendo caminos hacia una Compostela soñada (p. 245).

Mas el poeta se nos dibuja mejor en la presencia viva y humana del caminante. De caminante casi nunca brioso —nada más lejos de él que la andadura deportiva—, sino, más bien, cansado (p. 27). Dijérase que más que pasar por el camino, éste ha pasado por él y le ha desgastado. Como si el camino fuera una fuerza activa, en movimiento y el poeta fuese, en cambio, su víctima pasiva o rendida: «pobre caminante que durmiera / de cansancio en un páramo infinito» (p. 90).

Caminante real y verdadero es el poeta, caminante que se defiende contra el frío de los caminos invernales (p. 104). Caminante vivo que recorre calles y campos con gesto melancólico y pobre atuendo: «Mal vestido y triste / voy caminando por la calle vieja...» (p. 69).

Antonio Machado define metafísicamente al caminante, retrato de sí mismo, en un verso sencillo pero de gran profundidad: «Que el caminante es suma del camino» (p. 230). En él se juntan el camino del monte y el camino del campo, todas las sendas recorridas. El camino, así, es imagen de su vida, siempre en moción, dinámica, con sed de futuro.

Caminar es vivir. Vivir es hacer camino: «Yo iba haciendo mi camino» (p. 26) —dice el poeta—. Y el camino —la vida— se hace al andar —al vivir—. Como el surco se hace al arar. Como se hace la vida al irla viviendo. El camino

---

[5] «... el camino —¿cuántas veces ha escrito esta palabra Antonio Machado?—...» «Sentado un día al borde del sendero, siente el poeta que la vida entera se le resuelve en tiempo» (Pedro Laín Entralgo, *La espera y la esperanza*, Madrid, Ed. de la Revista de Occidente, 1957, p. 402).

no está, no es: hay que hacerlo, hay que vivirlo. No es previo al hombre, sino coetáneo de su vivir y de su hacer: «Al andar se hace camino» (p. 162). El camino —trazado por los pies— no es más que la huella del caminante: «Caminante, no hay camino, / se hace camino al andar» (p. 163) La infinitud de caminos hará la plenitud del vivir. Caminar es existir.

Pero el caminar no es dulce sino «amargo caminar» (página 72), porque el camino pesa en el corazón, en lucha contra el viento helado, la noche y la amargura de la distancia que separa de la muerte, punto final del camino.

Antonio Machado generaliza y resume la experiencia vital de todos en la suya propia, al mismo tiempo que objetiva visual y dinámicamente qué sea —o qué puede ser— la vida humana:

> Todo pasa y todo queda,
> pero lo nuestro es pasar,
> pasar haciendo caminos,
> caminos sobre la mar.
> (p. 166)

El hombre pasa. El poeta, también, mas, teniendo conciencia siempre de su pasar, busca, busca... ¿Qué?: «unas pocas palabras verdaderas» (p. 77). A veces, ha de detenerse en el camino para «distinguir las voces» y escuchar entre ellas solamente una (p. 83). ¿Qué voz —única— es ésta? La honda, esencialmente humana, la que a ninguna otra se parece: su más estremecida y entrañable palabra poética: *su* poesía.

1. *El camino de la vida.* En el soneto dedicado a Valle-Inclán, el poeta confiesa que ha sido «viajero / del áspero camino» (p. 235). Y este camino se nos revela —reiteradamente— como la vida misma. Vida que, al mismo tiempo, es viaje: viaje áspero, difícil. Y por este camino «un hombre a tientas camina»: es Antonio Machado. El alma no le guía con su luz, porque el poeta, escéptico, no cree que pueda alumbrarle. Y así, más que precederle, le sigue, proyectando una luz inútil ya que él, al caminar —al vivir—, no puede verla: «lleva a la espalda un farol» (p. 168). El vivir, en estos versos, se le revela a Machado como una fatalidad ciega.

2. *El camino y la realidad.* Pero la vida pasa por los caminos y éstos pasan por ella. Camino áspero, sí, pero también innúmero y total, que se desarrolla paralelo al vivir. Él pasa entre realidades y éstas pasan por él o están junto a él. Los árboles se yerguen en las carreteras: «los verdes chopos» (p. 122) o los que «el viento frío azota» (p. 134); o los olmos vivos (p. 114) o mustios (p. 135), o cuyas ramas «parecen humear» (p. 131) y los que, temblando, se vuelven «espuma de la montaña» (p. 24). Y un olivo solitario, «hospitalario» da sombra al viajero al borde. del camino, en tierras de Baeza (p. 189). Y junto al camino también vive la fuente para apagar la sed de todos los que a ella se acercan (p. 213). Mas el agua es, además, ofrecida —con el vino— a todo sediento en la venta caminera: en la venta que es toda bondad y amparo (p. 159).

El poeta viaja ahora en tren y, a su vaivén, sueña: sueña que el tren —vivificado— es «el pollino / que sabe bien el camino» (p. 101), el camino de hierro del ferrocarril. Tren que «camina, silba, humea, acarrea» un ejército de vagones

Pero es la realidad humana la que con más frecuencia se vincula al camino: rudos caminantes (p. 86) y viajeros de toda índole, arrieros, gañanes, pastores y, con éstos, «sus hordas de merinos» (p. 86), rebaños trashumantes que irán a la fértil Extremadura. Y gentes que arrastran su tristeza, que no saben a dónde van ni a dónde llegan; gentes a quienes sólo les importa vivir, ir (pp. 16-17).

3. *El camino y la región.* Los caminos machadianos se insertan, a veces, en un determinado paisaje que configura en sí específicas características regionales. O unen puntos geográficos dentro de una zona paisajística. Como es natural, Castilla es la región que con más frecuencia se asoma a los versos de Antonio Machado. Luego, sigue Andalucía. En alguna ocasión, emergen otras zonas: Asturias, por ejemplo.

Castilla aparece por primera vez en *Soledades* (1899-1907), en el poema «Orillas del Duero», unida a una visión soriana: campanarios, caserones, golondrinas, chopos de la carretera, el Duero adolescente, florecillas, el horizonte. Machado se siente conmovido de fervor ante este paisaje que, al final del poema, se agranda —magnificado— hasta devenir paisaje total de España. El «camino blanco», con chopos y álamos, se proyecta sobre la geografía española: «¡Hermosa tierra de España!» (p. 25).

Pero es en *Campos de Castilla* (1907-1917) en donde ésta

330

precisa su realidad con más fuertes trazos y más color. Machado vuelve a escribir otro poema que lleva el título «A orillas del Duero», pero en el que no se propone —como en el anterior— presentarnos un poema de concentrada sugerencia, sino que se entrega a la pormenorizada descripción y rebasa los límites paisajísticos para saltar al ámbito de la historia de España: lo espacial entra en la dimensión temporal histórica y en la intrahistoria. Pero a nosotros nos interesan ahora los versos en que el paisaje asume unos rasgos regionales, personalidad castellana. El camino —al comienzo del poema— se reduce a una pedregosa «quiebra», por la que el poeta sube, solo, casi penosamente, bajo el terrible sol de julio, mendigando un poco de sombra. Trepa hacia los cerros donde moran rapaces águilas, tonificado por el aroma del tomillo. Contempla el horizonte, el vasto paisaje que se extiende ante sus ojos. Y éstos destacan, aíslan, cada elemento con precisión de prismático: «un monte alto y agudo», «una redonda loma», «cárdenos alcores», «las serrezuelas calvas por donde tuerce el Duero» (p. 84). El paisaje es asociado a viejos instrumentos bélicos destruidos. La guerra, el tiempo, han *cosificado* este paisaje de Castilla, como si hubiera estado al servicio de los ideales del hombre del pasado. Soria, así, deviene «barbacana» que mira hacia Aragón. Mas el pasado se aleja y el poeta, con sus ojos reales, mira la totalidad del paisaje en el que se precisan animales, se destacan árboles vibrando en la luz y, finalmente, los hombres que pasan, diminutos, microscópicos (p. 84). El Duero se vuelve vena de plata, sangre viva que «cruza el corazón de roble / de Iberia y de Castilla». El poeta entona una encendida oda a la noble región, pero no sabe negar su pobreza de cosas, su vacío o retraso social: es una Castilla que parece abandonada por sus hombres, estática y extática en sí misma, quemada por la vida y por la Historia (p. 85). Machado se pregunta si Castilla espera, duerme o sueña. Y vuelve a recordar la Historia: Castilla ya no es tierra del Cid; Castilla, «ayer dominadora», ahora es miserable. El paisaje natural se ha convertido en un paisaje histórico: es un ex paisaje histórico, para ser más exactos. Porque el presente no cuenta, no vale, no es: Castilla está envuelta en harapos y «desprecia cuanto ignora». El poeta deja de evocar históricamente y vuelve a mirar al paisaje con sus ojos físicos. Declina el día y los campos se oscurecen. El camino se tiende hacia la vida humana como un puente de blancura. Y la vida se abre a él para servirle (p. 86).

Castilla vuelve a mostrársenos en «Por tierra de España», mas se nos aparece talada y quemada por sus hombres. Un fúnebre paisaje —¡un ex paisaje!— es evocado por el poeta entristecido (p. 86). Ese hombre es hijo de «rudos caminantes», de «pastores que conducen sus hordas de merinos» por largos caminos que van a Extremadura. Machado acusa al castellano e increpa a la tierra —«páramo de ascetas»—, «por donde cruza errante la sombra de Caín» (p. 87).

En un nuevo poema —«Orillas del Duero»— Castilla nos muestra sus caminos porque toda ella se nos abre en «páramo infinito» (p. 90). En «Campos de Soria», los caminos se precisan con gran nitidez, según las estaciones. Y vuelven a insinuarse en «Recuerdos». Y el alma del poeta se los lleva porque toda esta tierra es «tierra del alma» (p. 133). En el poema CXXVI se inscriben los caminos y el Duero con su flora: es el paisaje en que vivió Leonor (p. 139). En «Desde mi rincón», Machado evoca el paisaje total de Castilla y, en su evocación, está presente el camino, por donde transcurre la trashumante muchedumbre humana (p. 177).

El camino machadiano no es siempre llano, fácil de andar. En algunas ocasiones se remonta, trepa por cerros y montes: va como buscando altura. El poeta respira con dificultad, pero en la cumbre le aguardan las águilas y el vasto panorama de Castilla.

4. *Los caminos del mar.* Antonio Machado, impulsado por su afán andariego, ve caminos en el mar. Los ve cuando piensa en Grandmontagne al alejarse de Europa. El camino deviene singladura hacia horizontes lejanos, salpicada de viento recio y sal amarga (p. 233). Pero el mar de Machado se relaciona más con la muerte que con la vida, aunque la implica a la manera manriquiana en sus proverbios y cantares. El paso, el camino del hombre por la vida es un ir hacia el mar o es andar en el mar; al vivir vamos borrando lo vivido. La vida, así, es parva transitoriedad: «pasar haciendo caminos, / caminos sobre la mar» (p. 166). Y caminamos sobre el mar porque nunca volveremos a pisar la senda que ya pisamos: «Caminante, no hay camino, / sino estelas en la mar» (p. 162). El camino, pues, es un no-camino; estela que se desvanece. El hombre se pierde por un camino que sólo existe momentáneamente y que luego no se ve, como el marinero machadiano que se hizo jardinero junto al mar y que, tras ver su jardín en flor, «se fue por esos mares de Dios» (p. 170).

Antonio Machado vincula a Dios con el mar, intuyéndole no en los templos, sino como un camino o, al menos, como un camino soñado o entrevisto en los mares: «también soñó caminos en los mares / y dijo: es Dios sobre la mar camino» (p. 89).

En su mundo de sueños, el poeta siente que, al pasar y al caminar, va hacia el mar, hacia la muerte: hacia el olvido. El mar es para él imagen del sosiego, de la no-conciencia, del no-ser definitivo.

5. *Los caminos y el tiempo.* El camino machadiano se vuelve, en algún momento, realidad aparencial que refleja el cambiante y fugitivo paso del tiempo: a) el sol, en su cenit o en su crepúsculo; las estaciones; b) o lo fija en una hora, en un día.

a) «... rebaños de merinos... / por las cañadas hondas y al sol de los caminos» (p. 133); «yo iba haciendo mi camino, / absorto en el solitario crepúsculo campesino...» (p. 26); «¿está la primavera / vistiendo ya las ramas de los chopos / del río y los caminos?» (p. 139), etc.

b) «En la desnuda tierra del camino / la hora florida brota...» (p. 34); «Al borde de un sendero un día nos sentamos. / Ya nuestra vida es tiempo...» (p. 40), etc.

6. *Los caminos del sueño.* Los caminos pueden ser soñados por quien ama recorrerlos, por quien ve o pone en ellos rebaños trashumantes (p. 233). Pero el sueño mismo tiene sus caminos sobre la tierra amarga, «laberínticos, sendas tortuosas», pues imágenes y quimeras «hacen camino lejos» (p. 34). Machado insiste en imaginar estas secretas galerías del alma, estos «caminos de los sueños» (p. 68). A veces, es un «vivo risueño» lo que le señala el camino de una soñada Compostela, peregrino entre chopos (p. 245). O, caminante solitario, «sueña escuchar un aire de su tierra» (página 74). O sueña los caminos de la tarde, aunque desconoce a dónde irán. Y, al soñar, va cantando «a lo largo del sendero» (p. 26), en tanto que la sombra va cayendo. Caminar, «caminar en sueños / por amor de la mano que nos lleva» (p. 77). O por soñar el pasado, caminando con los ojos abiertos (p. 78). Los caminos del sueño son múltiples y maravillosos.

7. *Los caminos de la visión onírica.* En el *Cancionero apócrifo* (*Recuerdos de sueño, fiebre y duermevela*), el poeta

333

entrevé oníricamente un paisaje de encinas, de nubes que
el sol rompe, la imagen de la amada, y casi se aterroriza:
«La vi un momento asomar / en las torres del olvido. / Quise
y no pude gritar» (p. 295). En «Otro clima», después de
atravesar las «cámaras del tiempo», las galerías del alma,
ve dibujarse en ésta una nueva visión onírica: un misterioso
e insospechado paisaje de montaña y mar, en el que se
inscribe una extraña inscripción y, además, un camino en
la montaña. ¿A dónde irá ese camino? (p. 310).

Frente al Guadarrama real, el poeta entrevé nuevas sierras, en infinita sucesión, que, dinamificadas, avanzan espec-
tralmente. Y nuevos soles que cabalgan por ellas. Astros
y montañas emergen visionarios de la realidad, creando
una tras-realidad poética, multiplicados por los espejos de
la fantasía:

> En tus barrancos hondos
> y por tus cumbres agrias,
> cabalgando, conmigo, a tus entrañas.
> mil Guadarramas y mil soles vienen,
>
> (p. 95)

Otro día cabalga por la sierra, mas sobreviene una tormenta. Se desgarran las nubes y otra sierra «más dulce» se
levanta. Algo entrevé. Pero no es el rostro de Dios... No se
trata de ningún éxtasis místico. Lo que ve es el rostro de
su amada, en onírica visión amorosa. Y, entonces, «Gritó:
¡Morir en esta sierra fría!» (p. 231).

8. *Los caminos del amor.* Abel Martín, asediado por la
presencia y ausencia de la mujer, se pregunta ahincada-
mente: ¿Cómo es posible el objeto erótico? Y lo primero
que averigua es que «el amor comienza a revelarse como
un súbito incremento del caudal de la vida, sin que, en verdad, aparezca objeto concreto al cual tienda» (p. 253). Y en
el soneto titulado «Primaveral», se sienten en el campo y
en el aire las gracias recién llegadas de la juvenil estación.
Todo parece esperar a la amada, esperar al amor. Todo
converge hacia el agua donde espera el atavío de los chopos.
Todo camina hacia la invisible compañera: «Los caminos
del valle van al río / y allí, junto del agua, amor espera»
(p. 253). Y los amantes «de tierra y agua y viento y sol tejidos» (p. 255), caminan hacia el solsticio de verano. Y sus

caminos se devoran en la guerra del amor, «al sol poniente» (p. 258).

Antonio Machado empieza un soneto amoroso con el célebre verso dantesco —*Nel mezzo del cammin*—, para confesarnos la llegada a su vida —a su camino— de Guiomar, su segundo amor:

> *Nel mezzo del cammin* pasóme el pecho
> la flecha de un amor intempestivo.
>
> (p. 257)

Camino y vida se identifican temporalmente y se ofrecen al amor, flecha que acecha, largo rayo vivísimo.

9. *El camino, la locura y la ficción literaria.* Huyendo de la ciudad —llena de maldades y de pequeñas, míseras virtudes, de quehaceres y ruindades—, un loco —¡el poeta!— camina por los campos de Dios. El camino machadiano deviene camino de la locura que, en último término, es camino sin ataduras (p. 97). Y también Don Quijote —el loco máximo— recorrió muchos caminos, enamorado, ciego, con el juicio nublado por el amor: caminos de tierra y caminos de cielo (p. 155).

10. *El camino de la soledad.* Después de la muerte de Leonor, el poeta recorrió muchas veces infinitos caminos en infinita soledad, «a solas» con su sombra y a solas con su pena. A solas, desde ellos, volvió a contemplar el paisaje de Baeza, el alfanje roto del Guadalquivir, los montes envueltos en la niebla, la luna amoratada... Y desde ellos evocó los caminos que antes recorriera con la esposa amada: «Caminos de los campos... / ¡Ay, ya no puedo caminar con ella!» (p. 135).

El corazón, en sueños, vaga. Leonor revive... El pasado vuelve. La soledad se ha poblado y, por un momento, el poeta deja de estar solo:

> ¿No ves, Leonor, los álamos del río
> con sus ramajes yertos?
> Mira el Moncayo azul y blanco; dame
> tu mano y paseemos...
>
> (p. 156)

Pero el ensueño dura poco y el encantado sortilegio se disuelve. La soledad retorna... El poeta regresa al camino por el que vaga y seguirá vagando siempre. El camino no se dibuja en los versos, pero se instruye: por él va el poeta, a solas, con su soledad como único bagaje:

> Por estos campos de la tierra mía
> bordados de olivares polvorientos,
> voy caminando solo,
> triste, cansado, pensativo y viejo.
>
> (p. 136)

11. *Caminos sin nadie.* Los caminos por donde vaga el poeta solitario, a veces, están vacíos: ni siquiera mesones míseros se encuentran a su vera. Castilla es tierra de soledad y de pobreza (p. 85). O, si existe el mesón, nadie, en el invierno, se allega a él, pues el camino y el total paisaje se hallan vacíos (p. 106). El silencio de la nada preside el yerto páramo. El poeta es testigo de este vacío invernal de Castilla, detenida en el tiempo, apenas sin paisaje, exento, desolado.

12. *Los caminos de la muerte.* Leonor asentó los pasos del poeta en la tierra, en los caminos del amor. Pero ella se fue por el camino, largo y sin vuelta, de la muerte. Y el poeta, solo, se siente sin sombra y sin sueño, avanzando sin camino y sin nadie en quien mirarse: «un solitario que avanza, / sin camino y sin espejo» (p. 166). Como una gota que rueda al mar inmenso. Negación de sí mismo, avanza por la nada que va a la nada.

Si él y los hombres están condenados a morir, idéntico final le aguarda al olmo seco: arderá «en alguna mísera caseta, / al borde de un camino» (p. 132).

Los caminos machadianos señalan, pues, la muerte: como en «Llanto de las virtudes y coplas por la muerte de don Guido» (p. 153).

Don Francisco Giner de los Ríos, al morirse, se «fue por una senda clara», pues clara y luminosa fue su vida: «Y hacia otra luz más pura / partió el hermano de la luz del alba» (p. 174). Sus amigos llevarán su cuerpo a la montaña —el ancho Guadarrama— por un camino que asciende y asciende, aunque no se nombre: el camino de la paz más alta.

Algún camino, a veces, es tumba del arriero que, en invierno, en él se extravía: del arriero que «una noche perdió ruta y sendero, / y se enterró en las nieves de la sierra» (p. 105). Muchas gentes, sí, se van quedando en el camino (p. 106). ¿O, silenciosas, se nos pierden en el tiempo?

Los caminos españoles también abrigan el crimen, pues por ellos «cruza errante la sombra de Caín» (p. 87). Y, así, el camino se hace teatro de *La tierra de Alvargonzález* —«mala tierra y peor camino»— (p. 110). Alvargonzález «anduvo largo camino» (p. 110) para llegar a su muerte. Y sus hijos también lo recorrieron para asesinarle «junto a una fuente clara» donde le hallaron dormido. El reguero de su sangre corría «camino del hayedo» (p. 113). Y los asesinos cabalgaron por el camino de Salduero que «va al hilo de la ribera» (p. 116). Mala es la tierra y peor el camino de los criminales que buscan la Laguna Negra para encontrar en ella su muerte (p. 130).

La guerra civil puso en España no únicamente «soplo de hielo en los hogares», no sólo llanto en las mujeres, sino «el hambre en los caminos» (p. 181), otra forma de la muerte.

13. *La muerte del camino.* Mas a los caminos también les llega la muerte: la nieve los borra y desaparecen en las tierras altas castellanas que el poeta ha recorrido: «Por entre los pinos... / con la blanca nieve / se borra el camino» (p. 201). Como si se borrara, desandada, la vida.

14. *Sin caminos.* El poeta melancólico, «pobre hombre en sueños, / siempre buscando a Dios entre la niebla», yerra en su inútil búsqueda, como un perro que no tiene huella ni olfato, «por los caminos, sin camino» (p. 71). La vida es una incógnita, soledad, naufragio y, al mismo tiempo, nostalgia de otra vida no vivida, de un paraíso · acaso que sus ojos no verán.

En sus «Proverbios y cantares», Machado filosofa acerca del vivir y del morir, acerca del pasar y del quedar. Las preguntas se suceden sin respuesta. ¿Será la muerte como un mar en que la vida cae como una gota? ¿O será ser lo que nunca se ha sido: el caminante solitario, sin sombra y sin sueño, que avanza y avanza «sin camino y sin espejo?» (p. 166). ¿Nada hay que caminar? La muerte machadiana es el no-camino.

15. *Camino intuido.* En la sexta de sus «Parábolas» —tras haber hecho en la quinta profesión de fe que creará

337

a Dios dentro de sí mismo, como Dios le hizo a él— reelabora esta afirmación, sugiriendo la posibilidad de que Dios sea —si es algo para el hombre— un camino no existente, sino intuido: camino que buscaremos y que no encontraremos, pero que acaso esté en alguna parte.

> El Dios que todos llevamos,
> el Dios que todos hacemos,
> el Dios que todos buscamos
> y que nunca encontraremos...
>
> (p. 171)

La vida, aquí, se intuye como un camino hacia Dios, se halle o no se halle. El hombre —el poeta— siempre buscará a Dios entre la niebla.

16. *Encrucijadas.* Los caminos se cruzan en la tierra, sí; pero también se entrecruzan los de la mente y los del corazón. Y el poeta puede componer un cantar con sus encontrados —¿contradictorios?— pensamientos: «Sentía los cuatro vientos, / en la encrucijada / de su pensamiento» (p. 220). El pensar, de este modo, se materializa poéticamente en un repetido cruce de caminos.

En el corazón, también, se entrecruzaron los caminos de la vida, de la gente, del sentir y del amor, en múltiple encrucijada diaria. Todo pasa por su centro: los senderos de los momentos dulces —«llana tierra»— y los difíciles —«piedra aborrascada» (p. 244).

17. *El atajo.* Antonio Machado no olvida —entre sus caminos— el atajo. Pero no és él quien lo busca o lo camina. Son los gitanos de su tierra. En vez de seguir el camino recto, buscan el atajo, no para llegar antes a donde van, sino para rodearlo y caminarlo una y otra vez, engañando y engañándose. Tampoco van lejos. Sutil, irónica y psicológicamente, el atajo del gitano se convierte —para el poeta— en el camino más torcido y, por tanto, más largo. Así son también los caminos de la mentira. El 'atajo' machadiano es una imagen que simboliza una verdad moral: «—Dando vueltas al atajo» (p. 219).

18. *Caminos del alma.* Si glosáramos la copla tercera de «De mi cartera» —en que Machado afirma que el alma crea sus riberas (p. 243)—, podríamos decir que el alma

crea sus caminos, junto a «montes de ceniza y plomo, / sotillos de primavera...» (p. 243).

De su elogio a Azorín se desprende que Machado se daba perfecta cuenta de que el alma del autor de *Castilla* —y la suya propia— eran camino por donde pasaba —¡pasa!— España, con todo su ayer y todo su presente:

> ¡Y esta alma de *Azorín*... y esta alma mía
> que está viendo pasar, bajo la frente,
> de una España la inmensa galería...
>
> (p. 178)

Mas para oír el alma hay que matar las palabras. Sólo así hallará el poeta «caminos / en flor en la tierra»; «mata las palabras / y oye tu alma vieja» (p. 46).

19. *El camino y sus funciones.* Los caminos marchadianos —a lo largo de la obra poética— actúan en tres tipos de funciones bien definidas: 1) En función sustantiva, por precisión geográfica y toponímica: «Desde Salduero el camino / va al hilo de la ribera» (p. 116); «La venta de Cidones está en la carretera / que va de Soria a Burgos» (p. 133). 2) En función adjetiva: *a*) cromática; *b*) numeral. *a*) Salvo en contadas excepciones, los caminos son casi siempre blancos para Machado. ¿Traslucen eternidad, desmaterializados? ¿Descubren los ojos del poeta que Castilla y España son blancas por dentro? ¿Las ha purificado el alto sol de los páramos? ¿Las alarga la luz al infinito? Así, el adjetivo 'blanco' deviene una connotación esencial y definidora más que descriptiva del camino machadiano. Ni una sombra lo oscurece. Irradia luz de eternidad: «Hacia el camino *blanco* está el mesón abierto» (p. 86); «los caminos *blancos* / se cruzan y se alejan» (p. 135); «en torno a Soria... / caminos *blancos* y álamos del río» (p. 107); etc. En uno de sus «Apuntes», el poeta parece revelarnos por qué son físicamente blancos sus caminos:

> Los olivos grises,
> los caminos *blancos*.
> El sol ha sorbido
> el color del campo.
>
> (p. 193)

Estos caminos, a veces, se escapan del mundo de la realidad; su blancura nos lleva por el sueño, en ademán de esperanza: «Soñé que me llevaban / por una *blanca* vereda» (p. 136). En otras ocasiones, el poeta crea un sensitivo claroscuro en su paisaje, pues los árboles oscuros se yerguen sobre el blancor del camino por el que avanza solitario, con amargo y pesado corazón: «En el camino *blanco* / algunos yertos árboles *negrean*» (p. 40). En un caso, Machado sugiere el cromatismo blanco no mediante un adjetivo, sino por un verbo, como si el color se dinamificara para ir lentamente al encuentro de su muerte, en un movimiento decreciente, en un paisaje de tarde: «Y el camino que serpea / y débilmente *blanquea,* / se enturbia y desaparece» (p. 26). *b*) En ciertos poemas, el poeta multiplica sus caminos, con una intención totalizadora. Y, al abarcarlos todos, los acompaña de un numeral: «Olivar, por *cien* caminos, / tus olivitas irán / caminando a *cien* molinos» (p. 150). (Por contraste, en «La tierra de Alvargonzález» se da la negación del número, la desnudez plena. La tierra castellana deviene un páramo maldito, baldío, triste, sin alma: «pobres campos solitarios / sin caminos ni posadas» (p. 126). 3) En función adverbial; encontramos un ejemplo en que el camino actúa con tal finalidad y como implicando distancia: «Y la encina negra, / *a medio camino* / de Ubeda a Baeza» (193).

El poeta es alma siempre en camino y, por tanto, siempre haciéndose y siempre por hacer: alma en camino que escapa hacia el sueño.

Si Heráclito es asociado siempre a su imagen o metáfora del río, a Antonio Machado hemos de asociarlo al camino; camino que se da en el espacio, pero que se recorre en el tiempo. Camino, sí, que devora el tiempo, pues vivir —en palabras de Juan de Mairena— es esto: «devorar tiempo»[6].

El camino machadiano es una fuerza dinámica que impulsa al hombre: que es el hombre vivo, viviente, viviendo. Línea abierta que se opone al estatismo —peso— de ciudades y pueblos quietos, detenidos en el espacio y el tiempo, en donde éste, a su vez, se ha parado. El camino es la imagen objetiva del tiempo vital que progresa hacia su vivir —su futuro— y hacia su muerte.

---

[6] Antonio Machado, *Juan de Mairena*, Madrid, Espasa-Calpe, 1936, página 47.

Los caminos de Antonio Machado se oponen a la paz de los muertos en sus tumbas, pues son vida por vivir, vida que se vive. Mirar hacia atrás es mirar lo ya vivido, y soñarlo es revivirlo. Y por esto el camino machadiano es negación de la nada y de la muerte, aunque hacia ella progrese lenta o velozmente: es prueba existencial.

Camino que habría que definir como Ortega definía la vida: como un «fluido indócil que no se deja retener, salvar, pues mientras va siendo, va dejando de ser inmediatamente». Como una actividad que se consume a sí misma. El camino machadiano es imagen que ilustra claramente aquella idea orteguiana de que «vivir es, de cierto, tratar con el mundo, dirigirse a él, actuar con él, ocuparse de él»[7].

Juan de Mairena se burla de los hombres que están siempre de vuelta en todas las cosas, porque, según él, «no han ido nunca a ninguna parte». «¡Porque ya es mucho ir; volver, nadie ha vuelto!»[8]. Lo único importante, lo único válido es ir, es caminar: es ser camino hacia el morir, mar del que nunca se ha de volver.

Antonio Machado anduvo caminos para no circular o rodar, obligadamente, sobre rieles. Vivir era, para él, hacerse el propio camino: caminar libremente, con los ojos puestos en la tierra y en el cielo: «Camina... En el azul, la estrella» (p. 29). Recorrió los caminos españoles y se sintió camino de España por amor a la libertad: saltó «las bardas de su corral» (p. 146) y se fue por los caminos de su tierra y —al final de su vida— por los de Francia, libre y sin equipaje, como Don Quijote.

Nueva versión del ensayo aparecido en *Poesía española contemporánea*, Madrid, 1961.

---

[7] José Ortega y Gasset, *Obras completas*, IV, Madrid, Revista de Occidente, 1947, p. 58. Véase también: V, p. 384, y VI, p. 16, de las *Obras completas; El hombre y la gente*, tomo I de las *Obras inéditas*, Madrid, Ed. de la Revista de Occidente, 1957, p. 82 *et seq.*

[8] Antonio Machado, *Juan de Mairena*, p. 39.

OBRAS DE ANTONIO MACHADO

JUAN RAMON JIMENEZ

SOLEDADES

POESIAS, POR ANTONIO MACHADO, MADRID, 1903

Un libro como éste de Antonio Machado necesitaba encontrar un ambiente algo más fragante y más puro que este sucio ambiente español, infectado por las rimas de caminos, canales y puertos de los señores premiados en el concurso de *El Liberal*. En las actuales circunstancias tendrá que contentarse con el cariño de unos cuantos corazones. La verdad es que tampoco necesita de más... Tranquilos, dichosos en nuestro retiro, en nuestra soledad de alma, abramos este libro de soledades, libro de abril, amargo y azul, lleno de ráfagas y de ascensiones, de música de fuentes y de aroma de lirios. Y que nuestra alma se aleje hacia poniente, acariciada por esta lira que tiene la melancolía vieja y castellana de las coplas de don Jorge Manrique y el bello ritmo, rico y diamantino de los romances de Góngora.

En este jardín de gracia y de sueño, la quimera doliente de nuestra alma, que ha soñado tanto con las fuentes y las ventanas floridas a la luna, con el misterio de sombra de las largas galerías, con el sueño lejano y triste de los espejos encantados y las dulces campanas de las vísperas; pondrá violetas entre las páginas y besará las estrofas puras que cristalizan en los labios y dejan en el aire azul su estela aromada y argentina. Libro de abril, triste y bello: gris y triste con sus mares remotos de cielo pardo y rojo bergantín; verde y triste con sus jardines de lustrosos evónimos; triste y rosa con sus cancioncillas primaverales, donde ma-

345

nos no besadas hilan en la rueca el lino blanco de los sueños; rojo y triste y negro con su noria soñolienta, su cadalso de fresca madera, su juglar burlesco y la infinita pesadilla de sus laberintos de espejos. Y a pesar de toda su tristeza, este libro tiene no sé qué de oasis, una alegre visión de verdor y de sombra, efluvio de cosas nacientes, frescura y murmullo de agua entre hierba.

¡El agua! Todas las rimas de jardín tienen gárgolas; el misterio del agua determina una verdadera obsesión en el alma de nuestro gran poeta, y esta música interminable y fresca es, a través de todo el libro, un poema sollozante con ritmo y rima propios, y con ensueño y queja y alma bañada de luz; un acompañamiento cadencioso y lírico, con cambiantes de risas y lágrimas. En «Tarde» y «La fuente», primeros manantiales, sinfonías —sinfonías sabias— llenas de motivos, el enigma del agua es magnético, y la voz del poeta, trémula junto al mármol, pide para los ojos la quietud de lo eterno y para la cabeza el musgo de la piedra húmeda.

Las «Desolaciones y monotonías» y aun las mismas «Salmodias de abril», tienen una fuerza florida y luminosa, una poesía que vibra como bronce y perfuma como nardo; algo de contraste, rosas de hierro, bruma de sol. El consonante adquiere una gracia de arpegio extraordinaria, es maravillosa la riqueza de orquestación y el verso y la frase y la palabra llevan, verdaderamente, color y son y luz:

> El sueño bajo el sol que aturde y ciega,
> tórrido sueño en la hora de arrebol;
> el río luminoso el aire surca;
> esplende la montaña;
> la tarde es polvo y sol.
> ... ...
> Lejos, enfrente de la tarde roja,
> refulge el ventanal del torreón.

Hay en medio del libro un florilegio suave que muestra un título de romería: «Del camino». Creo que no se ha escrito en mucho tiempo una poesía tan dulce y tan bella como la de estas cortas composiciones, misteriosa y hondamente dichas con el alma. El campo yermo y duro, florece con lirios, se suavizan las tonalidades —entra el asonante—, pasan las novias místicas y las visiones que nunca han sido novias, la nostalgia del otro lado de la montaña

346

pone pálida la carne y lánguida el alma; y por los senderos floridos y ocultos, en la paz de la tarde, el corazón camina, camina por el mismo paisaje de su dicha, al son de la esquila del valle, mirando la barca sin remos que se mece dulcemente bajo un álamo en el remanso del río.

En estas romerías la vieja alma de don Jorge Manrique se ha encontrado en no sé qué encrucijada con el alma de Enrique Heine, que volvía con su violeta y su humorismo, de algún comentario abierto. Las callejas sombrías y estrechas que sonrosan sus paredes grises al crepúsculo y cortan sus muros sobre la gloria de oro de los ocasos lejanos, las plazuelas cerradas, con hierba entre las piedras y viejos conventos, todo lo solitario, lo umbrío, lo musgoso, se anima, en su tristeza castellana, con almas de un país de bruma, y en las ventanas de esta España hay mejillas de rosa y cabellos de lino y pechitos nacientes bajo el corpiño claro; el tilo se adivina y la vidriera fileteada de plomo se sueña.

La pesadilla y el miedo tienen un gran evocador en el autor de este libro. Leed esta estrofa precisa y encantada, estrofa de alucinación y fatiga, en la que todos hemos tenido preso nuestro cuerpo en las noches de fiebre:

> Siempre que sale el alma de la oscura
> galería de un sueño de congoja,
> sobre un campo de luz tiende la vista
> que un frío sol colora.

Esta estrofa parece que se vive; al decirla, surge el campo amarillento, como surge y se abre al final de los largos corredores por los que nuestro cuerpo de culebra se ha deslizado penosamente en la sombra y en el horror. También aparece dos o tres veces en el libro un fantasma que nos es muy conocido: es el amigo que, en los claros de luna, encontramos por los jardines solitarios, el hombre enlutado de las callejuelas sin salida, el compañero que se sentó en el lecho de Alfredo de Musset la noche en que el poeta lloraba la muerte de su padre, ese extraño personaje que se forma de la penumbra y nos mira desde el fondo de los espejos...

Soledades termina con cuatro composiciones sombrías. Las cuatro son admirables. La tercera sobre todo —«El cadalso»—, un capricho goyesco, es inmensa de tristeza y de tortura, macabra y trágica en su lienzo de oriente sangriento de tragedias. El reo va a llegar en la mula, y sus pupilas vidriosas y fijas van a reflejar en su frío y en su muerte el oro de la aurora naciente y el campo lleno de rocío y de dulzura matinal... ¿No has encontrado, poeta, a la novia del condenado, para cantarla en dos versos dulces, fina y blanca bajo sus rizos, allá en el valle lejano, entre la paz de la mañana luminosa y azul?

El País, Madrid, 1903.

LOS VERSOS DE ANTONIO MACHADO

En el zodíaco poético de nuestra España actual hay un signo Géminis: los Machado, hermanos y poetas. El uno, Manuel, vive en la ribera del Manzanares. Es su musa más bien escarolada, ardiente, jacarandosa; cuando camina, recoge con desenvoltura el vuelo flameante de su falda almidonada y sobre el pavimento ritma los versos con el aventajado tacón. El otro, Antonio, habita las altas márgenes del Duero y empuja meditabundo el volumen de su canto como si fuera una fatal dolencia.

Mas dentro del pecho llevamos una máquina de preferir y, menesteroso de resolverme por uno de ambos, me quedo con la poesía de Antonio, que me parece más casta, densa y simbólica.

Sólo conozco dos libros suyos: creo que no hay más; pero no lo sé de cierto. En 1907 publicó *Soledades*, y ahora, en este año, en este ominoso, gravitante, enorme silencio español, da al canto unos *Campos de Castilla*.

En las páginas que inician esta última colección compone el poeta su autorretrato, y, aparte detalles biográficos, donde, con ademán que expresa una cierta fatalidad, nos dice:

> ya conocéis mi torpe aliño indumentario,

hace en cuatro versos su acto de fe poética:

> ¿Soy clásico o romántico? No sé. Dejar quisiera
> mi verso como deja el capitán su espada,

famosa por la mano viril que la blandiera,
no por el docto oficio del forjador preciada.

Este verso postrero es admirable: en la concavidad de su giro se dan un beso la vieja poesía y una nueva que emerge y se anuncia. El verso, como una espada en ejercicio y no de panoplia o Museo; una espada que hiere y que mata, y en cuyo filo al aire libre, los rayos del sol se dejan cortar, riendo muchachilmente. El verso como una espada en uso, es decir, puesta al extremo de un brazo que lleva al otro extremo las congojas de un corazón.

Hubo un tiempo en que se llamaba poesía a esto:

Era una tarde del ardiente julio.
Harta de Marco Tulio,
Ovidio y Plauto, Anquises y Medea...

Cuando vinimos al mundo se nos dijo que esto era poesía. ¿Cómo puede pedírsenos que el mundo nos parezca cosa grata y de alborozo? Reinaba entonces una poesía de funcionario. Era bueno un verso cuando se parecía hasta confundirse a la prosa, y era la prosa buena cuando carecía de ritmo. Fue preciso empezar por la rehabilitación del material poético: fue preciso insistir hasta con exageración en que una estrofa es una isla encantada, donde no puede penetrar ninguna palabra del prosaico continente sin dar una voltereta en la fantasía y transfigurarse, cargándose de nuevos efluvios como las naves otro tiempo se colmaban en Ceilán de especias. De la conversación ordinaria a la poesía no hay pasarela. Todo tiene que morir antes para renacer luego convertido en metáfora y en reverberación sentimental.

Esto vino a enseñarnos Rubén Darío, el indio divino, domesticador de palabras, conductor de los corceles rítmicos. Sus versos han sido una escuela de forja poética. Ha llenado diez años de nuestra historia literaria.

Pero ahora es preciso más: recobrada la salud estética de las palabras, que es su capacidad ilimitada de expresión, salvado el cuerpo del verso, hace falta resucitar su alma lírica. Y el alma del verso es el alma del hombre que lo va componiendo. Y este alma no puede a su vez consistir en una estratificación de palabras, de metáforas, de ritmos. Tiene que ser un lugar por donde dé su aliento el universo, respiradero de la vida esencial, *spiraculum vitae*, como decían los místicos alemanes.

Yo encuentro en Machado un comienzo de esta novísima poesía, cuyo más fuerte representante sería Unamuno si no despreciara los sentidos tanto. Ojos, oídos, tacto son la hacienda del espíritu; el poeta muy especialmente tiene que comenzar por una amplia cultura de los sentidos. Platón, de quien gentes distraídas aseguran que fue un fugitivo del mundo sensible, no cesa de repetir que la educación hacia lo humano ha de iniciarse forzosamente en esta lenta disciplina de los sentidos, o como él dice: *ta eroticá*. El poeta tendrá siempre sobre el filósofo esta dimensión de la sensualidad.

Pero dejemos tan difícil cuestión. Antonio Machado manifestó ya en *Soledades* su preferencia por una poesía emocional y consiguientemente íntima, lírica, frente a la poesía descriptiva de sus contemporáneos. Allí se lee, por ejemplo:

Y pensaba: «¡Hermosa tarde, nota de la lira inmensa
toda desdén y armonía;
hermosa tarde, tú curas la pobre melancolía
de este rincón vanidoso, oscuro rincón que piensa!»

Y también:

Nosotros exprimimos
la penumbra de un sueño en nuestro vaso...
y algo, que es tierra en nuestra carne, siente
la humedad del jardín como un halago.

donde revive aquella arcaica filosofía de Anaxágoras, eternamente poética, según la cual yacen en cada cosa elementos de las sustancias que componen todas las demás, y por eso se entienden, conocen, conviven y al crepúsculo lloran juntas los comunes dolores. Así, en el hombre hay agua, tierra, fuego y aire e infinitas otras materias.

Más adelante leemos:

Al borde del sendero un día nos sentamos.
Ya nuestra vida es tiempo y nuestra sola cuita
son las desesperantes posturas que tomamos
para aguardar... Mas Ella no faltará a la cita.

Sin embargo, no se ha libertado aún el poeta en grado suficiente de la materia descriptiva. Hoy por hoy significa un estilo de transición. El paisaje, las cosas en torno persisten, bien que volatilizadas por el sentimiento, reducidas a claros símbolos esenciales. Por otra parte, la cumplida sobriedad de los cantos y letrillas populares le ha movido a simplificar cada vez más la textura de sus evocaciones, dispuestas ya a la sencillez, al vigor y a la transparencia por la condición del poeta que, según nos confiesa, va incitado por «un corazón de ritmo lento».

De esta manera ha llegado al edificio de estrofas, donde el cuerpo estético es todo músculo y nervio, todo sinceridad y justeza, hasta el punto que pensamos si no será lo más fuerte que se ha compuesto muchos años hace sobre los campos de Castilla.

Léase dos o tres veces, sopesando cada palabra, este trozo:

> Yo divisaba, lejos, un monte alto y agudo,
> y una redonda loma cual recamado escudo,
> y cárdenos alcores sobre la parda tierra
> —harapos esparcidos de un viejo arnés de guerra—
> las serrezuelas calvas por donde tuerce el Duero
> para formar la corva ballesta de un arquero
> en torno a Soria —Soria es una barbacana
> hacia Aragón, que tiene la torre castellana—.
> Veía el horizonte cerrado por colinas
> oscuras, coronadas de robles y de encinas;
> desnudos peñascales, según humilde prado
> donde el merino pace y el toro, arrodillado
> sobre la hierba, rumia; las márgenes del río
> lucir sus verdes álamos al claro sol de estío...

¿No es ésta nuestra tierra santa de la vieja Castilla bajo uno de sus aspectos, el noble y el digno de veneración honda, pero recatada? Mas nótese que no estriba el acierto en que los alcores se califiquen de cárdenos ni la tierra de parda. Estos adjetivos de colores se limitan a proporcionarnos como el mínimo aparato alucinatorio que nos es forzoso para que actualicemos, para que nos pongamos delante una realidad más profunda, poética, y sólo poética, a saber: la tierra de Soria humanizada bajo la especie de un guerrero con casco, escudo, arnés y ballesta, erguido en la barbacana. Esta fuerte imagen subyacente da humana reviviscencia a todo el paisaje y provee de nervios vivaces, de aliento y de personalidad a la pobre realidad inerte de la cárdena y parda gleba. En la materia sensible de colores y formas queda así inyectada la historia de Castilla, sus gestas bravías de fronteriza raza, su angustia económica pasada y actual; y todo ello sin ninguna referencia erudita, que nada puede decir a nuestros sentidos.

En otra composición, «Por tierras de España», se habla, en fin, del hombre de estos campos, que

> hoy ve sus pobres hijos huyendo de sus lares;
> la tempestad llevarse los limos de la tierra
> por los sagrados ríos hacia los anchos mares;
> y en páramos malditos trabaja, sufre y yerra.

Es el natural producto de estas provincias, donde

> veréis llanuras bélicas y páramos de asceta
> —no fue por estos campos el bíblico jardín—;
> son tierras para el águila, un trozo de planeta
> por donde cruza errante la sombra de Caín.

Como antes el paisaje se alza transfigurado en guerrero, aquí el labriego es disuelto en su agreste derredor, y queda sometido trágicamente a los ásperos destinos de la tierra que trabaja.

Julio, 1912. *Obras completas,* vol. I, 5ª ed. (1961), páginas 570-574.

NUEVAS CANCIONES

Durante varios años ha guardado el autor de *Soledades* un silencio, lleno de decoro, que no convenía sino muy bien al tono de su musa meditativa y grave, y al alto prestigio que blasona su nombre. Una gran lira tiene algo de una gran espada, y no está bien que suene a cada hora. Cierto que ese silencio no ha sido absoluto, pues de cuando en cuando hemos tenido ocasión de escuchar sus profundas modulaciones en revistas selectas, como *Occidente* y *Horizonte* —esta última una ardorosa revista juvenil, donde un coro de neófitos imitaba la postrer manera del maestro, entreverando folklore y filosofía— (*Horizonte* tuvo una existencia intermitente y efímera, de otoño de 1923 a primeros de 1924, aunque en realidad no puede decirse que haya muerto, ya que pudiera sorprendernos de pronto con una nueva manifestación de su vida, siempre de una simpática irregularidad).

Pero, en fin, años hacía que el autor de *Soledades* absteníase de lanzar el gran grito del libro, hasta ahora que salen a la luz —más bien al aire— estas *Nuevas canciones*, cuyo título parece aludir a renovaciones líricas y espirituales, haciéndonos pensar en lo que el epíteto ha significado en la *Vita nuova* de un Dante, o en *Il canto novo* de un D'Annunzio: un eco de ese afán de un arte y un culto nuevos que hacía exclamar al salmista —*Sifró lijo vah sehir hadasch*— y que la Iglesia parafrasea diciendo —*cantate Dominum canticum novum*—. Sin embargo, en el título del libro de Machado, el adjetivo tiene únicamente un sentido cronológico, no tratándose de ningún nuevo evangelio de arte, sino de las últimas canciones que han brotado de sus labios, aunque no deje de ser notable, como un indicio de los tiempos, que un poeta que suele complacerse en la evocación de lo pasado —de donde el número lento y moroso de su ritmo— haya cedido también a la atracción de lo nuevo, tan poderosa hoy.

Pero no; Antonio Machado continúa siendo fiel en este nuevo libro a sus inspiraciones antiguas, y no ha hecho más que enriquecer con nuevas obras maestras las direcciones cardinales de su genio. El poeta de *Nuevas canciones* es el mismo de *Soledades* y de *Galerías y otros poemas*, salvo que un mucho más cansado y grave, si es posible, y más cargado de experiencia a lo largo del camino; el poeta que en esta España de 1924 parece vivir la vida, toda sueño, de un retrato de la época isabelina, y encarnar esa figura de español antiguo, triste, apático, romántico y pobre, que él ha cantado en verso, y Azorín y Gabriel Miró en prosa, con tanto amor que uno se pregunta cómo estos hombres que viven a la sombra de la chistera de Larra han podido alguna vez ser revolucionarios en arte y acaudillar más o menos activamente un modernismo literario. En realidad, ese modernismo fue un simple erguimiento juvenil: los años han ido bajando muchos hombros, y hoy sólo don Miguel de Unamuno y Baroja conservan el uno la inquietud y el otro el malhumor de aquellos días.

Sólo la extrañeza que siempre produce el necesario cambio del musical registro de una generación a otra puede explicar el que la crítica vieja llamara extranjeriza a una literatura tan española, tan rancia, tan añejamente española como la de Azorín, Valle-Inclán, Juan R. Jiménez y Antonio Machado. Los tres están perfectamente arraigados en nuestra tradición; describen paisajes y figuras nuestras; mojan la pluma en un tintero donde aún quedan posos clásicos, y lo único que puede reprochárseles es haber descubierto esos temas al través de los escritores franceses, haber sentido a su España como a una tierra exótica en los lienzos descriptivos de un Casanova o un Barrés. Faltóles en el primer instante la tradición con los autores que inmediatamente les precedían —los Valera, los Alarcón, los Pereda—; esa tradición que últimamente hemos visto reanudar a Azorín en los ejercicios espirituales de sus vísperas académicas.

Pero es innegable que, aunque con cierta afectación extranjera, que en unos viene de Francia y en otros de Alemania, los modernistas de ayer son hoy los continuadores de nuestra España tradicional, y están como devotamente detenidos a la sombra de un reloj parado en la hora del suicidio de Larra. Si se exceptúa a Unamuno, el Prometeo sin oceanidades, todos los demás hállanse de cara a la España antigua, cuyo espíritu vuelve a resurgir hasta en los viejos cacharros de una alfarería famosa. Todas las artes concurren a suscitar un renacimiento de temas españoles; Zuloaga y Romero de Torres hacen en pintura lo que Albéniz, Falla y Turina en música, y mientras los prosistas emulan con la pluma el pincel de los primeros, exaltando el paisaje y la figura antiguas, los poetas, más afines a los segundos, trenzan como ellos la letra de las arcaicas tonadillas con variaciones personales, dando a sus poemas aire de copla popular o de canto de niñas. Así hace Antonio Machado en muchos pasajes de este libro, señaladamente en la parte titulada «Tierra de olivos», que dedica a Díez-Canedo, y en las siguientes, «Hacia tierra baja» y «Canciones de tierras altas», construídas con la técnica de una *suite* sinfónica, en la que oportunamente suenan las notas populares. También en la última, «Soledades a un maestro», dedica el poeta a su colega Francisco A. de Icaza una semblanza lírica, en la que rompe a cantar por soleares.

Esta tendencia o modalidad de Antonio Machado no es nueva en él, pues ya apunta en libros anteriores, ni singular tampoco en el actual momento literario, ya que constituye una característica de la obra de Valle-Inclán *Aromas de leyenda* (1920), que sobre todo resalta en *La pipa de kif* (1921) [1], siendo de notar que en ambos poetas ese maridaje de lo vulgar con lo erudito engendra un matiz de humorismo, que nace de lo híbrido y estrafalario del fruto, a que se une a veces cierta gallardía funambulesca. (Hay en *Nuevas canciones* una poesía —«La luna, la sombra y el bufón»— que de no verla allí, nos parecería caída de la escarcela del gran don Ramón María). En casi todo el libro se observa esta amalgama de la inspiración erudita con la expresión popular, o, como si dijéramos, del latín sapiente con el *roman paladino*. (Del latín y hasta del griego, pues en un poema —VII— «Apuntes para un estereoscopio lírico», vemos empleado el epíteto *alalo*, en el sentido de silencioso, si los Calepinos no mienten.) Salvo algunos poemas enteramente clásicos como el que inicia el libro y en que

---

[1] Las primeras ediciones de estas obras son de 1907 y 1919, respectivamente.

el poeta glosa un episodio del homérico *Rapto de Proserpina*, conservando el íntegro empaque de la oda antigua, por lo general se abandona a ese decir más llano, que unas veces resulta de un humorismo zumbón —A. Machado tiene también el humorismo enteramente serio, de chistera y levita, de *clown* de luto; véase en *Soledades* «Los grandes inventos»—, y otras ataviado dignamente con galas folklóricas, que el poeta puede hallar en su casa en los arcones heredados de su preclaro padre, sírvele a maravilla para entonar paisajes y figuras de un rancio españolismo adormecido y quieto; pues el campo de su musa es precisamente el corazón de Castilla, las tierras de Soria y de Segovia, con sus valles y serrijones, y su yerba pobre y oscura, y sus posadas como antaño, y sus pueblos de viñeta antigua, con la plazoleta en medio y el muro blanco y el ciprés erguido encima: las tierras cantadas por Enrique de Mesa y elegidas por Azorín para escenario de su Don Juan caduco. Rara vez, como en vacaciones, asoma el paisaje andaluz, más rico y voluptuoso. El poeta, que es sevillano, prefiere Castilla, *la tierra en que nació al amor,* y que mejor se aviene con su espíritu cansado y triste y el frío y noble decoro de su inspiración. (Frialdad muy sevillana, si se recuerda a Herrera.) A fuerza de cantar al caballero de la España antigua, se ha convertido el poeta en ese caballero, si no es que lo fue siempre y por eso lo cantó. Ese caballero noble, soñador, ensimismado, que desfila por tantas obras contemporáneas —de Azorín a Miró—; el caballero que no tuvo juventud y fue siempre igual de triste y taciturno. Para no lastimar los oídos de ese caballero, los novelistas tienden su prosa más mullida sobre los aposentos que ha de atravesar, y los poetas rebajan el tono de su lira. Ese caballero es, a veces, poeta como Antonio Machado, y odia lo hueco y lo pomposo, porque está fatigado y algo enfermo. Un día, sin embargo, el caballero *nace al amor,* se casa y vive unos años contemplando en silencio la pulcra belleza, el hossanna hecho carne de una esposa honesta y joven. Pero otro día el caballero amanece viudo: figuraos entonces, si es poeta, cómo será de cansado y desdeñoso el gesto con que vuelva a requerir la lira para cantar su dolor, y cómo serán de tristes, reticentes y truncadas; cómo serán de antiguas sus nuevas canciones y de cuánta amarga experiencia no estarán henchidas.

Tal es el caso de Antonio Machado. El poeta que siempre tuvo horror a la retórica, acentúa ahora más su tendencia a la forma epigráfica, se hace sentencioso a expensas de la morbidez del arte, y si en ocasiones, por una tendencia natural a lo marmóreo y frío en los espíritus que sienten ya el anhelo de lo eterno, esculpe bustos, talla camafeos o acuña medallas, otras veces va a parar al aforismo, al concepto, al apotegma y el escolio. Así, en esa parte que dedica a Ortega y Gasset («Proverbios y cantares») y que parece influida por la sombra del Pensador. (Aquí la evolución de Machado corre pareja con la de Juan R. Jiménez —*Eternidades*, 1917—.) En este punto el poeta termina para dejar el puesto al hombre de experiencia, al moralista; y nos parece oír al Salomón de los *Masjilim* y el *Kohelet*, adoctrinando a la mocedad inexperta con acentos que a veces recuerdan todavía al cantor de *Schir ha Schirim*. Entonces el poeta, el caballero antiguo, asume un aire de abuelo que nos enternece a lo humano, aunque artísticamente no nos emocione. Pero entonces nos abstenemos de silbar a quien de otro cantor ha dicho:

> Ahora le tiembla la voz;
> ya no le silban sus coplas,
> ¡que silban su corazón!

El Imparcial, 10 de agosto de 1924.

ANTONIO MACHADO, POETA JAPONES

Como todo llega en este mundo, tenemos al fin, desde hace pocas semanas, un nuevo libro de Antonio Machado que poner junto al ya no muy reciente volumen de sus *Poesías completas*. En una hora podemos leer, sin gran prisa, estas *Nuevas canciones*, pero haríamos mal en leerlas en una hora. Los que así las han devorado no dejaron de sentir cierta desilusión. Era la misma poesía, ya sin secretos, toda de antemano revelada.

Conviene, pues, leer despacio. El buen vino viejo, no por muy conocido sabe mejor de un trago que a pequeños sorbos. Hay que dar lo suyo al paladar. Esta poesía de Antonio Machado concentra en zumo el calor de muchos soles y la ciencia de muchos días.

Las diversas partes del nuevo libro se ordenan fácilmente a continuación de otras análogas del volumen antiguo. Los propios subtítulos responden ahora a los de antaño: «Galerías», «Soledades», «Proverbios y cantares»... Sin embargo, el nuevo libro, en mi sentir, define más especialmente una característica de la poesía de Antonio Machado, y en este sentido me importa comentarlo aquí.

Al intentar en otro tiempo una filiación del poeta, parecíame ver en él un temperamento andaluz corregido por la austeridad castellana; un arte en que el concepto encendido se reviste de la suma sencillez. Decir temperamento andaluz, sin embargo, es decir muy poco. En el alma andaluza sentimos —descontando pulsaciones secundarias— a veces la gravedad y el vigor de Roma, otras la elegancia y plenitud del Renacimiento, y, no tantas como nos complacemos en imaginarlo, la vaporosa imaginación y la sentenciosa exactitud de los árabes. ¿Podríamos distinguir todos estos elementos en las rimas de Antonio Machado? Quizá Roma y el Renacimiento se nos aparezcan en él tan fundidos como en aquellos traductores andaluces de Horacio que Menéndez Pelayo estudió profusamente. El elemento oriental surge en claro predominio: árabe, que, para ser puro, tiene además la corrección castellana. Casi nos atreveríamos a decir: mudéjar.

Y ahora, en las *Nuevas canciones*, la faceta oriental, simplificándose, vuelta más tenue, más descargada de materia, nos sugiere, en su apurada estilización, un abolengo extremo-oriental. Entendámonos: ya hay, en las poesías antiguas de Antonio Machado, momentos en que podría apoyarse lo que aquí se insinúa; y, por otra parte, en las poesías nuevas persisten los temas y modos que concretan el aspecto cardinal que antes, sin pretender más que una exactitud tangencial, llamábamos mudéjar. Pero ahora abundan más las sugestiones extremo-orientales:

> A una japonesa
> le dijo Sukan:
> con la blanca luna
> te abanicarás,
> con la blanca luna
> a orillas del mar.

Los investigadores de fuentes literarias tendrán que acudir a la antología japonesa para encontrar la de esta estrofilla, perteneciente a una de las canciones tituladas «Hacia tierra baja». En el libro de Revon, el más accesible en francés acerca de aquella literatura, está traducido así el «hai-kai», cuya reminiscencia se advierte en Machado:

> A la lune, un manche
> Si l'on appliquait, le bel
> Eventail!

Todos saben la importancia y la moda del «hai-kai» en las más recientes evoluciones de la literatura europea. El epigrama compuesto de tres versos —uno de siete sílabas entre dos de cinco—, que iniciaron los poetas japoneses a fines del siglo xv y adquirió plena boga en el xvii, responde al espíritu de concentración de aquella poesía y reduce su hori-

362

zonte a una sola imagen, a un solo rasgo, en el cual prende el gusto extremo-oriental uno o varios sentidos.

El esquema silábico japonés responde exactamente a los tres versos finales de nuestra seguidilla:

> La ausencia es aire
> que apaga el fuego chico
> y aviva el grande.

Mas no es la sujeción a un esquema silábico lo que caracteriza el «hai-kai» occidental, ni en la semejanza de ciertos cantares o poesías de Antonio Machado con los cantos del Japón, lo es todo ese metro, tan propio, sin embargo, de los cantares andaluces.

Aquí los tres versos capturan una sensación con la perfecta economía radiante de la poesía japonesa:

> Junto al agua negra.
> Olor de mar y jazmines.
> Noche malagueña.

En otra evocación, si los versos se extienden más, la sensación es asimismo patente: una delicada armonía invernal con un cielo, un árbol y unos pájaros que suscitarán al punto su equivalente gráfico en cuantos hayan visto estampas japonesas:

> En el azul la banda
> de unos pájaros negros
> que chillan, aletean y se posan
> en el álamo yerto.
> ...En el desnudo álamo,
> las graves chovas, quietas y en silencio,
> cual negras, frías notas
> escritas en la pauta de febrero.

Lo repetimos: No todas las *Nuevas canciones* son así. Mas esta sencillez les da tono, y nos place señalarla, perseguirla entre las páginas del nuevo libro digno en todo de su autor, noble, certero, pleno a cada instante.

El Sol, Madrid, 20 de junio de 1924.

ELOGIO DE MAIRENA

Juan de Mairena nació —como su maestro, el metafísico Abel Martín— en las páginas de prosa que acompañan las *Poesías completas* de Antonio Machado. En libro aparte se reunieron después sus «sentencias, donaires, apuntes y recuerdos». Sentencias sobre lo humano y lo divino. Donaires a costa de las propias sentencias y de las ajenas. Recuerdos y apuntes de clase: sabido es que Mairena fue profesor (de gimnasia, aunque en sus ratos libres explicara filosofía, o, más exactamente, retórica y sofística como introducción a la filosofía).

En una de sus *Nuevas canciones* aconsejaba Machado:

Da doble luz a tu verso:
para leído de frente
y al sesgo.

No sólo frente y sesgo tiene la prosa de Mairena; no sólo siete reversos, como el Gran Cero en la cosmogonía de Abel Martín. Es toda ella un juego de espejos enfrentados, deformadores y burlones, donde se hace trizas la seriedad de todo lector que no sepa reírse a tiempo de su propia seridad. Mairena sí sabe hacerlo. «Ayudadme a comprender lo que os digo, y os lo explicaré más despacio.» Y si alguna vez lo olvida, si el enciclopédico profesor honorario de retórica y sofística cae en la tentación de sofisticar y retorizar gravemente, y la cátedra empieza a volvérsele pedestal, ya acuden sus admirables discípulos para impedirle que se convierta en su propia estatua; ya acuden también los recursos de la gimnástica a hacer estallar en absurdos la pompa de un lugar común o destripar con un retruécano el párrafo más empenachado.

Entre el gimnasta y el filósofo, entre los discípulos y el maestro, entre la sombra de Abel Martín y la de Jorge Meneses, criatura de Mairena y creador a su vez de una estupenda Máquina de Cantar, ¡qué red de afirmaciones, réplicas y dudas (dudas no menos fervorosas que las afirmaciones y las réplicas)! Inútil pedirle al autor que nos las despeje. El autor no escribe para despejar incógnitas en el papel, sino para expresar fielmente, dividiéndose en personajes contradictorios, la incógnita en su misma complejidad, el conflicto que le acosa y el diálogo sin fin de su propia conciencia. Si aparece en el escenario, lo hace como un personaje más, como una máscara entre las otras. Si toma la palabra, no será para transmitir impersonalmente la doctrina de Mairena. Es un Eckermann irrespetuoso y arisco que no pierde ocasión de comentar zumbonamente al maestro ni de sorprenderlo en falta; ejemplo, la deliciosa «Plancha» del capítulo IV («Yo no puedo imaginar, señores, una Rusia marxista, porque...»). Machado no nos dejará oír su propia voz. Mejor que pedirle claves simplificadoras, tratemos de ver qué cuestiones solicitan la atención de su personaje. Mejor que consignar cada sí y cada no con que conteste a los problemas que se le lleven planteados, será consignar los problemas que se plantea él mismo, aunque no conteste por sí y por no.

Preocupación central de Mairena es ya esa primaria alternativa del sí y el no. Le exaspera verla trivializada en un mecanismo de respuestas automáticas: la fórmula diáfana e insustancial con que se orillan las dificultades y se sacrifican los mil puntos de vista posibles a uno solo arbitrariamente elegido: el «¡claro, claro!» con que el interlocutor que todo lo entiende paraliza y mata las ideas en cuanto las hace suyas; el vaivén perezoso entre términos falsamente opuestos y exclusivos; el lugar común tomado por sentido común.

Para Mairena el juego del sí y el no de esa razón automática es apenas símbolo de otra más escondida y profunda razón. Por un punto cualquiera, la inteligencia puede hacer pasar cuantos ejes desee, con el sí en un extremo y el no en el otro. Tarea tan fácil como baldía la de atender a uno sólo de esos ejes y elegir entre sus dos polos. Lo difícil, lo que no hará nunca la razón mecánica, poco amiga de ejercicios violentos ni de espectáculos vertiginosos, es atreverse

—hazaña de poeta y gimnasta— a abarcar los dos polos como implicados el uno en el otro, y a comprobar que la recta a que ambos pertenecen no es más que una entre tantas. No sólo dualidad, pues, sino inefable pluralidad de cada cosa. En muchas de las parciales enseñanzas de Mairena late esa convicción, figurada hasta en la estructura misma del libro, con su entrecruzamiento de planos y personajes, su estudiado desorden, sus monólogos errabundos, tantas veces interrumpidos por la pregunta sin respuesta o por la sospecha de que «bien pudiera ser al revés».

Lo uno y lo otro, inseparables. No nos extrañe que, con ese don de ver al mismo tiempo la cara y la cruz de todo, Juan de Mairena se complazca, como Valéry, en dirigir la mirada a los puntos en que el movimiento del espíritu se separa en corrientes opuestas y donde, por lo mismo, los opuestos aún confunden sus aguas; en primer lugar, a esas zonas del alma donde todavía «las empresas del conocimiento y las operaciones del arte son igualmente posibles». Ya Abel Martín, el maestro, recordaba al morir:

Viví, dormí, soñé, y hasta he creado
un hombre que vigila
el sueño, algo mejor que lo soñado.

A Mairena, el soñar y el vigilar los sueños le preocupan por igual. Poesía (y también Metafísica), Poética (y en general Filosofía). Para él, la filosofía de lo poético es el mejor de los caminos hacia la Filosofía, con mayúscula. Camino de ida y de vuelta. «De lo uno a lo otro, en esto como en todo», dice el discípulo de Abel Martín recordando su doctrina de la radical alteridad del ser. Y en uno de sus memorables vaticinios anuncia el día en que los poetas cantarán lo intemporal metafísico y los filósofos silogizarán sobre la huída angustiosa del tiempo y el trágico desamparo y soledad del hombre al borde de la nada. Vago presentimiento —explica Machado— de un poeta a lo Valéry y un filósofo a lo Heidegger; y anticipación fácil, porque era inevitable que poesía y filosofía acabaran por extremar en tipos absolutos sus habituales interferencias. «Los grandes poetas son metafísicos fracasados; los grandes filósofos son poetas que creen en la realidad de sus poemas», hace decir el poeta Antonio Machado a su personaje, como el filósofo Jorge Santayana al suyo.

Pero ¿por qué, en Machado, ese bremondismo laico y

vergonzante, esa arbitraria desvalorización del poeta, ¡del gran poeta!, frente al metafísico? Si triunfo y derrota se miden según la dignidad de los materiales que el metafísico y el poeta hacen entrar en sus respectivos mundos, o según sus modos de elaborarlos, ¿por qué la construcción poética ha de ser fracaso de la construcción metafísica, que utiliza sus mismos materiales, sólo que envolviéndolos, a veces, con mayor o menor grado de lucidez y consecuencia, en formas de expresión análogas a las del saber objetivo y comprobable? No son metafísica fallida los admirables versos de Machado. Y para evitar que se precipitaran en lo prosaico, no ha necesitado el poeta aligerar su carga de genuina metafísica. Para que las ideas alcen el vuelo poético, no es menester ahuecarlas: sólo se requiere una especial capacidad de orientación y gobierno, con que, por muy densas que sean, puedan atravesar el aire sin estorbo.

La poesía no es, para Mairena, *lo otro* de la metafísica. Hay, sí, quienes acaban por creer en la validez objetiva de sus propios sueños cuando los han entretejido de «ya hemos visto» y «por lo tanto». A la filosofía de esos filósofos opone Mairena la suya, epigramática y socarrona. «Se moquer de la philosophie c'est vraiment philosopher»; es por lo menos un modo bien español de filosofar. Español, el de Mairena, en sus ardides de guerrillero. Español en la hostilidad a los sistemas, no tanto porque sean versión infiel y ripiosa de unas aisladas experiencias personales, como por lo que tienen de orden trabajosamente impuesto y expuesto. Y hasta eso de que nos revele como auténtico y radical filosofar lo que a primera vista parece ejercicio de humorismo anti-filosófico, eso también debe ser secreto de raza: de raza acostumbrada a lanzarse en busca de oriente volviendo hacia occidente la proa de sus carabelas.

Así vio Rubén Darío al joven Antonio Machado en *El canto errante:*

Era luminoso y profundo
como era hombre de buena fe.

Y así en *Opiniones:* «Ha escrito poco y meditado mucho. Su vida es la de un filósofo estoico. Sabe decir sus ensueños en frases hondas. Se interna en la existencia de las cosas, en la naturaleza. Tal verso suyo sobre la tierra habría encantado a Lucrecio.»

Sólo que Machado ha sabido crecer maravillosamente. Su

buena fe no es la del simple; las cosas en cuya existencia se interna su poesía no son naturaleza inerte, no son tierra. Machado es poeta de alta y generosa inspiración. Cuando en una de las zonas marginales de su amplia poesía la carga irónica y reflexiva de sus versos crezca a tal punto que deba ceder a la prosa parte de su riqueza, veremos nacer este diario travieso, tesoro de alegría y de meditación. El *Juan de Mairena* se ahonda y florece como nunca en los años de la guerra civil. Y la edición final —póstuma— de este libro diccionario filosófico podrá ofrecernos así, envuelta en un humorismo grave e incitante, su cosecha sin par: admirables sentencias del profesor apócrifo sobre el pueblo y los señoritos, sobre Inglaterra y Alemania, sobre guerra y paz, sobre ideas y creencias, sobre cristianismo y comunismo, sobre Bergson y Heidegger, sobre Cristo y los sacristanes, sobre la ola de cinismo que amenaza al mundo, sobre la vida y muerte de España, sobre «el maestro Unamuno», a quien se consagran los últimos renglones del libro.

En la amistad, en la poesía y en la reflexión conmovida se encontraron felizmente Unamuno y Machado. También la muerte los unió. Ambos se vieron desgarrados por el desgarramiento de España: apasionados y clarividentes, cada cual lo sufrió a su modo. A ambos tendrá que acudir, como a testigos supremos, el historiador de la conciencia española. Y tendrá que interrogar una y otra vez, no sólo los versos de Antonio Machado, sino las prosas de Juan de Mairena, genial invención de un poeta «luminoso y profundo».

Letras hispánicas, Méjico (1948), pp. 179-184.

24

ENRIQUE ANDERSON IMBERT

EL PICARO JUAN DE MAIRENA

Todo poeta lírico, al cantar, se canta a sí mismo, pero Antonio Machado más que otros, pues no sólo su poesía, sino también su filosofía son las de un existencialista. En *Soledades* (1903) y *Soledades, galerías y otros poemas* (1907) se autocontempló angustiadamente: lo que contemplaba era una intimidad de recuerdos. En *Campos de Castilla* (1912) pareció que iba a extrovertirse con la intención de describir el mundo; pero en *Nuevas canciones* (1924) vuelve a ensimismarse, sólo que esta vez con formas breves y sentenciosas. En *Cancionero apócrifo de Abel Martín*, 1931 (o «Ultimas lamentaciones de Abel Martín» de *Poesías completas*, tercera edición, 1933) piensa en el tiempo, el amor, la muerte, el misterio de la vida, la poesía como metafísica y la metafísica como poesía. Asombrado —e irónico ante su propio asombro— piensa en esos grandes temas prescindiendo de Dios, dudando de la razón y esperanzándose en una posible comunión de espíritus conversadores. Sus meditaciones son anti-sistemáticas porque desconfía de los sistemas. Su luz avanza en las tinieblas e ilumina «lo otro» sin poder ver lo que ilumina. Entonces busca las formas desordenadas que mejor le sirven para el desorden de sus meditaciones. Ahora, en *Juan de Mairena* (Madrid: Espasa-Calpe, 1936), Antonio Machado inventa a un profesor en cuyo prisma escéptico se le irisa la luz.

Hay muchas clases de escepticismo. En Juan de Mairena el escepticismo es fuente de buen humor:

> Contra los escépticos se esgrime un argumento aplastante: «Quien afirma que la verdad no existe pretende

371

que eso sea la verdad, incurriendo en palmaria contradicción.» Sin embargo, este argumento irrefutable no ha
convencido, seguramente, a ningún escéptico. Porque la
gracia del escéptico consiste en que los argumentos *no le
convencen*. Tampoco pretende él convencer a nadie» (10-11).

Llevo conmigo un diablo —no el demonio de Sócrates—,
sino un diablejo que me tacha a veces lo que escribo,
para escribir encima lo contrario de lo tachado; que a veces habla por mí y otras yo por él, cuando no hablamos
los dos a la par, para decir en coro cosas distintas. ¡Un
verdadero lío! Para los tiempos que vienen, no soy yo
el maestro que debéis elegir, porque de mí sólo aprende-
réis lo que tal vez os convenga ignorar toda la vida: a
desconfiar de vosotros mismos» (42).

Por momentos parece que esta colección de sentencias,
donaires, apuntes y recuerdos de un profesor apócrifo gravita en la órbita de la literatura picaresca. Entendámonos:
una picaresca de la inteligencia, no de la conducta. Lo característico de Guzmán de Alfarache, pongamos por caso, era
que Mateo Alemán, por no creer en casi nada, pintaba el
mundo como representación y voluntad de un pícaro. En
otro plano, el de la dialéctica, Juan de Mairena parece a
primera vista un pícaro intelectual que, por dudar de todo,
se burla de lo humano y de lo divino. Pero a poco que lo
estudiemos veremos cómo, detrás de su radicalísimo escepticismo, hay una suprema probidad. En el pícaro Mairena no
todo es zumbón descreimiento: a veces la fe se levanta en
un puño cerrado.

José Moreno Villa, al comentar aquella copla de la encina:

Brotas derecha o torcida
con esa humildad que cede
sólo a la ley de la vida,
que es vivir como se puede.

observó que si todas las lecturas de Antonio Machado —Croce, Bergson, Simmel, Scheler, Husserl, Heidegger *et al*—
venían a concentrarse en una frase tan común —la ley de
la vida es «vivir como se puede»— esta frase probaba solamente el triunfo en su estilo de lo popular sobre lo culto,
pero que, acongojada en su boca de poeta puro, no debía
confundirse con la misma frase en boca del canalla que la
usa para justificar sus canallerías. El escepticismo de Juan
de Mairena —«nosotros los escépticos o filósofos propiamen-

te dichos» (110)—, aunque lleno de picardía, no es el «escepticismo dogmático» del pícaro. Más bien es el del hombre perplejo ante una realidad problemática: «la regla ideal sólo contendría excepciones» (104); «yo os aconsejo una posición escéptica frente al escepticismo» (106).

En *Juan de Mairena* el diálogo con Abel Martín, los alumnos de sofística y los amigos de la tertulia toca todos los problemas, pero se demora sobre unos pocos: la vida y la conciencia, el individuo y la sociedad, la temporalidad de la existencia personal, la otredad y la nada, el pensamiento homogeneizador de la lógica y el pensamiento heterogeneizador de la poesía («perdonadme —dice Mairena— estos terminachos de formación erudita porque en algo se ha de conocer que estamos en clase, y porque no hay cátedra sin un poco de pedantería», 88).

Un lector podría entresacar, de este libro fragmentado en aforismos, chistes, escolios y anécdotas, el pensamiento unitario de Machado. Si restaurase el implícito sistema de ideas se perdería lo mejor de *Juan de Mairena*, que es su traviesa dispersión. En cambio, descubriría cómo el autor ha ido distribuyendo a pedazos, por aquí y por allá, ensayos de sólida congruencia. En la primera lectura uno admira la gracia, la agudeza, la concisión y el chisporroteo de intenciones. En una segunda lectura distinguimos las series de temas esenciales y admiramos una de las actitudes filosóficas más firmes que nos ha dado España. Mairena es mejor profesor de filosofía que Unamuno u Ortega y Gasset. He aquí una lección:

Algún día —habla Mairena a sus alumnos— se trocarán los papeles entre los poetas y los filósofos. Los poetas cantarán su asombro por las grandes hazañas metafísicas, por la mayor de todas, muy especialmente, que piensa el ser fuera del tiempo, la esencia separada de la existencia, como si dijéramos, el pez vivo y en seco, y el agua de los ríos como una ilusión de los peces. Y adornarán sus liras con guirnaldas para cantar estos viejos milagros del pensamiento humano.

Los filósofos, en cambio, irán poco a poco enlutando sus violas para pensar, como los poetas, en el *fugit irreparabile tempus*. Y por este declive romántico llegarán a una metafísica existencialista, fundamentada en el tiempo; algo, en verdad, poemático más que filosófico. Porque será el filósofo quien nos hable de angustia, la angustia esencialmente poética del ser junto a la nada, y el poeta quien nos parezca ebrio de luz, borracho de los viejos

373

superlativos eleáticos. Y estarán frente a frente poeta y filósofo —nunca hostiles— y trabajando cada uno en lo que el otro deja (227).

El escepticismo de Mairena es creador. Su propósito es «enseñar a repensar lo pensado, a desaber lo sabido y a dudar de la propia duda, que es el único modo de empezar a creer en algo» (236). Esta honrada actividad escéptica lo va encerrando en un laberinto sin salidas. Al llegar allí la metafísica se evade por los tejados, la lógica se salta los sesos y la poesía, la única que acepta la autenticidad del callejón sin salida, entorna los ojos y empolla.

¿Por qué?

El alma de cada hombre —cuenta Mairena que decía su maestro— pudiera ser una pura intimidad, una mónada sin puertas ni ventanas, dicho líricamente: una melodía que se canta y escucha a sí misma, sorda e indiferente a otras posibles melodías —¿iguales?, ¿distintas?— que produzcan las otras almas. Se comprende lo inútil de una batuta directora. Habría que acudir a la genial hipótesis leibnitziana de la armonía preestablecida. Y habría que suponer una gran oreja interesada en escuchar una gran sinfonía. ¿Y por qué no una gran algarabía? (10).

El hombre, pues, es una mónada sin puertas ni ventanas, ansioso de lo que cae al otro lado del yo, pero destinado (¡oh Protágoras!) a ser la medida de todas las cosas: «Acaso diríamos mejor: el hombre es la medida que se mide a sí misma o que pretende medir las cosas al medirse a sí misma, un medidor entre inconmensurabilidades. Porque lo específicamente humano, más que la medida, es el afán de medir» (328). Sólo que el hombre no entenderá jamás las cosas que mide «sin mejorar antes sus entendederas» (168). Su lógica es una lógica con falsas apariencias de salud. Por dentro, vive la carcoma. Sólo la sostienen unos supuestos indemostrables, postulados de razón a los que llamamos, presuntuosamente, «principios de la lógica». No existen. Ni existen los principios —que se demuestre A, igual A— ni las formas —que se demuestre la validez de un silogismo—. Esta lógica escamotea la realidad heterogénea y la sustituye con palabras. El denominador común entre la lógica y la realidad a la postre resulta ser una metáfora. Por eso nuestra actividad racionante «es, en último término, un análisis corrosivo de las palabras» (299).

El hombre hace también metafísica. Es un acto de fe en lo que se sospecha al borde de la nada. Esta metafísica funciona en el vacío o se anonada en angustia. (Las disidencias entre el metafísico Abel Martín y su agnóstico discípulo Juan de Mairena ocurren en la misma alma de Machado; es diálogo interior, de pudores y sonrisas.)

La poesía da en el clavo. Así parece. El ser poético no plantea problemas ontológicos: «se revela o se vela, pero allí donde aparece, es» (199). La poesía, pues, es afirmación de una realidad absoluta (196 *et passim*). La realidad absoluta consiste en que el poeta ve, y esta visión es una evidencia de la que no se duda. De lo que el poeta piensa, de eso sí sigue dudando. El poeta puede ser escéptico y al mismo tiempo entretener su hambre metafísica con asombros y melancolías. Pero, ¡ojo!, lo esencial es que el poeta sienta la realidad henchida de confusión y misterio, intensamente concreta y temporal, y que sepa expresar las visiones de su experiencia:

> La poesía es —decía Mairena— el diálogo del hombre, de un hombre con su tiempo. Eso es lo que el poeta pretende eternizar, sacándolo fuera del tiempo, labor difícil y que requiere mucho tiempo, casi todo el tiempo de que el poeta dispone. El poeta es un pescador, no de peces, sino de pescados vivos; entendámonos: de peces que puedan vivir después de pescados (60).

Hermoso, el capítulo **XXXI** sobre el poder desrealizante de la razón, que busca un principio unitario y termina en la nada, y el libre poder de la intuición poética, que salva la riqueza y variedad del mundo. Por el camino de la duda venimos a parar así en la afirmación de la libertad; libertad que, en el acto de la creación artística, hace del hombre un dios.

Sur, Buenos Aires, año IX, núm. 55 (abril de 1939), páginas 54-56.

LAS ADELFAS

Un verso de Antonio Machado, en su «España, en paz», me ha dado siempre la más cabal definición del poeta: «dos ojos que avizoran y un ceño que medita». No es necesario el ceño, sino la meditación a frente serena; ni únicamente los ojos, sino todos los sentidos han de estar avizores, despiertos. ¿Y el corazón?, preguntarán los amantes de la poesía a lo romántico. El corazón escande el ritmo, lleva el compás de la poesía.

Manuel y Antonio Machado se encuentran poseedores de los más vivaces sentidos, de la más serena mente poética con que se enorgullece hoy nuestra lírica. Y al concertarse para escribir sus obras dramáticas, las cualidades del uno refuerzan las del otro; pero se diría que el entendimiento ordenador, el «ceño que medita», empuña la dirección en la empresa.

Todas sus comedias —que son bien pocas— lucen como cualidad maestra un dominio de la palabra y del sentimiento que, para los ligeros en juzgar, equivalen a recato excesivo, muestra de íntima frialdad, aunque nadie les niegue la suma dignidad literaria, tanto externa como interna.

Las adelfas es, acaso, la obra de mayor empeño que han acometido hasta aquí. Si en pocas palabras tuviera que condensar mi opinión, diría que en ella se ve más el ceño meditabundo que los ojos avizores. Su construcción, en cierto modo, lo exige.

La duquesa Araceli, seis años después de muerto su marido en accidente de caza, según se declaró, se siente obsesionada por el recuerdo de aquel hombre, Alberto, a quien ella no amó nunca, y que, si se mató, no fue, de seguro, por ella. Una compañera de colegio, Rosalía, en quien desde niña se descubría temperamento apasionado y perversa índole, fue amante de su marido; cartas lo prueban. Araceli, sin embargo, nunca sospechó nada, aun conociendo las cartas firmadas con nombres novelescos. Sólo en sueños, aclarados por un médico, su confidente, como amigo de la niñez, criado con ella en la finca de «Los adelfos», donde vino al andar de los años a morir el esposo, ve a éste acompañado de una mujer, en quien cree adivinar a Rosalía.

Una vez más se utilizan en la poesía dramática las lecciones del psicoanálisis. En los Machado esta utilización no pasa de ciertas indicaciones elementales. De ningún modo han pretendido ofrecer casos nuevos a la consideración de los especialistas. Se han asomado al mundo de los sueños, de los presentimientos, que, antes de ser terreno de experimentos psicoanalíticos, fue reino de poetas.

Araceli, al descubrir los lazos que existieron entre su amiga y su marido, siente retrospectivos celos. Se deja envenenar por el pasado, por el malsano aroma de las adelfas. Otra ha sido la que influyó en el destino de un hombre que vivió a su lado y que ella, realmente, desconoció. La imagen que del marido conserva no coincide con la que le pintan sus familiares. ¿Cómo fue aquel hombre? ¿Por qué ella no supo acercarse a su alma? ¿Hubo otra mujer que lograra lo que ella no intentó siquiera? ¿O, en el no haberlo intentado, estará la raíz del mal, la verdadera culpa?

La comedia se desenvuelve como una indagación judicial. Uno de los personajes lo dice y los autores, en su autocrítica, lo han repetido. Se trata, pues, de una serie de declaraciones y careos, cuyo interés viene a consistir en ser un reflejo de sucesos reales, acaecidos seis años antes; pero que, además, llegan a restablecer la calma perdida por la esposa, al aclararse los hechos y conocerse el punto inicial, los celos despertados en el marido, al día siguiente de la boda, por unas palabras que el médico, manifestando un sentimiento apenas formulado en su interior, hubo de pronunciar imprudentemente. Así vivieron una al lado de otra, sin conocerse, aquellas dos almas, y Alberto vino a morir, no por otra causa que por su propio fracaso.

Un análisis detenido de la pieza requeriría mucho espacio y no ganaría en claridad, porque es muy rica en matices psicológicos. La revelación de la verdad pacifica el espíritu de Araceli y le permite encontrar en un nuevo amor la felicidad que no tuvo. Amor que ha despertado en ella un actor del drama, tampoco bien enterado de sus facetas. La clave quien la da es Carlos, el médico, harto indiferente, por cierto, al papel que en el drama le correspondió.

Lo que una explicación no logra, tampoco la comedia lo consigue en todos los momentos: claridad. Yo temo, al escribir de ella, no haber visto del todo su alcance. Pero me conviene pensar que no será mía toda la culpa y alguna les cabrá a los autores. Lo que no me satisface por un lado me colma por otro. Las riquezas que los Machado brindan al correr de sus versos son magníficas. Versos no ostentosos, sino contenidos, estrictos. Pecan, a ratos, por falta de severidad. Es el inconveniente de las comedias con asunto del día que han adoptado la vestidura del verso.

Sucede con el verso, en estos asuntos, lo que con el traje contemporáneo en la escultura. ¿Hay belleza posible en la levita, en el pantalón largo, en el sombrero de copa? Mucho se ha discutido acerca de esto. En su afán de dar sencillez al verso, de huir de lo declamatorio, de buscar la verdad por un camino convencional, el verso de los Machado roza en momentos, pocos, pero muy notorios, la expresión prosaica. Fuera de tales momentos, su poesía logra la suma eficacia al ajustarse a la naturalidad en giro y vocablo. Se acercan, pues, a la poética de Campoamor, hoy tan olvidada entre los poetas, tan escasa de crédito en las últimas generaciones. De Campoamor, cuyo verso es de esencia dramática y no lírica. Más fría la palabra, más recio el pulso, más sonoro el ritmo, sin duda. Con un viso de época clásica y un donaire de cantar andaluz, que al viejo poeta le faltan. Pero, como en él, tan justos como el guante a la mano.

Lola Membrives tiene tesoros de sensibilidad que le permiten destacar en su papel los momentos sucesivos de la evolución de su carácter. La acompaña con fortuna el señor Roses, en un tipo juvenil, tratado con un gracioso matiz de humorismo. No logran, en cambio, romper cierta afectación nada grata los demás intérpretes principales de esta comedia, en que los secundarios casi no existen.

El público oyó con atención los tres actos de *Las adelfas* y aplaudió en los finales a los autores con el fervor de siempre; pero, a mi entender, más a ellos que a la comedia.

El Sol, Madrid, 23 de octubre de 1928.

SOBRE POEMAS DE MACHADO

FRANCISCO AYALA

UN POEMA Y LA POESIA DE ANTONIO MACHADO

Si se me pusiera en el compromiso de indicar cuál es la composición de Machado en que a juicio mío culmina su excelencia poética, creo que no vacilaría mucho en señalar estos doce versos:

> ¿Y ha de morir contigo el mundo mago
> donde guarda el recuerdo
> los hálitos más puros de la vida,
> la blanca sombra del amor primero,
>
> la voz que fue a tu corazón, la mano
> que tú querías retener en sueños,
> y todos los amores
> que llegaron al alma, al hondo cielo?
>
> ¿Y ha de morir contigo el mundo tuyo,
> la vieja vida en orden tuyo y nuevo?
> ¿Los yunques y crisoles de tu alma
> trabajan para el polvo y para el viento?

Y si en seguida se me preguntara por la razón de mi preferencia, trataría de explicarla, poco más o menos, en los términos siguientes:

La poesía de Antonio Machado es en su parte más significativa una poesía meditabunda, cargada de pensamiento; o, dicho en otra forma: Antonio Machado es un poeta-filósofo.

Al atribuirle este carácter no quiero afirmar, sin embargo, que en su obra haya de buscarse un pensamiento original por cuya virtud debiera incluirse su nombre —según ocurre con otros: el de Unamuno, para no ir más lejos— en la

383

historia de la filosofía tanto como en la historia de la literatura. Lo que sí sostengo es que el pensamiento contenido en la poesía de Machado surge de una reflexión personalísima, y en este sentido es original. Esa reflexión es fuente inmediata de la experiencia lírica transmitida por el poema, que nace así de un momento de inmersión meditativa al cual se vinculan las emociones expresadas en la estructura verbal de sus versos.

Este al que me refiero especialmente tiene por tema, como tantos otros de Machado, el de la muerte, un tema radical a cuya perspectiva se asoma alguna vez que otra todo hombre; y el hombre que fue nuestro don Antonio, por serlo con tanta intensidad, apenas lo perdía de vista nunca. Aquí, en el poema transcrito, opera sobre la base de las creencias científicas de su tiempo. La muerte —persuaden esas creencias— no es sino la desintegración bioquímica del ser viviente, que a su vez constituye una mera diferenciación de la materia, incesantemente transformada en el laboratorio infatigable de la naturaleza... Por supuesto, los reflejos literarios de esta metafísica materialista son abundantes en todas partes, y no sólo dentro de la escuela realista o naturalista que en propiedad le corresponde; también ha sido capaz de desencadenar el lirismo, y no sería difícil ofrecer evidentes muestras. Para España misma y en tiempos de Machado recuerdo por lo pronto un poema de Salvador Rueda que Rafael Alberti seleccionó hace algunos años con criterio antológico —y en verdad que lo merece—, y también la página famosa de Baroja en *Camino de perfección* donde, con inusitado arranque lírico y aplicación de estudiante de medicina, describe la descomposición orgánica del cadáver de un obispo en su tumba de El Paular hasta convertirse la materia purulenta en florecillas de la sierra.

Ahora bien, esa base común de creencias científicas acerca de la estructura fundamental de la realidad en la que, como todos los hombres cultos de su tiempo, se había formado el poeta, reposa sobre un subsuelo de educación católica tradicional a la cual pertenece la noción de la inmortalidad del alma en una vida perdurable de ultratumba. Y todavía, por encima de ambas inconciliables visiones del mundo sucesivamente establecidas, encontramos en la mente de Machado, a la intemperie, sobre el plano que Ortega llama de «las ideas» en contraste con «las creencias», las nuevas corrientes de pensamiento de la época, representadas en España por Unamuno («¿verdad, maestro Unamuno?»)

y por el propio Ortega, pero con las que ya había entrado en contacto Machado por su cuenta escuchando a Bergson en París:

> Sobre mi mesa *Los datos*
> *de la conciencia*, inmediatos.
> No está mal
> este yo fundamental,
> contingente y libre a ratos,
> creativo, original;
> este yo que vive y siente
> dentro la carne mortal
> ¡ay! por saltar impaciente
> las bardas de su corral.

De lo libresco, que alude con leve sorna, a la meditación apasionada. No hay duda alguna de que Machado, manejando los elementos teóricos a su alcance, fue hombre, no sólo de serias preocupaciones intelectuales, sino incluso dotado de extraordinaria penetración metafísica. Algunos de sus aforismos, por ejemplo, dejan en nosotros una impresión indeleble; y es su lucidez mental lo que les confiere esa calidad de belleza diáfana que así se nos impone como perfección absoluta:

> Ayer soñé que veía
> a Dios y que a Dios hablaba;
> y soñé que Dios me oía...
> Después soñé que soñaba.

Aquí, la angustia unamuniana se remansa, dulce, melancólicamente, en escéptica resignación.

> Los ojos por que suspiras,
> sábelo bien,
> los ojos en que te miras
> son ojos porque te ven.

Pero la poesía no consiste, claro está, en las ideas, aunque por necesidad toda poesía deba comportarlas, siquiera sean superficiales y anodinas, puesto que con palabras se hace, y las palabras —a diferencia del mármol o bronce para la escultura, o de los sonidos para la música— no son un material crudo, sino que consisten en signos provistos siempre, como tales, de un sentido. Hasta se ha pensado alguna vez que este sentido propio de las palabras perjudicaba al efecto

385

lírico; y todo el esfuerzo de la «poesía pura» responde al deseo de anular en ella el significado enunciativo de los inevitables vocablos o, ya que no fuera posible cancelarlo —como en su extremo pretendió el dadaísmo—, reducirlo a mero instrumento de sugestión; o bien, apoyarse en los valores sonoros del lenguaje para competir en desesperación con la música. El problema no es baladí. Sin llegar al extremo dadaísta de neutralizar el sentido de las palabras haciéndoles que expresen el absurdo, ha querido apelarse otras veces al astuto recurso de montar la poesía sobre un andamiaje mínimo, como el que emplea Góngora para sostener el esplendor de sus *Soledades*, cuando no —como el propio Góngora en otras de sus composiciones, como Bécquer casi siempre, y el mismo Machado con frecuencia— sobre situaciones y estados de ánimo muy comunes que, al expresarse mediante formas verbales «sencillas», es decir, nada llamativas, permiten convertir el lenguaje en simple engarce de la cristalización lírica.

Pero en su mejor poesía no elude Machado los riesgos del lastre antipoético, sino que, al contrario, apoyándose sobre el significado que en sí mismo sería elemento de «impureza», lo incluye muy ostensiblemente en el proceso creador, poniéndolo a contribución para obtener el apetecido fruto lírico. Algunas veces, con tanta intrepidez como en aquel poema, «Las moscas», al que, no sin perfidia apuntó, para dejarlo en evidencia, su amigo Juan Ramón Jiménez, poeta éste de la pureza imposible. Para Machado, materia de la poesía es la experiencia vital del hombre, en toda su amplitud, no las sensaciones alquitaradas; y el lenguaje le sirve para expresar esa experiencia transformada ya en poesía; por eso no le estorban ni embarazan a él las palabras... De la experiencia humana lo más profundo, lo más valioso, será sin duda aquello que conduzca al enfrentamiento con las cuestiones últimas del ser, a la meditación metafísica. Cuando ésta alcanza expresión lírica —Shakespeare, Quevedo, Leopardi, Rilke—, entonces nos aproximamos al ápice de la poesía. Machado se acerca a él en sus mejores momentos.

Y entre sus mejores momentos está, a mi entender, el poema transcrito al comienzo. Brota de un pensamiento que, si no es original en sí mismo de una manera objetiva, lo es en cuanto constituye una experiencia vital genuina y única, en cuanto que es un pensamiento *vivido* por el poeta. Esta originalidad subjetiva es lo que va a convertirlo en poesía: las dotes artísticas puestas en juego por el escritor harán que su personal meditación metafísica —como, acaso, su personal sentimiento erótico— quede objetivada en formas poéticas, incorporada en una combinación de palabras capaz de suscitar experiencias análogas, también auténticas, radicales y únicas, pero efímeras, en el ánimo de sus lectores.

El poema es un soliloquio, integrado por una serie de interrogaciones con las que el poeta se dirige a sí mismo para preguntarse acerca de su destino último:

> Con el tú de mi canción
> no te aludo, compañero;
> ese tú soy yo.

Pero semejante desdoblamiento, que es sutil recurso retórico, envuelve también una sutileza filosófica cuyo alcance se nos revela tan pronto como, para hacer la prueba, cambiamos la persona del destinatario en la primera pregunta: «¿Y ha de morir *conmigo* el *mundo* mago...?» El diálogo se ha transformado así en monólogo, reflexión solitaria, perdiendo su fuerza dramática. En cambio, tal como aparece en el texto, el sujeto de esa reflexión, queda escindido en dos: el yo perenne de la conciencia y, enfrente, el tú perecedero, el hombre concreto destinado a morir. Desde el momento eterno, el poeta se asoma a la corriente del tiempo donde él mismo no es más que transitoria presencia abocada a la muerte. Ahora bien, la muerte arrastrará hacia su aniquilación todos los preciosos contenidos de aquella conciencia, encarnada como se encuentra en un hombre mortal. Surge, pues, la primera pregunta, amplia, caudalosa, vehemente, con un énfasis que eleva la tensión emocional a la altura casi insufrible.

La forma en que se inicia es abrupta, implicando previas ansiedades secretas que estallan clamorosamente, con ese «¿Y ha de morir contigo...?» donde reconocemos un giro muy vívido e intenso del lenguaje familiar. Machado ha aprendido a usarlo poéticamente en el maravilloso «¡Y dejas, Pastor santo / tu grey en este valle hondo, escuro...!», de Fray Luis; y desde luego, aunque el matiz sea algo distinto, conserva el tono sentimental de atónito y quejoso desconsuelo ocasionado por el abandono en que el Señor nos deja con su Ascensión. En el poeta moderno ese desconsuelo viene de la pérdida, considerada inevitable, del tesoro de las vivencias valiosas, del *mundo mago*, con la muerte del sujeto de conciencia. Se trata de un tesoro de vivencias pretéritas: el amor primero que, en la memoria, es ya *blanca sombra;* el recuerdo de la voz que tocó al corazón del poeta, y la mano de la amada; pero no la mano real, que sería perecedera, que tal vez ya no existe, sino aquella que él quería retener en sueños; y con ésos, todos los amores que le llegaron al alma —admirable expresión cuyo sentido directo se refuerza aquí con el que su uso coloquial le presta. Y todavía, antes de cerrar la interrogación, se nos equipara ese alma con el «hondo cielo», lo intemporal y eterno de la conciencia.

La pregunta ha avanzado, lenta e imperiosa, con amplitud de ola marina, en una sola frase ligada, densa, creciente, que cubre dos estrofas de cuatro versos cada una, y al término de la cual llega sin aliento el lector. Podemos sospechar que, en su literal contenido, tiene algo de pregunta retórica. El poeta está persuadido, en el fondo, de que su destino no es otro, de que todas las «blancas sombras» que habitan el «hondo cielo» de su conciencia se desvanecerán con su muerte. Pero tras la pregunta retórica se oculta otra, de alcance metafísico, y ésta va a perfilarse más en las dos interrogaciones breves, de dos versos cada una, con que, a la manera de resaca, se cierra el poema: es la pregunta acerca del ser; la pregunta acerca del sentido de la existencia humana.

A diferencia de los materialistas consecuentes que, cualesquiera fuesen sus particulares emociones como individuos destinados a la muerte, debían aceptar la extinción del yo sin atribuirle otra importancia objetiva que la de mínimo episodio en el proceso universal e infinito de transformación de la materia, Machado reconoce al menos una autonomía relativa a la conciencia al concederle la capacidad de configurar la realidad subjetivamente. Existe, sí, para él el mundo de siempre, «la vieja vida», que estaba ahí cuando uno nace y que seguirá estando ahí cuando uno haya desaparecido para siempre —reconocimiento éste, por cierto, que inspira a su vez uno de los mejores poemas de Juan Ramón Jiménez, meditación lírica en un cementerio, llena de pungente auto-compasión. Pero ese mundo ajeno donde transitoriamente nos encontramos no es en modo alguno lo significativo para Machado. Lo significativo para él es el mundo propio (*tuyo,* dice hablando consigo mismo), es decir, la apropiación que lo vivifica y lo hace real; pues sin la conciencia que lo capta, organiza e incorpora «en orden tuyo y nuevo» aquel universo carecería de sentido. La estructura de la realidad objètiva depende de la conciencia; ella ordena el caos transformándolo en cosmos, en el sentido de la vieja definición que considera al hombre un microcosmos. Con esto, la realidad entera, en cuanto tiene algún sentido, queda pendiente de la conciencia («hondo cielo»), de la que recibe las calidades de lo eterno. Pero se trata de una eternidad incluida en el tiempo, puesto que la conciencia se nos da encarnada en el ente biológico de un individuo concreto, individuo que, desde su particular perspectiva, renueva el mundo del que se ha apropiado, lo recrea («la vieja vida en orden tuyo y nuevo»), pero que, a la vez, se conoce a sí mismo como perecedero.

Esto envuelve un misterio azorante que el poeta no es capaz de penetrar. El poema expresa precisamente su perplejidad metafísica. «¿Y ha de morir contigo el mundo mago...?» Si es así, ¿qué sentido tiene entonces, en su conjunto, la existencia? ¿Quién soy yo? ¿Para qué he nacido? «Los yunques y crisoles de (mi) alma / trabajan para el polvo y para el viento?»

La hondura de la intuición filosófica ha convertido el pensamiento en emoción lírica; y esta emoción, de que el poeta está transido, precipita el poema, que la preservará y hará transmisible mediante el delicado y sabio artificio verbal en que textualmente consiste.

La Torre, núms. 45-46. San Juan de Puerto Rico. Enero-junio, 1964.

LUIS ROSALES

MUERTE Y RESURRECCION DE ANTONIO MACHADO

I

El poema que vamos a comentar en este estudio es una de las piezas más importantes, sorprendentes y extrañas de la lírica de Machado. Como esta afirmación, escrita así, de buenas a primeras, bien puede parecer desmesurada, conviene hacer propósito de enmienda y comedir estrechamente, no sólo la significación de nuestras palabras, sino también su vocación admirativa. No perderemos mucho. Al fin y al cabo nosotros pensamos que el amor es igual que la teoría del conocimiento para el poeta. Añadiremos, pues, con nuevo amor, algunas precisiones. Al subrayar su importancia, me he referido no sólo a la realización artística del poema, sino también y sobre todo a su invención; refiero su carácter sorprendente, a su sentido de confianza última y radical, y, finalmente, refiero su extrañeza, a la originalidad de su procedimiento constructivo. Pertenece el poema al *Cancionero apócrifo*, y lleva como título «Recuerdos de sueño, fiebre y duermivela». Fue escrito ya en la plena madurez de su autor [1], y tiene como característica, sobre la cual fundamentamos nuestra extrañeza, que en él se asume deliberadamente, por vez primera y única en su obra, la estética de los novísimos poetas. Si no parece irreverente, afirmaremos que es un poema de vanguardia; ya veremos más tarde hasta qué punto. Si a este incipiente vanguardismo se añade el hecho de que su línea argumental consiste en la vaga rememoración de un sueño, abierto y agravado por la

---

[1] *Obras completas*, Espasa-Calpe, Madrid, 1928.

fiebre, comprenderemos fácilmente su carácter misterioso y hermético. Durante mucho tiempo —años y años— he dado vueltas en torno de él, fuertemente atraído por su intensidad y su belleza, sin comprenderlo nunca íntegramente. Tampoco hallé a mi alrededor voces amigas que me ayudaran a desvelar la intimidad de su secreto. Secreto el suyo claro —al fin y al cabo, machadiano—, pero escondido; secreto fácil, mas que quizá por ello muestra siempre, tras de cada interpretación, una nueva y virginal profundidad, y, en fin, secreto a muerte, secreto último, casi de despedida y confesión.

Quizás sea este ahincamiento confesional el valor que me atrajo hacia él de manera más honda y reiterada. Aun dentro de una poesía, siempre intimista, estas páginas tienen un acento de temblor esencial. Quizás es una angustia, una manera de silencio vital, que va enterrando las palabras hacia la luz... Quizás es un desasimiento de lo terreno, como si el cuerpo se nos cayera definitivamente en un espejo y olvidase su carne... Y quizás me sintiera atraído por otras cualidades, tal vez por su riqueza, pues toda la maravillosa tonalidad de la expresión machadiana —la ironía donde todo se funde, la inteligencia intuitiva, la imaginación realizadora, la concisa y aristocrática sencillez y esa emoción que en don Antonio es como el mismo alumbramiento poético de las cosas— ha sido llevada en estas páginas a evidente y entera plenitud.

Pero el tiempo se puso al fin a nuestro lado, y la afortunadísima aparición del manuscrito autógrafo de *Los complementarios*, que esclarece o completa tantos puntos difíciles del pensamiento y de la obra de su autor, nos ha servido también para beneficiar nuestra interpretación de este poema. Contiene una breve narración en prosa que ha sido, indudablemente, su primera versión. Lleva por título «Fragmentos de pesadilla», «La España en un futuro próximo», y comprende, desde el folio 8 hasta el folio 17 del manuscrito. Por indicios totalmente seguros la podemos fechar en Baeza y en abril de 1914. Su argumento nos explica la situación anímica, desde la cual habla el poeta; aclara algunas de sus alusiones y desarrolla ampliamente el diálogo central, que es el centro nervioso del poema, comprendido desde el verso 47, «pero a un hidalgo no — se ahorca; se degüella», hasta el verso 82, «Sambenitón, despierta». El resto del poema y su sentido general son radicalmente distintos.

Antes de que nos adentremos en su comentario, conviene refrescar con su lectura la memoria de nuestros lectores. He aquí el poema:

«Recuerdos de sueño, fiebre y duermivela»

I

Esta maldita fiebre
que todo me lo enreda,
siempre diciendo: ¡claro!
Dormido estás: despierta.
¡Masón, masón!
5   Las torres
bailando están en rueda.
Los gorriones pían
bajo la lluvia fresca.
¡Oh, claro, claro, claro!
10 Dormir es cosa vieja
y el toro de la noche
bufando está a la puerta.
A tu ventana llego
con una rosa nueva,
15 con una estrella roja,
y la garganta seca.
¡Oh, claro, claro, claro!
¿Velones? En Lucena.
¿Cuál de las tres? Son una
20 Lucía, Inés, Carmela,
y el limonero baila
con la encinilla negra.
¡Oh, claro, claro, claro!
Dormido estás. Alerta.
25 Mili, mili en el viento;
glu-glu, glu-glu en la arena.
Los tímpanos del alba,
¡qué bien repiquetean!
¡Oh, claro, claro, claro!

II

30   En la desnuda tierra...

III

Era la tierra desnuda,
y un frío viento, de cara,
con nieve menuda.

Me eché a caminar
35   por un encinar de sombra:
la sombra de un encinar.

El sol las nubes rompía
con sus trompetas de plata;
la nieve ya no caía.

40   La vi un momento asomar
en las torres del olvido.
Quise y no pude gritar.

IV

¡Oh, claro, claro, claro!
Ya están los centinelas
45   alertos. ¡Y esta fiebre
que todo me lo enreda!...
Pero a un hidalgo no
se ahorca; se degüella,
seor verdugo. ¿Duermes?
50   Masón, masón, despierta.
Nudillos infantiles
y voces de muñecas.
¡Tan, tan! ¿Quién llama, di?
¿Se ahorca a un inocente
en esta casa?
55   —Aquí
se ahorca, simplemente.

——————

¡Qué vozarrón! Remacha
el clavo en la madera.
Con esta fiebre...
                    —¡Chito!;
60   ya hay público a la puerta:
«La solución más linda
al último problema.
Vayan pasando, pasen;
¡que nadie quede fuera!»

———

65   ¡Sambenitón, a un lado!
—¿Eso será por mí?
¿Soy yo el sambenitado
seor verdugo?
                    —Sí.

———

¡Oh, claro, claro, claro!
70   Se da trato de cuerda
que es lo infantil y el trompo
de música resuena.
Pero la guillotina
una mañana fresca...
75   Mejor el palo seco
y su corbata hecha.
¿Guitarras? No se estilan.
Fagotes y cornetas,
y el gallo de la aurora,
80   si quiere. ¿La reventa
la hacen los curas? ¡Claro!
¡Sambenitón, despierta!

V

Con esta bendita fiebre
la luna empieza a tocar
85   su pandereta, y danzar
quiere a la luna la liebre.
De encinar en encinar
saltan la alondra y el día.
En la mañana serena
90   hay un latir de jauría
que por los montes resuena.
Duerme. ¡Alegría, alegría!

395

VI

Junto al agua fría,
en la senda clara,
95   sombra dará algún día
ese arbolillo que nadie repara.
Un fuste blanco y cuatro verdes hojas
que, por abril, le cuelga primavera,
y arrastra el viento de noviembre, rojas.
100   Su fruto, sólo un niño lo mordiera.
Su flor, nadie la vio. ¿Cuándo florece?
Ese arbolillo crece
no más que para el ave de una cita,
que es alma, canto y plumas, de un instante:
105   un pajarillo azul y petulante
que a la hora de la tarde lo visita.

VII

¡Qué fácil es volar, qué fácil es!
Todo consiste en no dejar que el suelo
se acerque a nuestros pies!
110   Valiente hazaña, ¡el vuelo!, ¡el vuelo!, ¡¡el vuelo!!

VIII

¡Volar sin alas donde todo es cielo!
Anota este jocundo
pensamiento: Parar, parar el mundo
entre las puntas de los pies,
115   y luego darle cuerda del revés,
para verlo girar en el vacío,
coloradito y frío,
y callado —no hay música sin viento—.
¡¡Claro, claro!! ¡Poeta y cornetín
120   son de tan corto aliento!...
Sólo el silencio y Dios cantan sin fin.

IX

Pero caer de cabeza
en esta noche sin luna,
en medio de esta maleza,
125   junto a la negra laguna.

396

—¿Tú eres Caronte, el fúnebre barquero?
Esa barba limosa...
                        —¿Y tú, bergante?
—Un fúnebre aspirante
de tu negra barcaza a pasajero,
130 que al lago irrebogable se aproxima.
—¿Razón?
              —La ignoro. Ahorcóme un peluquero.
(Todos pierden memoria en este clima.)
—¿Delito?
          —No recuerdo.
                              —¿Ida, no más?
—¿Hay vuelta?
              —Sí.
                        —Pues ida y vuelta, ¡claro!
135 —Sí, claro y no tan claro: eso es muy caro.
Aguarda un momentín y embarcarás.

                        X

¡Bajar a los infiernos como el Dante!
Llevar por compañero
a un poeta con nombre de lucero,
140 ¡y este fulgor violeta en el diamante!
Dejad toda esperanza... Usted primero.
¡Oh, nunca, nunca, nunca! Usted delante.

                  ————

Palacios de mármol, jardín con cipreses,
naranjos redondos y palmas esbeltas.
145 Vueltas y revueltas,
eses y más eses.
«Calle del Recuerdo». Ya otra vez pasamos
por ella. «Glorieta de la Blanca Sor».
«Puerta de la Luna». Por aquí ya entramos,
150 «Calle del Olvido». Pero ¿adónde vamos
por estas malditas andurrias, señor?

          —Pronto te cansas, poeta.
          —«Travesía del Amor»...
          y otra vez la «Plazoleta
155 del Desengaño Mayor»...

                  397

XI

Es ella... Triste y severa.
—Di más bien indiferente
como figura de cera.

———

Es ella... Mira y no mira.
160   —Pon el oído en su pecho
y, luego, dile, respira.

———

No alcanzo hasta el mirador.
—Háblale.
              —¿Si tú quisieras...
—Más alto.
             —... darme esa flor?
165   ¿No me respondes, bien mío?
¡Nada, nada!
Cuajadita con el frío
se quedó en la madrugada.

XII

¡Oh, claro, claro, claro!
170   Amor siempre se hiela.
¡Y en esa calle larga
con reja, reja y reja,
cien veces platicando
con cien galanes ella!
175   ¡Oh, claro, claro, claro!
Amor es calle entera,
con celos, celosías,
canciones a las puertas...
Yo traigo un do de pecho
180   guardado en la cartera.
¿Qué te parece?
              —Guarda.
Hoy cantan las estrellas
y nada más. ¿Nos vamos?
—Tira por esa calleja.
185   Pero ¿otra vez empezamos?
«Plaza donde hila la Vieja».

<pre>
        Tiene esta plaza un relente...
        ¿Seguimos?
                        —Aguarda un poco.
        Aquí viene un cura loco
190   por un lindo adolescente.
        Y aquí pena arrepentido
        oyendo siempre tronar
        y viendo serpentear
        el rayo que lo ha fundido.
195   —Un barrio feo. Gentuza.
        —¡Alto! «Pretil del Valiente».
        ¡Pregunta en el tres!
                        —¿Manola?
        —Aquí, Pero duerme sola:
        está de cuerpo presente.
200   ¡Claro, claro! Y siempre clara,
        le da la luna en la cara.
        —¿Rezamos?
                        —No. Vámonos.
        Si la madeja enredamos
        con esta fiebre, ¡por Dios!,
205   ya nunca la devanamos.
        ... sí, cuatro igual dos y dos [2].
</pre>

III

Y ahora comencemos a establecer las relaciones existentes entre la narración en el año 1914 y el poema publicado en 1928. ¡Ay!, siempre es ingrata y necesaria toda tarea estilística; pero al verificarla andaremos con tiento y trataremos de no incurrir en las acostumbradas y prolijas puerilidades. Acaso todo comentario sobre el **sentido** o el **valor** de un poema, y no tan sólo su inventario formal y notarial, sea función estilística, y, por tanto, al hacerla nosotros, nadie podrá extrañarse de que nieve en la sierra. Ante todo es importante señalar la amplitud de su período de gestación: nada menos que catorce años transcurrieron entre las dos versiones. Ello comprueba, entre otras cosas, la lenta y honda labor cristalizadora a que Machado sometía el material poético. Y, en efecto, él nos dice «que toda composición requiere por lo menos diez años para producirse» [3]. Añadi-

[2] *Obras completas*, Espasa-Calpe, Madrid, 1936, p. 401. Todas nuestras citas se refieren a esta edición.

[3] Manuscrito de *Los complementarios*, tomo I (único aparecido),

remos, sin embargo, que durante este largo período de realización mantiene siempre la poesía machadiana, aun en versiones muy distintas [4], una rigurosísima fidelidad al núcleo vivo de la emoción originaria. Modifica su forma, pero no cambia su latido, su vigencia cordial. A ello obedece la unidad casi biológica de su obra, así como la escasa variabilidad de su lenguaje en las diversas épocas, y la ávida, casi esponjosa, capacidad de impregnación y de saturación de su mundo poético.

Pero la más sorprendente y, desde luego, la más sugeridora entre estas relaciones, es la nueva decantación argumental desde la prosa al verso. Tal proceso no sólo parece inusitado, sino inverosímil. Y aun aquilata la extrañeza el hecho de que tan extraña transformación haya acaecido en el recinto de la obra de tan puro poeta, y, además, con tan evidente y eficacísimo resultado. ¿Es que acaso no existen límites definitivos y definidores entre la prosa y la poesía? El interés del tema nos acucia. No puede ser más incitante. Lleva implicado en sí nada menos que la posible presunta existencia de aquella rara cosa que toda una generación ha venido llamando poesía pura, y, además, y por si fuera poco, la cuestión, no menos vaga y académica, de la distinción o indistinción entre los géneros literarios. Pero a nosotros sólo cumple indicar en esta hora que, probablemente, don Antonio Machado no participaba en la opinión, críticamente establecida y profesionalmente vigilada, de que la prosa y el verso son mundos de expresión incomunicable. Y para no levantar demasiado los pies del suelo, ante el temor de que nos lleve el aire, añadiremos que el ejemplo

---

[4] Machado corregía muchísimo su obra. No lo parece, desde luego, pero es así; la sencillez es algo muy difícil y laborioso de conseguir en arte. Los numerosos borradores suyos que ahora tenemos frente a la vista lo demuestran. Recuerdo también habérselo oído afirmar a su hermano Manuel, añadiendo —la información no puede ser más aleccionadora— que a veces redactaba de primera intención, algunas de sus composiciones, en diferentes formas métricas, dándoles, por tanto, también, desarrollo distinto. De este procedimiento sólo hemos tenido comprobación documental en el soneto «Esta luz de Sevilla... Es el palacio», del cual conocemos otra versión escrita en romance, y la composición «Siglo disperso y gregario», que publicamos algo más adelante. Añadiremos por cuenta propia que las variantes de sus obras impresas también son numerosas. Así, pues, fuerza será que le quitemos hierro a aquella afirmación tajante con que comienza el conocido prólogo de Calleja: «Mi costumbre de no volver nunca sobre lo hecho y de no leer nada de cuanto escribo una vez dado a la imprenta.»

anterior no es único en su obra. Refiriéndose al siglo de las luces, dice en el manuscrito de *Los complementarios:*

«La razón se hace mística o agnóstica, todo menos racional, y ya no vuelve a levantar cabeza. El culto de la acción crece como un gran río hasta salirse de madre. Goethe formuló, con la anticipación propia del genio, la fe de nuestros días: en el principio era la acción. El homúnculo activo salido de las redomas de Wagner: el estudiantón, es el soldado de esta guerra grande, un creyente en la Diosa Acción y en la radical acefalia del mundo»[5]. Y algo más adelante[6] desarrolla el mismo tema en verso lapidario y casi con idénticas palabras: con las palabras que anteriormente apenas alcanzaban a la talla, y ahora se han convertido —bien misteriosamente por cierto— en obradoras y poéticas:

> Siglo disperso y gregario
> de la originalidad;
> siglo multitudinario
> ahito de soledad.
> Siglo que olvidó a Platón
> y lapidó al Cristo vivo:
> Wagner, el Estudiantón,
> le dio su homúnculo activo.
> Azogado y errabundo,
> sensible y sensacional,
> tuvo una fe: la esencial
> acefalía del mundo.

Unos dirán que este milagro ha sido realizado por la forma poética. El metro y la rima, la acentuación, la ordenación y aun la correlación entre las palabras, establecen y concluyen un mundo diferente, que, como la amada de don Manuel Machado, de la prosa hace otra cosa[7]. Y ello es verdad, pero no es toda la verdad, pues la distinta naturaleza de ambos mundos —prosa y verso— no puede producirse ni estar supeditada a ningún elemento material o formal. No es difícil inferir el pensamiento de don Antonio sobre la cuestión. Esta sería su ley: todo es materia, para el poeta. Lo decisivo en ella, lo que la naturaliza propiamente y da carácter a una obra, no puede ser el material que manejamos en ella, sino su cristalización intuitiva y emocional. En esta

---

[5] *Los complementarios,* folio 17.
[6] *Los complementarios,* folio 33.
[7] Manuel Machado: *O. c.,* p. 106. «De la prosa — sabe hacer otra cosa.»

26

cristalización espiritual motivo de honda y continuada preocupación en su poesía:

> Entre el vivir y el soñar,
> hay una tercera cosa:
> adivínala... [8].

Entre el vivir y el soñar, o bien, entre la prosa y la poesía,
puesto que todo viene a ser uno y lo mismo y el problema
no es sólo estético, sino vital. En verdad, lo que quiere
decirnos el poeta con la anterior adivinanza es que en el
alma se nos van entremezclando y remejiendo vivires y soña-
res. Sobre ellos se radicaliza y fundamenta nuestro recuerdo, pues todo recuerdo participa al mismo tiempo de lo
vivido y lo soñado. No es, propiamente, lo uno ni lo otro,
sino, más bien, la cristalización anímica de ambos. Pero lo
más extraño es que, tanto el vivir como el soñar, nos son,
en cierto modo, ajenos. Lo que ponemos de nosotros en
ellos, lo que les hace nuestros, al vivir y al soñar, es, justamente, su apropiación por el recuerdo. Esa tercera cosa que
se interfiere entre ellos y es necesario adivinar, es su proceso de cristalización sentimental, si se quiere, su vitalización por el recuerdo. Aquí estriba el arranque de la actitud
o actividad poética, pero también de la actitud o actividad
vital. Piensa Machado que este primer arranque o movimiento de la vida del alma, sólo es posible por el olvido.
«Merced al olvido —pensaba mi maestro— puede el poeta
arrancar las raíces de su espíritu, enterradas en el suelo de
lo anecdótico y trivial, para amarrarlas más hondas en el
subsuelo o roca viva del sentimiento, el cual ya no es evocador, sino —en apariencia al menos— alumbrador de formas nuevas. Porque sólo la creación apasionada triunfa del
olvido» [9]. Es decir, que lo que es evocador en la materia
del recuerdo responde a lo meramente anecdótico y trivial
del vivir; lo que es alumbrador de formas nuevas —en la
misma materia del recuerdo— responde al sueño y a nuestro anhelo de futuro. Ambas están trabadas indisolublemen-
te en la creación artística y en la vida. Así también, añadiremos que lo importante, lo único que nos puede servir para
definir la prosa y la poesía es su distinto proceso de cristalización sentimental en el recuerdo.

---

[8] *Obras completas*, p. 279.
[9] *Juan de Mairena*, Espasa-Calpe, Madrid, 1937, p. 56.

Mas vayamos al grano, que nos espera la estilística. Anotemos las coincidencias formales entre una y otra versión:

Pero a un hidalgo no se ahorca; se degüella, seor verdugo [10].

En otro tiempo los verdugos eran hombres que sabían su oficio; ellos tejían y trenzaban la cuerda; levantaban el tablado. Algunos habían hecho largo aprendizaje en el matadero. Estos eran los que degollaban a los hidalgos [11].

Nudillos infantiles
y voces de muñecas.
¡Tan, tan! ¿Quién llama, di?
—¿Se ahorca a un inocente
en esta casa?
—Aquí
se ahorca simplemente.
¡Qué vozarrón! [12].

Se oyó una vocecilla femenina, casi infantil: ¿Es aquí donde se va a ahorcar a un inocente? Otra vocecilla no menos doncellil: Y si es inocente, ¿por qué le ahorcan? La primera vocecilla: Calla, boba, que esa es la gracia.
El verdugo exclamó con voz tonante que no le había sonado hasta entonces: Aquí se ahorca y nada más [13].

—¡Chito!;
ya hay público a la puerta:
«La solución más linda
al último problema.
Vayan pasando, pasen;
¡que nadie quede fuera»! [14].

Pase el que quiera. Y volviéndose hacia mí añadió en voz baja: «¿Lo ve usted? Ya no hay combinación. (Alto.) Adelante, adelante... Se trata, señores —continuó el verdugo— de dar una solución científica, elegante y perfectamente laica al último problema [15].

¡Sambenitado, a un lado!
¿Eso será por mí?
¿Soy yo el sambenitado,
seor verdugo?
—Sí [16].

Señores —gritó el verdugo dirigiéndose a la concurrencia—, va a comenzar la ejecución. ¡Arriba el sambenitado!
¡El sambenitado! Nunca me había oído llamar así [17].

---

[10] Versos 47, 48 y 49.
[11] *Los complementarios*, folio 16.
[12] Versos 51, 52, 53, 54, 55 y 56.
[13] *Los complementarios*, folio 15.
[14] Versos 59, 60, 61, 62, 63 y 64.
[15] *Los complementarios*, p. 16.
[16] Versos 65, 66, 67 y 68.
[17] *Los complementarios*, folio 16.

¿La reventa
la hacen los curas?
¡Claro! [18].

Sí, el público es exigente; las entradas son caras —dijo el verdugo. Y añadió con malicia y misterio— Los curas las revenden [19].

¿Tú eres Caronte, el fúne-
[bre barquero?
Esa barba limosa...
—¿Y tú, bergante?
—Un fúnebre aspirante
de tu negra barcaza a pa-
[sajero,
que al lago irrebogable se
[aproxima.
—¿Razón?
—La ignoro, ahor-
[cóme un peluquero.
... ...
aguarda un momentín y em-
[barcarás [20].

A la orilla del agua irrebogable. ¿Esa barba verdosa? Sí, usted es Caronte.
Caronte. —¿Quién te trajo, enfeliz, a esta ribera?
—Ahorcóme un peluquero, no sé por qué razón.
—La de todos. Aguarda y embarcarás [21].

Estas son las correspondencias formales. En alguna ocasión, de rara exactitud; frecuentemente, amplificadoras. Aún pudiera añadirse alguna, muy evidente, tomada en sus obras:

¡Y en esa calle larga
con reja, reja y reja,
cien veces platicando
con cien galanes, ella! [22].

Por la calle de mis celos en veinte rejas con otro hablando siempre la veo [23],

aun cuando la misma imagen sirve para expresar en ambos pasajes, sentidos distintos.

No ha sido nuestro balance muy copioso, aunque sí suficiente, para mostrar la relación entre las dos versiones. Convendría, sin embargo, encontrar entre ellas una vinculación más honda. Esa nos la va a dar el argumento. Cierto que ambas versiones tienen sentido, ambiente y desarrollo argumental totalmente distintos. Los pasajes comparados agotan esta investigación sobre su mutua dependencia, al menos desde un punto de vista formal. Busquemos, pues,

---

18 Versos 80 y 81.
19 *Los complementarios*, folio 15.
20 Versos 126, 127, 128, 129, 130, 131 y 136.
21 *Los complementarios*, folio 17.
22 Versos 171, 172, 173 y 174.
23 *Obras completas*, p. 355.

otros caminos. ¿No habrá quedado implicado de algún modo el argumento primitivo en la versión moderna? En materia de fuentes literarias hay varios modos de «quedar» y hay formas *muy sutiles* de presencia. Y por ello, aunque parezca paradójico, afirmamos que lo que ha quedado de la primera versión en la segunda es, justamente, lo suprimido de ella; es decir, su línea argumental. Este argumento, en su totalidad, «queda» y actúa sobre el poema en tres formas distintas: la primera, como hueco, es decir, como ausencia implícita, suprimida, que queda, sin embargo, allí, como queda la casa en el solar vacío; la segunda, como emoción, es decir, como arranque cordial del poema, como tierra sustentadora de su angustia, y la tercera, como contenido argumental y peculiar de aquella pesadilla de que despierta el protagonista y de la cual apenas se nos insinúan algunos datos en el poema. Así, queda implicado el argumento de la primera versión en la corriente de la segunda.

Tal supresión de lo anecdótico, reducido tan sólo ¡y nada menos! que a cauce emocional, es una de las más claras características de la poesía de don Antonio Machado. Y para no hablar en fianza, sino al contado, repetiremos sus palabras: «Lo anecdótico, lo documental humano, no es poético por sí mismo. Tal era, exactamente, mi parecer de hace veinte años. En mi composición «Los cantos de los niños», escrita el año 98 y publicada en 1903 en *Soledades*, se proclama el derecho de la lírica a contar la pura emoción borrando la totalidad de la historia humana. El libro *Soledades* fue el primer libro español del cual estaba íntegramente proscrito lo anecdótico. Coincidía yo, anticipadamente, con la estética novísima. Pero la coincidencia de mis propósitos de entonces no iba más allá de esta abolición de lo anecdótico. Disto mucho de estos poetas que pretenden manejar imágenes puras —limpias de concepto (?) y también de emoción—, someterlas a un trajín mecánico y caprichoso, sin que intervenga para nada la emoción» [24].

---

[24] *Los complementarios*, folio 112. Su diferencia radical de actitud poética con las generaciones que inmediatamente le siguieron ha sido subrayado por él en muy diversas ocasiones, y a ella se deben algunos de los mejores aciertos de su poética. Recordaremos las palabras con que inicia la selección de sus poesías hecha por Gerardo Diego, Madrid, Editorial Signo, 1932, p. 77: «Me siento, pues, algo en desacuerdo con los poetas del día. Ellos propenden a una intemporalización de la lírica, no sólo por el desuso de los artificios del ritmo, sino sobre todo por el empleo de las imágenes en función más conceptual que emotiva. Muy de acuerdo, en cambio, con los poetas

Podrían citarse multitud de textos demostrativos de la
continuidad de esta opinión a través de los años:

> Salió Don Lope de casa
> cuando la tarde caía.
> Ya basta; cese la historia,
> cuente su melancolía [25].

* * *

> Canto y cuento es la poesía,
> se canta una viva historia
> contando su melodía [26].

La melodía de aquella viva historia de la primera narración es solamente lo que ha quedado de ella en el poema.
La melodía cordial de una emoción que se ha hecho enteramente independiente de la anécdota que la suscitara. Ella es
la madre o lecho de este río, de esta nueva y enteramente
original creación [27].

---

futuros de mi *Antología*, que daré a la estampa, cultivadores de una
lírica otra vez inmergida *en las mesmas aguas de la vida,* dicho sea
con frase de Santa Teresa de Jesús.» Hoy el acierto de estas palabras
nos sabe a profecía.

[25] *Los complementarios,* folio 30.

[26] *Obras completas,* p. 325. Quizá pudiera preguntarse —sería importante hacerlo— si en el sentido total, al mismo tiempo estético y
humano, que le da Machado a la palabra emoción, no se encuentra,
hasta cierto punto, la emoción vinculada a la anécdota. Mas la cuestión es larga, importante y complicada. La dejaremos, pues, para
otro día.

[27] Para el estudio del tema poético de la fuente en su obra quizá
convenga ahora alguna aclaración que viene de perilla a nuestro caso.
La canción de la fuente, la canción del agua, la canción sin palabras
simboliza para Antonio Machado la emoción pura, la suprema temporalización anticonceptual, es decir, su propia y originalísima manera
de entender la poesía. Veámoslo:

> La fuente de piedra
> vertía su eterno
> cristal de leyenda.
> Cantaban los niños
> canciones ingenuas
> de un algo que pasa
> y que nunca llega:
> confusa la historia
> y clara la pena.
> Seguía su cuento
> la fuente serena:

IV

Comienza el poema con un ritmo entrecortado y una fugaz y rapidísima serie de imágenes, que se van sucediendo igual que las visiones en los distintos planos de un tíovivo, creando un mundo de vaga y misteriosa inconexión. El cuarto verso, más tarde repetido [28] para acentuar su importancia, es aquel que nos aclara y define la situación. El poeta, hablando consigo mismo, escribe: «Dormido estás. Despierta.» Nos habla, pues, desde dentro del sueño, sonambúlicamente, con una lucidez que voluntariamente se encuentra destituida de conciencia. Y es este estado el que da tono a la primera parte del poema. La expresión concisa y lapidaria; el ritmo, breve, precipitado, delirante; la sucesión de las imágenes, precisa y casi cinematográfica, pero intermitente y como alucinada; la palabra, reiterativa y en función de estribillo, que va aumentando en cada repetición su intensidad tonal y emocional, son elementos que contribuyen sabiamente a crear un ambiente de angustia tensa y a subrayar la discontinuidad onírica de esta parte, que con las dos siguientes describen el *momento sonambúlico* del poema.

Muy a pesar de este carácter alucinado y delirante, todos sus elementos integradores tienen una función estético-conceptual, muy precisa y delimitada que encontrará más adelante desarrollo adecuado. Forman como un resumen del poema. Repasémosles, siquiera sea muy de pasada y anticipando su función. La fiebre subraya el carácter de pesadilla trágica que ha tenido aquel sueño. Las torres que están bailando en rueda serán aquellas mismas torres del olvido,

---

borrada la historia
contaba la pena.

No puedo detenerme a comentar este pasaje, en verdad decisivo para la interpretación del pensamiento machadiano. La poesía es como el canto de los niños: debe cantar lo más temporal de nuestra vida, aquello que pasa y nunca llega, y lo debe cantar olvidando la historia y atendiendo la pena, es decir, olvidando la anécdota vital y atendiendo tan sólo a la emoción que al pasar nos dejara. Por ello, la voz poética ejemplar es la voz de la fuente, la narración del agua, la canción sin palabra y sin historia, que sólo cuenta la pena pura, la emoción de vivir.

[28] «Dormido estás. Alerta.» Verso 24.

donde entreví a la amada mientras, atado por el sueño, quiere y no puede gritar. La ventana es la misma que no logra alcanzar para darle unas flores, y donde tiene con ella, triste y muerta, aquel inolvidable y doloroso diálogo final. Los velones acentúan la idea de muerte, de la muerte total, en la que todas sus amadas —Lucía, Inés, Carmela— bailan y mueren la misma muerte. Y luego aquella grave atracción de la tierra, donde la vida acaba, igual que el agua —glu, glu, glu— que se sume en la arena; de la tierra asolada y desnuda, de la tierra sonámbula, en donde alguien camina arrostrando la muerte, arrostrando la nieve y adentrando sus pasos por un encinar de sombra —que quizá fue la vida—, y ahora, como si fuese contemplado desde detrás de la muerte, se ha reducido a ser la sola sombra de un encinar. Las alusiones al alba y al sol, que rompe la nube en la tormenta, nos van insinuando la idea del despertar, del tránsito hacia la vigilia, dejándonos como la imagen última del sueño aquella entrevisión de alguien —la amada— entre las torres del olvido —la muerte—, que motiva la angustia del verso: «quise y no pude gritar», que se queda atravesado en la garganta y en el alma del poeta igual que un ascensor abandonado entre dos pisos, y le arde aún sobre los labios al despertar del sueño.

En la cuarta parte, el poeta se encuentra en una nueva situación. Ya ha despertado de su sueño. El ¡claro, claro, claro! del estribillo tiene en este momento una función poética distinta. Además de su valor tonal y emocional tiene un nuevo sentido: es como una mirada que comenzase a ver, soñando aún, en torno suyo. Afianza el paso a la vigilia, esclareciendo el sueño del poeta hacia una luz vaga y alboreante de duermevela. En el verso siguiente aún se declara más esta intención. «Ya están los centinelas — alertos.» Y, en efecto, ahora el poeta, con los sentidos alertados, comienza a recordar y a transcribir su sueño. Antes hablaba sonambúlicamente; ahora recuerda y rememora, ya con plena conciencia. La técnica expresiva se hace más clara y coherente, mas no abandona todavía su carácter fragmentario y sugeridor. No se describe el sueño; se dan sólo al lector los datos esenciales para reconstruirlo por sí mismo. Son los siguientes: Alguien protesta ante el verdugo haciéndole ver que a un hidalgo no se le debe ahorcar, sino degollar [29]. Las palabras masón y sambenitado indican el carácter del delito [30]. En la puerta de la casa, donde ha de realizarse la ejecución, comienzan a llamar unos nudillos infantiles. Se oye una voz de niños, casi mecánica y de muñeca, que pregunta si es en aquella casa donde se ahorca a un inocente. El verdugo contesta que allí se ahorca y nada más [31]. Pretende subrayar que ante la muerte todos tenemos igual razón para morir; todos tenemos el mismo grado de inocencia. La voz del verdugo es fuerte, clara, decidida. El poeta tiene, al oírla, la sensación de que es igual que un golpe de martillo que remachara el clavo en la madera del ataúd [32]. La imagen nos sugiere que el tono de la voz no da lugar a dudas: el que la oye se considera muerto; si vale la expresión, irrevocablemente muerto y dentro de la caja. Sigue hablando el verdugo, y le dice a su víctima que ya se encuentra junto a la puerta el público que viene a presenciar su ejecución. Y a renglón seguido y dirigiéndose al público, añade: «Vayan pasando, pasen todos, que nadie quede fuera. Presencien la solución más linda que puede darse al último problema.» Es decir, a la muerte [33]. La intención y aun la expresión poética asume ahora un inequívoco carácter desgarrado y burlón de esperpento: de histrión que anuncia su espectáculo en barraca de feria. Aún no sabemos, no se nos ha anunciado todavía, a quién se trata de ajusticiar. Deliberadamente, y para producir un efecto tragicómico, se ha dejado la noticia para el final. La declaran los versos siguientes [34]. El poeta pregunta si él mismo es el sambenitado; el verdugo contesta afirmativamente. Y tanto la pregunta como la respuesta tienen un tono cortés, ligero, y casi tímido. No recurre el poeta a efectismos dramáticos. No levanta la voz; más bien la apoca e insinúa, mostrando ante la muerte una cierta ironía resignada que encuadra bien dentro del ámbito del ferial. «Toribio, saca la lengua.» «El cuerpo del ahorcado sabe a pescado.» Se muere y nada más. Se muere ahorcado, es decir, de una manera, en cierto modo, circense y acrobática.

El mismo Valle-Inclán no ha conseguido un cuadro de

---

29 Versos 47, 48 y 49.
30 Versos 5, 50 y 65.
31 Versos 55 y 56.
32 Versos 57 y 58.
33 Versos 59, 60, 61, 62, 63 y 64.
34 Versos, 65, 66, 67 y 68.

tan crudo y castizo realismo, de una emoción tan tensa, de una risa tan agria, radical y mineralizada. La indiferencia irónica del tono dirime la crueldad. Todo parece necesario, previamente determinado y natural. No hay burla, demasía ni ensañamiento alguno. Se muere y nada más. Las palabras son meramente descriptivas, lo mismo que un dibujo. Carecen de relieve. Son sencillas y humildes; no frías, sino objetivas, casi violentamente enajenadas. Hay en ellas un eco noble de la emoción y del decir valleinclanianos [35].

En la estrofa final de esta parte, el estribillo, ¡oh, claro, claro, claro!, vuelve a tener, vuelve a añadir matices nuevos a su valor tonal y emocional: tiene un carácter lógico entre aseverativo y deductivo. El poeta confirma su situación de reo, y la confirma deduciéndola de los datos anteriormente dados. ¡Oh, claro, claro, claro!: es natural morir. El valor musical del estribillo desdibuja el campo semántico de la palabra claro, haciéndola más amplia y capaz para expresar eficazmente toda una gama de emoción muy variada. Subraya, en este caso, una sincera y españolísima conformidad de la víctima frente a la decisión de su destino. Una conformidad no exenta de ironía y aun de cierta curiosidad —no sólo expectación— ante la propia muerte. ¡Oh, claro, claro, claro!: morir ahorcado es natural [36]. Se da trato de cuerda a la garganta —trato de cuerda, que es lo infantil. Igual que el niño ajusta la cuerda al trompo aplicará el verdugo, también para jugar, la cuerda a la garganta... Todo es cosa de juego. Y en este juego del verdugo ¿qué pasará? El poeta ha olvidado su muerte, o, mejor dicho, está mirando a través de ella, como quien ve el paisaje tras de un cristal. La metáfora utilizada le atrae el recuerdo de su niñez. Sí, hacía ya muchos años —¿qué significa ahora esta palabra: años?—, hacía ya mucho tiempo que también él había tenido entre sus manos una peonza. ¡Y le gustaba tanto jugar con ella...! Para jugar, primeramente la cogía, la apretaba, invirtiendo su posición, entre la mano izquierda, y después, tras de humedecer con la lengua el extremo deshilado de la cuerda,

[35] Esta manera de expresión *valleinclaniana* no es única en la obra de Machado. Recuérdense los poemas «Un loco», «Fantasía iconográfica» y, sobre todo, el más característico de esta serie, «Un crimen», en *Campos de Castilla*. Este es el libro machadiano de mayor influencia *noventayochista*. Pudiera ser, por tanto, nota común y generacional en la manera agria de ver la sociedad española, y también en la sorda y dura calidad de agua fuerte del dibujo.
[36] Versos 69, 70 y 71.

lo aplicaba, más tarde lo ajustaba y finalmente lo iba arro-
llando, primero a la garganta, después a todo el cuerpo del
zumbel. El lanzamiento era difícil. Se precisaban fuerza y al
mismo tiempo habilidad para darle la vuelta en el momento
justo de despedirlo, y desenrollar con rapidez la cuerda para
imprimirle un movimiento giratorio. Y luego, al contemplar-
lo sobre la tierra —mejor bailaba en pavimento liso y duro—,
se unificaban sus distintos colores en un radiante y único
color, y empezaba a sonar con un zumbido lento, con una
vibración casi encendida y musical. Y ahora, en este juego
del verdugo, ¿no pasaría lo mismo? ¿No se le llenaría de
música su cuerpo al ser lanzado en el vacío? Y aquella carne
triste y suya, ¿no sería igual que un trompo cabeceante y
musical, no sería igual que un trompo que girara en la
palma de la mano de Dios? Quizá la sucesión de toda su
vida, de todas las imágenes de su vida, se aquietarían en
una sola imagen, igual que las distintas posiciones del zumbel, al mismo tiempo simultáneas y sucesivas, llegan a confundirse en una imagen única. «Y baila el limonero — con la
encinilla negra.» Sí, quizá su infancia y su vejez puedan bai-
lar al mismo giro, en una misma danza. Y la muerte, ¿no
será propiamente como un cristal de música, como un cristal tras del que vemos algo? Cierto que bien se puede morir
guillotinado, y arrostrando al verdugo, como. un hidalgo. Mas
no, mejor que la guillotina será este palo seco, con la corbata hecha para no perder tiempo, para no entretener a la
víctima con preparativos innecesarios [37]. ¿Y cuál será la música que alegre y acompañe su ejecución? —conviene distraer
al público, que quizá paga cara la entrada—. Debieran ser
guitarras, no se estilan ya [38]. Pero no importa: el que no se
resigna, es porque vive en una isla. Ni más, ni menos. Habrá
que contentarse con música de circo —fagotes y cornetas— [39],
y para humanizar un poco su sonido metálico y gregario,
que cante el gallo de la aurora, si es que quiere cantar.

La parte quinta es la interpretación difícil. Para no incurrir o derivar hacia el melodrama, el poeta sustituye la descripción real y objetiva por alusiones de carácter poético.

[37] Versos 73, 74, 75 y 76.
[38] Verso 77.
[39] Versos 78, 79 y 80.

A medida que el drama acentúa su realismo, la narración se va haciendo más alusiva y metafórica. En estos versos centrales del poema no hay elemento alguno de lenguaje directo. Sin embargo, las alusiones siguen teniendo notable precisión. No hay una sola imagen, una sola metáfora, que no añada a su valor estético y emocional una función conceptual y descriptiva muy estrictamente determinada. La situación descrita es la siguiente: el verdugo ha ejercido su oficio, y la víctima ha sido ya impulsada sobre el aire. El cuerpo gira levemente en una danza lunática y mortal. La sensación del salto en el vacío nos es dada de una manera alígera e ingrávida, para desproveerla de su dramático verismo. «De encinar en encinar — saltan la alondra y el día» [40]. No es posible encontrar seres más puros —alondra y día— para representar la situación. Pende el ahorcado de la cuerda alegremente, dignamente, naturalmente, como la alondra se sostiene en el aire y como el salto de la luz declara el día. Con estos elementos, que amplían la representación visual del lector y la objetivan, se ayuda a esclarecer la trascendencia de la intención poética. La vida del poeta simboliza la vida humana. Y este pasaje pretende definir metafóricamente el sentido de nuestras relaciones con el prójimo, la inserción de nuestra propia vida en la órbita de las demás. Por ello introduce un elemento que humaniza con una alegre e inconsciente crueldad la situación: el público. No es ciertamente ilusionada y generosa la opinión que de la sociedad tiene Machado. Para definir el carácter de toda relación humana, degrada el vínculo social: el prójimo no es prójimo, sino tan sólo *público*. Ha ido a la ejecución igual que a un merendero. La víctima contempla su alegría dominguera, y al referirse a ella, la voz del poeta se enrigidece súbitamente. Por vez primera [40 bis] en todo el desarrollo del poema, el tono de la voz se torna agrio. Tiene una chirriante e inequívoca vibración de violencia interior. La metáfora de que se sirve el poeta para expresar el carácter de la relación entre la víctima y el público —que simboliza la relación del hombre con el prójimo, o, si se quiere, del hombre con la vida—, es la de la liebre que se siente acosada por la jauría [41]. Quiere huir y no puede: nadie se esconde, nadie puede ocultarse de su vida. Corre, pero no logra salir de sí. Siente

---

[40] Versos 87 y 88.
[40 bis] Otra nota también de desmesura y acritud es la que da su conocido anticlericalismo.
[41] Versos 82, 89, 90 y 91.

más cerca cada vez el ladrido perseguidor; el latir jadeante, próximo, circular, que anuncia, y casi hace sentir la dentellada en la garganta. ¡Oh, claro, claro, claro!: el público sólo le dice una palabra imperativa: *duerme.* ¡Alegría! ¡Alegría! [42]. Cada cual tiene una función. Hay que cazar o ser cazado. Es el sentido de la vida. Es la alegría mortal, perseguidora: ¡la alegría de la caza!

La parte sexta tiene tono distinto. Es una de las más hondamente serenas, desasidas y líricas del poema. Tiene una ternura transitable y machadiana, una melancolía de tacto ciego y bautismal. Semeja una de tantas inolvidables rimas suyas. Trata de describir el pensamiento o, mejor dicho, *la idea cordial,* de aquel que va a morir y rememora su vida entera. ¿Cuál ha sido el sentido de su vida? ¿Cuál ha de ser la imagen única y compuesta, la imagen que represente simultánea y sucesivamente su vida entera, cuando el trompo baile en la mano de Dios. Se encuentra ahora erguido y vertical sobre los aires. La muerte próxima deshumaniza su carne y la convierte en una triste, casi insensibilizada, materia vegetal. Y con ella su cuerpo, su vida entera, son lo mismo que un árbol. Igual que un árbol que tuvo, acaso, cuatro verdes hojas, atadas con hilo doble, que le colgó la primavera cuando lo quiso Dios, y que ahora arrastra el viento de noviembre. De aquel árbol ha salido, quizás, la madera del trompo. No tuvo fruto. No tuvo flor. No le dio sombra al caminante, ni cohesión a la tierra. Quizás creciera únicamente para abrigar entre su copa a un pájaro que vino hacia la hora de la tarde. Nunca volvió. Y aquel instante, sin embargo, ha iluminado su vida entera. Se le ha enredado, igual que una oración, en las raíces de su ser; se le ha enredado entre las ramas, que recuerdan aún aquel temblor del cuerpecillo frágil..., aquel calor..., aquel...

No tiene la vida humana otro sentido que el amor. Este es el eje que pone en movimiento y vigoriza el dulce y triste pensaminto machadiano. Ya en sus primeros versos había logrado expresión indeleble:

---

[42] Verso 92.

> Y en toda el alma hay una sola fiesta,
> tú lo sabrás, amor, sombra florida,
> sueño de aroma, y luego... nada: andrajos,
> rencor, filosofía [43].

El amor es el que mueve y da sentido al mundo. Y ahora, tras de haberse revestido de primavera y hojas con esta fundadora evocación de su vida amorosa, vuelve el poeta el pensamiento hacia sí mismo. Estamos en la séptima parte del poema. Consta de cuatro únicos versos de expresión justa y ceñidísima [44]. El cuerpo, izado ya, queda pendiente de la cuerda. Pero el reo descansa sobre el aire de manera alegremente natural: como en un vuelo. Quizás empieza a trascender de sí mismo; quizás la muerte es música; quizás él lleva su música a otra parte. De la situación en que se encuentra sólo advierte la sensación ingrávida del vuelo. No nos hace ninguna otra referencia dolorosa y real. Y volar, no sólo es cómodo, sino fácil:

> ¡Qué fácil es volar, qué fácil es!
> Todo consiste en no dejar que el suelo
> se acerque a nuestros pies:
> valiente hazaña, ¡el vuelo!, ¡el vuelo!, ¡¡el vuelo!!

---

[43] Toda lo poesía de Machado nace de una zona vital, muy limitada voluntariamente, y tiene siempre una estrechísima relación con su vida real. Sobre esta zona ha ido el poeta acumulando durante muchos años la asombrosa riqueza de su mundo interior. Por ello, la distinta elaboración de un mismo tema —tratado en épocas diversas— es frecuentísima en su obra. Su estudio, que nos atrae muchísimo, serviría eficazmente para advertir la evolución, o, mejor dicho, el despliegue de su personalidad. Indicaremos ahora sólo, y a manera de ejemplo, la sorprendente analogía entre el poema que comentamos y la siguiente rima (publicada en 1904), cuyo conocimiento debo, como tantas otras cosas, a la generosidad de mi maestro Dámaso Alonso:

ARTE POETICA

> Y en toda el alma hay una sola fiesta,
> tú lo sabrás, amor, sombra florida,
> sueño de aroma y luego nada: andrajos,
> rencor, filosofía.
> Roto en tu espejo tu mejor idilio
> y vuelto ya de espaldas a la vida,
> ha de ser tu oración de la mañana:
> ¡Oh, para ser ahorcado, hermoso día!

Recuérdese también a este respecto la que comienza «La aurora siniestra».

[44] Versos 107, 108, 109 y 110.

414

Lo sencillo no es sólo la desnudez de la expresión, sino también aquello mismo que nos es *dado* y natural en ella. Pocas veces ha alcanzado nuestra poesía una expresión más sencilla y desnuda, más inmediatamente puesta en contacto con las cosas. El verso último [45] tiene una levedad, una alegría, en donde la palabra, las palabras, nacen para volar y parecen levantarse cada vez más, encimadas por las exclamaciones, igual que un pie que, de ligero, no pisa sobre el suelo. La repetición va quitándole peso a las palabras, aligerando su equipaje significativo, en cada nueva reiteración. La contracción que abrevia el vocabulismo ué... ué... ué... contribuye también a agilizar el verso y a dar la sensación de grito sordo y musical que levante las palabras en vuelo. Añadiremos, finalmente, una interpretación que trate de explicarnos la función estética que tiene el tono irónico utilizado todo a lo largo del poema. Es como una veladura sentimental. Cubre siempre una herida. No quiere el poeta desnudar enteramente su corazón ante nosotros. Y por ello ironiza. La ironía es el pudor del corazón: el pudor masculino.

Y sigamos andando para que no se nos duerma la pierna. La parte octava es sólo una consecuencia de la anterior. Ambas arrancan de situación idéntica. El ahorcado —el poeta—, en el mismo momento de morir, vuela sin alas donde todo es cielo. Su suspensión es sólo de un palmo sobre la superficie de la tierra. Podría alcanzarla —quizá— con un pequeño esfuerzo. Y entonces —es curioso— no posaría los pies en ella para intentar salvarse. No le importa salvarse. Lo que piensa el poeta —desde el pudor sentimental de la ironía— es que si alcanzara la tierra, ¡está tan cerca!, podría parar el mundo entre las puntas de los pies y luego darle cuerda, darle impulso en sentido contrario, hasta verlo girar de nuevo, lento, callado, frío [46]. Este es el último equilibrio circense que puede hacer en vida, la última broma del ahorcado: para el mundo, para el trompo que es el mundo, y que él mismo, al morir, tiene en la palma de la mano. No volverá a sonar; no volverá a cantar la música celeste de las esferas, porque no hay música sin viento. Y el viento que hace posible esta música de la tierra es el aliento del

---

[45] Verso 110.
[46] Versos 113, 114, 115, 116, 117 y 118.

hombre; en este caso, el aliento del que se encuentra próximo a expirar... Suena, sigue sonando el trompo débilmente, y el mundo, al mismo tiempo, aún da una vuelta más. Ya nada, nada... No hay realidad cuando no la registra y vivifica la conciencia del hombre. El mundo y él mueren al mismo tiempo. Se le deshoja de la carne la música. Quizás muere por ello... ¡Oh, claro, claro, claro!: «Sólo el silencio y Dios cantan sin fin» [47].

Y ahora la muerte..., caer, sólo caer, siempre caer, desde la noche sin luz a la Laguna Estigia... caer, siempre caer, sólo caer, igual que Alvargonzález en la laguna sin fondo, en la Laguna Negra [48].

Comienza el viaje de ultratumba por el diálogo con Caronte, ya en la laguna donde es preciso y justo que el hombre pierda la memoria. Justo y preciso, desde luego, pero el poeta no la pierde, no la puede perder. ¿Cómo podría sin ella —vivo o muerto— seguir siendo poeta? Justamente el infierno va a consistir en recordar. Lo que abandona, en cambio, es la esperanza —dejad toda esperanza—, en ofrenda del Dante. Y luego la bajada a los infiernos acompañado de Virgilio... y luego —aunque ya muerto— seguir sintiendo como un fulgor violeta, como una cierta memoria de dolor en el pecho, pues que al morir llevaremos a nuestra vida y nuestra muerte enteras y para siempre con nosotros. Y al fin, el detenerse —¡naturalmente!— ante el Infierno, sin atreverse a pasar adelante, con aquella española cortesía capaz de suicidarse para ceder el paso ante la puerta. «—Usted, primero. —¡Oh, nunca, nunca, nunca...!, usted, delante» [49].

La descripción y caracterización que del Infierno hace el poeta, como etapa final de su viaje de ultratumba, es uno de los mayores aciertos de invención del poema, y aun quizás de las más hondas y originales intuiciones del pensamien-

---

[47] Verso 121.
[48] Versos 122, 123, 124 y 125.
[49] El estribillo poemático «¡Oh, claro, claro, claro!» se ha convertido, ante la entrada del infierno, en «¡Oh, nunca, nunca, nunca!» La coincidencia no puede ser casual. Prepara el ánimo del lector para el cambio de clima final. Su valor musical se asorda y enmudece un poco. Se intensifica, en cambio, fuertemente su valor emocional.

to machadiano. Conviene entrar en esta parte con pie lento. Es ciertamente difícil, y arriesgado, reducir a fórmula conceptual una intuición que fue expresada solamente por medio de muy veladas alusiones. En gracia de que acudimos en su ayuda, solicitamos la venia del lector. Advertiremos, de pasada, que en la interpretación de cualquier pensamiento poético siempre es preciso llenar lagunas. Esta característica de la poesía suele inducir a confusión a sus exégetas, sobre todo, cuando esta exégesis, como ocurre en nuestros tiempos, es realizada por aquellos escritores que hemos dado en llamar filosofistas. Conviene, pues, fijar nuestra opinión sobre este punto. Interpretar que estas lagunas suponen inconexión en el razonamiento de un poeta es, desde luego, error pueril, y enuncia frivolidad. Procuraremos no incurrir en ella [50].

Lo que presupone inconexión mental es sólo una necesidad de la expresión poética. Repetimos: de la expresión, que no del pensamiento. Del mismo modo que al describir un paisaje, el poeta no inventaría todos y cada uno de los objetos que verdaderamente lo constituyen; antes bien, los antologiza, para formar una unidad representativa de carácter estético y no real; así también ocurre con la expresión o representación poética de nuestros mundos interiores. No nos dice, mejor dicho, no nos puede decir el poeta la integridad de un proceso mental; más bien antologiza por su valor estético aquellos puntos cardinales que son como jalones, que sirven para probar no sólo la continuidad y dirección de su discurso, sino también, y sobre todo, su trabazón

---

[50] Es más frecuente de lo que fuera deseable esta actitud, muy a pesar de haberse escrito libros tan considerables como *El pensamiento filosófico de Miguel de Unamuno*, de Miguel Oromí, y *Miguel de Unamuno*, de Julián Marías, que orientan nuestra crítica literaria hacia distinto clima. La poesía se considera un juego, más o menos artístico, como tocar la flauta, por ejemplo. El pensamiento de Antonio Machado aún no ha sido tomado en consideración por los profesionales y semovientes de nuestra cultura. ¡Qué le vamos a hacer! Vivimos una época de abstracciones y fantasmagorías. Paciencia y barajar. Quizá esta actitud fue presentada y enjuiciada por Machado en aquellos sus versos primerizos:

> soberbios y melancólicos
> borrachos de sombra negra,
> y pedantones al paño
> que miran, callan y piensan
> que saben, porque no beben
> el vino de las tabernas.

> (*O. C.*, p. 10.)

27

orgánica y poética. El poeta no nos explica; nos sugiere tan sólo el pensamiento. Este carácter de sugerencia no es valedero para argüir de asistemática su manera de pensar, puesto que sólo atañe a la naturaleza genuina de su expresión. Cuando el poeta, como dijimos anteriormente, suprime lo anecdótico para fijar tan sólo la emoción de la anécdota, aplica a la expresión anímica la misma técnica expresiva que necesariamente ha de aplicar a la expresión conceptual. Y bueno fuera que por no describirnos, puntual y minuciosamente, cómo besa a su novia, ciñéndose tan sólo a sugerirnos la emoción de aquel beso, dedujéramos nosotros, muy científicamente, la incoherencia de su vida sentimental. No se forma la unidad de un paisaje por la inclusión de todos los objetos contenidos en él. No se radicaliza una vivencia sobre la total rememoración de cuantos accidentes intervienen en ella. Y, finalmente, no está implicada la conexión o inconexión de un pensamiento en la mera continuidad discursiva de su expresión. Existe una continuidad necesaria y biológica que le da vida al pensamiento, y que se encuentra en la poesía, en cierto modo, oculta; en cierto modo, también, sugerida y explícita por su misma necesidad. Si contemplamos una ciudad asentada en un lago, no será justo deducir que carece de cimientos porque se ocultan bajo el agua. Hay que poner vigilancia en el ojo, porque la vista engaña. Los balconajes y las torres que vemos están probando la existencia de la cimentación de la ciudad.

Con la mirada puesta en las torres, procedamos nosotros ahora a descubrir el pensamiento del autor. Nos describe y adentra en su infierno. El infierno, desde un punto de vista teológico, consiste en el castigo; desde un punto de vista estrictamente humano, en el sufrimiento. Ambas interpretaciones son necesariamente complementarias. El sufrimiento de este infierno machadiano se encuentra puesto al día y es puramente mental y psicológico. Nos recuerda —con muy cercano parentesco— aquellos versos de Rubén:

> pues no hay dolor más grande que el dolor de ser vivo
> ni mayor pesadumbre que la vida consciente [51].

Es necesario, para sufrir, tener conciencia de ello. Pero, además, no hay tormento mayor ni más radicalmente humano que la conciencia. Por antonomasia, el tormento ma-

---

[51] Rubén Darío: *Obras completas*, Editorial Aguilar, Madrid, p. 603.

yor es el infierno. Y por ello, en su viaje de ultratumba, necesita e inventa Machado un interlocutor que le sirva de espejo, es decir, de sufrimiento, de conciencia. Donde hay dolor, hay dos. Así, pues, el infierno consiste, primariamente, en un diálogo. Pero un diálogo infinito y sin finalidad, que mantenemos con nuestra conciencia, que mantenemos con nosotros tal y como fuimos verdaderamente, sin que ya pueda este diálogo convertirse en acción renovadora o perfeccionadora de nuestro ser; un diálogo en el cual convivimos y rememoramos, de manera continua y estéril, nuestra vida amorosa, pero volviéndola a vivir desde detrás del desengaño, volviéndola a *sufrir y no a sentir*, volviéndola a llorar, tras de su muerte. Piensa el poeta —y piensa bien— que de la misma materia de la alegría deberá ser nuestro dolor más hondo y perdurable. Esta materia es el amor. Y en su virtud, el infierno que nos describe, el infierno poético y vitalista —quiero decir, concebido a imagen y semejanza de la vida del hombre—, añade al sufrimiento de que ya en él sólo seamos conciencia pura, el dolorido sentir, aún más humano, de que nuestra conciencia esté tejida solamente de la materia del amor, mas de un amor siempre recién nacido para vivir su propia muerte. Con ello, al puro sufrimiento se une el sentido necesario de expiación y castigo. Es, desde luego, bello, triste y mortal el pensamiento de don Antonio sobre este punto. Nace el amor para morir. De una manera u otra, inexorablemente, *amor siempre se hiela.* No es naturaleza humana, sino celeste. No pudo realizarse terrenalmente y de manera plena, sino en el paraíso. En su contacto con la vida ordinaria, con la vida del hombre, padece muerte repetida. Vuelve siempre a nacer, para volverse a helar, falto de abrigo y asistencia. Y por ello no hay castigo tamaño, no hay expiación más justa que el de hacernos vivir a cada uno la misma vida amorosa que nosotros hicimos vivir a los demás. Así, los no elegidos por el amor tendremos continuamente ante los ojos la conciencia irrevocable de nuestras faltas. Esta conciencia retrospectiva, inexorable y justa es el infierno, donde resucitaremos nuestra vida amorosa, pero no tal como nosotros la sentimos un día, sino tal como nosotros la hemos hecho sentir. Dejad toda esperanza. Aquí la vida no es acción, sino conciencia pura. Conciencia reflejada en un diálogo infinito —noria seca— que sólo eleva el agua del sufrimiento y la expiación. Y así, una vez y otra vez, circularmente, de calleja en calleja; una vez y otra, durante toda la eternidad, renovaremos nuestro amor, pero viviéndolo desde todas las muertes que nosotros le dimos. Y sufrirá cada cual según sus obras. Y con nuestras propias acciones seremos castigados. Nada más desolado que esta visión. No se puede concebir sufrimiento mayor que el de volver a vivir nuestra vida amorosa, sin actividad, sin ilusión, sin libertad, sin distinción y sin descanso. Sin activismo, porque la vida de ultratumba ya no tendrá más realidad vital que la de ser conciencia; sin ilusión, porque la volveremos a vivir con ardentía y sin finalidad, como una llama que nos quema, pero no nos calienta; sin libertad, porque no la podremos rechazar, ni aceptar, ni perfeccionar, pues no estará enraizada en nuestra voluntad y no la viviremos desde ella; sin distinción, porque al faltarnos, volveremos a vivir todos nuestros amores particulares, desde el amor total, sin que podamos separarles y dar a cada cual lo que fue suyo, y «bailará el limonero — con la encinilla negra» en una danza total en que se fundan lo que fue puro con lo impuro, el amor al poder y el amor del hogar con el amor de Dios; y finalmente, sin descanso, sin intermisión, para ver reflejarse nuestro ardor, nuestra fuerza de anhelo vital —¡ah, *la sed machadiana!*— en el martirio de nieve de un espejo, durante toda la eternidad.

Nuestras primeras palabras destacaron, entre las cualidades que dan más emoción y atractivo al poema, su carácter confesional. Toda confesión última y general, para ser válida, necesita sustentarse sobre dos planos: el del sentido de una vida y el de su anécdota vital. Los hechos no pueden ser juzgados sin atender su sentido rector. Estos dos elementos —anécdota y sentido— que totalizan la confesión, forman como una línea fronteriza dentro del poema y le separan en dos vertientes. En la primera —que comprende hasta el comienzo del viaje a ultratumba— nos confiesa el poeta, por medio de alusiones y aun de alucinaciones que sirven para velar la desnudez, su experiencia teórica vital y su sentido de la vida. En la segunda —que comprende la descripción del infierno— se nos confiesa el hilo argumental de su vida amorosa. Así ambas partes quedan ensambladas con perfecta armonía: la primera nos comunica el sentido; la segunda, el contenido confesional. Hemos llegado a ella. Y advertimos que la sinceridad de esta confesión no tiene traba alguna y es, con todo rigor, impresionante. Ningún respeto o convención humana la limita. La voz poética adquiere ahora un temblor esencial, un temblor de palabra desnuda ante la muerte, de palabra que se desnuda de todo con la muerte. Nos habla, en cierto modo, como detrás de ella. La desnudez siempre es moral. Y su valor de purificación y de catarsis nos ha sido descrito en diferentes ocasiones por el poeta. «Siempre he creído, decía Mairena a sus alumnos, que la' confesión de nuestros pecados y, lo que es más difícil, de nuestros errores, la confidencia que, en cierto modo, nos humilla ante nuestro prójimo (sacerdote, médico, maestro, amigo, público, etc.) formará siempre parte de una técnica psicológica para el lavado de nuestro mundo interior y para el descubrimiento de los mejores paisajes de nuestro espíritu. *Item más,* el hombre se hace tanto más fuerte, tanto más se ennudece y tonifica, cuanto más es capaz de esgrimir el látigo contra sí mismo»[52]. Al adentrarnos, pues, en esta parte, comenzamos a pisar en terreno sensible. Quizás no existe en nuestra lírica ningún otro poema de más humilde y trágica desnudez. Andemos con cuidado: aún puede dar sangre la herida, aún podemos nosotros renovar, inadvertidamente, su dolor.

Antes que nada, creemos conveniente determinar hasta qué punto, en su descripción del infierno, Machado nos va a hacer convivir su vida toda, desde su nacimiento a su vejez. Ya sus primeros versos:

Palacios de mármol, jardín con cipreses,
naranjos redondos y palmas esbeltas:
vueltas y revueltas,
eses y más eses[53].

---

[52] Revista *Hora de España,* Valencia, núm. 20, p. 8.
[53] Volvamos a indicar la persistencia de sus símbolos, y la de aquellas notas ambientales de que se sirve Machado para *temporalizar* su verso, situándole siempre dentro de un cuadro, tiempo y lugar determinados, no sólo reales, sino también vividos. Este jardín con cipreses y limoneros es uno de estos cuadros, y tiene en su poesía aparición constante, significando siempre el enlace con la niñez:

Gloria de los huertos, árbol limonero,
que enciendes los frutos de pálido oro
y alumbras del negro cipresal austero
las quietas plegarias seguidas en coro.

(*O. C.,* p. 69.)

nos llevan inmediatamente a recordar su infancia sevillana: el palacio y los jardines donde nació, los árboles dorados, las callecitas que son para nuestros cuerpos lo mismo que un dedal, y con ellas, y viniendo de la mano también, las canciones y añoranzas de su primer amor: su amor primaveral. Sí: «tejidos sois de primavera, amantes». Sabidas son la persistencia y la fijeza conceptual de los símbolos machadianos. Aun las palabras más gastadas del lenguaje poético tienen en él un mismo simbolismo fijo, al mismo tiempo conceptual y emocional, que las revirginiza. La sencillez y claridad de su expresión poética encubren uno de los sistemas más hondos y trabados del pensamiento español, contemporáneo [53] bis. Lo complicado y lo profundo se contradicen entre sí: la transparencia de las aguas, en cambio, nos adentra en su profundidad. Igual ocurre a las palabras. La primavera es uno de estos simbolismos conceptuales. Significa o sugiere a la *materia* ya iluminada por el amor, es decir, a la *materia viva*. Por ello su reiterada aparición en los poemas machadianos anuncia siempre un cambio, una transformación en la realidad que se nos describe o un paso en la actitud del alma hacia una posición más abierta y vivificadora. Esta milagrería primaveral se refiere unas veces a la naturaleza o circunstancia que nos rodea:

A la desierta plaza
conduce un laberinto de callejas...

o más claramente aún:

Mi corazón latía
atónito y disperso,
¡el limonar florido,
el cipresal del huerto,
el prado verde, el sol, el agua, el iris...,
el agua en tus cabellos!

[53] *bis* Esta profundidad con la que debe ser interpretada su poesía nos fue indicada, no sin cierta ironía, por el autor. «En un largo capítulo de un libro *De lo uno a lo otro*, dedicado al amor, desarrolla Abel Martín el contenido de este soneto. No hemos de seguirle en el camino de una pura especulación, que le lleva al fondo de su propia metafísica, allí donde pretende demostrar que es precisamente el amor la autorrevelación de la esencial heterogeneidad de la substancia única. Sigámosle, por ahora, en sus rimas, tan sencillas en apariencia, y tan claras que, según nos confiesa el propio Martín, hasta las señoras de su tiempo creían comprenderlas mejor que él mismo las comprendía. Sigámosle también en las notas que acompañan a sus rimas eróticas.» (O. C., 341.) Y aún hoy día, seguimos conociendo filósofos, críticos y poetas con la misma mentalidad de estas señoras...

Me apartaré. No quiero
llamar a tu ventana... Primavera
viene —su veste blanca
flota en el aire de la plaza muerta—,
viene a encender las rosas
rojas de tus rosales... Quiero verla [54].

Otras veces a la pura intimidad cordial:

mi corazón espera,
también, hacia la luz y hacia la vida,
otro milagro de la primavera [54 bis].

Los nombres de las calles —desde la del Recuerdo hasta
la del Olvido— indican un simbolismo claro y popular. Todas aluden a su vida, de manera teórica. Algunas de ellas
deben tener además una vinculación concreta. Insiste el
poeta en afirmar su valor rememorativo al advertirnos que
ya en otra ocasión pasó por ellas. Y así, de calle en calle,
de recuerdo en olvido, llega a la plazoleta del desengaño.
Llega por vez primera y, sin embargo, como él nos dice:
«llega otra vez...». Adjetiva esta plaza gravemente: la llama
Plazoleta del Desengaño Mayor. El desengaño en nuestra
vida no es estación de tránsito. A causa de ello, las plazas,
en este itinerario lírico, son estaciones de parada. Interrum-
pen el callejeo. Ciegan la fuente de la vida. Y esta plaza
tiene importancia, va a tener importancia. Quiere el poeta
que lo advirtamos. Quiere que la miremos con espacio y
detenidamente. Para en ella.
Simboliza el gran amor, el puro amor de don Antonio.
La Plazoleta del Desengaño Mayor bien ha podido llevar,
bien pudiera llevar [55] un nombre propio: el de Leonor Izquierdo, el nombre de mujer que el poeta no tuvo tiempo
de vivir y que ha logrado inmortalizar. ¿Recordáis?: «la
noche se puso íntima — como una pequeña plaza» [56]. ¿No ad-
vertisteis, paseando al acaso de calleja en calleja, el desga-
rrón de intimidad que se produce en nosotros al llegar a una
plaza? Así callejeando, en el hondón de una plaza con lágrimas, asomada a un balcón y con las manos florecidas,
debió de conocerla. Ha descrito este encuentro en unos versos indelebles:

---

[54] *Obras completas*, p. 22.
[54] bis. *Ibid.*
[55] Sería una bella iniciativa municipal.
[56] Federico García Lorca, *Romancero gitano*.

La plaza tiene una torre,
la torre tiene un balcón,
el balcón tiene una dama,
la dama tiene una flor.
Ha pasado un caballero
—¡quién sabe por qué pasó!—,
y se ha llevado a la plaza,
con su torre y su balcón,
con su balcón y su dama,
su dama y su blanca flor [57].

Ahora también, tras de su muerte, vuelve a evocarla en
la ventana: vuelve a evocarla en una plaza y a dialogar con
ella. En ninguna de sus evocaciones de Leonor alcanzó su
palabra un grado tal de intimidad alucinada, de soledad
que se distiende hasta cegar la fuente de la vida, de herido
calofrío:

No alcanzo hasta el mirador.
—Háblale.
            —¿Si tú quisieras...
—Más alto.
            —... darme esa flor?

¿No me respondes, bien mío?
Nada, nada.
Cuajadita con el frío
se quedó en la madrugada [58].

Apenas pueden comentarse estas palabras: son sólo un
resplandor. No significan nada; viven de una manera íntegra
y natural, igual que vive una mujer, igual que vive un pájaro.
Están veladas, ciegas de ternura, lo mismo que se borra la
expresión de los ojos al amar. Los puntos suspensivos, el
ritmo febril y entrecortado, la suspensión de la frase coloquial «si tú quisieras...» adelgazan la expresión hasta desva-
necerla y desmayarla. El canto se ha convertido en rezo.
El amante no puede comprender la muerte de la amada.
En tanto la contempla o la recuerda, aún busca la mirada
de sus ojos vacíos, de los ojos estáticos que miran y no
miran a través de la muerte. No lo puede aceptar, ni comprender. No se resigna a ello. ¿No es acaso la vida un mila-

---

[57] *Obras completas*, p. 552.
[58] Versos 165 a 168.

gro del amor? ¿No es la poesía y la vida del poeta una creencia en el milagro? Pues entonces quizá pueda bastar para resucitarla, con poner el oído sobre su pecho, como auscultándola, como infundiéndole su sangre, y ordenarle que viva y que respire..., ordenarle que viva...

Mas el milagro no se cumple. Pero no importa. ¡Oh, claro, claro, claro!: qué nos puede importar, en fin de cuentas, que el amor se nos muera de una manera u otra. Nació para morir. Frente a su propia muerte, tiene cualquier amor el mismo grado de inocencia. Amor se hiela y nada más. Y luego vuelve a renacer, ¡ya lo sabéis! Amor es calle larga, calle que sólo acaba con la vida, calle entera con casas en una acera y otra, y rejas, rejas, rejas. El tránsito desde el amor a los amores, o si se quiere, desde el amor espiritual al natural, está descrito con una propiedad y una dureza de tono difícilmente superables. No hace el poeta ninguna concesión sentimental. La brusquedad con que pasa desde un clima espiritual al clima opuesto, es verdaderamente inconcebible. *Quiere doler.* Se le advierte en la voz una cierta premura de suicidio, se le nota que quiere acabar de una vez. Quizás no tiene la literatura moderna página alguna en donde la tensión de la angustia sea tan alta, donde la hombría, la facultad de apoderarse de sí mismo tenga expresión tan neta y dolorosa.

El primer paso en el proceso que bien pudiéramos llamar de *naturalización del amor,* es el mismo que fue cantado en verso manriqueño:

> parto yo, triste amador,
> de amores desamparado,
> de amores, que no de amor [59].

y fue descrito por Machado en un bellísimo poema «Los ojos», donde se enlazan, como dos temas en una melodía, el paso desde el amor personal al amor genérico y el tema de la temporalización del amor, es decir, la acción al mismo tiempo consuntiva y vivificante del olvido:

[59] Jorge Manrique: *Canciones,* Col. «Clásicos castellanos», Espasa-Calpe, Madrid.

1

Cuando murió su amada
pensó en hacerse viejo
en la mansión cerrada,
solo, con su memoria y el espejo,
donde ella se miraba un claro día.
Como el oro en el arca del avaro,
pensó que guardaría
todo un ayer en el espejo claro.
Ya el tiempo para él no correría.

2

Mas pasado el primer aniversario,
¿cómo eran —preguntó—, pardos o negros,
sus ojos? ¿Glaucos?... ¿Grises?
¿Cómo eran, ¡santo Dios!, que no recuerdo?...

3

Salió a la calle un día
de primavera, y paseó en silencio
su doble luto, el corazón cerrado...
De una ventana en el sombrío hueco
vio unos ojos brillar. Bajó los suyos,
y siguió su camino... ¡Como esos! [60].

Todo se gasta. Con el paso del tiempo se ha diluido en
la memoria el color de unos ojos. Nada más. El amante no
puede recordarlos con precisión. ¿Cómo eran, ¡Dios mío!,

---

[60] *Obras completas*, p. 302. Obsérvese el valor que tiene la palabra
primavera. Como dijimos anteriormente, anuncia y determina la
modificación que va a operarse en el estado de ánimo del poeta que
ya no lleva, aunque lo dice así: «el corazón cerrado», sino abierto
para el advenimiento del amor, por la venida de la primavera. Y,
todo hay que decirlo, mal que nos pese, añadiremos que esta composición y algunas otras de don Antonio, tienen un inequívoco acento campoamoriano. Recuérdese:

Mas pasado el primer aniversario,
¿cómo eran, preguntó, pardos o negros
sus ojos?...

426

cómo eran?[61]. ¿Blancos?... ¿Grises?... Es inútil. No puede recordar aquel color que se le va callando en la memoria, aquellos ojos que se le van muriendo poco a poco. El tiempo no nos devuelve nada. Y, sin embargo, nada hay tampoco en nuestra vida que acabe de morir. Y los ojos antiguos, tal vez se nos comiencen a decir, con distinta palabra, en la mirada de otros ojos. No hay huella alguna que no pueda volver a ser pisada. Y entonces, al pisarla de nuevo inadvertidamente, la sentimos, que surge y se levanta de la tierra, igual que un árbol. Todo se gasta. Todo persiste. Todo cambia. La vida impone sus derechos. La soledad, que era ceguera, se le convierte al amante, con el paso del tiempo, en esperanza que es visión. La huella se hace árbol. Nuestra fidelidad al recuerdo se convierte en fidelidad a la emoción vital que hizo posible aquel recuerdo. Seguimos siendo fieles dentro del cambio, pues si la imagen contemplada es distinta, la emoción es la misma de entonces. La emoción que ella nos despertara, y que es la que siempre vuelve a renacer.

Amor es calle larga, con muchas casas, innumerables casas, donde encontrar descanso. Mas el amor siempre es el mismo. Fijémonos en la función que tiene la palabra primavera en los versos citados. No es una mera nota descriptiva. Su simbolismo indica, como dijimos anteriormente, que algo nuestro interior va transformándose, que el corazón se encuentra *abierto* nuevamente, a la esperanza de la vida. No tiene el amante conciencia clara de ello. Pasea por la calleja su doble luto y cree que aún lleva el corazón cerrado. Esta doble expresión subraya la situación consciente y voluntaria que atraviesa el amante, pero no nos indica su verdadero estado emocional, que ya fue insinuado en el ánimo del lector por el ambiente primaveral. Dentro del simbolismo machadiano, la primavera expresa aquel instante en que la fecundación amorosa o espiritual empieza a efectuarse y aún no ha llegado a ser patente. Así, pues, en la tristeza de ese luto, presentimos como el latir de un brote nuevo. Va a acontecer la primavera. Cierto: nadie la ve o la espera todavía. Mas se encuentra surgente en la tristeza del poeta. Está escribiéndose en sus ojos. Y su aparición, mínima y súbita, es igual que un milagro que intensifica y va a hacer florecer las palabras finales del poema: ¡Como esos...! Y aquellos

---

[61] También es necesario subrayar la coincidencia con Juan Ramón Jiménez, en «Cómo era, Dios mío, cómo era», perteneciente a los *Sonetos Espirituales*, publicados en 1917. El poema, sin embargo, es uno de los más hondos y personales del autor.

ojos ¿eran así en verdad? No debían serlo. No sería igual su color. No sería igual su mirada. El parecido se encuentra adscrito solamente a la emoción vital con que ambos fueron vistos. Y había de ser así, puesto que el corazón cumple también su ciclo natural, y con la llegada de la primavera, en la mirada del amante la visión sustituye al recuerdo. Hay que vivir, para ver. Si el recuerdo nos ciega y nos aísla dentro de nosotros, la esperanza entreabre siempre nuestra mirada para el amor del mundo. Sí..., eran lo mismo que ésos. Es el mismo sentido de aquel maravilloso apunte lírico: «La primavera ha venido. / Nadie sabe cómo ha sido.»

Y llegados a este punto no sabemos qué hacer. Comprendemos que toda delicadeza es poca cuando se pisa terreno sensible. Velar la desnudez, es caridad. No hay nada tan extraño, tan radicalmente incomprensible para todos como la vida amorosa de alguien. Nada hay, también, tan desvalido. Y si los datos que poseemos nos fueron dichos en confesión, siquiera sea poética, aún debe constreñirse más nuestra prudencia. En la poesía se implica siempre, de una manera u otra, la vida de su autor. Esta verdad, que rige como tal en cualquier caso, se patentiza, aún más, en el de don Antonio. La suya es siempre palabra viva, desplacentada de la vida, reciénnaciendo y con dolor a todas horas. No pierde nunca su calor de experiencia concreta. Por ello es fácil, ¡ay, peligrosamente fácil!, rastrear y descubrir su intimidad y aun el dato concreto en que descansa. Velar la desnudez, es caridad. Procuremos nosotros no desvelarla demasiado.

Hablábamos acerca del proceso de *naturalización del amor*, en el recuerdo y en el infierno del poeta, y describíamos el primer paso de este proceso, es decir, el que va desde el *amor puro*, de naturaleza espiritual y elección máximamente diferenciada, hasta el amor genérico, de naturaleza genésica y elección mínimamente diferenciada [62]:

> ¿Cuál de las tres? Son una
> Lucía, Inés, Carmela,
> y el limonero baila
> con la encinilla negra [63].

Mas dentro de este tránsito juzgamos importantes detenernos un poco para determinar en qué medida permanece

---

[62] Véase Gregorio Marañón, *Amor, Conveniencia y Eugenesia*, Espasa-Calpe, Madrid, 193.
[63] Versos 19, 20, 21 y 22.

o se borra la imagen de Leonor en la memoria y la vida del
poeta. Para ello recordaremos que Machado tiende siempre
a unificar su vida entera, desde cualquier instancia o punto
del vivir. Como el río, que en cualquier parte de su curso
aún conserva el sabor de su fuente, así también toda renovación sentimental consiste para él en la esperanza del recuerdo. Esta manera de entender el vivir, no como proyección hacia el futuro, sino más bien como despliegue del
pasado —«hoy es siempre todavía»— es una de las muchas
reminiscencias unamunescas de nuestro amor. Así entendida, la vida es ante todo continuidad y sucesión. Como en la
historia, nada acontece: todo sucede y *se sucede* en ella.
Y esta continuidad es la que nos permite vivir una auténtica vida personal, proyectando sobre todos y cada uno de
nuestros actos la sucesión de nuestra vida entera. Pues nadie puede vivir auténticamente si no es viviendo cada instante desde aquella unidad que totaliza su vivir. Esta totalidad es el despliegue de la esperanza del recuerdo. Gracias
a ella, contemplando un paisaje, diciendo una oración, be-
sando un labio de mujer, puede vivirse nuestra vida con
igual integridad y plenitud que en el momento mismo de la
muerte. Así, pues, ¿cómo no ha de cumplirse esta ley: la
integridad vital y la temporal del «todavía» machadiano (palabra que, dicho sea de paso, es el eje sobre el cual gira toda
su filosofía) en la vida amorosa del poeta? En efecto, se
cumple. No importará que empañe su memoria, cuando per-
sista en ella. Oigámoslo, ahora, de su voz:

¿Empañó tu memoria? ¡Cuántas veces!
La vida baja como un ancho río,
y cuando lleva al mar alto navío
va con cieno verdoso y turbias heces.

Y más si hubo tormenta en sus orillas
y él arrastra el botín de la tormenta,
si en su cielo la nube cenicienta
se incendió de centellas amarillas.

Pero aunque fluya hacia la mar ignota,
es la vida también agua de fuente,
que de claro venero, gota a gota,
o ruidoso penacho de torrente,

bajo el azul, sobre la piedra brota.
Y allí suena tu nombre eternamente[64].

No cabe confesión más clara sobre la persistencia y la continuidad de su amor a Leonor. El soneto fue escrito hacia el año dieciocho. Su primera versión tiene un final bellísimo y romántico, en el cual aún se destaca con mayor evidencia esta unificación y cristalización de todos sus distintos amores en el recuerdo del amor esencial, que sigue siendo el «todavía» donde se enlazan y unifican:

> cae el agua en la pila de la fuente
> al rebosar la taza gota a gota,
>
> y el cielo azul y el agua transparente
> son cielo y agua en una sola nota
> que repite tu nombre eternamente[65].

---

[64] *Obras completas*, 329.
[65] *Los complementarios*, folio 170. La primera versión de este soneto, que es sólo un borrador, se encuentra tachada, y más tarde y con distinta tinta, emborronada totalmente. Para citar en el texto de nuestro trabajo su bellísimo terceto final, sin que perdiera sentido, nos hemos permitido cambiar la posición de los versos 10 y 11. Por ello y por el interés de las variantes, reproducimos esta versión íntegramente:

> ¿Qué te manchó mi amor? ¡Oh cuántas veces!
> Es claro el manantial, no el ancho río,
> cuando lleva a la mar, con turbias heces
> y ciénago verdoso, alto navío;
> y más, si hubo tormenta en sus orillas
> y en su cielo la nube cenicienta
> se alumbró de centellas amarillas
> y él arrastra el botín de la tormenta.
> Mas en el hondo claustro donde brota,
> al rebosar la taza gota a gota
> cae el agua en la pila de la fuente
> [y] el cielo azul y el agua transparente
> son cielo y agua en una sola nota
> que repite tu nombre eternamente.

Es indudable el acierto de los retoques machadianos, pero no en este caso. El soneto publicado se empequeñece un poco en los tercetos y pierde buena parte de su emoción e intensidad final. En cambio, se unifica conceptualmente desarrollando el símbolo del río y suprimiendo el de la fuente. Una y otra versión tienen ventajas indudables. Pero en la irreparable se sacrifica la emoción a la unidad constructiva y conceptual. Los versos 12 y 13 son mediocres y dilusivos y, ¡ay!, aquellos otros... aquellos otros...

Y ahora entrevemos el final de nuestro largo recorrido. El poeta ha llegado también a la estación final de su viaje en el infierno. Esta estación es el paso segundo en el proceso que hemos llamado de *naturalización del amor*. Representa el amor carnal, indiferenciado y transeúnte del que es preciso arrepentirse [66] o, dicho en corto y por derecho, el mal amor. Las expresiones machadianas «amor es calle larga» y «amor es calle entera» significan, respectivamente, el primer paso y el segundo de este proceso. La primera sugiere una *extensión del amor* sucesiva en el espacio y en el tiempo; la segunda, una extensión conceptual. La primera se refiere al sujeto; la segunda, al sentido mismo del amor; es decir, que en la primera lo que cambia son las amadas, y en la segunda, los amores; las diversas maneras del amor.

Todo es un mismo cambio. Ya dijimos también que en este callejeo por el infierno, las plazas son como estaciones de parada. En ellas se interrumpe la *línea narrativa* del poema y se convierte y demora en *línea descriptiva*. Hemos llegado a la plaza final. Se llama «Plaza donde hila la vieja». La hiladora es la muerte, la hermanita menor de nuestra carne. Lo que se encuentra hilando es nuestra vida. Con su sola mención queda aludido que la acción de los versos finales transcurre en la vejez. Nos lo advierte el poeta. Entre los árboles y la plaza hay un cierto relente; entre los huesos y la carne, hay frío. Un cierto frío como de casa deshabitada, de casa que ha ido cambiando y creciendo y muriendo, como nosotros y con nosotros. Un cierto frío que quizá fue mujer, que ahora empuja quieto..., más quieta aún, como un vacío, dentro de nuestra sangre:

> ¡Alto! «Pretil del valiente».
> —Pregunta en el tres.
> —¿Manola?
> —Aquí. Pero duerme sola.
> Está de cuerpo presente.

¿Y quién sería Manola?
Tal vez, tan sólo, un cierto frío...

Cuadernos Hispanoamericanos, núms. 11-12, Madrid, 1949.

[66] Es la misma expresión que utiliza Machado:

«y aquí pena arrepentido» (verso 191).

CESAR FERNANDEZ MORENO

ANALISIS DE UN SONETO DE ANTONIO MACHADO: «ROSA DE FUEGO»

Desde su nacimiento en el siglo XII, su inmediato apogeo en el renacimiento y su posición siempre respetable en los diversos movimientos literarios, el soneto parece alcanzar su último triunfo con los parnasianos, a fines del siglo pasado. El XX, como a tantas otras formaciones culturales, le es indiferente en general, hostil en particular y amenaza con eliminar para siempre su gravitación en la poesía lírica. En la Argentina, su posición insegura se ha venido debilitando más y más desde que Jorge Luis Borges «descreyó» de sus «estrafalarios rigores numéricos» y Ricardo Güiraldes difundió que «el sonetista tiene un moldecito de budín en la mano y mete dentro todo lo que se le pone a tiro».

El soneto, no obstante, es el instrumento poético principal de los últimos siete siglos, la creación formal más importante de la poesía lírica durante toda la edad moderna que abarca esos siete siglos. Por eso nos parece el más representativo ejemplo de la poesía tradicional, y ensayamos a renglón seguido la detallada descripción de uno de ellos. Decimos describir en el sentido común de esta palabra; en el filosófico, y considerando el poema como objeto de soltura, deberíamos decir «comprensión». Describir o comprender un soneto significa pasar, a su través, hasta la vivencia originaria, hasta el conjunto de actos que lo han producido. Para tal fin, hemos elegido «Rosa de fuego», del noventaiochista español Antonio Machado, colocándonos en el punto más evolucionado de la poesía tradicional, en el justo momento en que se está retirando para dar paso al vanguardismo:

433

Tejidos sois de primavera, amantes,
de tierra y agua y viento y sol tejidos.
La sierra en vuestros pechos jadeantes,
en los ojos los campos florecidos,

pasead vuestra mutua primavera,
y aun bebed sin temor la dulce leche
que os brinda hoy la lúbrica pantera,
antes que, torva, en el camino aceche.

Caminad, cuando el eje del planeta
se vence hacia el solsticio de verano,
verde el almendro y mustia la violeta,

cerca la sed y el hontanar cercano,
hacia la tarde del amor, completa,
con la rosa de fuego en vuestra mano.

La filosofía tiende a develar el misterio, predominantemente, con las armas intelectuales; la poesía, predominantemente, con las sentimentales. «Rosa de fuego», con clásico
equilibrio, se coloca a mitad de camino. No expresa una
situación vital del poeta, sino que considera un sentimiento,
en general: el amor. Pero es siempre poesía, porque su ambiente es sensible y no conceptual, y porque se refiere al
amor por medio de una alegoría que lo particulariza: los
amantes, que vienen a ser la síntesis de todos los de la tierra,
mostrándose en ellos lo esencial del amor. El poema comienza por presentarlos, y luego los exhorta a proceder en
determinada forma, con exhortación dirigida, a su través,
de todo hombre y mujer. Da, pues, una norma de conducta,
ética; y éste es otro de sus lazos con la filosofía. Es natural
la alianza de ésta con la poesía, dado que Antonio Machado,
poeta de «Rosa de fuego», fue también filósofo bajo el nombre Juan de Mairena.

El imperativo que prescribe este soneto consiste en vivir, amar, entregar el ser a los magníficos estímulos que
laten sobre el mundo; gozar los bienes que ahora se ofrecen, antes que todo se deshaga en la muerte. Este vitalismo
que informa a «Rosa de fuego» no es el del paganismo clásico, ignorante aún del planteo que sobre el drama humano
iba a traer el cristianismo. Detrás de la vida está la muerte;
detrás del impulso los frenos; el poema trata de convertir
las amenazas en nuevos acicates para la persecución del
goce. «Rosa de fuego», soneto del siglo XX, es, por todo ello,

renacentista, desde su módulo formal hasta el fundamental sentido de lo perecedero que da patetismo a su intimación.

Su tema es, evidentemente, el de la Oda 11, libro I, de Horacio, dirigida a Leucónoe, tan paradigmática que, como dice María Rosa Lida, ha provocado «la respuesta de distintas épocas literarias al arte de Horacio»: Góngora, Leandro Fernández de Moratín y Miguel Antonio Caro han traducido, en siglos sucesivos, esta breve exhortación a la vida inmediata:

> ... La edad nuestra
> mientras hablamos envidiosa corre.
> ¡Ay! Goza del presente, y nunca fíes,
> crédula, del futuro incierto día.

Caído el imperio romano, saltada la Edad Media, roto el equilibrio católico pero transida aún el alma por lo pasajero del mundo, el hombre renacentista quita los ojos del cielo para ponerlos en el Olimpo, y, más abajo aún, en la tierra, procurando aferrarse a ella y justificarse en ella. Entonces, el mensaje de Horacio a Leucónoe no sólo es traducido, sino imitado: lo repiten Poliziano y Lorenzo de Médicis; y Ronsard en aquel soneto que empieza: «Quand tu seras bien vieille...». Lo reiteran bajo diversas formas y en diversos lenguajes los más grandes poetas hispánicos de los siglos XVI y XVII: Garcilaso en aquel cuyo segundo cuarteto se remata con la más fina gradación de movimiento:

> Y en tanto que el cabello, que en la vena
> del oro se escogió, con vuelo presto
> por el hermoso cuello blanco, enhiesto,
> el viento mueve, esparce y desordena...

Góngora, en aquel que empieza en rendido vocativo: «Ilustre y hermosísima María...»; y en aquel otro donde los azares del ritmo y la rima lo llevan a esta sorprendente partición de la boca en dos labios eróticamente autónomos:

> ... mientras a cada labio, por cogello,
> siguen más ojos que al clavel temprano...

Lope de Vega, en el menos conocido que incluye el prodigioso consejo, quintaesencia del *tempus fugit*: «no te detengas en pensar que vives»; Quevedo en el otro que compara una vez más la vida humana con la de una flor, dirigido, para más jardinería, a Flora, y donde reproduce a Lope con otras palabras: «tu edad se pasará mientras lo dudas...».

Existe en todos estos sonetos no sólo unidad de tema y moraleja, sino muy análogos modos de expresión. Ronsard: «cueillez dès aujourd'hui les roses de la vie»; Garcilaso: «coged de vuestra alegre primavera el dulce fruto...»; Lope: «estima la esmaltada primavera que en tu beldad florece...»; de lo contrario, sintetiza Quevedo, «tarde, y con dolor, serás discreta». «Bebed sin temor, la dulce leche que os brinda hoy la lúbrica pantera, antes que, torva, en el camino aceche», es apenas otra metáfora de «Rosa de fuego» para decir lo mismo al siglo xx.

Si alguna diferencia hay entre aquellos sonetos renacentistas y este contemporáneo, consiste en que los primeros se dirigen especialmente a la mujer, que, por su invocada semejanza con la flor, simbolizan mejor la rápida caducidad. «Rosa de fuego», en cambio, ensancha su tema, y se refiere a los amantes, hombre y mujer; lo profundiza y deja de lado los estragos de la vejez para referirse directamente a los de la muerte. Y en cuanto a la primavera, no la toma ya sólo como elemento decorativo de la juventud, sino que la incorpora, trasfunde a los amantes; los constituye de primavera, corporizando el tropo.

Tales matices y los nuevos símbolos con que trasmite su sentido son toda y la suficiente originalidad de «Rosa de fuego». El mérito o demérito de todos estos poemas consiste en la actividad vital de que nacen y la forma en que la expresan. La concepción renacentista de la vida es uno de los dos polos filosóficos de la cultura occidental: todos estos grandes poetas, en la disyuntiva de cielo o tierra, se pronuncian afirmativamente acerca de la tierra y se desentienden del cielo. «Rosa de fuego», en el siglo xx, cosecha así la mitad de todo lo vivido y pensado por la mitad del mundo occidental.

LOS CUARTETOS

«Rosa de fuego» no responde a la concepción ortodoxa del soneto. Y no sólo por ser distintas las rimas del primer y segundo cuarteto, ni por la disposición alternada de éstas, sino por otra razón más importante: porque la forma interior, lo que el poema expresa, no se adapta al canon sonetístico.

En el soneto tipo, cada cuarteto encierra por sí una oración psíquica completa; y en los tercetos, bajo diversas distribuciones, caben casi siempre dos oraciones psíquicas. Este soneto, en cambio, se compone sólo de tres oraciones psíquicas que no encajan en sus miembros formales: una presentación integrada por dos versos, y dos oraciones exhortativas compuestas de seis pies cada una.

La primera oración psíquica aporta la presentación de los personajes, o sea la enunciación de la materia que el poeta va a trabajar. Para ello bastan dos versos, la séptima parte del soneto:

> Tejidos sois de primavera, amantes,
> de tierra y agua y viento y sol tejidos.

Se trata de una oración atributiva o nominal: lo que se afirma del sujeto «amantes» no es nada que le suceda ni que lo modifique, sino algo que se refiere íntimamente a su ser, a alguna cualidad o accidente ya contenido en él. Estos dos versos son, pues, mera amplificación de la palabra «amantes»; se limitan a mencionar su objeto de una manera detallada; son los versos ónticos del poema. La palabra «tejidos», que, a manera de tope, limita el principio y el final de la entidad «amantes» aludida por estos dos versos, revela el propósito de la primera parte del soneto: se trata de exponer la trama, el componente básico de aquella entidad.

Que es la primavera, tanto como los amantes; «Rosa de fuego» lleva a su cumbre expresiva la relación poética entre el amor y la primavera. Llega a una identificación: los amantes son primaveras, están tejidos, hechos, compuestos, constituídos de primavera. No sólo *están* tejidos; *son* tejidos, como dice el poeta. Es éste un caso en que el ritmo ha llevado a la creación de un matiz: Machado usó el verbo ser porque «sois» (una sílaba) entraba en el endecasílabo, y «estáis», no. *Estar* es verbo perfectivo, expresa una acción acabada: en este caso, haber dicho que los amantes estaban tejidos de primavera hubiera implicado decir que fueron tejidos de esa sustancia y, terminada su textura, de algún modo se independizaron de ella, comenzando una vida aparte. No es el caso: los amantes son tejidos de primavera; el verbo ser es imperfectivo, indica una acción que «puede producirse sin llegar a su término temporal». O sea que los amantes son tejidos de primavera continuamente; en tanto son amantes están siendo tejidos, el tejido de la primavera está dentro de su ser en continuo movimiento y evolución, es algo vivo en ellos.

> ... de tierra y agua y viento y sol tejidos.

Este segundo verso distiende la trama primaveral de los amantes ante los ojos del lector, mostrándola en su detalle. Nombra los ingredientes elementales de que se constituye la primavera, y, transitivamente, los amantes que ella forma. Estos cuatro elementos pueden descomponerse a su vez en dos pares: tierra y agua; viento y sol; en cada par se oculta un sentido de adversación y conciliación de contrarios. Pero el poeta no quiso escindirlos, clasificarlos, sino más bien mostrarlos en sucesión natural, indiferenciada, corrida, veloz; a tal efecto se sirvió de la simple enumeración, vinculando los términos entre sí por el leve cemento conjuntivo de las «y». Resultado: la perseguida sensación de movimiento elemental; de globo terrestre primitivo, plástico, flotante en el espacio.

Esta enumeración trae una reminiscencia de la filosofía cosmológica griega; por donde nuevamente aflora el tono neopagano del poema. La teoría de Empédocles, en particular, postuló cuatro elementos o cosas de las que se derivan las demás, que son, exactamente, las convocadas por este segundo verso. Y esta asamblea de elementos se sintetiza, converge en el sujeto del poema: la primavera, en cuanto materia prima de los amantes.

Presentados así los personajes, el poeta rompe su inmovilidad inicial y los indica cómo deben comportarse. Esta segunda parte del soneto abarca los dos últimos versos del primer cuarteto y todo el segundo.

> La sierra en vuestros pechos jadeantes,
> en los ojos los campos florecidos,
> pasead vuestra mutua primavera,
> y aun bebed sin temor la dulce leche
> que os brinda hoy la lúbrica pantera,
> antes que, torva, en el camino aceche.

Este período se compone de dos oraciones exhortativas coordinadas, cuyos versos, «pasead» y «bebed», al mismo tiempo que marcan la culminación tónica, sirven para definir el carácter de todo el poema, que se resume en una exhortación.

«Amantes», prosigue diciendo el poeta, «pasead vuestra mutua primavera». No basta ya decir que los amantes están hechos de primavera; ahora hace falta distinguir, separar sus individualidades. No se trata, en efecto, de que el conjunto «amantes» esté formado por una indiferenciada masa de primavera; se trata de destacar la acción recíproca que cada uno de los amantes-primavera ejerce sobre el otro. Esta reciprocidad es precisamente lo que quiere recalcar el adjetivo «mutua»: cada amante entrega al otro su primavera —su ser— para que éste la goce; amor integral es, pues, dación, entrega total; pero correlacionado con la simultánea recepción —también total de igual bien.

Esa es la idea fundamental de la oración inicial de esta segunda parte del soneto. La idea accesoria, paisajística, está dada por el verbo «pasead» y sus complementos circunstanciales, que indican la manera en que los amantes realizarán su paseo:

La sierra en vuestros pechos jadeantes,
en los ojos los campos florecidos...

Esto es decoración; el indispensable fondo en que deben actuar los personajes convocados. Anotemos el perfecto equilibrio y simetría de estos dos versos: «sierra» se opone y complementa a un tiempo con «campos»; aquélla se manifiesta con fatiga y jadeo, en los pechos de los amantes; éste en sus ojos, con paz y con flores reiterativas del tema vernal.

En la segunda de las oraciones que componen este período se llega al máximo de vehemencia en la formulación de la norma que el poema recomienda. Tal gradación ascendente se pone de relieve en la mayor fuerza del correspondiente verbo imperativo, «bebed», mucho más personal, comprometedor, somático, que el más sereno «pasead».

Y aun bebed sin temor la dulce leche
que os brinda hoy la lúbrica pantera,
antes que, torva, en el camino aceche.

Es aquí donde se manifiesta agudamente la coincidencia de «Rosa de fuego» con sus precedentes renacentistas; estos tres versos son su blanco decisivo, el centro de gravedad

que da proporción, armonía y razón de ser a los once restantes. En conjunto, expresan mediante otra alegoría el ideal
de entrega a lo vital. La protagonista de esta alegoría es la
pantera, de larga tradición simbólica, desde sus vinculacio-
nes mitológicas con Baco y Pan (raíz de su nombre) hasta
su aparición en el infierno dantesco, corporizado a la las-
civia. Dos conceptos, en síntesis, sugiere la pantera: la luju-
ria y la crueldad. Ambos sirven idealmente para el propósito de Machado. Primero se exhorta a los amantes a beber
la dulce leche que —como símbolo de lubricidad— la pantera ofrece; en seguida, y como castigo a la posible desobediencia del precepto, el poeta amenaza con el segundo simbolismo del animal: su crueldad, el torvo acecho que culmina en la muerte. El contraste vida-muerte está admirablemente servido por el agente simbólico «pantera», novedo-
samente elegido por el poeta como refuerzo de la clásica
alegoría de la rosa. En la pantera se concluye y sintetiza
la temible disyuntiva vital: o se encara la existencia con
pasión, o se perece torvamente entre sus garras. Patente
se ve en esos tres versos el sentido ético del poema: de una
norma de conducta y, a la manera de un código, prescribe
acto continuo la sanción que corresponderá a su eventual
desobediencia.

LOS TERCETOS

La tercera parte de «Rosa de fuego» es una segunda y
definitiva exhortación, simétrica a la anterior por los seis
versos que ocupa, aunque más simple en su estructura sintáctica, pues se compone del imperativo «caminad» y cinco
complementos circunstanciales enfilados. Todos ellos se im-
pregnan de la sensación motriz que el verbo les trasmite, y
el último expone la síntesis ideal, el resultado apetecido
que brindará el estilo de vida aconsejado por el poema:

> Caminad, cuando el eje del planeta
> se vence hacia el solsticio de verano,
> verde el almendro y mustia la violeta,
>
> cerca la sed y el hontanar cercano,
> hacia la tarde del amor, completa,
> con la rosa de fuego en vuestra mano.

El «pasead» del quinto verso crecía en intensidad hacia el «bebed» del sexto; ahora, con «caminad», volvemos al punto de partida, empleando un verbo aún más simple y general. Con ello, desde la primera palabra de esta última parte del soneto, se está denunciando un propósito de recapitulación. Comienza —y es necesario para que la síntesis resulte total— con una reiteración del paisaje de sierras y campos pintado en el primer cuarteto, la que se logra, sin repetición, mediante una doble maniobra de acercamiento y alejamiento del paisaje:

...verde el almendro y mustia la violeta...

Este sería el primer plano o *close up*. Los elementos enfocados, almendro y violeta, están henchidos de significados poéticos. El soneto antecedente de Quevedo habla del «almendro en su propia flor nevado que anticiparse a los calores osa». A los diversos ímpetus que el soneto convoca se suma así la osadía del almendro que, en heráldica, simboliza la temeridad, la juventud. En cuanto a la mustiedad de la violeta —ya Góngora aludió a la «viola truncada»— está recordando la derrota de la humilde, pudorosa flor; triunfa en «Rosa de fuego» todo lo atrevido y audaz, perece lo tímido y decaído.

Dentro del paisaje europeo que el soneto trasunta, esta doble mención floral permite, además, fijar casi con certeza la época de la primavera en que su acción se ubica. Es característico del almendro que sus flores aparezcan antes que sus hojas; el almendro verde, pues, unido a la mustia violeta, está hablando de una primavera avanzada, violenta, cuasi estival, en concordancia con la proximidad del solsticio de verano. Lo que contribuye a obtener el tono de madura, aguda vitalidad que el poeta persigue.

En contraste con este acercamiento a la pequeña realidad vegetal que rodea a los amantes, el poeta ofrece una toma, más que panorámica, cósmica, pues instala su escenario en el sistema solar y habla mediante conceptos cosmográficos:

Caminad, cuando el eje del planeta
se vence hacia el solsticio de verano...

Esta impresión ha sido preparada ya por la serie elemental del segundo verso —«de tierra y agua y viento y sol tejidos»— y alcanza ahora su plenitud. Durante toda su trayectoria alrededor del sol, el eje de la tierra no cambia de posición; al contrario, permanece siempre paralelo a sí mismo, por lo que no se vence —como expresa Machado— hacia solsticio alguno. Pero, en virtud de un fenómeno astronómico que no es el caso explicar, la mitad del eje que corresponde al hemisferio norte, y ese mismo hemisferio, se internan, cada vez más y más hasta el sopor de junio —el solsticio de verano europeo— en la zona donde el sol arroja sus rayos más verticalmente y durante más tiempo cada día. El efecto poético, pues, permanece intacto: debiendo el poeta lírico apreciar los hechos desde su ángulo subjetivo, no es mucho perdonarle que juzgue los fenómenos celestes desde el punto de vista terrestre. La vía metafórica elegida por Machado es, por lo demás, la única que puede hacer accesible a la intuición el complejo acontecimiento astral. El universo, todo él, se hace de esta manera contorno para la figura enorme de los amantes inmersos en la primavera. El conjunto se ha tomado desde su mayor altura, desde su más imponente perspectiva: la tierra, su eje —concepto geométrico—, venciéndose hacia el verano y suscitando la estación; sobre la tierra, los amantes, paseando su mutua primavera. Se diría que el eje, al consentir su vencimiento, está indicando a los amantes que también ellos deben ceder. Se diría que los amantes —primavera ellos mismos— vencen y tuercen con poder mágico al formidable eje y provocan, a su conjuro, la venida de la primavera, su acendramiento y su transformación en verano.

> Caminad, cuando el eje del planeta
> se vence hacia el solsticio de verano,
> verde el almendro y mustia la violeta,
>
> cerca la sed y el hontanar cercano,
> hacia la tarde del amor, completa,
> con la rosa de fuego en vuestra mano.

El terceto final continúa y remata la labor de síntesis emprendida por la última parte del poema; abandona para ello la descripción de la escena donde se mueven los amantes, tema primero, y presta atención a los amantes mismos, a su misión cumplida.

«Cerca la sed y el hontanar cercano» es una conceptista y doble metáfora que alude a la simultaneidad que para el amor y la juventud tienen el deseo y su satisfacción; sedientos, sí, pero no sin agua que beber. Exaltación de la vida, una vez más; directamente vinculada, en la sensación gustativa, líquida, que este verso despierta, con aquel «bebed la dulce leche» que señaló el ápice exhortativo del poema.

«Hacia la tarde del amor, completa», amplía y fortifica la significación del imperativo «caminad», que domina esta oración final; y, a su través, del «pasead» que es su precedente; les da un sentido teleológico; no se trata de solazarse meramente en la caminata y el paisaje, sino de alcanzar un objetivo: la tarde del amor. La tarde, ubicada en mitad de la jornada, entre la mañana y la noche, simboliza la madurez y perfección meridianas que logrará quien se entregue al amor con el soneto insta. Para expresar esta idea de totalidad, el poeta se vale nuevamente de un concepto cosmográfico: la tarde, extrayendo esta vez su imagen de la rotación terrestre, así como la obtuvo antes de la traslación. La tarde del amor se alcanzará al llegar el solsticio de verano, o sea —y aquí entroncan los resultados de ambos movimientos— en los más largos y ardientes días que el hombre puede disfrutar sobre su planeta.

El verso final, «con la rosa de fuego en vuestra mano», no se agota, por cierto, en el sentido decorativo que aparenta. La rosa que en él figura es el más firme vínculo del soneto con su pasado poético. Retornan a la memoria «les roses de la vie» de Ronsard —aquellas viejas rosas que cortó Darío—; la color de rosa de la amada de Garcilaso; la rosa que crece entre los labios de la musa de Lope de Vega; la ostentación lozana de la rosa que invoca Quevedo. Por eso, en este último verso, los amantes de «Rosa de fuego», portándola en la mano, triunfan sobre la muerte, sobre la pantera torva; acaban su aventura poética alzando el trofeo de su victoria, apretando la rosa inmarcesible, la de fuego. «Émula de la llama», designó Rioja a la rosa. Machado consuma la imagen, y dice, directamente, que la rosa *es* de fuego; fuego de primavera y/o amor.

Al terminar, pues, vuelve a sumergirse el poema en aquella elementalidad cósmica de su segundo verso. Todas las cosas fugazmente diseñadas por las palabras se reagrupan en sus componentes originales: el poeta concluye su deleble especificación del caos volviendo a las divisiones más simples que éste admite: tierra, agua, aire y fuego. Y, entre ellas, se pronuncia por el fuego.

Buenos Aires.

Revista Hispánica Moderna, año XXXVI, núm. 3-4. Nueva York, julio-octubre, 1960.

CLAUDIO GUILLEN

ESTILISTICA DEL SILENCIO

(En torno a un poema de Antonio Machado)

LOS SILENCIOS DE LA ESTILÍSTICA

Numerosos son los críticos que, de algunos años a esta parte, adoptan ante el estudio de la poesía la actitud de un Edipo inseguro frente a la Esfinge. Una y otra vez se nos explica que la tarea del investigador consiste, ante todo, en discernir los «límites de la crítica», en encararse con el «misterio del poema», o en edificar una «ciencia de la literatura». Entendámonos bien. No aludo a aquellos historiadores que niegan validez al análisis textual de la obra de arte, considerada como entidad independiente, y lo combaten desde fuera, con ánimo de sustituirlo por una metodología encaminada hacia cuanto rodea y fundamenta la obra. Doy por supuesto que esta vía de estudio —o asedio exterior— es tan necesaria como la directa aproximación al texto mismo. No atenderé aquí sino a las cuestiones que plantea el inmediato contacto con la creación literaria. Cuanto más penetrante sea la intuición del lector, con más brío surgirá el enigma de la experiencia estética. No cabe duda de que, en los últimos treinta años, los métodos e instrumentos de la crítica en el análisis minucioso de la obra poética se han afinado y desarrollado considerablemente. Y me parece que la conciencia problemática del «misterio de la poesía», tal como se manifiesta hoy, es función o consecuencia de semejante progreso. Como los mejores frutos de esta clase de trabajo despiertan en mí gran admiración, intentaré contribuir en el presente ensayo a la comprensión de aquello que queremos decir cuando hablamos del misterio de la poesía.

Tengo presentes a los escritores que en los Estados Unidos llaman «News Critics» (y a sus correligionarios ingleses —como William Empson—, tan afines), a la escuela suiza y alemana que representa Emil Staiger, a los discípulos franceses de Marcel Raymond, Albert Béguin, y, por último, a los filólogos y críticos de lengua española que siguen a Amado y Dámaso Alonso. Fácil sería citar testimonios recientes de una actitud recelosa ante el afán de manejar y desmenuzar los materiales de la poesía. R. P. Blackmur, por ejemplo, da la voz de alarma en su último libro. Sin mencionar las censuras de índole general que en este libro se expresan[1], me limitaré a una sola cita. Blackmur vuelve a la antigua idea de que el poema manifiesta una intuición (o trasfondo, o arranque vital, o emoción básica) que está en todas partes y en ninguna, de tal suerte que los vocablos se cargan de expresividad, se entrecruzan, se multiplican unos a otros, para dar forma a algo omnipresente e inasible —algo que no podemos señalar diciendo: «esta ahí». Es lo que Blackmur llama símbolo: «what writing creates —what goes on after the writing has stopped— may sometimes be called symbol. It is a symbol when it stands, not for what has been said or stated, but for what has not been said and could not be said, for what has been delivered by the writing into whot seems an autonomous world of its own. Symbol is the most exacto possible meaning, almost tautologically exact, for what stirred the words to move *and* what the moving words made»[2]. Notemos cómo insiste Blackmur, de paso, en las *palabras no dichas*. Algunos críticos norteamericanos más jóvenes examinan del mismo modo —es decir, desde dentro— los defectos del análisis textual[3]. Si en Francia son muchos los escritores que discrepan desde fuera, una nueva promoción de críticos[4] se adhiere al enfoque esencial que proponen las obras de I. A. Richards y William Empson: el estudio de la fundamentación lingüística o se-

---

[1] Véase R. P. Blackmur, *The Lion and the Honeycomb*, Nueva York, 1955, p. 191.

[2] *Ibid.*, p. 224.

[3] Véanse Karl Shapiro, *Beyond Criticism*, University of Nebraska Press, 1953, y Philip Weelwright, *The Burning Fountain*, Bloomington, Indiana, 1954.

[4] Véanse Roland Barthes, *Le degré zéro de l'écriture*, París, 1953, y Jean-Pierre Richard, *Poésie et profondeur*, París, 1955.

mántica de la palabra poética. Es lo que un artículo reciente denomina «l'impasse de la critique formaliste»[5].

Para precisar esta primera presentación de nuestro tema, veamos cómo ciertos críticos españoles (que ocupan, en este terreno, la primera fila de la crítica europea) interpretan el «misterio de la poesía». Me referiré, en primer lugar, a una obra absolutamente fundamental: *Poesía española*, de Dámaso Alonso (Madrid, 1950). Obra sistemática, centrada en muy rigurosa metodología. Libro, por otra parte, autobiográfico, intensamente personal, sacudido por ramalazos de emoción, traspasado por un casi constante hervor intelectual y afectivo. El autor va, conforme escribe, de asombro en asombro, de descubrimiento en descubrimiento. «Hemos trabajado —concluye Dámaso Alonso— debatiéndonos sobre la realidad literaria, en lucha, a veces, contra nosotros mismos; y nunca excluimos (ni aquí ni en ninguno de nuestros esfuerzos) las posibilidades de contradicción, rectificación o aun hundimiento a pico» (pág. 633). El doble esfuerzo del autor —práctico (elucidación de unos poemas) y teórico (establecimiento de una metodología)— se funde a veces en moldes narrativos o novelescos. Dámaso Alonso evoca momentos de su vida que ejemplifican las «vías» de su aproximación a la poesía, o sea, las tres formas primordiales del conocimiento poético: el del lector, el del crítico y el del hombre de ciencia. Esta tarea nos es mostrada como una ascensión, que «ha de detenerse ante la cima» (pág. 12); como un «camino de análisis» (pág. 306); como la ruta de un nuevo Quijote; o finalmente, como el sitio de una fortaleza inexpugnable: «el castillo no ha sido ganado. Hemos girado en torno a él, hemos reconocido sus muros, sus rondas, sus arrabales. Sólo la intuición, sólo las saetas silbadoras salvan los muros y llegan hasta la interior morada. Allí reina la luz» (pág. 634). Subida del monte lírico, invasión de sus innumerables moradas, escala crítica. Así vamos viendo cuáles son los factores de esa lucha del autor consigo

---

[5] Véase Paul de Man, «Impasse de la critique formaliste», *Critique*, junio 1956, p. 483: «avec l'entrée en scène d'une nouvelle génération, un certain désarroi semble se manifester dans la critique littéraire française». El mismo malestar se advierte en España. Acabado este ensayo, leo un artículo reciente de Carlos Bousoño, el más dotado de los jóvenes críticos formalistas, en que el autor propugna una Estilística, más que descriptiva, explicativa: «... la cual pasará así de un estadio externo o formal a un estadio que, sin olvidar la forma, ostente con igual brío un cariz aunadamente psicológico y biográfico» («Nuevo concepto de Estilística», *Indice*, mayo-junio 1956, p. 10).

mismo. Por un lado es frecuente el léxico de abolengo religioso o místico. El hombre de ciencia, por otro lado, recurre a giros o imágenes como «célula fotoeléctrica», «matemática fidelidad», «hiperestesia sinestética», «simbiosis», «relaciones eléctricas», «polarizaciones», «inducciones a distancia», etc. Distinción no del todo ociosa, pues nos permite apreciar el alcance de frases como: «estamos exactamente en la orilla del misterio. El misterio se llama amor, y se llama poesía... Dios mío, Dios mío, ¿por qué tocamos con nuestras ineptas manos a la poesía, si no sabemos nada de su misterio, que es el tuyo mismo?» (acerca de la Egloga III de Garcilaso; pág. 105). ¿Cuál es, para Dámaso Alonso, el misterio que suscita semejantes interrogaciones? Recordemos la distinción, frecuente en los escritores católicos franceses, entre *secreto* y *misterio*. Secreto es, en resumen, lo desconocido o lo oculto. Misterio es lo incognoscible, que tal vez supone un Dios. En cuanto a la visión y la estructura del poema, no son éstas, para Dámaso Alonso, inescrutables. Tan sólo puede alcanzarlas, sin embargo, la intuición totalizadora del lector o del crítico. El hombre de ciencia no logra establecer leyes aplicables a este postrer conocimiento del poema, dado que es éste una entidad única y por ende no generalizable. El investigador se encuentra ante un misterio —es decir, algo inasible mediante métodos científicos— tan pronto como tropieza con los límites de su disciplina. (El libro que analizamos lleva el subtítulo «Ensayo de métodos y límites estilísticos».) Lo que no es sino secreto para el crítico —que puede y debe arrancarle al poema su secreto— se convierte en misterio para quien ha descubierto los límites de sus ambiciones científicas. Línea divisoria que Dámaso Alonso ha definido claramente. Dos actividades intuitivas ponen coto a la investigación científica: una intuición previa («en este caso doble: intuición de lector; intuición selectiva del método de estudio»; pág. 121), y otra, «ante la cima», que permite percibir la unicidad última de la obra lírica: «el progreso previsible para las técnicas estilísticas me hace pensar que el conocimiento total de la unicidad del objeto artístico es el límite de ese avance. Límite, en sentido matemático: la Estilística puede acercarse indefinidamente a esa meta, pero sin tocarla nunca» (pág. 13). Para nuestro crítico, en suma, *el poema mismo no es un misterio* —no es, ni con mucho, cosa tenebrosa o ambigua—. Es, al revés, «una criatura nítida, exacta» (págs. 202 y 434). Estos adjetivos son fundamentales en la obra crítica de Dámaso Alonso, obra que representa un admirable esfuerzo por ampliar el terreno que es susceptible de clarificación. La poesía es «prodigio de matemático rigor» (pág. 351). El problema consiste en adueñarse de tal prodigio, en descubrir el secreto de la perfecta crítica.

Encontramos una actitud semejante —el asombro ante la exactitud maravillosa de la creación poética— en los ensayos sobre poesía que desde hace algunos años viene publicando Francisco García Lorca. Son estos ensayos modelos de «New Criticism», de delicada clarividencia, de fina mesura expresiva. Mencionaré el detenido análisis del famoso romance «Hermana Marica», de Góngora. García Lorca, en particular, las correspondencias vocálicas y disposiciones rítmicas cuya exacta interacción engendra el acierto poético. La exégesis rítmica y vocálica alcanza los últimos componentes sonoros de las palabras: «y para iniciar esa siempre arriesgada aventura quizá es mejor partir, modestamente, de las puras palabras, que, como simples elementos físicos, son también base de un lenguaje poético»[6]. Este proceder representa el modo menos equívoco de aproximarse al manantial originario de la poesía: «el estudio desde el mero significante es una vía abierta, si no la mejor, quizá la más segura, para acercarse al misterio de la creación poética, en cuya reviviscencia por el lector radica el acto de la fruición estética»[7]. Está muy claro lo dicho: el misterio radical es el de la *creación* poética. En realidad el crítico se halla, más que ante un misterio, ante una maravilla. No cesará de asombrarnos el milagro del momento en que nace un poema absolutamente perfecto. ¿Maestría instintiva del escritor, o propósito del todo consciente? No importa, no podemos saberlo. Pero sí podemos percatarnos de que existe una absoluta identificación entre el orden de los fonemas y el de las significaciones, y ahondar en aquellas zonas distantes de la sensibilidad del lector en que se atesoran los efectos más sutiles del lenguaje. Si la génesis del poema es misteriosa, la estructura de las palabras se presta a un análisis atento. Dos razones, escribe Francisco García Lorca, pueden aducirse en contra de semejante método: «una, sólo en parte legítima; la destrucción, aunque sea provisional y previa de la unidad irreductible del objeto

---

[6] Francisco García Lorca, «Hermana Marica (Análisis de un romancillo de Góngora)», *La Torre*, III, 1955, núm. 9, p. 146.
[7] *Ibid.*, p. 145.

artístico. Otra, en todo bastarda; disputar como propio de zonas inexplorables de la sensibilidad, atribuir al mundo de lo incognoscible y lo inefable, una serie de hechos poéticos que en gran medida se entregan al análisis ordenado» [8].

No hago mías estas objeciones. Pero sí me parecen dignos de aclaración algunos de los términos que hoy son moneda corriente de la crítica de poesía. ¿En qué medida, por ejemplo, se compone el poema de «hechos poéticos»? ¿O mejor dicho, cómo se determinan, o computan, o delimitan tales hechos? El hacerse preguntas de esta índole —sobre el *qué* del poema, sobre la determinación del objeto poético mismo— no ha de parecer del todo vano, siempre que la historia literaria pretenda llevar a cabo la investigación exacta o «científica» de la poesía. ¿Es concebible, en efecto, una ciencia que no comience por circunscribir claramente su objeto de estudio? La metodología que acabo de mencionar parte, en suma, de una inmensa confianza en la exactitud del vocablo poético. Por muy apremiante que sea el problema de la estilística o el de la génesis del poema, esta clase de crítica no pone en duda la solidez inequívoca de la lengua. En ésta no estriba el misterio. Es verdad que Dámaso Alonso ha puesto de relieve la complejísima carga de sentido que cada palabra encierra [9]. El tono afirmativo con que el crítico español comenta esta incalculable riqueza de la palabra lírica es muy diferente, sin embargo, de la insistencia de un William Empson en la naturaleza ambigua, plurivalente y punto menos que engañosa del lenguaje literario. La actitud de Empson se emparenta más bien con la de aquellos filólogos que ante todo investigan el problema del idioma. Así, por ejemplo, una teoría de la lengua es el punto de arranque de las ideas de Amado Alonso sobre poesía. (Ideas sobre las que volveré más adelante.) Recordemos por ahora la importancia que concede Amado Alonso al «contagio sugestivo» de las palabras, al hecho de que las frases, además de *significar* una realidad, *sugieren* o dan a entender otras cosas, principalmente el estado de ánimo del hablante [10]. Esta dimensión expresiva es lo que Amado Alonso, en su ensayo sobre las *Sonatas* de Valle-Inclán, llama «evocación». Y añade: «esta expresividad emocional estará conseguida no sólo por la selección de los vocablos, sino por su colocación

---

[8] *Ibid.*, p. 157.

[9] Véase Dámaso Alonso, *Poesía española*, Madrid, 1950, p. 22.

[10] Véase Amado Alonso, *Materia y forma en poesía*, Madrid, 1955, páginas 18, 44, 97-98, 101 y 264-270.

en la frase, por las nociones representadas en las palabras
vecinas y, de modo muy importante, por las asociaciones
que las palabras empleadas guardan con otras ausentes» [11].
Las páginas que siguen intentan mostrar la importancia de
lo que Amado Alonso llama las palabras «ausentes». Analizaré los «silencios» de un poema de Antonio Machado con
el propósito, no de discernir los rasgos generales del arte
machadiano, sino de subrayar el aspecto *alusivo* de ciertas
formas poéticas.

EL POETA AUSENTE

Leamos un poema de *Campos de Castilla* [12]:

A JOSE MARIA PALACIO

Palacio, buen amigo,	1
¿está la primavera	2
vistiendo ya las ramas de los chopos	3
del río y los caminos? En la estepa	4
del alto Duero, Primavera tarda,	5
¡pero es tan bella y dulce cuando llega!...	6
¿Tienen los viejos olmos	7
algunas hojas nuevas?	8
Aún las acacias estarán desnudas	9
y nevados los montes de las sierras.	10
¡Oh mole del Moncayo blanca y rosa,	11
allá en el cielo de Aragón, tan bella!	12
¿Hay zarzas florecidas	13
entre las grises peñas,	14
y blancas margaritas	15
entre la fina hierba?	16
Por esos campanarios	17
ya habrán ido llegando las cigüeñas.	18
Habrá trigales verdes,	19
y mulas pardas en las sementeras,	20
y labriegos que siembran los tardíos	21

[11] *Ibid.*, p. 264.
[12] Poema ya muy conocido y comentado. Véase Luis Felipe Vivanco, «Comentario a unos poemas de Antonio Machado», *Cuadernos
Hispanoamericanos*, septiembre-diciembre 1949, pp. 541-565. Sé que
Vicente Gaos, además, ha pronunciado sobre este tema algunas conferencias. Por desgracia no conozco el texto aún inédito de su estudio.

con las lluvias de abril. Ya las abejas   22
libarán del tomillo y el romero.   23
¿Hay ciruelos en flor? ¿Quedan violetas?   24
Furtivos cazadores, los reclamos   25
de la perdiz bajo las capas luengas,   26
no faltarán. Palacio, buen amigo,   27
¿tienen ya ruiseñores las riberas?   28
Con los primeros lirios   29
y las primeras rosas de las huertas,   30
en una tarde azul, sube al Espino,   31
al alto Espino donde está su tierra...   32

Baeza, 29 de abril de 1913 [13]

La sobriedad de la forma contrasta, en primera lectura, con la riqueza del contenido. (¿Será éste el secreto de toda una tradición poética española?) Como se ha dicho sobre una balada de Federico García Lorca: «esta balada, tan sencilla, tan elemental, lo tiene todo: claridad y misterio en composición magistralmente estilizada» [14]. ¿De qué modo se compaginan, en este caso también, la claridad y el misterio?

Nuestro poema es una epístola de carácter interrogativo, que conduce a un encargo práctico: el poeta pide al amigo que lleve unas flores a la tumba de su mujer («... donde está su tierra»). Sobre estos rasgos formales volveremos luego. Primero debo señalar una ausencia básica, sin la cual una gran parte de la emoción producida no tendría explicación: la ausencia del poeta mismo.

Ni una sola vez aparece el «yo» del autor entre unas palabras de fondo tan evidentemente afectivo. ¡Primera sorpresa! En un poema de entonación muy personal, en una carta dirigida a un amigo, no se emplea nunca la primera persona del verbo. Prevalecen los giros en tercera persona, y, entre éstos, la forma impersonal: «¿Hay ciruelos en flor?» Surge, además, la segunda persona por primera y última vez en el encargo final a Palacio: «*sube* al Espino...» Los dieciséis verbos utilizados por Machado designan primariamente la presencia o ausencia de algo: «hay zarzas... Habrá trigales...». Es más: el poeta señala la existencia de unas cosas en el tiempo, dentro del fluir del mundo: «llega», «habrán ido llegando», «quedan», «están vistiendo», etc. Cuando el

---

[13] Antonio Machado, *Obra poética*, ed. R. Alberti, Buenos Aires, 1944, pp. 165-166.

[14] Jorge Guillén, Prefacio a Federico García Lorca, *Obras completas*, ed. A. del Hoyo, Madrid, 1954, p. lxix.

verbo sirve para determinar atributos, también están referidas estas propiedades al transcurso del tiempo: «pero es tan dulce y bella *cuando llega*», «*aún* las acacias estarán desnudas». Ya tendremos ocasión de hacer notar el empleo de los verbos activos —los labriegos que *siembran*, las abejas que *liban* del tomillo y del romero. Por ahora me interesa indicar que los demás verbos no denotan sino modalidades de existencia en el tiempo: advenimiento, perduración, renacer, decadencia. Las cosas están o faltan, «tienen ya», llegan o quedan.

¿Estilo objetivo, en que el autor se desliga temáticamente de su obra, se descarta a sí mismo como personaje, y no interviene sino mediante esa participación sin la que no sería concebible lirismo alguno? No, no nos hallamos ante aquella «poésie lyrique descriptive ou indirecte» que el crítico polaco Manfred Kridl distinguía de la «poésie lyrique pure ou directe». Con razón explicaba Kridl que el impulso lírico de un poema con frecuencia se proyecta sobre descripciones exteriores, diálogos dramáticos o sucesos narrativos, sin que por fuerza entre en escena el «yo» del escritor. En nuestro caso, sin embargo, el lirismo es descriptivo e indirecto sin menoscabo de su intención directa. No encontramos tan sólo un «moi lyrique», resonador invisible de un «toi», un «lui», o un «nous» posibles [15]. La breve obra que analizamos, por el contrario, alude a la participación personal de un «yo» único en una situación determinada. El cariz alusivo del poema es, pues, lo que permite conciliar las dos categorías enunciadas por Manfred Kridl.

El autor se nos presenta como el «yo» implícito en el diálogo con el «tú» del poema: como el amigo de José María Palacio. Y la palabra «amigo» manifiesta tanto el afecto que siente Machado, al componer la carta, como la valoración objetiva de su destinatario. Con sólo oír el primer verso:

Palacio, buen amigo...—

tenemos presente, de golpe, al poeta de voz honda y humilde. Insisto a propósito en «oír» y «voz». Pues si las diversas formas de poesía pueden distinguirse por el grado mayor o menor en que intentan objetivarse, espacializarse, hacerse

---

[15] Véase Manfred Kridl, «Observation sur les genres de la poésie lyrique», *Helicon*, II, 1939, pp. 147-155.

objetos de contemplación estética, el arte machadiano se remonta sin vacilación al caudal originario —oral, vocal— de toda poesía. El vocativo inicial (¡Palacio, buen amigo!), antes de que el lector se traslade con la imaginación al paisaje evocado, nos hace sentir la voz del poeta, situada sobriamente, pero con persuasiva firmeza, en el primer plano de la obra. El lector, identificado con este primer plano, divisará aquellas lejanas tierras castellanas como si se encontrara en Baeza, junto al autor. Vamos descubriendo, pues, el carácter dinámico de este poema. Todo sucede como si un breve pero irresistible impulso inicial bastara para poner en marcha el movimiento lírico. El matiz emocional, la forma epistolar, la amistad, la presencia de un «yo» y de un «tú» están indicados concisamente por un solo verso, el primero. El nombre del amigo no se repite hasta el verso veintisiete, que es un propulsor complementario de la emoción suscitada por el primer verso y mantenida, a lo largo del poema, como un temblor implícito entre las palabras.

La semi-presencia del autor en su propia obra, no impropia del Antonio Machado más maduro, se ajusta perfectamente, como veremos, al ámbito temático de este poema. Pero nos encontramos, además, ante una actitud humana fundamental, anterior a toda situación concreta. Actitud que caracteriza admirablemente una carta de Mallarmé (Besançon, 14 de mayo de 1867): «c'est t'apprendre que je suis maintenant impersonnel, et non plus Stéphane que tu as connu—, mais une aptitude qu'a l'Univers Spirituel à se voir et à se développer, à travers ce que fut moi»[16]. La obra del último Machado —al menos en poemas como el que leemos aquí— supera por completo el subjetivismo decimonónico —la soledad soberbia del hombre que es, como decía Nietzsche, «una disonancia hecha carne». Machado no lamenta aquí el ocaso de la juventud o la pérdida de la mujer amada. Ni proclama tampoco —como Espronceda, por contragolpe— que una muerte más no importa al mundo. De Hölderlin y Leopardi a T. S. Eliot y Jorge Guillén, se va desenvolviendo una lírica europea en que la función del poeta consiste en convertirse, como pide Heidegger, en «pastor del ser» *(Hirt des Seins)*. No es cuestión aquí de «hacer preguntas», sino de esa interrogación esencial que lleva implícitas, silenciosamente, todas las preguntas. La misión del vivir auténtico,

---

[16] Stéphane Mallarmé, *Propos sur la poésie*, ed. H. Mondor, Mónaco, 1946, p. 78.

explica Heidegger, es que en su limitado «estar» humano
(Dassein) se revele y quede como iluminado el Ser total del
mundo. Una conciencia rigurosamente solitaria, recluida
dentro de sí misma, es inconcebible, ya que el hombre se
ve obligado a *estar* entre las cosas, a convivir con los demás
hombres *(Mitsein)* y, por tanto, a transcender sus propios
confines. A la persona auténtica, al gran poeta, le importa
siempre el mundo. Machado, en esta ocasión, no se entrega
a esa melancolía sin salida que aleja del manantial esencial
de las cosas y de la propia vitalidad individual. En la esperanza o en la desdicha, permanece «abierto» al mundo
(Erschlossenheit) [17]. Y la supresión de la primera persona
del verbo —del llanto romántico— [18] se debe, en realidad,
a una amplitud metafísica de perspectiva: la perspectiva
del poeta que es pastor del ser, o, dicho sea de manera más
machadiana, pastor del tiempo.

Primer silencio, pues: el que impone el autor a su propia
persona. Pero este vacío queda compensado por la fuerza
alusiva del poema en su estructura básica: por su carácter
oral y dialogado.

EL AMIGO AUSENTE

Es decir: el amigo lejano que Machado recuerda e imagina. Quiero indicar, en realidad, dos cosas distintas: la
ausencia, por un lado, que padece el poeta, y que encierra
en su nostalgia al «tú», al amigo de Soria; y, por otro, la
técnica alusiva que afecta lo mismo a la primera que a la
segunda persona del verbo. No puede ya aclararse este segundo punto sin entrar de lleno en las dos características
genéricas más propias del poema: el empleo de las interrogaciones, y la forma epistolar.

---

[17] Véase Egon Vietta, *Die Seinsfrage bei Martin Heidegger*, Stuttgart, 1950.
[18] Recojo unas palabras anti-románticas de Hugo von Hofmanns-
lahl: «wollen wir uns finden, so dürfen wir nicht in unser Inneres
hinabsteigen; draussen sind wir zu finden, draussen... Wir besitzen
unser Selbst nich: von aussen weht es uns an, es flieht uns für lange
und kehrt in einem Hauch zurück» («Das Gespräch über Gedichte»),
en *Gesammelte Werke, Prosa II*, ed. H. Steiner, Frankfurt a/Main,
1951, p. 97.

Toda pregunta va unida a un diálogo, por lo menos a ese autodiálogo que a veces utiliza el poeta para dramatizar el soliloquio lírico. El lector no pierde nunca de vista al destinatario de las diversas preguntas que se expresan mediante la tercera persona del verbo:

> ¿Tienen los viejos olmos
> algunas hojas nuevas?

—escribe Machado, y de golpe, alusivamente, pero de modo indiscutible, se dibuja la silueta del «tú» interrogado. Se trata de un diálogo en el sentido de la palabra que Stephen Gilman ha elucidado en su estudio sobre la *Celestina*. Fernando de Rojas emplea frecuentemente la interrogación: «just as the frequent exclamations express the sentiments of the «yo», so these questions enfold the «tú» in what is being said»[19]. Porque el diálogo, agrega Gilman, es el lenguaje que resulta del encuentro de dos vidas[20]. Encuentro, en nuestro caso, anhelado a través de la epístola dirigida a Palacio, aun cuando la mayor parte de los versos tan sólo aluden a quien interroga y al interrogado. Machado halla la perfecta expresión estilística de este escamoteo. Con la ayuda de una serie de preguntas, la tercera persona del verbo adquiere toda la fuerza de una segunda persona.

Notemos, en segundo lugar, el poder sugestivo y emocional de un gesto en realidad semi-interrogativo. Nuestro poema ensarta preguntas, situadas en el filo de la certidumbre y de la duda. Alternan las construcciones entre el futuro de probabilidad—

> ... ya habrán ido llegando las cigüeñas—

y las interrogaciones acerca de algo ni bien sabido ni del todo ignorado:

> ¿Hay ciruelos en flor? ¿Quedan violetas?

No encontramos ni la pregunta fingida o académica[21], ni la vaga conjetura del desmemoriado o curioso impertinente.

---

[19] Stephen Gilman, *The Art of the Celestina*, Madison, Wisconsin, 1956, p. 22.

[20] Véase *ibid.*, p. 19.

[21] La erotesis del tradicional «Ubi sunt», por ejemplo, admirablemente comentada por Pedro Salinas; véase *Jorge Manrique, o tradición y originalidad*, Buenos Aires, 1947, p. 161.

Muy bien se acuerda el poeta de aquellas primaveras de su juventud. Tarde o temprano han de florecer zarzas, margaritas y ciruelos. Pero aquella ausencia de Soria y la sutil complejidad del tiempo delimitan los conocimientos del autor. ¿Cómo saber *de fijo* si hay ciruelos en flor o quedan violetas? Es la incertidumbre de quien, sin mencionar el pasado, prefiere reincorporarse a un presente imperfectamente imaginado. Recuerdo, nostalgia, esperanza: las interrogaciones aluden a cuantas emociones puede suscitar el tácito fluir del tiempo.

El poema se desarrolla, dinámicamente, a lo largo de estas oscilaciones, de cambiante perfil afectivo, entre la semi-ignorancia y la semi-certidumbre. Las preguntas, objetivamente ineficaces, se suceden las unas a las otras. Y esta reiteración da vida al afán de que brota el poema. El movimiento del poema avanza por un proceso de reinvención o de resurrección, en un ir imaginando gradualmente aquella remota primavera. Junto al poeta, el lector comparte el intento de anular ausencias y distancias mediante la palabra. Se trata, pues, de imaginar lo que Palacio sabe y está viendo. «Distancia es algo más que una realidad espacial y geográfica —nos dice Pedro Salinas— que se interpone entre dos personas: es una situación psicológica nueva entre ellas dos. y que demanda nuevo tratamiento» [22].

Situación psicológica tan rica, tan poderosamente sugestiva, que sería tentador dedicarle numerosas páginas. Esta vez apelaremos al procedimiento machadiano, aludiendo a lo aludido. José María Palacio no sólo es, sino sobre todo *fue* amigo del poeta —cuando aún vivía su esposa Leonor. En su ser interior, el poeta atesora una primavera pasada. Entonces convivió con su mujer y sus amigos. Pero Machado no se reduce a un triste monólogo de solitario. No medita o dice para sí: «estará la primavera vistiendo ya las ramas de los chopos...» —lo cual vendría a ser una ruptura definitiva con lo que fue y ya no es. Se dirige el poeta, en forma de pregunta—

> ¿está la primavera
> vistiendo ya las ramas de los chopos...?—

al amigo que recuerda y sabe. No es del todo destructor el tiempo. Pues si ha desaparecido el amor, la amistad perdura. Y es Palacio, por lo tanto, un punto fijo en el fluir del tiem-

---

[22] Pedro Salinas, *El defensor*, Bogotá, 1948, p. 36.

po, un lazo inapreciable entre el pasado y el presente. Esta es, en mi opinión, la situación psicológica a que alude el poema.

Muy difícil es, por supuesto, separar la función interrogativa de la forma epistolar, que vienen a ser una misma cosa: formas de diálogo, en torno a un imaginado «encuentro de dos vidas». Las preguntas subrayan o multiplican los rasgos genéricos de un poema que se nos aparece como una de las epístolas más puras de la literatura española. En Horacio, dechado de epistológrafos desde la época renacentista, abundan dos clases de interrogaciones: de índole especulativa, cuando el autor da cuenta de sus preocupaciones morales o filosóficas (ejemplo: «Vir conus est quis?» en la carta —I, 16, 40— sobre las virtudes fraudulentas que el vulgo admira), o de carácter familiar, cuando el escritor, separado de sus amigos, se informe sobre las actividades de éstos («Quid studiosa cohors operum struit?», en la epístola —I, 3, 6— dedicada a un grupo de jóvenes patricios y escritores establecidos en el extranjero). Del mismo modo suele clasificarse el conjunto de las *Epistulae:* en piezas de asunto «filosófico» y cartas amistosas *ad familiares*. Aquéllas cumplen mejor, de ordinario, con las exigencias propias del género: el dar forma comprensible e inmediata a meditaciones teóricas. La originalidad del género radica en esta delicada armonía entre lo personal y lo abstracto.

En la obra estudiada, como antes se indicó, ni el autor de la carta ni su destinatario ocupan ostensiblemente el primer plano. Mas la amistad que los une se adueña del poema entero, así como el afecto de Garcilaso por Boscán se manifiesta a lo largo de la primera epístola horaciana (según Elias Rivers) de lengua española. El tema moral, afirma Rivers, «... is so gradually brought in and so closely tied to the poet's friendship trat it is never really impersonal at all; it is completely reshaped by the context, by the tone of the whole epistle»[23]. Es frecuente la epístola postiza en que la existencia del destinatario no es sino un pretexto o un procedimiento literario. Hemos visto, al revés, que nuestro poema es inseparable del amigo único, que está

---

[23] Elias L. Rivers, «The Horatian Epistle and its Introduction into Spanish Literature», *Hispanic Review*, XXII, 1954, pp. 175-194. Véase también E. P. Morris, «The Form of the Epistle in Horace», *Yale Classical Studies*, II, 1931, pp. 81-114, y Carlos Clavería, «Sobre las epístolas de Guiraut Riquier», *Homenatge a Antonio Rubió i Lluch*, Barcelona, 1936, vol. III, pp. 125-136.

«en el secreto» y sabe leer entre los renglones de la carta recibida.

Me parece fundamental en este caso la compenetración espiritual que es propia de la carta auténtica y sincera, tal como la entiende Pedro Salinas en su espléndido ensayo sobre el tema. Una carta no es, como suele decirse, una mera conversación a distancia, pues cartearse, en ciertas ocasiones, es más que hablarse. «More than kisses, letters mingle souls», escribía el sutil John Donne, dando a entender que la carta es gesto desinteresado y acto de claridad, en que, o bien se excluye todo disimulo, o el engaño queda objetivado y revelado a quien en él incurre: «el escribir es cobrar conciencia de nosotros»[24]. Punto para nuestro análisis primordial. El poema de Machado manifiesta en grado sumo la situación vital en que descansa la «carta familiar». No pertenece ésta, por una parte, al tipo de literatura —el más corriente— en que el escritor se dirige a unos desconocidos y en que por consiguiente las palabras tienen que bastarse a sí mismas; ni, por otra, es conversación hablada. Nos hallamos más bien ante una «versación» unilateral en que la palabra se esfuerza por recrear las condiciones de la «conversación», es decir, de *una situación basada en supuestos tácitos y comunes*. Sobre este concepto de situación volveremos al final del presente ensayo.

La ausencia y el tiempo

Nuestro poema brota del enlace de dos emociones, a saber: la experiencia del tiempo y el sentimiento de la ausencia. Me he limitado hasta ahora a comentar el sentimiento de la ausencia, porque a él se debe la originalidad formal de «A José María Palacio» —el hallazgo que permite resolver aquí un muy arduo problema: la necesidad de dar voz a lo inexistente o, mejor dicho, a la conciencia del vacío, de la privación, del no-ser—. Todo el poema va encaminado hacia el recuerdo de la esposa fallecida, «ausente» para siempre. Pero este recuerdo, como tal, no se manifiesta sino de modo indirecto. Los versos estudiados sobrentienden, decíamos antes, una situación psicológica; y el recuerdo de otras pri-

---

[24] P. Salinas, *El defensor*, p. 26.

maveras —de una Soria un día vivida en el presente— se desliza entre las palabras. El ámbito silencioso de «A José María Palacio» encierra no sólo el yo del autor, sino el pasado, la memoria y la muerte. De no ser así, ¿en qué se apoyarían las preguntas del poeta? ¿Cuál sería el origen de estas interrogaciones o semipreguntas? ¿Qué finalidad tendrían? ¿Cómo entenderíamos la amistad con Palacio? El autor, sin disputa, da a entender que un pasado existió, y que, fundados en él, unos recuerdos perduran. Pero no es lo mismo decir que sugerir. Si se entregara Machado a todas las posibilidades del asunto, el resultado sería una poesía del recuerdo, de la añoranza y de la pena. Si estos sentimientos, por otra parte, cesaran de manifestarse, no sentiríamos, ni siquiera indirectamente, la no-existencia o el vacío. Entre el olvido completo (o el vivir hacia un futuro) y la nostalgia (del pasado) se sitúa la emoción de la ausencia, que es percibir, no ya lo que fue, sino lo que no es. Entre la elegía y el canto de esperanza —ambos susceptibles de expresión directa— se interpone el estilo alusivo. Estilo que permite a Machado resolver el problema planteado por Mallarmé en *Le nénuphar blanc*: «... résumer d'un regard la vierge absence». La alusión desempeña, en esta ocasión, la función del símbolo en Mallarmé. Recordemos el tema del mencionado poema en prosa: el autor está citado con una mujer desconocida; pero ella no acude a la cita; y el poeta recoge una flor cuyo capullo encierra el vacío: es el nenúfar «... que ne se gonfle d'autre chose sinon de la vacance exquise de soir» [25].

La emoción de la ausencia, en realidad, está subordinada al tema dominante de nuestra epístola, traspasada —como tantas obras que vieron la luz durante los años inmediatamente anteriores a la primera Guerra Mundial— por la experiencia del tiempo. «A José María Palacio» está fechado en 1913 —año en que aparecen *L'évolution créatrice*, *Du côté de chez Swann*, y en que Thomas Mann comienza a escribir *Der Zauberberg*.

Comentamos una visión del mundo inmerso en el fluir del tiempo y a la vez en el espacio. El poema se compone de preguntas sobre el emplazamiento temporal de unas cosas: «¿hay ya?», «¿vienen siendo?», «¿llegan a ser?», «¿quedan?», etcétera. Pero estas preguntas están formuladas desde lejos.

---

[25] S. Mallarmé, *Oeuvres*, ed. H. Mondor y G. Jean-Aubry, París, 1951, p. 286.

La dimensión espacial en ellas implícita eleva a mayor potencia la emoción suscitada. En esta poesía, como en todo el libro *Campos de Castilla*, tiempo y espacio son indivisibles. Veamos cómo el alejamiento geográfico acentúa el sentimiento de la temporalidad.

Tanto el poema que consideramos como el pensamiento de Bergson, que de ahora en adelante tendremos muy presente, arrancan de una fundamental distinción entre la experiencia humana del espacio y la del tiempo. ¿Puede haber, en realidad, experiencia directa de un objeto alejado en el espacio y no perceptible por medio de los sentidos? En el espacio los objetos son impenetrables, distintos, heterogéneos. No podemos experimentar aquel remoto paisaje castellano sino a través de la memoria; y el recuerdo se actualiza, se desprende del pasado y se convierte en acción referida a un «aquí mismo», o representa un «désintéressement de la vie», una «inattention à la vie»[26]. Lo que el hombre hace, que es el presente, cierra el paso a la memoria pura, más pujante cuanto más nos desinteresemos de nuestras acciones actuales: desinterés que culmina en el sueño[27]. El alejamiento físico, en fin de cuentas, lleva un signo negativo. Es pérdida, renunciación, resquebrajadura por la que se va la vida. Y es, además, situación única, individual. Nada más íntimo que la soledad del poeta. Si «A José María Palacio» no constara de unas interrogaciones sobre el tiempo, si su autor se limitase a recordar las calles y las plazas y los amigos de aquella Soria abandonada para siempre, estaríamos leyendo una poesía subjetiva y melancólica, hecha de soledad y recuerdos. Experimentaríamos, una vez más, la heterogeneidad de las acciones humanas. Y Machado se hallaría, tristemente, «al borde del sendero» de la vida.

De otra fuente mana la «atención» y el «interés» que infunden vida a las preguntas del poeta. Esperanza conquistada a pesar de la ausencia, a despecho de la soledad. De ahí la ambigüedad de la emoción plasmada en esta visión espacio-temporal. Es la actitud del poeta «abierto al mundo»:

> Al borde del sendero un día nos sentamos.
> Ya nuestra vida es tiempo, y nuestra sola cuita
> son las desesperantes posturas que tomamos
> para aguardar... Mas ella no faltará a la cita.
>
> («Del camino», XXXV.)

---

[26] Véase Henri Bergson, *L'énergie spirituelle*, París, 1920, p. 155.
[27] Véase Bergson, *Matière et mémoire*, París, 1946, cap. II.

La melancolía de este poema de los primeros años llevaba dentro de sí, en realidad, una semilla de esperanza. Es lo que «A José María Palacio» nos aclara. La esperanza posible está excluida por la *imagen* espacial del primer verso —«al borde del sendero...»—, pero no por el sentimiento más complejo que sigue: «ya nuestra vida es *tiempo*...». En la medida en que el sendero simboliza el tiempo, deja de ser concebido el sustraerse a él —el sentarse al *borde* de una realidad que lo abarca *todo*—. Si el espacio divide, el tiempo une. Perspectiva que define admirablemente una sencillísima frase de Bergson: «nous ne durons pas seuls...» [28].

El camino del tiempo, precisamente porque abarca todas las cosas, se divide en innumerables veredas. La poesía que leemos da forma a una muy compleja experiencia de la duración como suma de infinitas oraciones, paralelas pero rítmicamente diferentes. Fundamental, en este caso, es el *décalage* que existe entre la tardía primavera castellana y el temprano florecer de la tierra andaluza. Desde ésta escribe Machado. «Baeza, 29 de abril...». ¡Cuántos lectores no recordarán —al revés del poeta, y tal vez con no poca nostalgia— aquella incomparable primavera de Andalucía! Machado «pregunta, como otras veces, por la primavera soriana desde la andaluza, siempre más adelantada». Claro está que, bajo el contraste principal entre Baeza y Soria, se dibujan numerosas bifurcaciones de detalle. Luis Felipe Vivanco ha indicado, con el conocimiento y la sensibilidad necesarios para penetrar en el ambiente geórgico del poema, las diversas etapas que ordenan la primavera castellana. En un extremo, la sierra, cubierta aún de nieve, y las acacias, que «son más tardías en echar la hoja, aunque, luego, la echen más de prisa».

> Aún las acacias estarán desnudas
> y nevados los montes de las sierras.

Por otro lado, cuando los frutales ya florecen, se han pasado las violetas de febrero y marzo» [29].

> ... ¿Quedan violetas?

[28] Bergson, *Essai sur les données immédiates de la conscience*, París, 1911, p. 81.
[29] L. F. Vivanco, *art. cit.*, p. 559.

Entre ambos extremos se sitúan los demás elementos del poema. Algunos están indicados con relativa seguridad, es decir, sin apelar al giro interrogativo: cigüeñas, trigales, abejas, etc. Y, menos adelantados acaso en el proceso de renovación, aquellos frutos y flores por los que pregunta el poeta: chopos, olmos, zarzas, margaritas, ciruelos, etc. Asimismo:

¿Tienen ya ruiseñores las riberas?

Todo sucede, pues, como si una serie de lentos vectores temporales, distintos entre sí, pero característicos del ritmo de la primavera en Soria, quedan contrapuestos a otro haz de vectores (imaginados, una vez más, por el lector), que componen el raudo rebrote de la fértil tierra andaluza. Considerados en su conjunto, los unos y los otros se integran en una matizada visión del renacer de las cosas.

Machado sabe, como Bergson, que el tiempo es un factor de unidad. La *durée* es como una melodía cuyas notas se suceden sin ser divisibles. Se trata de una penetración mutua, de un desenvolvimiento homogéneo y sin solución de continuidad, de unos cambios cualitativos en que pasado y presente se confunden. Tan pronto como el hombre cala en la experiencia del tiempo, se le revela la solidaridad de todos los seres. ¿Quién puede, mejor que el poeta, expresar el alcance de la emoción temporal? El hombre de ciencia examina la realidad como si ésta fuera siempre la misma y se entregara entera en el presente. El novelista nos guía de la mano por el laberinto del tiempo, para que experimentemos su lento fluir. Pero el poeta sabe que la emoción temporal, si es honda, es instantánea, finita, y a la vez abierta a la dimensión ilimitada y solidaria del «devenir» humano. Este punto culminante es lo que Heidegger llama «éxtasis de la temporalidad» [30].

Experiencia, por fuerza, ambigua. Todas estas páginas ponen de relieve el sentido afirmativo del tiempo que nos comunica «A José María Palacio», después de haber subrayado el aspecto negativo —y alusivo— del poema. Ambos aspectos se enlazan claramente en los versos finales. Es el encargo a Palacio:

---

[30] Véase Martín Heidegger, *Sein und Zeit,* Halle, 1927, p. 331: «Die Zeitlichkeit ist wesenhaft ekstatisch».

Con los primeros lirios
y las primeras rosas de las huertas,
en una tarde azul, sube al Espino,
al alto Espino donde está su tierra...

El poema nos brinda la visión de un paisaje reverdecido en torno a una tumba. Los primeros y más hermosos frutos de la primavera —rosas, lirios— servirán para conmemorar el *vert paradis* perdido, las primeras y últimas rosas (o más bien lirios, emblema de inocencia juvenil)[31] de la vida del poeta. Las flores primaverales serán también mortuorias. Imagen ambivalente de la flor en que se encarna nuestro sentido del tiempo como sazón y desazón ineludibles[32]. No vuelve a aparecer aquí la rosa de Ausonio, marchita por anticipado, con objeto de simbolizar la fuerza destructiva del tiempo. La rosa machadiana va unida a la conciencia de la muerte ajena *en su momento de mayor esplendor*. Nada más distante del concepto del tiempo como curva progresivamente descendente. El tiempo es vida y esperanza, vigor y génesis —no un ir muriéndose poco a poco, mientras la muerte queda «a lo lejos». Pero el hombre, inmerso en él, mantiene muy presente la conciencia de la mortalidad *(Tod)*, más que el morir futuro *(Sterben)*.

Sí, es preciso desechar los tópicos literarios para adentrarse en la poesía de Antonio Machado[33]. Por eso, a fin de aclarar la emoción última del poema que analizamos —el «ir durando», con y como todos los seres, frente a la morta-

---

[31] Véase A. Alonso, *op. cit.*, p. 126: «los lirios de García Lorca tienen en sí toda la tradición litúrgica de pureza de los lirios de la Anunciación».

[32] Nuestro poema realiza plenamente el ideal poético de Hofmannstahl; en la poesía perfecta... «... sugleich ein Hauch von Tod und Leben zu uns herschwebt, *eine Ahnung des Bluhens*, ein Schauder des Verwesens... Jedes vollkmmene Gedicht ist Ahnung und Gegenwart, Sehnsucht und Erfüllung zugleich» (*op. cit.*, p. 110).

[33] No explico aquí, por no alargarme demasiado, el sesgo original que da Machado al tópico de la primavera. El tópico —si se recuerda a los trovadores provenzales y a los poetas románticos— consiste en considerar la estación del año como «pretexto» que sirve de corroboración o de contraste con el estado de ánimo del autor. Con éste armoniza o no el risueño paisaje primaveral. En este poema sucede lo contrario. No es ya la primavera que deja de ocupar el primer plano, sino el poeta mismo, cuyo «yo» aparece solamente de rechazo. La renovación de la naturaleza es aquí el molde en que se vierte la intuición principal del poeta —que es la emoción del tiempo. (Tema que, como indica Vivanco, se encuentra ya en «La plaza de Vich», de Verdaguer.)

lidad—, añadiré algunas observaciones negativas. No nos sirve aquí el tópico del *Carpe diem* —de la brevedad de la vida, de que todo es fugaz e ilusorio salvo la muerte—. Recordemos la Oda sexta de Horacio (I, 4) y la Oda a Torcuato (III, 7). (Cito la traducción del erudito y poeta sevillano Miguel Romero Martínez.)

> Ya las nieves han huido;
> la hierba vuelve a los campos,
> y con sus verdes cabellos
> otra vez se cubre el árbol... [34].

En estas dos odas el tema de la primavera va unido al de la fugacidad de la vida y al de la muerte venidera. Considerado a través de la unicidad de una perspectiva individual, el tiempo no brinda más horizonte que la muerte. (Machado —«nous ne durons pas seuls...»— supera los confines de este punto de vista y hace del «devenir» una experiencia totalizadora.) Tanto la tradición clásica como la cristiana han acogido, a lo largo de los siglos, esta actitud de *contemptus temporis*. Actitud que llega, en la época moderna, hasta la poesía romántica (*L'infinito* de Leopardi) y la novela contemporánea (Proust y su genial esfuerzo por hallar un punto fijo en la *durée* individual, un absoluto frente al tiempo). En contra del engaño de la temporalidad, se alzaba, en la época barroca, el ansia de una eternidad que no es tiempo, porque el tiempo es dimensión de la nada: «todo lo que tiene fin es poco, pues viene a parar en nada», enseñaba el padre Nieremberg [35]. El vivir es un ir muriéndose todos los días poco a poco: «cada día morimos —agregaba Nieremberg—, y cada día se quita alguna parte de la vida, y en el mismo crecer nuestro decrece y se mengua la vida, y este mismo día que vivimos lo dividimos con la muerte» [36]. Frente a semejante punto de vista (moriremos para vivir, para alcanzar la vida eterna) se desenvuelve hoy una idea afirmativa de la temporalidad: vivimos para morir, y cada día de auténtica existencia se apoya en la con-

---

[34] Miguel Romero Martínez, *Nueva interpretación lírica en lengua española de las Odas de Horacio*, Sevilla, 1950, p. 221.

[35] Juan Eusebio de Nieremberg, *Diferencia entre lo temporal y lo eterno*, en *Tesoro de escritores místicos españoles*, ed. E. de Ochoa, París, 1847, p. 410. Sobre el concepto barroco del tiempo, véase el excelente artículo de Manuel Durán, «El sentido del tiempo de Quevedo», *Cuadernos Americanos*, enero-febrero 1954, pp. 273-288.

[36] *Ibid.*, p. 409.

30

ciencia de la muerte. Para Heidegger la angustia o cuidado humano *(Sorge)* proviene del conocimiento cotidiano de que no hemos muerto todavía. En este «todavía no» estriba la autenticidad posible. La verdad de quienes viven plenamente porque no les ha llegado todavía la hora de la muerte.

¿Hacia dónde —preguntará el lector— se orienta la esperanza de «A José María Palacio»? ¿Para quiénes estos chopos, y esos trigales, y aquellos ruiseñores? ¿Para los demás, pero no para el poeta? Una resignación melancólica se expresa, sin duda, en el poema. Por lo menos queda sugerida por todo lo que el poeta sobrentiende: por el triste recuerdo de la felicidad perdida. Como la vida, sin embargo, es tiempo, y el tiempo no es meramente engañoso, nuestro poema manifiesta también una emoción de plenitud. Tal vez necesitan los dioses, escribía Hölderlin, de los mortales que sufren y gozan en el tiempo, que conocen el deseo, la espera, la memoria, el nacer de los seres. La conciencia de la temporalidad como dimensión de plenitud culmina ante todo, en el asombro ante el amanecer o el despertar de las cosas: ante lo que se ha llamado «la emoción del origen» [37].

> ¿Tienen los viejos olmos
> algunas hojas nuevas?

Asombro ante la primavera y la renovación de la vida. Esperanza de todas las esperanzas. Pero esperanza envuelta en una espera, en la conciencia de un inexorable «todavía no». Génesis y muerte se funden en un solo verso:

> ¿Hay ciruelos en flor? ¿Quedan violetas?

Por último, antes de terminar este análisis de sentido, recordaremos lo que se ha indicado previamente: el carácter dinámico de esta poesía [38]. Salta a la vista ahora uno de sus rasgos más significativos. Se trata de un paisaje en trance de resurrección. La «emoción del origen» concede al poema su forma dinámica. Veamos cómo el paisaje imaginado por el poeta va cobrando poco a poco vida y movimiento.

Si los primeros versos producen una impresión de volumen y de distancia, los elementos presentados se hacen des-

---

[37] Véase Walter F. Otto, «Die Zeit und das Sein», en *Anteile. Martin Heidegger zum 60. Geburtstag*, Frankfurt a/Main, 1950.

[38] Sobre esta característica de la poesía, véase A. Alonso, *op. cit.*, página 129.

pués más y más precisos, íntimos, pequeños. Hallamos al principio una vasta visión panorámica. Golpe de vista anchuroso, que abarca todo el valle del Duero, con montañas fronterizas al fondo. Las ramas de los chopos se perfilan contra el horizonte. El detalle está colocado en un conjunto:

> ¿está la primavera
> vistiendo ya las ramas de los chopos
> del río y los caminos? En la estepa
> del alto Duero...

Campo visual organizado en el espacio, con aire, cielo, y a lo lejos el bulto de la sierra. Las acacias están aún desnudas:

> ... y nevados los montes de las sierras.
> ¡Oh mole del Moncayo blanca y rosa,
> allá, en el cielo de Aragón, tan bella!

Y, de repente, aparecen unas zarzas (aun en la ladera de los montes); y la primera, humildísima flor: la margarita. Se quiebra la unidad del campo visual, conforme se asoma la imaginación del poeta a los pormenores más pequeños [39]: zarzas, margaritas, abejas y, al fin, violetas. No perdemos de vista el panorama soriano. Pero ahora los seres, más que para ser contemplados, están ahí para ser vividos.

La emoción del renacimiento primaveral va transformando poco a poco el poema. Revive y se anima no sólo el paisaje, sino el poeta mismo. Sentimos como una lenta resurrección y humanización de todo cuanto participa en la poesía. A la mera naturaleza del principio (llanura, montañas, árboles) suceden las cosas que el hombre crea para humanizar el paisaje (campanarios, campos labrados) y, por último, los hombres mismos (labradores, cazadores) [40]. De lo estático pasamos al movimiento, de lo inerte a la vida. Los chopos iniciales se sitúan en unos eriales sin cultivar («en la estepa / del alto Duero...»). Se divisan unos olmos apenas reverdecidos, desprovistos del menor color:

---

[39] La distancia del observador, explica Ortega, responde a una liberación psíquica o falta de participación interior; con la proximidad ocurre lo contrario. Véase José Ortega y Gasset, *La deshumanización del arte*, en *Obras completas*, Madrid, 1955, vol. III, pp. 360-363.

[40] Véase Romano Guardini, *Form und Sinn der Landschaft in den Dichtungen Hölderlins*, Stuttgart y Tubinga, 1946.

¿Tienen los viejos olmos
algunas hojas nuevas?

Volvemos hacia atrás, hacia el invierno, con las desnudas
acacias y los montes nevados. La doble coloración del Mon-
cayo, blanco y rosa, con nieve y sin ella, nos coloca en la
frontera de la primavera. Y ésta por fin despierta y se des-
pereza. Es el primer florecimiento, el de las «zarzas florecidas» y el de las flores propiamente dichas: las «blancas
margaritas» que brotan de un prado cuyo color tan sólo
adivinamos —la «fina hierba». El color verde tiene que representar el rebrote de la savia vegetal. Por fin vemos unos
«trigales verdes». Aquel espacio del contemplador, mientras
tanto, ha dado cabida por primera vez al movimiento. Cruzan unas cigüeñas en torno a la línea vertical de unos campanarios. Y con rápida aceleración el paisaje se humaniza,
se puebla de seres vivientes. Surgen el campo labrado por
los hombres, el verdor y la lluvia (efecto y causa de ferti-
lidad), los campesinos que trabajan con los animales:

> Habrá trigales verdes
> y mulas pardas en las sementeras,
> y labriegos que siembran los tardíos
> con las lluvias de abril.

Leemos los dos únicos verbos que indican actividad: «siembran», «libarán». Después de la vista, entran en acción los
demás sentidos. El olfato y el gusto:

> Ya las abejas
> libarán del tomillo y el romero.

Más adelante, el canto de las aves (adviértase la sonora
repetición de las *erres*):

> ¿tienen ya ruiseñores las riberas?

Y los placeres, sociales o casi lujosos, de la caza. El paisaje
se ha convertido en actividad vital, la contemplación distante
en experiencia inmediata. En este momento de plenitud, sin
embargo, y precisamente porque se agudiza la emoción del
tiempo, volvemos hacia atrás. Técnica de suaves contrastes,
que contraponen las humildes violetas agonizantes a los
ciruelos en flor, y culmina en la ambigüedad de los últimos
versos.

468

Al final entran en escena los elementos más brillantes de la fauna y la flora primaveral: ruiseñores, lirios, rosas. Flores que han de servir, en esta ocasión, para adornar una sepultura. Vuelve a abrirse, de repente, la perspectiva del poema, a ampliarse el enfoque visual. Tornamos al panorama inicial: el de «los montes de las sierras» bajo el «cielo de Aragón». Pero ya no es el mismo. Estamos ahora en plena primavera. El día en que Palacio cumpla el encargo del poeta y ascienda al Espino, las huertas estarán cubiertas de flores bajo un cielo azul. Con los primeros lirios:

> ... y las primeras rosas de las huertas,
> en una tarde azul, sube al Espino,
> al alto Espino donde está su tierra...

UN POEMA EN EL TIEMPO (METODOLOGÍA)

No conozco método de análisis que rinda, hoy por hoy, mejores resultados que el estudio de lo que Dámaso Alonso llama «forma exterior». Consiste este método en considerar minuciosamente la materia fonética del poema, intuir su más íntima estructura y, luego, emplear esta estructura como punto de arranque para esclarecer el sentido del poema. Lo cual supone, claro está, una *perfecta articulación entre los significantes y los significados* que integran la experiencia del lector. Basado en este axioma, el investigador de «formas exteriores» intenta indicar la adecuación del sentido de un poema a su estructura verbal.

Me he atenido en el presente ensayo a un procedimiento muy distinto, ya que he tratado, sobre todo, de adentrarme en los «significados» de una poesía de Antonio Machado. ¿Este método equivale a la investigación de la «forma interior?» O sea, ¿a invertir el orden de los términos, sin poner en duda la validez del mencionado axioma? Hemos leído, efectivamente, un poema desbordante de significaciones alusivas. Digámoslo de una vez: el mostrar o demostrar ahora la absoluta adecuación de la estructura verbal de este poema al conjunto de sus significados, sería, y no sólo por razones empíricas, punto menos que imposible. Tal es precisamente el problema planteado por las formas alusivas de poesía.

Definió lo más concisamente posible las dificultades metodológicas con que tropezamos:

1. Si nos hallamos ante un «poema en el tiempo», una creación verbal cuya materia y cuya forma son temporales, ¿cómo analizar o examinar por separado sus diversos elementos sin incurrir en contrasentido? ¿Cómo descomponer una continuidad de factores sucesivos pero no heterogéneos? No cabe sustraer una nota o unas notas a la melodía que éstas constituyen [41]. «On décompose de l'éntendue —afirma Bergson—, mais non pas de la durée» [42].

2. Hemos visto que el significado total emana no sólo de las palabras presentes en el poema, sino de otras muchas palabras ausentes pero sugeridas por aquéllas. Llamo «significado» al conjunto de nociones y emociones que el poema suscita. Si el significado de una poesía encierra unos «silencios», ¿cabe hallar en la estructura escrita —y analizable en su disposición sintáctica, rítmica, etc.—, un perfecto ajuste a lo que el poema dice, sin incurrir en contrasentido? Si procediéramos así, en efecto, fuerza sería confesar que los aspectos sugerentes de la obra no son expresivos. Convendríamos en que los silencios son, no ya significantes, sino productos de la fantasía del lector; y, por lo tanto, que no se incorporan al conjunto de causas suscitadoras del efecto poético.

No hay más remedio, ante semejante coyuntura, que leer y releer el poema estudiado lo más honradamente posible, con objeto de descubrir el manantial de que brota la emoción lírica. Emoción, en este caso, indudable, irresistible desde los primeros versos.

> Palacio, buen amigo,
> ¿está la primavera
> vistiendo ya las ramas de los chopos
> del río y los caminos?...

No, no cabe duda de que la emoción suscitada se debe en gran parte a los procedimientos de evocación que hemos comentado: el ademán interrogativo, la distancia en que se

---

[41] Ciertos críticos apelan a representaciones espaciales para poner de manifiesto el proceso temporal de una poesía. Por ejemplo: el romance «Hermana Marica», según Francisco García Lorca, «... tiene un determinado movimiento» (*art. cit.*, p. 128); movimiento que el autor, sin embargo, aclara mediante un esquema de tipo arquitectónico (p. 128).

[42] Bergson, *Données immédiates...*, p. 167.

mantiene el poeta, la situación psicológica que el poema entero sobrentiende, etcétera. Algo como un tono de voz parece constituir el origen último del efecto producido por estos versos. Una vez sentado que este tono de voz se apoya también esencialmente en las palabras no enunciadas, y que estos elementos tácitos son por lo tanto expresivos, el acierto formal tiene que radicar en la relación que existe entre los significados sugeridos y las palabras concretamente escritas. Puestos ya a considerar la configuración de éstas, lo que nos toca investigar es *la adecuación de las palabras presentes a las palabras ausentes*. Lo cual excluye la posibilidad que mencionamos antes: la de dar, mediante lo escrito, con el absoluto ajuste de una estructura verbal al efecto de ésta en el lector sensible (o «forma exterior»). Condición que figura la ecuación siguiente:

$$A \quad + \quad X \quad = \quad B$$

(significantes escritos)   (significantes latentes)   (significado)

Salta a la vista lo absurdo que sería, en esta ocasión, buscar la adecuación de A a B —ya que A = B — X—; o —dicho sea sin emblemas— ya que los signos fonéticos considerados por sí solos no llevan sino a percibir un significado del que se han restado los significantes latentes del poema. Pero sí es necesario que A y X se articulen de tal modo que B se produzca de manera incontrovertible. De no existir tal conexión, nos encontraríamos ante un arte vagamente sugestivo, nebuloso, acaso neorromántico, etc. O ante una poesía totalmente inalusiva. Ni uno ni otro género de expresión, según veremos luego, es el que examinamos aquí.

Ya han quedado señalados los significantes implícitos que sobresalen en «A José María Palacio»: el «yo» del autor, el destinatario, presenta hasta cuando no se le menciona, la amistad —con la impresión de que no hay por qué decir lo que Palacio sabe—, el pasado, la muerte y el recuerdo —todo lo que aúna un sentido afirmativo del tiempo y el dolor de la ausencia—. También he indicado algunos de los «ámbitos sintácticos» (término que emplea muy acertadamente Francisco García Lorca) en que plasma el contenido tácito del poema: la forma interrogativa, el vocativo epistolar, etc. Convendría precisar ahora este tipo de observación.

Nada más importante, en mi opinión, que un hecho absolutamente evidente. Quiero llamar la atención sobre la sen-

471

cillez del estilo machadiano. Me parece que la sencillez de medios expresivos es aquí la manera más adecuada al propósito alusivo. Sentimos el impacto de una reserva y una humildad tanto más conmovedoras cuanto que oculta y a la vez sugieren una considerable intensidad psíquica. No se trata, por supuesto, de la parquedad prosaica, al borde de la mudez, de quien carece de emoción inspiradora. ¿Cómo suelen expresarse aquellas personas cuya parsimonia verbal revela una gran superabundancia interior? Por una parte, con lentitud, concentración, llaneza, numerosas pausas, y una naturalidad casi infantil de sintaxis. Por otra parte, con súbitos contrastes, reiteraciones de intención persuasiva, y un estilo un tanto áspero y falto de transiciones. Estas consideraciones deberían, pues, dirigir nuestro análisis, con ánimo de mostrar, sobre todo, cómo Machado aúna la *sencillez* de medios y la *tensión* expresiva. Me ceñiré, para ser breve, a unos pocos ejemplos.

Pausas. Nada más propio de la parsimonia verbal. Tengo presentes los encabalgamientos que abundan en los primeros versos. La unidad de la oración, al principio, no coincide con la del verso. Tras el vocativo inicial (semejante al principio de una carta: Palacio, buen amigo:), una pausa prepara el lento arranque de la primera pregunta, cuya intención no queda clara antes del tercer verso. Entretanto una pausa separa el verbo del predicado:

> ¿está la primavera—
> vistiendo ya las ramas...?

Pausa expectativa, a diferencia de la producida por el encabalgamiento siguiente, en que el *de* repetido calma la curiosidad del lector:

> ... las ramas *de* los chopos—
> *del* río y los caminos?

Y las palabras fluyen lentamente, también por el verso que sigue:

> En la estepa—
> del alto Duero...

Técnica que se asemeja, hasta cierto punto, a los encabalgamientos «suaves» de Garcilaso, estudiados por Dámaso Alonso [43].

---

[43] Véase D. Alonso, *op. cit.*, p. 69.

Contrastes. Es decir, dentro de la suavidad del poema, cambios de rumbo significativo o emocional, que expresan la aparición de sentimientos previamente reprimidos. Al final de la segunda frase, por ejemplo, se desliza una breve exclamación:

> En la estepa
> del alto Duero, Primavera tarda,
> ¡pero es tan bella y dulce cuando llega!

Abierta ya la brecha, el sentimiento esbozado se explayará dos oraciones después, con complacida reiteración de la palabra «bella»:

> ¡Oh mole del Moncayo, blanca y rosa,
> allá en el cielo de Aragón, tan bella!

Nótese el desahogo que sugieren las dos iniciales correspondencias vocálicas. («Oh mole» — «allá».) Contemplamos la liberación progresiva de un sentimiento contenido.

Concentración. Advirtamos que esta cualidad es compatible con la mayor naturalidad de expresión. En una frase, por ejemplo, como la siguiente (verbo, sujeto y predicado):

> ¿Tienen los viejos olmos
> algunas hojas nuevas?

Donde la llaneza va unida al sobrio balanceo («viejos» — «nuevas») y al emplazamiento de la palabra «alguna» —humildemente retardada por la pausa entre los dos versos, pero asimismo puesta de relieve por el cambio en los acentos iniciales (primero trocaico —«Tiénen»— y luego yámbico —«algúna»—).

Como tengo presente el desarrollo dinámico del poema, he insistido en los primeros versos. Al final, sin embargo, los efectos indicados vuelven a producirse con redoblado vigor. Toda la poesía prepara un solo hemistiquio, tan sencillo:

> ¿Quedan violetas?

En el encargo a Palacio la concentración llega a ser ambigüedad: la del posesivo «su» (cuya pobreza, señalada por Dámaso Alonso, en esta ocasión es útil), y la de la última palabra «tierra» en vez de «tumba»):

...al alto Espino donde está *su tierra*...

Cuando por fin menciona el poeta su drama personal, advertimos una reticencia que sirve como de puente al último silencio.

Reiteraciones. Nuestra poesía encierra trece oraciones. Si descartamos los dos versos exclamativos (11-12) y el cierre, no hallamos sino dos ámbitos sintácticos: la interrogación (seis frases) y el futuro de probabilidad (cinco). Hay dos clases de preguntas, las más sencillas. Verbo, sujeto, predicado —o sea el orden más apto para subrayar la intención interrogativa:

> *¿Tienen* los viejos olmos
> algunas hojas nuevas?

> *¿tienen* ya ruiseñores las riberas?

Hallamos una forma todavía más sobria:

> *¿Hay* zarzas florecidas...?
> *¿Hay* ciruelos en flor? ¿Quedan violetas?

Cada pregunta se inicia con un verbo. El giro con futuro, en cambio, admite diversas variaciones. La combinación de las dos construcciones evita la monotonía. Pero este entretejimiento tiene además una función más compleja.

Estoy tratando de mostrar cómo ciertas formas de moderación verbal van ligadas a manifestaciones de tensión psíquica para conceder al sentimiento contenido su más adecuado molde. En algunos casos se puede distinguir una tendencia de la otra: el refrenamiento que indican, por ejemplo, las pausas; o la intensidad que engendra cortes bruscos o exclamaciones. Más complejo es el mecanismo de la reiteración. Las repeticiones son causas, por un lado, de lo que Carlos Bousoño —en su sugestivo estudio de la poesía de Vicente Aleixandre— denomina «dinamismo negativo»[44]. Las preguntas reiteradas acentúan la morosa andadura del poema, no sólo porque «son imágenes que encubren una misma realidad»[45], sino porque obedecen a un mismo compás de balanceo. Más que acumulación, hay si-

---

[44] Véase Carlos Bousoño, *La poesía de Vicente Aleixandre*, Madrid, 1950, cap. XIV.
[45] *Ibid.*, p. 149.

metría. Es de notar, por otro lado, que en las interrogaciones del poeta se vierte como un velado esfuerzo del alma: afán de abolir distancias, obsesión, incertidumbre. La oscilación entre los dos ámbitos sintácticos, de tonalidad tan distinta, es lenta simetría y también duda-tictac de la emoción. Veamos cómo las correspondencias simétricas se entrelazan con efectos de tensión y distensión.

Simetría y «tempo» retardado. Son numerosísimas las similicadencias, asonancias interiores y demás ligaduras armónicas. Saltan a la vista, por ejemplo, las parejas vocálicas que forman palabras: *chopos, olmos, ramas, acacias, zarzas, blancas, capas, pardas,* etc. Leamos, en particular, estos versos a modo de cuarteta:

> ¿Hay zarzas florecidas
> entre las grises peñas,
> y blancas margaritas
> entre la fina hierba?

El movimiento pendular se debe a un neto paralelismo de dos en dos. El primer verso y el tercero se atienen a un idéntico ritmo. Los acentos prosódicos, además, recaen sobre las mismas vocales *(á-a-í-a):*

> hay zarzas florecidas...
> ... y blancas margaritas...

La *í* brota, por decirlo así, de un prado vocalizado en *a.* El tercer verso de esta «cuarteta» se reduce enteramente a las mismas vocales («y blancas margaritas»). La alternancia entre *i* y *a* corresponde a una asonancia complementaria en *ía.* Los versos segundo y cuarto presentan una perfecta simetría sintáctica, rítmica y vocálica:

> ... entre las grises peñas...
> ... entre la fina hierba?

El acento en cuarta sílaba («gríses», «fína»), por contraste con los versos vecinos, hace resaltar la aguda vocal *i.* Notemos un suave efecto de retardamiento o estructura ambivalente, que se repite en los versos siguientes. Un quinto heptasílabo obedece al ritmo hasta ahora más frecuente («Palácio, buen amígo»):

> y bláncas margarítas
> ... ...
> por ésos campanários

con insistencia en la *a* de «campanarios», y nuevo contraste con la *i* que en el endecasílabo siguiente corresponde a sílaba impar:

> por esos campanarios
> y*a* habr*á*n *i*do llegando las cigüeñas.

Eco de un verso anterior, de andadura despaciosa también:

> ... y nevados los montes de las sierras.

Ritmo que repiten los versos veintidós y veintitrés, y sobre todo el veintiocho —cuando la aceleración rítmica de la parte central se detiene y otra vez domina un *tempo* lento:

> ¿tienen ya ruiseñores las riberas?

Un ejemplo más aclarará esta oposición entre simetría (sintáctica, vocálica, acentual) y retardamiento (rítmico). Adviértase el sorprendente paralelismo que liga los cuatro primeros versos. Cortaremos, para subrayar este hecho, los dos endecasílabos:

> Palacio, buen amigo,
> ¿está la primavera
> vistiendo ya las ramas...
> del río y los caminos?...

—cuatro heptasílabos de igual ritmo. Pero los versos tercero y cuarto sufren un estirón o prolongación, que la sintaxis subraya:

> vistiendo ya las ramas de los chopos
> del río y los caminos? *En* la estepa...

Más sutil y leve es el efecto de *tempo* retardado que notamos en la disposición acentual del primer verso. Palabras, en cambio, esenciales, pues de ellas arrancan la entonación y el vigor alusivo de la poesía entera.

El heptasílabo inicial, por su sentido y por la pausa que corresponde a la coma, consta de dos partes en contrabalanceo:

476

Palacio — buen amigo

Así como el nombre del amigo incluye un efecto de vaivén:
Pa-lá-cio.

Con el mismo verso, sin embargo, entra también en acción el *tempo* retardado —el tono sosegado, lento, reflexivo.
Es difícil de analizar la indudable pausa que alarga la segunda sílaba de «Palacio» y hace resaltar el ritmo anfibrá-
quico. Tal vez se deba a la repetición de la *a*, vocal anchu-
rosa, seguida de fricativa sorda, susceptible de prolongación:
PalaC-io. La segunda parte del verso, en todo caso, introduce
un primer compás dilatorio. El verso entero, más que yámbico, se divide al ser leído en dos partes, de tal modo que
se produce una suave distensión:

> Palácio
> buen amígo

De igual modo, a través del poema, regularidad simétrica
y alargamiento temporal entran en colisión [46]. (Nótese, de
paso, cómo el primer verso incorpora ya los extremos de la
paleta vocálica: la *a* y la *i*.) La secuencia de tensiones y
distensiones se ajusta perfectamente, en mi opinión, al propósito deseado. Las palabras escritas, muy sencillas, no sólo
significan algo, sino sugieren una intensidad contenida.

Sin duda podría decirse que el mencionado *tempo* retardado es el «signicante» más adecuado a uno de los «significados» centrales de esta poesía: el ritmo de la primavera
soriana, retardada en comparación con la andaluza. Prefiero
creer, con arreglo a la metodología aquí esbozada (o adaptación de las palabras escritas a las palabras ausentes), que
el *tempo* de «A José María Palacio» hace posible la emoción
refrenada que es su principal resorte. Claro está que la lentitud de los versos evoca certeramente el carácter de aquellas tierras castellanas, ásperas, pero propagadoras de espíritu, que tan importante papel desempeñaron en el mundo
de la generación del 98.

> ¡Oh tierras de Alvargonzález,
> en el corazón de España,
> tierras pobres, tierras tristes,
> tan tristes que tienen alma!

---

[46] Combinación dinámica que se reproduce en el esquema general
de esta poesía: romance (balanceo de rimas) compuesto de heptasílabos y endecasílabos (asimetría rítmica y alargamiento temporal).

Noción que, de puro sabida, es innecesario comentar. Dentro del ambiente del poema, diríamos que una experiencia del tiempo rápida, fugaz —y una primavera brillante, despótica— no se ajustaría bien a la amplitud del punto de vista machadiano. No se entrega el poeta a amargas increpaciones contra el carácter temporal y por lo tanto ilusorio de la vida. Recordemos, más bien, un espléndido verso de Baudelaire:

«... tant l'écheveau du temps lentement sé dévide.»

(«De profundis clamavi».)

Desde su remota atalaya, el poeta-filósofo otea el completo entretejer de las duraciones humanas. Contempla una temporalidad lenta, espesa —tan lenta que *es* y tiene consistencia. La primavera de Soria es nada más el asunto de la poesía. La emoción del tiempo, en cambio, es su más hondo significado. Y a ella contribuyen decisivamente los factores alusivos del poema.

Debo indicar, antes de dar término a este análisis textual, la marcada aceleración rítmica que ordena los versos centrales de nuestra poesía. Hemos puesto de relieve la tensión dialéctica y el *tempo* demorado que caracterizan el principio. A medida que el paisaje pintado va cobrando vida, su andadura rítmica acusa un creciente dinamismo. No analizaré los cambios sintácticos y acentuales que impulsan este dinamismo. Contentémonos con indicar la acumulación de endecasílabos (versos 20-28) que componen una especie de breve romance heroico, de tono más afirmativo y compás más veloz [47].

Dos versos interrogativos (24 y 28), sin embargo, detienen este proceso. Son la última manifestación del balanceo del poema, y también una transición que prepara el retorno final al *tempo* lento de los primeros versos. Con el encargo a Palacio asoman a la superficie del poema los temas hasta ahora subyacentes: el recuerdo, la muerte. Parece, en realidad, que volvemos a empezar. El final constituye como un compendio en miniatura de la poesía entera. En esta *coda* se repite la melodía inicial —vocativo seguido de interrogaciones, alternancia de heptasílabos y endecasílabos:

---

[47] Algunas de las causas de esta aceleración serían: el polisíndeton o repetición de la conjunción *y*, la acumulación de endecasílabos —v. 21-24— con acento en tercera, la relativa complicación que produce el debilitado futuro de probabilidad en los versos 19-23, etc.

Palacio, buen amigo,
¿tienen ya ruiseñores las riberas?
Con los primeros lirios
y las primeras rosas de las huertas,
en una tarde azul, sube al Espino,
al alto Espino donde está su tierra...

¡Magistral resumen del poema, ahora tan claro! Y de su delicada dialéctica lírica. (Dialéctica que el análisis puede no destrozar —es decir, no espacializar—, siempre que el crítico tenga buen cuidado en reagrupar temporalmente los elementos analizados.) Nuestro poema fluye y se organiza musicalmente. Son tres sus principales movimientos (sin solución de continuidad): andante-allegretto-adagio. De este modo queda sujetada y a la vez sugerida la emoción lírica. Un vaivén de sonata encadena las intuiciones del poeta para que éstas luego —y con creces [48]— se recreen en el espíritu del lector.

EL PROBLEMA ESTÉTICO DEL SILENCIO

Una objeción posible a mi explicación de «A José María Palacio» merece breve comentario. Hay alusiones —pensará el lector atento— que son oscuras para quienes no conocen todas las poesías de *Campos de Castilla*. Es preciso tener muy presente la muerte de la esposa, tema que en otros versos se manifiesta inequívocamente. También creo yo, en efecto, que el libro *Campos de Castilla* constituye casi un poema único en que con frecuencia se reiteran y entrelazan determinados motivos. Salvo el personaje de la esposa, sin embargo, los elementos alusivos que hemos reseñado —como, por ejemplo, la amistad que existe entre Machado y Palacio [49]— se bastan a sí mismos y aparecen con suficiente efi-

---

[48] Una de las nociones recurrentes en la moderna crítica de poesía es la idea de que la lectura del poema —o experiencia del lector— se basa en una «reviviscencia» del estado psíquico del poeta en el momento de creación. Véase A. Alonso, *op. cit.*, pp. 43 y 116-117, D. Alonso, *op. cit.*, p. 434, y F. García Lorca, *art. cit.*, p. 145. Hipótesis que, a mi parecer, dista mucho de ser evidente. Me limito por ahora a indicar las interesantes consideraciones de Eliseo Vivas, «The objective of T. S. Eliot», en *Creation and Discovery*, Nueva York, 1955.

[49] Tal vez sean oportunos, en el contexto de este ensayo, algunos datos acerca de José María Palacio. Era Palacio —sé por un amigo

cacia. Y, aunque esto no fuera cierto, seguiría en pie mi tesis, puesto que el entrecruce en la obra de Machado de ciertos motivos tiene por consecuencia precisamente lo que estamos comentando: el esfuerzo por crear formas susceptibles de desempeñar un papel alusivo.

Para precisar los resultados obtenidos, trataré de definir los procedimientos sugestivos que emplea Machado. ¿No existen, en efecto, muy diversas y numerosas modalidades de expresión poética indirecta? Procuremos deslindarlas. Hay que tener en cuenta, ante todo, algunas cuestiones de índole general:

1. Desde la época romántica existe —sea de modo latente, sea con explícito vigor— un sentido problemático de la lengua literaria. «Para los poetas románticos» —escribe Vicente Llorens— «no había lengua que pudiera expresar plenamente la infinitud del alma humana»; el escritor renacentista, en cambio, seguro en su conocimiento de la retórica ciceroniana, manejaba el idioma «... como materia blanda y flexible que bastaba manipular con destreza para producir resultados artísticos perfectos»[50]. Cierto que apuntamos a un tema muy complejo. Aún en épocas de clasicismo el empleo de la palabra llevaba consigo una responsabilidad moral (recuérdese el *Quijote*, el *Rinconete*, el *Persiles*). Y el silencio es, desde antiguo, una forma de virtud, penitencia o defensa contra el pecado[51]. «Al buen callar llaman Sancho...» Mas no es lo mismo discernir los usos equivocados de la lengua que inculpar al lenguaje mismo[52]. El escritor clásico

---

vallisoletano— hombre modesto y bueno. Soriano, pero trasladado a Valladolid poco tiempo después de escribirse este poema, fue en esta ciudad periodista y empleado de Hacienda. Colaboraba en el *Diario Regional*, donde atendía a la información agrícola. Su vida fue iluminada por los versos de Machado, que constituyeron su mayor orgullo. Guardaba el manuscrito original colgado de la pared de su casa, y hasta tal punto llegó a identificarse con la epístola de Machado que todos le saludaban diciendo: «¡Palacio, buen amigo!»

[50] Vicente Llorens, «El desterrado y su lengua. Sobre un poema de Salinas», *Asomante*, 1952, núm. 2, p. 53.

[51] Véase, por ejemplo, *Salmos* 39.1-2, o *Job* 40.4. Sobre este aspecto moral de nuestro tema, véase V. L. Saulnier, «Le silence de Rabelais et le mythe des paroles gelées», en *François Rabelais* (obra colectiva), Ginebra, 1953, pp. 241-242.

[52] Cuando las palabras engañan, explica La Mothe Le Vayer en sus *Considérations sur l'éloquence*, es culpable el sofista que las maneja, no las palabras mismas. Hasta el engaño y la mentira apelaban a formas retóricas. No es de olvidar, por supuesto, el papel que desempeñó la retórica en la enseñanza. Ningún ejemplo más convincente que el llamado clasicismo francés. Recordemos a Corneille, siempre

confiaba en los vocablos rectamente empleados, y me parece excepcional el sentido problemático del idioma (o conciencia del silencio) que Cervantes expresa en el *Coloquio de los perros* [53]. Muy diferente es el punto de vista de numerosos poetas románticos, simbolistas, expresionistas, superrealistas, etcétera. Con Mallarmé el ansia de un absoluto conduce no ya al cultivo de la forma desdibujada o fragmentaria (como en el romanticismo) [54], sino a una angustiada lucha con *les mots de la tribu:* a la obsesión del vacío, la página blanca y el silencio [55]. En lo que a nuestra época se refiere, contemplamos una perspectiva más variada. Por un lado, huelga recordar a los dramaturgos y novelistas que hacen hincapié en la deficiencia o el engaño de la comunicación humana [56]. Por otro lado, al concepto negativo del lenguaje que expuso Bergson suceden actitudes más afirmativas (Croce, Vossler, Cassirer) [57] en que se exalta la función estética de la palabra. Oscilación que hace posible momentos de se-

---

fiel a sus maestros, jesuítas, desde *Le Menteur* y sus comedias juveniles («Que ne peut l'artifice, et le fard du langage?», exclama Alidor en *La Place Royale*, III, vi, 862) hasta las últimas obras maestras, en que la elocuencia es forma e instrumento de heroísmo.

[53] Donde el hombre aparece como animal que habla, en el momento en que se ve obligado a dominar el maravilloso don de la palabra. Cipión y Berganza aprenden a dirigir o encauzar un tropel de conceptos y recuerdos. «Para saber callar en romance y hablar en latín, discreción es menester, amigo Berganza.» Discreción que el mismo Cervantes pone en práctica cuando renuncia (*Quijote*, II, 44) al empleo de los cuentos intercalados. Tal vez sea el silencio de Berganza (el asombro ante «lo que dejo de hablar») una velada censura de la prolijidad del *Guzmán de Alfarache*: distinción no sólo formal, sino semejante a la que establece Heidegger entre *Rede* y *Gerede*.

[54] Véase Joaquín Casalduero, «El fragmento romántico», en *Forma y Visión de «El diablo mundo» de Espronceda*, Madrid, 1951, pp. 21-22.

[55] Véase lo escrito por Mallarmé sobre «le silence, seul luxé après les rimes» («Minique»).

[56] Pirandello, por ejemplo, y su insistencia en «l'inganno della comprensione reciproca fondato irrimediabilmente sulla vuota astrazione delle parole» (Prefacio a *Sei personaggi...*, en *Maschere nude*, Milán, 1954): *leitmotiv* de la literatura italiana contemporánea hasta A. Moravia. Tengo presentes también *Der Zauberberg* de T. Mann (con el fracaso del italiano Settembrini, defensor del *bello stile*, frente a la incoherente, pero robusta personalidad del holandés Peeperkorn), las novelas elípticas de Malraux (recuérdese el episodio del disco de fonógrafo en *La condition humaine*) y el teatro de J. P. Sartre *(Huit-clos)*. ¿Y cómo explicar el milagro del estilo tan «antiliterario de Kafka («Ein Bericht für eine Akademie» y «Das Schweigen der Sirenen»)?

[57] Véase A. Alonso, *Estudios lingüísticos. Temas españoles*, Madrid, 1951, págs. 337-342.

31

guridad o de confianza; así, por ejemplo, Llorens recuerda la humildad agradecida ante la lengua del emigrado Pedro Salinas [58]. No era tan confiado, sin embargo, el ambiente que predominaba en Europa cuando Antonio Machado comenzó a escribir. Si la complejidad del estilo de Mallarmé es una de las respuestas más importantes que por aquel entonces se hizo al problema del idioma, también era concebible el derrotero opuesto: la sencillez alusiva de la lengua machadiana.

Notemos, de paso, que a semejante problematismo se deben las modernas «teorías del silencio». Cuando el hablante brega con un instrumento imperfecto, el silencio es síntoma y factor integrante de esta lucha. No aludo a las pausas que ordenan el habla o la composición poética [59]; ni a la mudez de quien renuncia a expresarse o considera tal expresión ilusoria. Recuérdese más bien la distinción que establece Heidegger entre «discurso» y «habladuría» *(Rede y Gerede)*. Al vivir más hondo corresponde un lenguaje que es todo selección y dominio de sí mismo. No calla o «guarda silencio» sino quien se afana por expresar o revelar el auténtico ser de las cosas. Silencio que es indivisible del habla [60].

2. El historiador de las formas alusivas en la poesía moderna tiene que ponerse en guardia, sin embargo, contra la idea de que todas ellas se basan en idénticos supuestos, más o menos neo-románticos. Es preciso distinguir los unos de los otros. Distinción que Amado Alonso, por ejemplo, deriva del equilibrio cambiante que existe entre «sentimiento» (o estado de ánimo del poeta) e «intuición» (o visión en que plasma el poema). En la poesía clásica se equilibran los dos perfectamente:

> Los románticos enfatizan el sentimiento, y les gusta relajar la forma total para sentirse arrebatados por el numen. Los parnasianos, en reacción, persiguen la impasibilidad y buscan suntuosidad en la realidad representada y en los elementos idiomáticos: les gusta trabajar con «materiales nobles». Los simbolistas vuelven al sentimiento, pero deján-

[58] Véase V. Llorens, *art. cit.*, págs. 48-53.
[59] Cierto que los blancos de la página son también funcionales: «significatif silence qu'il n'est pas moins beau de composer, que les vers» (Mallarmé, *op. cit.*, pág. 872).
[60] Véase M. Heidegger, *Sein und Zeit*, pág. 164: «Nur im echten Reden ist eigentliches Schweigen möglich. Um schweigen zu können muss das Dasein etwas zu sagen haben, d.h. über eine eigentliche und reiche Erschlossenheit seiner selbst verfügen.»

dolo más bien en nebuloso estado sentimental, como el provocado por la música: la realidad y el pensamiento pierden notoriamente importancia, y, en cambio, con maravilloso virtuosismo, sacan de las posibilidades musicales del material idiomático una irresistible acción sugeridora... [61].

Consideraciones que podrían ampliarse. Hay poetas para quienes el sentimiento mismo constituye el problema: sentimiento «inefable», a consecuencia de su infinitud (poesía mística [62], y, en gran parte, poesía romántica). O la intuición verbal parece insuficiente si no está sostenida por procedimientos sugeridores, no porque el sentimiento «poético» es de naturaleza excepcional, sino por culpa del lenguaje mismo (simbolismo). Relación que va unida a una cuestión de programa literario: a la intención mayor o menor de que el poema sea obra de «creación» o de «comunicación», es decir, finalidad o instrumento, objeto acabado o puente por el que la emoción lírica pasa al espíritu del lector [63]. Distinción en muchas ocasiones vana, pero que deriva del más arduo de todos los problemas estéticos: el saber si la «intuición» verbal es posterior o no al «sentimiento» origi-

---

[61] A. Alonso, *Materia y forma en poesía*, pág. 31.

[62] En la prosa de San Juan de la Cruz es frecuente la palabra «silencio»: silencio del alma en humilde y pasiva espera de la gracia divina; o silencio del arrobo místico, ante la infinitud de Dios. Es la situación inicial de la «Noche oscura» («salí sin ser notada, / estando ya mi casa sosegada») y también, en el segundo sentido de la palabra, su final. Dos silencios encierran el poema. Para Santa Teresa, el momento de unión es también silencioso. Pues el lenguaje es artificio humano, indicio de la separación y el destierro que padecen los hombres (*Vida*, Buenos Aires, Austral, pág. 145). ¿Ha habido, sin embargo, ser más expresivo que la santa? Es bien sabido, por otra parte, que los silencios de origen inquisitorial o político-social conducen también a procedimientos alusivos de comunicación, estudiados por Leo Strauss, *Persecution and the Art of Writing*, Glencoe, Illinois, 1952 (sobre Maimónides, Yehudá Haleví y Spinoza). «La Bastille —escribía Lanson acerca de Voltaire— a donné beaucoup d'esprit aux écrivains du XVIII᷎ siècle.» Me limito, en lo que toca a España, a citar unas palabras, harto alusivas, de San Juan de la Cruz: «nunca deje derramar su corazón, *aunque sea por un credo*... No se queje de nadie, no pregunte cosa alguna... Calle lo que Dios le diere, y acuérdese de aquel dicho de la Esposa: mi secreto para mí» (*Avisos*, 2.61, en *Obras*, Burgos, 1929, vol. IV).

[63] Dos ejemplos opuestos: «ainsi l'art vise à imprimer en nous des sentiments plutôt qu'à les exprimer» (Bergson, *Données inmédiates*, pág. 12); «premática primera: que nadie confunda la poesía con los estados poéticos de la mente» (Alfonso Reyes, *Ancorajes*, México 1951, pág. 17).

nario. Si se piensa que una emoción desprovista de forma es el punto de arranque de la poesía, y a qu*e* a ella debe amoldarse la estructura de las palabras, lo más probable es que éstas sean tenidas por insuficientes y hasta secundarias. Cuando se cree, por lo contrario, que en el vocablo mismo radica el hallazgo creador, la precisión formal de la obra vuelve a ser el objetivo principal del poeta. La estética moderna ha superado, a mi juicio, este dilema, pese a aquellos autores que de nuevo se lo plantean. Merced a la insistencia de un Croce [64] y de un Vossler en el poder creador de la palabra, nuestros mejores críticos se esfuerzan por abolir el dualismo de forma y contenido [65]. El Machado de la última época, sin embargo, no pudo adherirse del todo al «clasicismo» de la generación de Salinas y de Lorca.

Aplicadas estas distinciones al tema particular que nos ocupa, tal vez quepa diferenciar dos polos opuestos entre los cuales oscilan las formas sugeridoras de poesía: una técnica que llamaríamos *evocadora*, en que se afloja la intuición verbal; y otra, *alusiva*, en que el poeta crea un mecanismo preciso de ampliación temática. Es característica de la poesía evocadora la distensión de su estructura fonética, y también la selección de «grandes temas». Una considerable tensión verbal, por lo contrario, es propia del estilo alusivo, junto con una modestia temática más adecuada a sus delicados procedimientos sugeridores. Me refiero, en primer lugar, a la lírica romántica; y, en segundo lugar, a la poesía simbolista. Y una observación más: la técnica evocadora no exige por parte del lector una particular tensión, mientras que la escritura alusiva requiere su colaboración. El lector, decía Mallarmé, es partícipe de la creación poética:

... Les jeunes sont plus près de l'idéal poétique que les Parnassiens qui traitent encore leur sujets à la façon des vieux philosophes et des vieux rétheurs, en présentant les objets directement. Je pense qu'il faut, au contraire, qu'il n'y ait qu'allusion. La contemplation des objets, l'image s'envolant des rêveries suscitées par eux, sont le chant: les Parnassiens, eux, prennent la chose entièrement et la montrent: par là ils manquent de mystère; ils retirent aux esprits cette joie délicieuse de croire qu'ils créent. *Nommer*

---

[64] Las ideas de Croce tuvieron, al parecer, gran repercusión en España; sobre todo sobre la generación de Federico García Lorca. Véase Benedetto Croce, *Estética*, trad. A. Vegue y Goldini, prólogo de M. de Unamuno, Madrid, 1926 (primera edición, 1912).

[65] Véase A. Alonso, *op. cit.*, págs. 34-36.

un objet, c'est supprimer les trois-quarts de la jouissance du poème qui est faite de devenir peu à peu: le *suggérer*, voilà le rêve. C'est le parfait usage de ce mystère qui constitue le symbole: évoquer petit à petit un objet pour montrer un étât d'âme, ou inversement, choisir un objet et en dégager un état d'âme, par une série de déchiffrements [66].

He aquí la técnica del poema que hemos estudiado: «... évoquer petit à petit un objet pour montrer un état d'âme». Aunque lo propio de Machado es el conciliar la intención alusiva con un estilo sumamente sencillo.

La alusividad de «A José María Palacio» es sobre todo «situacional». Me atengo aquí al concepto de «situación» que Bally puso de relieve en *Le langage et la vie*. Arranca esta idea de una importante distinción entre lengua escrita y lengua hablada. En la conversación el habla se auxilia con elementos extralingüísticos, es decir, da por supuestas aquellas realidades en que los hablantes conviven. Estas realidades integran una situación subyacente que permanece tácita, pero sin la cual carecerían de sentido las palabras dichas: «la parole est alors comme un bateau à voiles qui, au lieu de voguer par ses propres moyens, s'adapte à une force extérieure, le vent (dans l'espèce: la situation), pour se porter tantôt d'un côté tantôt d'un autre» [67]. El escritor propiamente dicho se ve privado, en primer lugar, de las formas no lingüísticas de expresión: mímica, gestos, miradas, etc. (Así interpreta Santa Teresa el silencio de la visión mística: «y paréceme a mí, que ansí como allá sin hablar se entiende..., ansí es acá, que se entienden Dios y el alma, con sólo querer su Majestad que lo entienda, sin otro artificio para darse a entender el amor que se tienen estos dos amigos. Como sí acá dos personas que se quieren mucho, y tienen buen entendimiento, aun sin señas parece que se entienden con sólo mirarse») [68]. También prescinde la lengua escrita de lo que los acontecimientos, pasados o presentes, y las cosas dicen por sí solos. La conversación con frecuencia es elíptica, *sin necesidad de ser alusiva*. Los supuestos comunes o «situación» que unen a los interlocutores conducen a una

---

[66] S. Mallarmé, *op. cit.*, pág. 869.
[67] Charles Bally, *Le langage et la vie*, Genève-Lille, 1952, pág. 76. Concepto que desarrolla Francisco Romero, «Comunicación y situación», *RFH*, V, 1943, pág. 244-250, y resume Alfonso Reyes, *El deslinde*, México, 1944, pág. 175.
[68] Santa Teresa, *op. cit.*, pág. 145.

clase de expresión tan elíptica que toda alusión es superflua.

Sostiene Sartre que toda forma de literatura escrita es *históricamente* alusiva. (Un ejemplo: en una novela situada en París durante la ocupación alemana, una banda toca el himno «Deutschland über alles»; los lectores futuros tendrán que colocarse mentalmente en la situación nacional que comunica a este episodio su tónica afectiva) [69]. Es evidente, además, que en cada uno de los géneros literarios las palabras escritas están ligadas en grado mayor o menor a las situaciones *interiores* de la obra misma. En la novela, por ejemplo, depende esta relación del equilibrio establecido entre descripción y diálogo. Lo convencional (por ejemplo: Stendhal) es que el novelista describa primero una situación, para que en ésta el diálogo se sature de sentido. Hay formas de narración, sin embargo, en que el diálogo sugiere una situación implícita (Hemingway, y, volviendo hacia atrás, la *Divina Comedia)* o en que la situación suple al diálogo (Chekhov). La técnica del gran cuentista ruso es evidentemente dramática, pues en el teatro la palabra queda ceñida y al propio tiempo fecundizada por elementos extralingüísticos: acción, decorado, luces, efectos sonoros, música, etcétera. Es bien sabido que un teatro de situaciones sugeridoras se ha desarrollado considerablemente en nuestra época de Chekhov a Federico García Lorca. Tendencia que condujo a un dramaturgo francés de segunda fila, Jean Jacques Bernard, a pedir un «teatro del silencio»: «théatre de l'inexprimé», donde se manifestara «sous le dialogue entendu, un dialogue sub-jacent» [70]. (Claro está que por aquellos años un cineasta genial, Charlie Chaplin, ponía en práctica lo anhelado por Jean Jacques Bernard.)

Existe también una poesía de situaciones [71] —subgénero de la técnica expresiva— que consiste en pintar hechos u objetos tan elocuentes que la intervención directa del autor es innecesaria [72]. Los materiales de «A José María Palacio» son dramáticos: situación y diálogo. Mas la función que desempeñan estos elementos es diametralmente

---

[69] Véase Jean-Paul Sartre, «Pour qui écrit-on?», en *Situations*, París, 1948, Vol. II.

[70] Cit. por René Lalou, *Histoire de la littérature française contemporaine*, París, 1953, Vol. II, pág. 631.

[71] Véase sobre este punto la opinión de Hofmannsthal, *op. cit.*, página 100.

[72] Véase C. Bally, *op. cit.*, pág. 77, n. 1. Es lo que S. I. Hayakawa llama «the affectiveness of facts»: véase *Language in Thought and Action*, Nueva York, 1949, pág. 128.

opuesta a la que caracteriza el teatro o la conversación cotidiana. En el teatro o en la vida las situaciones preparan y sugieren el diálogo, que puede por lo tanto ser más o menos *elíptico*. Nuestro poema, al revés, es *alusivo* porque el diálogo va recreando progresivamente la situación que le sirve de base. La situación fundamenta la palabra hablada, y ésta a la vez valora la situación, que no pasa de ser el punto de partida del poema. La estructura que comprende al hablante y al oyente —Machado y Palacio— no es causa de la emoción, sino medio para conseguirla. Por eso he dicho que «A José María Palacio» es una de las epístolas más puras de la lengua española. Se funda en una implícita compenetración afectiva. Es una conversación truncada (o «versación», decíamos antes) en que el poeta sobreentiende la historia de una amistad.

Vamos viendo, pues, que el género epistolar es tal vez la forma más adecuada al temple espiritual de Antonio Machado. Con este género, en efecto, la distinción entre lengua hablada y lengua escrita tiende a desaparecer. Una absoluta sencillez es compatible con la forma de la poesía. Y el autor no tiene por qué violentar las convenciones del habla. «Podemos repetir con los lingüistas del siglo pasado —afirma Alfonso Reyes— que la comunicación no tiene mejor medio que el lenguaje, y no así la expresión» [73]; si bien el lirismo, agrega Reyes, manifiesta «un máximo de expresión y mínimo de comunicación» [74]. En el poema estudiado la lengua no se despoja de la función comunicativa que en la vida social tiene. Esta función ocupa el ámbito mismo del poema, que va dirigido a un destinatario preciso y conduce a un encargo práctico. La técnica alusiva que utiliza Machado, sin embargo, complementa la intención comunicativa y da origen a la expresión lírica. Tal es el rasgo más importante, en esta ocasión, del estilo machadiano. Estilo de una suprema simplicidad, pero que requiere la capacidad tan humilde como excepcional de ceñirse a *les mots de la tribu*. (Estilo —bajo otro aspecto— hondamente liberal.) •

Terminaremos con una pregunta. Entre los muchos problemas teóricos que plantea la poesía alusiva, descuella una cuestión estética que, por no ser de mi competencia, me limitaré a indicar. Debe preocuparnos, a la postre, la cues-

[73] A. Reyes, *El deslinde*, pág. 188.
[74] *Ibid.*, pág. 190.

487

tión siguiente: si admitimos que en un poema determinado se integran unos significantes latentes o silenciosos, ¿cómo pueden estos significantes, que no tienen cuerpo fonético, suscitar una experiencia estética?

Me apoyo en la idea de que la emoción estética, tan difícil de circunscribir, posee al menos una cualidad indiscutible: la capacidad que tiene el objeto artístico de *cautivar* a quienes sienten tal emoción. Nos encontramos, mediante la experiencia estética, enfrascados en aquello que nuestros sentidos perciben. Absortos, embelesados, prisioneros, anulamos cuanto permanece exterior a la obra de arte que irresistiblemente nos cautiva. Es lo que ciertos especialistas denominan el aspecto «presentacional» del objeto artístico. Percibimos el poema estéticamente «... when we read it with rapt, intransitive attention on its full presentational inmediacy» [75]. Por parte del oyente o espectador se trata de una vivencia *sensorial*, basada en lo que éstos oyen o ven. En lo que a la obra de arte atañe, es imprescindible, según explica el filósofo norteamericano Arthur Szathmary, que sea del todo *opaca*. El color actúa, dentro de sus límites, como tal color, y el sonido como tal sonido. Las estructuras visuales o auditivas no deben funcionar «transparentemente», es decir, no deben dar pie a asociaciones centrífugas, ensueños, divagaciones, relaciones de parecido, etcétera. Sobre lo inmediato, lo presente y lo perceptible gravita el peso de la atención estética. Cierto, agrega Szathmary, que algunos estilos musicales (como las piezas para piano de Debussy) evocan imágenes o representaciones precisas. Imágenes que se incorporan al ámbito «presentacional» de la obra. Existen experiencias estéticas, pues, que incluyen *también* elementos imaginados [76]. Tales son los términos de nuestro problema.

Problema que trasciende ya los límites de la poesía alusiva. El alcance de la pregunta planteada resulta ser mayor de lo que antes sospechábamos, puesto que *desde el punto de vista estético* el estilo que hemos analizado no representa sino un ejemplo extremo de algo que caracteriza la poesía en general. La palabra poética puede ser más o

---

[75] E. Vivas, *op. cit.*, pág. 76.
[76] Véase Arthur Szathmary, «Symbolic and Aesthetic Expression in Painting», *Journal of Aesthetics and Art Criticism*, XIII, 1954, páginas 86-96. Mucho debo también a las conferencias pronunciadas por el profesor Szathmary en la Universidad de Princeton.

menos sugestiva [77]. Pero todo poema «... trae consigo una presencia de objetos parecidos a una visión imaginaria» [78]. Lo cierto es que la poesía, en suma, es de naturaleza híbrida. Naturaleza que evidentemente encierra dos órdenes distintos: el de las representaciones imaginadas y el de los materiales sonoros; el de los significados y el de los significantes; o —dicho sea con la terminología que mejor subraya nuestro problema estético— el de los fonemas y el de los silencios. De este radical dualismo emana el hechizo —y acaso la superioridad— de la creación poética. Todo poema es breve y a la vez inconmensurable. «Aun en el poema más sencillo —afirma Dámaso Alonso— el significado es un mundo» [79]. La lengua es fonéticamente «opaca» y también sugeridora de realidades «transparentes», ajenas a los signos que las constituyen. Pero de realidades —fijémonos bien— que no tienen terminación. Sin llegar a ser infinito, como lo deseaban los románticos, el poema es *ilimitado*, carece de confines precisos, «no tiene marco». Existe una relación dinámica y dialéctica entre una forma mínima —la de los materiales sonoros— y una forma máxima —la de los *silencios* o representaciones desprovistas de corporeidad acústica. Relación que no cabe reducir geométricamente al concepto de una perfecta articulación entre significantes y significados. «Significante y significado —dice Dámaso Alonso— son dos complejos de *n* elementos, ligados por *n* parejas, elemento a elemento, componente a componente» [80]. No creo que a un número (n) de fonemas corresponda un número idéntico (n') de significaciones. Me parece más bien que una serie limitada de significantes sugiere una serie ilimitada ($n' + x$) de representaciones. La sustancia fonética de la poesía evoca esferas imaginarias, que esta sustancia entrama y orienta en sus líneas princi-

---

[77] Me refiero al poder de asociación de las palabras mismas, siempre más o menos evocadoras o alusivas: los «armónicos expresivos» (véase A. Alonso, *op. cit.*, págs. 18, 29, 44, 55, 115 y 266); la sugestividad de los significantes líricos (véase D. Alonso, *op. cit.*, págs. 22-27); la noción de los «valores» lingüísticos (Ferdinand de Saussure, *Curso de lingüística general*, trad. A. Alonso, Buenos Aires, 1945, cap. IV), etc.

[78] A. Reyes, *op. cit.*, pág. 189.

[79] A. Alonso, *op. cit.*, pág. 431.

[80] *Ibid.*, p. 431. Cierto que D. Alonso indica el número infinito de conexiones que existe entre los componentes de la serie *n* y los de la *n'*. Pero *n* y *n'* se asemejan a planos paralelos y equivalentes. Yo prefiero imaginar unas esferas concéntricas, de distintas dimensiones y en constante movimiento.

pales. El poema es un mecanismo propagador de vectores vitales, susceptibles de estructurar ámbitos ilimitados de emociones y nociones. Explica Américo Castro que la palabra escrita no sólo es un depósito de conceptos, sino que posee «vitalidad contagiosa». Vitalidad que no se puede medir, pero que tampoco cabe desligar de su sustentación artística. Pues a esta base objetiva queda referido siempre el efecto vital, sea el que fuere su alcance. ¿No es esta relación dinámica y dialéctica lo propio de la creación verbal? ¿Su capacidad de actualizar lo incorpóreo, de manifestar lo ausente, de dar voz al silencio? Es decir, ¿de hacer que el silencio sea *estéticamente perceptible?* ¿El hecho de que el vaivén recurrente entre fonemas y representaciones es de tal naturaleza que las esferas imaginadas, por muy espaciosas que sean, quedan «incorporadas» a la experiencia sensorial? ¿De que no sólo se concretan unos conceptos, sino hasta las imágenes sugeridas *participan de esa concreción?* ¿De que el poema es objeto que va objetivando espíritu? ¿A la vez evocador y absorbente de lo que evoca? ¿Finito e ilimitado, opaco y transparente, preciso y vago, con arreglo a un proceso de dilatación y contracción que es como el aliento de un mundo inmenso? ¿No es éste, tal vez, el misterio de la poesía?

Revista Hispánica Moderna, año XXIII, julio-octubre, 1957, números **3-4.**

BIBLIOGRAFIA

OBRAS DE ANTONIO MACHADO

I. POESÍA Y ENSAYO

1. *Soledades* (1899-1902), Madrid, Imprenta de A. Alvarez, 1903

2. *Soledades, Galerías. Otros poemas*, Madrid, Librería de Pueyo, 1907.

3. *Campos de Castilla*, Madrid, Renacimiento, 1912.

4. *Páginas escogidas*, Madrid, Calleja, 1917.

5. *Poesías completas* (1899-1917), Madrid, Residencia de Estudiantes, 1917.

6. *Soledades, Galerías. Otros poemas*, 2.ª edición, Madrid, Calpe, 1919.

7. *Nuevas Canciones*, Madrid, Mundo Latino, 1924.

8. *Poesías completas* (1899-1925), 2.ª edición, Madrid, Espasa-Calpe, 1928.

9. *Poesías completas* (1899-1930), 3.ª edición, Madrid, Espasa-Calpe, 1933.

10. *Poesías completas*, 4.ª edición, Madrid, Espasa-Calpe, 1936.

11. *Juan de Mairena. Sentencias, donaires, apuntes y recuerdos de un profesor apócrifo*, Madrid, Espasa-Calpe, 1936.

12. *La guerra* (dibujos de José Machado) (1936-1937), Madrid, Espasa Calpe, 1937.

13. *La tierra de Alvargonzález y Canciones del Alto Duero*. (Ilustraciones de José Machado), Barcelona, Nuestro Pueblo, 1938.

493

Ediciones póstumas

(Selección)

14. *Obras.* Prólogo de José Bergamín, Méjico, Séneca, 1940.
15. *Poesías completas.* Prólogo de Dionisio Ridruejo, Madrid, Espasa-Calpe, 1941.
16. *Poesías completas,* Buenos Aires, Losada (Colección Contemporánea), 1943.
17. *Juan de Mairena,* Buenos Aires, Losada (Colección Contemporánea), 1943, 2 vols.
18. *Abel Martín. Cancionero de Juan de Mairena. Prosas varias,* Buenos Aires, Losada (Colección Contemporánea), 1943.
19. *Obras completas* (incluye algunas de Manuel Machado), Madrid, Plenitud, 1947.
20. *Cuaderno de Literatura, Baeza 1915.* Prólogo de Enrique Casamayor, Bogotá, Universidad Nacional, 1952.
21. *Los complementarios y otras prosas póstumas.* Ordenación y nota preliminar de Guillermo de Torre, Buenos Aires, Losada (Coleción Contemporánea), 1957.
22. *Poesía de guerra.* Edición y estudio preliminar de Aurora de Albornoz, San Juan de Puerto Rico, Asomante, 1961.
23. *Poesie.* Edición y traducción de Oreste Macrí, Milán, Lerici, 1962.
24. *Prosas y poesías olvidadas.* Edición de Ramón Martínez-López y Robert Marrast, París, Centre de Recherches de l'Institut d'Etudes Hispaniques, 1964.
25. *Poesías completas,* La Habana, Consejo Nacional de Cultura, 1964.
26. *Obras. Poesía y prosa.* Edición de Aurora de Albornoz y Guillermo de Torre, Buenos Aires, Losada, 1964.
27. *Campos de Castilla.* Edición de José Luis Cano, Madrid, Anaya, 1967.
28. *Antología poética.* Prólogo de José Hierro, Barcelona, Ediciones Marte. 1968.
29. *Soledades.* Edición, estudio y notas de Rafael Ferreres, Madrid, Taurus, 1968.
30. *Antología.* Edición de José Luis Cano, Madrid, Anaya, 1969.
31. *Campos de Castilla.* Edición, estudio y notas de Rafael Ferreres, Madrid, Taurus, 1970.
32. *Antología de su prosa. 1. Cultura y sociedad; 2. Literatura y Arte; 3. Decires y pensares filosóficos; 4. A la altura de las circunstancias.* Prólogo y selección de Aurora de Albornoz. Madrid, Ed. Cuadernos para el diálogo, 4 vols., 1970.

34. *Nuevas canciones y de un Cancionero apócrifo*. Edición, introducción y notas de José María Valverde, Madrid, Castalia, 1971.
35. *Poesía*. Antología bilingüe, por Oreste Macri, Milán, Edizioni Accademia, 1972.
35 bis. *Juan de Mairena*. Edición, introducción y notas de José María Valverde, Madrid, Castalia, 1972.

II. Teatro (en colaboración con Manuel Machado)

36. *Desdichas de la fortuna o Julianillo Valcárcel*, Madrid, Fernando Fe, 1926.
37. *Juan de Mañara*, Madrid, Espasa-Calpe, 1927.
38. *Las adelfas*, Madrid, *La Farsa*, 1928.
39. *La Lola se va a los puertos*, Madrid, *La Farsa*, 1930.
40. *La prima Fernanda*, Madrid, *La Farsa*, 1930.
41. *La duquesa de Benamejí*, Madrid, *La Farsa*, 1932.
42. *El hombre que murió en la guerra*, Buenos Aires, Espasa-Calpe, 1947.
43. *Teatro completo*, I, Madrid, Renacimiento, 1932.

Refundiciones

44. Tirso de Molina: *El condenado por desconfiado* (en colaboración con J. López Pérez Hernández), Madrid, *La Farsa*, 1924.
45. Víctor Hugo: *Hernani* (en colaboración con Francisco Villaespesa), Madrid, *La Farsa*, 1924.
46. Lope de Vega: *La niña de plata* (en colaboración con J. López Pérez Hernández), Madrid, *La Farsa*, 1926.

ALGUNOS ESCRITOS SOBRE LA PERSONA Y LA OBRA

I. Obras generales

47. Andrés González-Blanco: *Los contemporáneos*, París, 1907.
48. Rafael Cansinos Asséns: *La nueva literatura*, Madrid, vols. I y III, 1927.
49. Eduardo Gómez de Baquero, «Andrenio»: *Pen Club*, I. *Los poetas*, Madrid, 1929.

50. Hans Jeschke: *La generación de 1898 en España* (ed. alemana, 1934), Madrid, 1954.
51. Katherine P. Reading [Whitmore]: *The Generation of 1898 in Spain as seen throught its fictional hero*, Northampton, Mass., 1936.
52. Pedro Salinas: *Literatura española. Siglo XX*, Méjico, 1941; 2.ª edición, 1949.
53. Guillermo de Torre: *La aventura y el orden*, Buenos Aires, 1943.
54. Carlos Clavería: *Cinco estudios de literatura española moderna*, Salamanca, 1945.
55. Pedro Laín Entralgo: *La generación del noventa y ocho*, Madrid, 1945.
56. Melchor Fernández Almagro: *En torno al 98. Política y literatura*, Madrid, 1948.
57. Gonzalo Torrente Ballester: *Literatura española contemporánea*, Madrid, 1949.
58. Guillermo Díaz Plaja: *Modernismo frente a noventa y ocho*, Madrid, 1951.
58 bis. José María Valverde: *Estudios sobre la palabra poética*, Madrid, 1952.
59. Max Aub: *La poesía española contemporánea*, Méjico, 1954.
60. Carlos Bousoño: *Teoría de la expresión poética*, Madrid, 1952.
61. Max Henríquez Ureña: *Breve historia del Modernismo*, Méjico, 1954.
62. Luis Cernuda: *Estudios sobre poesía española contemporánea*, Madrid, 1957.
63. Luis Felipe Vivanco: *Introducción a la poesía contemporánea*, Madrid, 1957.
64. Dámaso Alonso: *Poetas españoles contemporáneos*, Madrid, 1958.
65. Luis Granjel: *Panorama de la generación del 98*, Madrid, 1959.
66. José Luis Cano: *Poesía española del siglo XX. De Unamuno a Blas de Otero*, Madrid, 1960.
67. Concha Zardoya: *Poesía española contemporánea*, Madrid, 1961.
68. Dámaso Alonso: *Cuatro poetas españoles*, Madrid, 1961.
69. Juan López Morillas: *Intelectuales y espirituales*, Madrid, 1961.
70. Juan Ramón Jiménez: *El modernismo*, Méjico, 1962.
71. Birute Ciplijauskaite: *La soledad y la poesía española contemporánea*, Madrid, 1962.
72. Angel del Río: *Historia de la literatura española. Nueva edición*, New York, 1963, vol. II.
73. Rafael Ferreres: *Los límites del modernismo*, Madrid, 1964
74. Concha Zardoya: *Poesía española del 98 y del 27*, Madrid, 1968.

75. José María Valverde: *Breve historia de la literatura española*, Madrid, 1969.
76. Ricardo Gullón: *Direcciones del modernismo*. Segunda edición aumentada, Madrid, 1971.

II. Estudios críticos y biográficos

(Selección de libros)

77. Santiago Monserrat: *Antonio Machado, poeta y filósofo*, Buenos Aires, 1940.
78. Arturo Serrano Plaja: *Antonio Machado*, Buenos Aires, 1944.
79. Miguel Pérez Ferrero: *Vida de Antonio Machado y Manuel*, Madrid, 1947.
80. Segundo Serrano Poncela: *Antonio Machado: su mundo y su obra*, Buenos Aires, 1954.
81. Ramón de Zubiría: *La poesía de Antonio Machado*, Madrid, 1955.
82. Pierre Darmangeat: *L'homme et le réel dans Antonio Machado*, París, 1957.
83. Ricardo Gullón: *Las secretas galerías de Antonio Machado*, Madrid, 1958.
84. José Machado: *Ultimas soledades del poeta Antonio Machado (Recuerdos de su hermano José)*, Santiago de Chile, 1958.
85. Antonio Sánchez Barbudo: *Estudios sobre Unamuno y Machado*, Madrid, 1959.
86. María Concepción Pérez Zalabardo: *Antonio Machado, poeta de Soria*, Soria, 1960.
87. M. Tuñón de Lara: *Antonio Machado*, París, 1960.
88. Oreste Macrí: «Studi introduttivi», en *Poesie di Antonio Machado*, Milán, 1962.
89. Emilio Orozco Díaz: *Antonio Machado en el camino*, Granada, 1962.
90. Pablo de A. Cobos: *Humor y pensamiento de Antonio Machado en la metafísica poética*, Madrid, 1963.
91. Justina Ruiz de Conde: *Antonio Machado y Guiomar*, Madrid, 1964.
92. Adela Rodríguez Forteza: *La Naturaleza y Antonio Machado*, San Juan de Puerto Rico, 1965.
93. Alberto Gil Novales: *Antonio Machado*, Madrid, 1966.
94. Antonio Sánchez Barbudo: *Los poemas de Antonio Machado*, Barcelona, 1967.
95. Manuel Tuñón de Lara: *Antonio Machado, poeta del pueblo*, Barcelona, 1967.
96. Aurora de Albornoz: *La presencia de Miguel de Unamuno en Antonio Machado*, Madrid, 1968.

497

97. JULIO CÉSAR CHAVES: *Itinerario de don Antonio Machado*, Madrid, 1968.
98. RICARDO GULLÓN: *Una poética para Antonio Machado*, Madrid, 1970.
99. GEOFFREY RIBBANS: *Niebla y Soledad*, Madrid, 1971.
100. J. M. AGUIRRE: *Antonio Machado, poeta simbolista*, Madrid, 1973.

ESTE LIBRO SE TERMINO DE IMPRIMIR EN LOS
TALLERES GRAFICOS DE UNIGRAF, S. A., EN
MOSTOLES (MADRID), EN EL MES DE
OCTUBRE DE 1988

OTROS TÍTULOS DE LA COLECCIÓN
PERSILES